방촌 황희의 리더십과
향사서원(享祀書院)

| 방촌학술총서 제5집 |

백성의 臣 방촌 황희

방촌 황희의 리더십과
향사서원(享祀書院)

사단법인 **방촌황희연구원**
부설 **방촌황희연구소** 편저

<남원. 풍계서원 전경>

borim
도서출판 snp

발간사

　세월의 흐름 속에서 우리 (사)방촌황희연구원 부설 방촌황희연구소도 어느새 네 권의 총서를 발간하여 명실상부한 연구소의 면모를 갖추어가고 있습니다, 이에 방촌 황희선생의 생애, 경세관, 유학사상 그리고 그 후예들의 삶과 학문까지를 심도 있게 연구하여 이미 네 권의 총서 속에 담아 세상에 내놓았습니다.

　지난 4집에서는 <방촌 황희와 서원>이라는 제목아래 옥동서원과 태악서원의 설립과 실체 및 가치를 살펴보고, 그 서원의 역할과 국가사회에 기여한 바를 더듬어 보았습니다. 이 외에도 방촌선생과 그 후예들을 모시고, 그분들의 학덕을 기리고 본받으며 후학들에게 가르침을 펼쳤던 서원이 각처에 여러 곳 현존하고 있습니다. 이 모두가 거의 불모지로 묻혀 있습니다.

　이번 총서 제 5집에서는 옥동서원 2020년도 정기학술대회와, 방촌황희연구소 제6회 정기학술대회에서 연구 발표된 논문들을 담았습니다. 완주에서 개최하였던 이번 방촌 정기학술대회의 주제는 <방촌 황희와 향사 서원들>이었습니다. 한동안 소외되었던 방촌을 주벽으로 모신 서원들의 설립과 의의를 밝히고, 오랜 역사 속에 숨겨진 학문과 문화적 가치들을 발굴하여 새롭게 발전시킬 수 있는 계기를 마련하는 것이 이번 학술대회의 목적이었습니다. 이는 우리 방촌황희연구원이 마땅히 해야 할 일이었으며, 연구소의 오랜 숙원 사업이었습니다. 그러므로 용진서원을 비롯하여 화산서원, 풍계서원, 창계서원, 산양서원 등, 방촌 황희선생을 주벽으로 모신 서원들의 역사적 실체와 그 존재의 의미 및 가치를 밝히고, 앞으로의 인문사회와 문화발전에 기여할 과제를 진지하게 제시하였습니다. 참으로 뜻깊은 일이 아닐 수 없습니다.

이를 위해 그동안 여러 가지로 불리한 여건 속에서 연구 발표하시느라 노고가 크셨던 교수님들에게 위로와 함께 감사를 드립니다. 그리고 학술총서가 발간되기까지 물심양면으로 협조해주신 (사)방촌황희연구원 황의옥 이사장님, 장수황씨 대종회 황장효 회장님과, 모든 회원님들께 깊은 감사를 드립니다.

감사합니다.

2021년 4월 1일

(사)방촌황희연구원 부설 방촌황희연구소장 최 영 찬

축간사

방촌학술총서 제5집 『방촌 황희의 리더십과 향사서원(享祀書院)연구』의 간행을 진심으로 축하 합니다. 우리 (사)방촌황희연구원에서는 그동인 제1집 『방촌 황희 묘역의 문화재적 가치』, 제2집 『방촌 황희의 학문과 사상』, 제3집 『백성의 신 황희와 그 후예들』, 제4집 『방촌 황희와 서원』을 간행하였으며, 이제 제5집 『방촌 황희의 리더십과 향사서원 연구』를 간행하게 되었습니다.

우리 (사)방촌황희연구원이 창립된 지 올해로 7주년을 맞이하였습니다. 길지 않은 기간이지만 본 연구원의 자체적인 학술대회 8회와, 상주시 주관 방촌학술대회 4회를 포함하여 총 12회의 학술대회를 개최하는 경축할만한 쾌거의 업적을 이루었습니다.

더불어서 그동안 개최되었던 12회의 학술대회 자료와 논문들을 모아, 방촌 학술총서 5권을 발간하게 되는 큰 기쁨도 갖게 되었습니다.
이에 본 연구원의 부설 방촌황희연구소 최영찬 소장님 이하 참여해주신 교수님과, 전문가 제현들께 연구원을 대표하여 깊은 감사를 드립니다.

방촌선생에 관한 자료는 오래도록 묻혀있는 유물을 발굴하듯이 찾아내고, 보석을 캐내듯 노력을 거듭할수록 새로운 자료들이 드러나고 있습니다. 실로 저희 연구원을 비롯하여 아낌없는 관심과 후원해주시는 여러 회원님들의 경사가 아닐 수 없습니다.

　이번 5집은 방촌선생을 주벽(主壁)으로 모시는 옥동서원을 비롯하여, 산양서원, 용진서원, 풍계서원, 화산서원, 창계서원, 그리고 태악서원의 역사문화사적 가치를 연구하는 논문을 종합하여 발간하게 되었습니다.

　앞으로도 우리 연구원은 훼철된 많은 서원들 가운데, 방촌황희 선생을 모시는 서원을 찾아내서 연구하고 밝히는 일을 소홀히 하지 않고 더욱 노력할 것입니다. 몇 년 전 저희 연구원에서 학술대회를 개최한, 충남 연기지역의 태악서원 발굴 연구가 그 좋은 예로 들 수 있습니다. 조선말엽 당시 47서원을 제외한 600여 서원이 훼철되었다고 하니, 본연구원이 발굴하고 연구하여 방촌선생을 비롯한 전통문화를 현대적으로 계승하고 발전시켜 나가는 노력은 큰 가치와 의의가 있다고 할 수 있습니다.

　다시 한 번 방촌학술총서 제5집 간행을 축하드리며, 늘 따뜻한 배려와 뜻을 함께 해주시는 본원의 회원님들께 감사드립니다. 그리고 본 방촌황희연구원 부설 방촌황희연구소의 노고에 깊은 감사를 드립니다.

　감사합니다.

2021년 4월 1일
(사)방촌황희연구원 이사장　황 의 옥

| 차 례 |

제1부

방촌 황희의 리더십과
묘제의 특징

<파주 방촌 황희 선생 묘역의 전경>

'동방의 소공(召公)' 방촌 황희의 리더십
황희 관련 몇 가지 상징요소에 대한 해석을 중심으로[*]

이 종 성 (충남대교수)

1. 지금 왜 황희의 리더십인가?

리더십(Leadership)이란 지도자가 갖추어야 할 자질 또는 지도자 상을 의미한다. 언제부터인가 한국사회에는 리더십에 대한 열풍이 한창이다. 이러한 현상은 서구의 리더십 열풍과 맞물려 있다. 이 점에서 현대사회는 그야말로 리더십의 시대라고 할 수 있다. 그런데 리더십이란 개념 자체가 서구적 개념이고 그 학문적 방법론과 내용 자체가 서구에서 수입된 것들이 많다보니, 리더십은 서구적 유형의 카리스마(charisma)리더십, 서번트(servant)리더십, 펠로우(fellow) 리더십 등등

---

[*] 이 글은 태악서원(台嶽書院)학술대회(2019. 11. 16. 세종시민회관)에서 발표하고, 『동서철학연구』 제94호, 한국동서철학회, 2019. 에 게재된 논문이다.

으로 분류되어 기존의 틀 안에서 논의되는 경우가 많다. 즉 서구적 리더십 분류 틀과 그 내용에 근거하여 동양의 리더십조차 논의되고 있는 것이다.

리더십은 행복의 가치 구현을 위한 개인의 인격수양과 밀접하게 연계되어 동서양의 세계관을 하나로 소통시키는 것 같은 착시현상을 일으키기도 한다. 그러나 개인의 행복을 구현하는 방법이나 그 내용을 비롯하여 바람직한 인간상 및 리더십을 통해 도달할 수 있는 이상세계의 형식과 내용은 동서양이 서로 다를 수 있음에 유의할 필요가 있다. 이 글은 이러한 측면에 유념하여 일상적으로 논의되는 리더십이란 개념만 그대로 차용한 후 방촌(厖村) 황희(黃喜, 1363-1452)의 리더십에 관하여 논의해보고자 한다.

잘 알려진 것처럼 황희는 60여년의 관직생활에서 24년간 재상으로 일하고 또 18년 동안 영의정으로 봉직하였다. 이것은 무엇보다 그의 정대한 인품과 경세의 실천력 때문에 가능한 일이었다.[1] 이는 황희 자신이 지니고 있던 리더십이 없었다면 불가능한 일이었을 것임에 분명하다. 재상으로 24년을 근무한 것도 모자라 영의정에 재임한 기간만도 18년에 이른다는 것은, 특히 작금의 현대 한국의 정치상황에서 볼 때 상상을 초월하는 일이다.

현대 한국의 정치상황을 보면 수많은 정치인이 청문회에 나와 자신의 치부를 만천하에 드러내지 않는 경우가 드물고, 설혹 총리나 장관에 임명되었다 하더라도 그 기간이 불과 몇 달을 넘기지 못한 경우조

---

1)   황의동, 「인간 '황희'」, 『백성의 臣 황희와 그 후예들』 (서울: 책미래, 2018) 201쪽 참조.

차 많았다. 이러한 정황에 비춰볼 때 황희에게는 분명 타의 추종을 불허하는 특별한 리더십이 있었을 가능성이 높다. 작금의 정치현실에서 반드시 짚고 넘어가야 모범적 요소가 황희의 리더십에 내재되어 있다면, 이에 대한 철학적 반추가 요청된다.

오기수는 황희 리더십의 특징이라고 평가해도 무방한 내용으로서 '관후', '정대', '청렴', '총명'의 네 가지 덕목을 제시한다.[2] 이는 『문종실록』에 기록된 「영의정부사 황희의 졸기」에 의거한 것으로서, 상당한 설득력을 가지고 있다. 오기수가 제시한 황희의 네 가지 덕목은 황희 리더십의 구체적인 내용이 될 수 있다는 점에서, 황희의 리더십에 대한 핵심을 관통하고 있는 요소들임이 인정된다.

나는 이 글에서 기존연구 성과와는 조금 다른 방식의 논의를 수행해보고자 한다. 나는 황희 관련 몇 가지 상징요소들에 주목하고 이에 대한 철학적 해석을 중심으로 황희의 리더십을 살펴보고자 한다. 내가 주목하는 상징요소는 대체로 황희의 시호인 '익성'(翼成)에 내재된 철학적 의미 분석을 통해 황희의 인품과 리더십의 핵심내용에 다가가보는 일이다. 그리고 '소공대'(召公臺)와 거기에 세워진 '소공대비'(召公臺碑)라는 역사유적을 통해 황희 리더십의 새로운 위상을 모색해보고, 이를 근거로 그동안 망각되어온 '동방의 소공(召公)' 황희의 면모를 복권시켜보고자 한다. 또한 파주에 세워진 '반구정'(伴鷗亭)의 존재를 통해 황희 리더십의 또 하나의 특징을 살펴본 후, 남원에 건립된 '광한루'의 전신인 '광통루'(廣通樓)를 통해 황희 리더십의 이상적 목표가 무엇

---

2)   오기수, 『황희: 민본 시대를 이끈 행복한 2인자』 (파주: 고반, 2017) 참조.

이었는지를 확인해보고자 한다.

이와 같은 논의는 역사적인 장소의 현장성에 기초한 구체적 상징요소를 검토의 대상으로 삼아 그 안에 내재된 이념적 요소 내지는 철학적 특성을 파악하는 방식으로 이루어질 예정이다. 이 글의 원용자료 역시 기존의 연구 성과들과 마찬가지로 『방촌황희선생문집』과 『조선왕조실록』을 비롯한 유관자료 및 황희 관련 연구논문들을 대상으로 할 것임을 전제한다. 그럼에도 이 글은 동일한 자료에 대한 새로운 해석의 결과를 예상하면서, 여전히 미진한 황희연구의 디딤돌 역할을 자임해보고자 한다.

2. 익성(翼成): 매미의 오덕을 이룬 실천적 리더십

황희는 사후에 세종의 묘정에 배향되고, '익성'(翼成)이란 시호를 받았다. 「영의정부사 황희의 졸기」는 익성을 이렇게 설명한다. "익성이란 사려가 심원한 것이 '익'이고, 재상이 되어 종말까지 잘 마친 것이 '성'이다."[3] 요컨대 심원한 사려를 날개처럼 펼쳐서[翼], 정치적 과업을 완수한[成] 이가 바로 황희라는 말이다. 무릇 하늘을 날아다니는 동물들은 날개가 있다. 그 날개를 펼쳐서 안정적인 활공을 하여야 만이 하늘을 나는 동물들은 자신의 가치를 다할 수 있는 것이다. 이렇게 날개 있는 동물로서 비유할 때 황희는 자신의 책무와 소임을 다한 인물이라는 평가가 가능하다는 말이다.

---

3) 『문종실록』 권12, 문종 2년 2월 8일, 「영의정부사 황희의 졸기」 참조.

곽신환은 황희에게 주어진 '이루었다'(成)는 평가에는 『주역』의 세계 관이 내재되어 있다고 본다.[4] 『주역』은 신하의 도는 땅의 도 내지는 아내의 도와 같음을 전제로, 신하는 왕의 일을 따라할 때 스스로 나서서 주재하거나 시작하는 것은 아니지만, 이루어내는 역할을 담당하고 있음을 주장한다.[5] "곧 신하는 일을 크게 시작하거나 주재하는 것이 아니다. 그는 왕을 따라 일을 할 때 스스로 이루어내지 않지만, 왕이 시작하고 주재하는 그 일을 이루어낸다. 이는 섬기는 자의 도를 말한 것이다."[6] 물론 '이루었다'는 말에는 맹자가 공자를 '집대성자'라고 평가한 사례도 하나의 용례로서 확인되고 있기는 하지만, 황희가 공자처럼 학문적 완성을 이루어낸 것과는 다른 이룸을 이루었다는 점에서 집대성이란 용례는 황희에게 적절하지 않음을 알 수 있다. '익성'이 황희의 시호라는 점을 감안한다면, '이루었다'는 말은 황희가 평생 국가와 조정을 위하여 이루어낸 공이 지대하였다는 측면에서 정치적 과업완성을 의미한다고 볼 수 있다.

그렇다면 하늘을 나는 동물의 날개[翼]가 뜻하는 것은 무엇일까? 이는 새의 날개, 곤충의 날개를 의미함과 동시에 '돕다'라는 뜻을 가지고 있다. '익'은 황희가 하늘을 나는 동물처럼 두 날개를 펼치고 평생 훌륭하게 왕을 보필하였음을 은유한 말이다. 그처럼 왕을 잘 보필한 인물도 달리 없다는 점에서 황희는 '익성'이란 시호를 얻었던 것이다. 세종은 자

---

4) 곽신환, 「겸선의 유자 황희」, 『백성의 臣 황희와 그 후예들』, 164쪽 참조.
5) 『주역』, 坤, 六三, 文言, "陰雖有美, 含之以從王事, 弗敢成也. 地道也, 妻道也, 臣道也. 地道無成而代有終也."
6) 곽신환, 앞의 논문, 164쪽.

신의 만년에 황희를 가리켜 '세상을 도운 큰 재목'이라고 평가한 바 있는데,[7] 황희의 시호에는 이와 같은 세종의 평가가 반영된 측면이 있다.

황희의 시호에 내재된 날개는 '새의 날개'라기보다는[8] '매미의 날개'라고 보는 것이 타당하다고 본다. 과거 전통시대에 매미의 날개는 정치의 상징이었다. 그것은 중국에서 삼국시대가 종료되고 진나라가 천하를 평정했던 시대를 살다간 육운(陸雲, 262-303)이 밝힌 매미의 오덕과 관련이 있다. 육운은 「한선부(寒蟬賦)」를 지어 정치인들이 매미의 덕목을 본받아 '문(文)·청(淸)·염(廉)·검(儉)·신(信)'해야 한다고 주장한 바 있다. 육운은 이렇게 말한다.

무릇 매미의 머리가 마치 갓끈이 늘어진 모습과 유사하니 곧 배움이 있네. 오로지 수액과 이슬만 먹고 산다하니 곧 청백함이 있네. 사람이 먹는 곡식을 먹지 않는 등 남이 지어놓은 곡식에 피해를 주지 않으니 염결함이 있네. 다른 곤충들처럼 집을 짓지 않고 사니 검소함이 있네. 철따라 때맞추어 허물을 벗고 자신의 절개를 지키니 곧 믿음이 있네.[9]

오늘날 생물학적 시각에서 볼 때, 모든 매미가 무해한 존재인 것은 아니다. 매미 가운데는 해충으로 분류되는 종도 있다. 그러나 전통시대

---

7) 『세종실록』 권56, 세종14년 4월 25일, 「황희·이정간에게 궤장을 하사하다」 참조.
8) 곽신환은 은연중 황희의 시호에 내려진 '익'(翼)의 의미를 새의 날개라고 간주한다. "새의 날개는 공간 이동이 용이하고 또 적을 공격하거나 방어하는데 매우 유용하다. …『주역』 경문에 열 개의 해석 글을 십익(十翼)이라 부른다. 열 개의 날개가 『주역』 사상을 잘 보호하고 그것이 공간비행을 하게 하여 참으로 넓은 지역, 다양한 분야에서 그 보편적 타당성을 과시하고 수용하게 하는 효과를 거두었다."(곽신환, 앞의 논문, 161쪽).
9) 陸雲, 『陸淸河集』 권1, 賦, 「寒蟬賦(有序)」, "夫頭上有緌, 則其文也. 含氣飲露, 則其清也. 黍稷不享, 則其廉也. 處不巢居, 則其儉也. 應候守節, 則其信也."

의 매미들은 대체로 인간에게 무해한 곤충으로서 인식되었다. 이러한 곤충관에 입각하여 육운은 매미의 긍정적 요소를 찾아 이를 위정자들에게 제시하고, 정치적 모범으로 삼아야 함을 권고하였던 것이다.

육운이 제시한 매미의 오덕을 현실정치에서 구현하고자 하는 이념적 방편으로 만들어진 것이 왕과 신하들이 머리에 쓰던 매미형상 모자였다. 이른바 익선관(翼善冠)과 오사모(烏紗帽)가 그것이다. 익선관은 왕이 착용하는 모자임에 비해 오사모는 신하들이 착용하던 모자였다. 모자의 뒤에는 매미날개의 형상을 덧붙여 항상 매미의 오덕을 잊지 않겠다는 자세로 정무에 임하였던 것이다.

익선관과 오사모는 모자의 뒤에 붙여진 매미날개의 형상이 서로 다르다. 즉 익선관은 매미의 날개가 모여 있는 형상을 띠는 반면, 오사모는 모자의 양쪽으로 날개가 펼쳐진 형상을 띠고 있는 차이가 있다. 이는 남면하여 정무에 임하는 왕은 백성들의 모든 것을 수렴하여야 한다는 정치이념의 성격을 반영한 것임과 동시에, 실제 정사를 펼쳐 나아가야 하는 신하들의 입장에서는 매미가 두 날개를 펼치고 날아다니는 것처럼 날개를 펴지 않으면 안 된다는 생각이 반영되어 있는 것이라 볼 수 있다. 중요한 것은 익선관이나 오사모에 붙어 있는 매미날개는 항상 균형을 이루고 있어서, 한쪽으로 치우치지 않는다는 점이다. 위정자들은 한쪽으로 치우치지 않은 매미날개의 균형감각을 본받아 현실정치에 임해야 한다는 교훈이 확인된다.

황희야말로 매미날개의 균형감각을 갖고 정치에 임한 대표적인 인물이다. 평생 매미의 오덕을 실천하며 살았던 황희의 실천적 삶의 일단을 간략히 살펴보면 다음과 같다.

(1) 문(文): 문이란 배움 또는 공부를 의미한다고 할 수 있다. 특히 문사철로 집약되는 인문학적인 공부를 학습하는 것이 문의 의의이다.

① 황희는 평생 책을 손에서 떼는 법이 없었다고 한다. 나이가 들어 책을 읽을 때는 교대해가면서 한쪽 눈으로 문장을 읽었다고 하며, 잘 보이지 않는다고 하여 문장을 지나치지 않고 작은 글씨까지 꼼꼼하게 읽었다고 한다.[10]

② 그는 유가의 경전인 사서오경과 『주자가례』 같은 주자학 관련 저서 및 제자백가서를 비롯하여 『자치통감』과 『자치통감강목』 같은 역사서에도 두루 관심을 갖고 폭넓은 공부를 하였음이 확인된다.[11]

③ 황희는 일찍이 남원에 귀양살이 할 적에 다만 손에 한 질의 시문을 들고 정신을 집중하며 주목하여 읽을 따름이었다. 후에 나이가 많아서도 글 뜻 한 마디 글자 한 획을 백에 하나도 그르친 일이 없었다.[12]

이와 같은 기록을 보면 실천적 경세가였던 황희였지만, 그는 결코 학문에 게으르지 않은 호학(好學)적 인물이었음이 확인된다.

---

10) 『방촌선생문집』 본전, 38쪽 및 『문종실록』 권12, 문종 2년 2월 8일, 「영의정부사 황희의 졸기」 참조.
11) 문강공 이석형(李石亨, 1415-1477)이 장원급제하여 정언이 되어 공을 뵐 때 공이 『강목』과 『통감』을 한 질씩 내놓고 문강에게 제목을 쓰도록 명하였다는 『대동야승』의 기록을 통해 볼 때, 황희는 평소 역사서적을 가까이 두고 탐독하였다고 볼 수 있다. 황희의 묘비에는 "나이가 90세가 되어서도 총명이 조금도 쇠퇴하지 않아서, 조정의 전장이나 경사자서에 대해 마치 촛불처럼 환히 기억하였다"고 기록되어 있다.
12) 徐居正, 『筆苑雜記』(『방촌선생문집』 부록 상, 「야사」), 1386쪽 참조.

(2) 청(淸): 청백이란 사념이나 탐욕이 없이 깨끗하다는 것을 의미한다. 황희는 조선시대를 대표하는 청백리이다.[13] 이 점만 보더라도 황희가 얼마나 철저히 청렴의 덕목을 실천하며 살았는지 짐작할 수 있다. 황희의 청백함을 살펴볼 수 있는 몇 가지 사례를 제시해보면 이와 같다.

① 황희는 이장손이 과거에 자신을 극렬하게 비난하는 상소를 올린 적이 있었음에도, 좌의정이 되어 인사행정을 담당했을 때 그를 도리어 발탁하여 등용하였다.[14] 인재등용에 있어 청탁을 거부하였을 뿐 아니라, 사심 없이 임했음을 알 수 있다.
② 신숙주는 황희의 「묘지명」에서 그가 수상으로 있으면서도 가세가 쓸쓸하여 마치 벼슬이 없는 선비의 살림과 같았다고 하였다.[15]
③ 허조의 아들 허후가 황희를 평가한 글에서, 황희는 "수상이 된 지 거의 30년에 탐오한 이름이 없었다"고 하였다.[16]

이와 같은 기록들은 모두 황희의 평소 삶의 모습이 대단히 청백하였음을 알려주는 것들이다.

(3) 염(廉): 염결이란 청렴하고 결백한 것을 말한다. '염'이란 본디 집

---

13) 많은 야사는 물론이려니와 『대동장고』(大東掌攷), 『청선고』(淸選考), 『전고대방』(典故大方) 등 청백리에 관한 전고 자료에 공통적으로 황희의 이름이 등재되어 있다(이영춘, 「방촌 황희의 청백리 논란에 대한 재검토」, 『방촌 황희의 학문과 사상』 (서울: 책미래, 2017), 199쪽 참조).
14) 『문종실록』 권12, 문종 2년 2월 임신, 「영의정부사 황희의 졸기」 참조.
15) 申叔舟, 「墓誌銘」(『방촌선생문집』 부록 상, 「금석문」), 1361쪽 참조.
16) 『단종실록』 권2, 즉위년 7월 4일, 「『세종실록』을 편찬하면서 이호문이 기록한 황희의 일에 대해 의논하다」 참조.

의 모퉁이를 가리키는 말이었다. 이 말이 확대되어 방정, 고결, 청백, 검약, 공평, 명찰, 불탐오 등으로도 쓰인다. 또는 욕심을 내지 않음 및 분별력이 있어 취하지 않음의 뜻을 갖기도 한다.[17]

매미의 오덕을 말한 육운은 매미가 남의 곡식을 먹지 않는 등 타자의 곡식에 피해를 주지 않는 것을 가리켜 염결하다고 한 점을 감안하여 이해한다면, 사람들은 자신의 얼굴(또는 명분)에 맞는 행동을 하여 부끄럽지 말아야 한다는 말로 해석할 수도 있다. 이는 재물이나 관직 등의 범주에 적용되는 개념으로서 자신의 허물을 바라보는 태도와 직접적인 관련을 갖는다. 다음 세 가지 사례가 이와 관련이 깊다고 본다.

① 세종이 도승지 신인손에게 일러 『태종실록』를 보고자 한 일이 있는데, 황희는 이를 불가한 일이라고 간하여 결국 열람하지 못하였다는 일이 『세종실록』에 기록되어 있다.[18] 만일 세종이 실록을 열람한 후 문제가 될 만한 기록에 대해 사관들에게 수정을 지시하기라도 했다면, 그의 명성에 큰 오점을 남길 수도 있었을 것이다. 황희가 사전에 이를 막은 것이다.

② 황희가 장생전에 나갔을 때 공조판서 김종서가 음식상을 걸게 차려온 적이 있다. 이에 황희가 공과 사를 구분하지 못한 김종서를 추궁하였던 사건이 있다.[19] 염결한 행위는 정확한 공사구분의 태

---

17) 곽신환, 앞의 논문, 157쪽 참조.
18) 『세종실록』 권80, 세종20년 3월 2일, 「임금이 『태종실록』을 보려 했으나 신하들이 반대하다」 참조.
19) 金德誠, 『識小錄』(『방촌선생문집』 부록 상, 「야사」), 1445-1446쪽 및 李廷馨, 『東閣雜記』, 「本朝璿源寶錄」 참조.

도에 의해 판가름이 난다는 사실을 지적한 것이라 볼 수 있다.

③ 기복하여 직무에 나오라는 명에 사양하는 편지, 영의정을 사양하는 편지, 좌의정·영의정·영의정부사를 사양하는 소, 궤장 하사를 사양하는 소, 영의정 부사를 사양하는 전 등, 상당수의 사양과 사임의 글이 있다. 그의 염결을 드러내는 자료가 아닐 수 없다.[20]

이들은 모두 황희의 염결을 대표하는 사례들로서, 지위고하를 막론하고 특히 위정자들이 갖추어야할 정치적 덕목들이라고 할 수 있다. 다산 정약용은 염결을 실천한 최상의 염리(廉吏)는 "봉급 외에는 아무 것도 먹지 않고, 먹고 남는 것이 있더라도 가지고 돌아가지 않으며, 임기를 마치고 돌아가는 날에는 한 필의 말로 아무 것도 지닌 것이 없이 떠나는"[21] 사람이라고 규정하였다.

(4) 검(儉): 검소함이란 '사치하지 않고 꾸밈없이 수수함'을 의미한다. 황희의 검소함을 살펴볼 수 있는 몇 가지 사례를 제시해보면 이와 같다.

① 거친 베옷과 해진 도포 한 벌로 만족하며 살아갔다. 이에 관해 『연려실기술』은 이렇게 기술한다. "4년 임인에 태상왕이 명하여 공을 불렀다. 공이 이르러 통이 높은 갓을 쓰고 푸른 색 거친 베로 만든 단령을 입고 남색 조알을 띠고 승정원에 들어왔는데, 막

---

20) 곽신환, 앞의 논문, 160쪽 참조.
21) 丁若鏞, 『牧民心書』(오기수, 앞의 책, 204쪽에서 재인용함).

시골에서 왔으므로 몸체만 큼직할 따름이어서 사람들이 특이하게 여기지 않았다."[22]

② 성종 때 인물인 이직이 경연석상에서 "세종조의 황희는 정승 직을 30년간이나 하였지만, 가산을 돌보지 아니하여 그 집이 텅텅 비었다"고 한 바 있다.[23]

③ 정조 때 인물 윤면동이 상소를 통해 "재상 황희가 통나무집에서 남루한 갓과 실띠를 매었던 검소함을 묘당에서부터 시작할 수 있겠는가"라고 하여 황희를 거론한 것은 그의 검소했던 삶의 행적이 후대의 모범이 되었음을 시사해주는 발언이다.[24]

④ 황희는 죽음을 앞둔 상태에서 후손들에게 자신의 상례를 능력과 분수에 맞게 집의 형세에 따라 알맞게 할 것을 유언한다. 황희는 자신의 상례에 대해서조차 검소하게 치를 것을 당부한 것이다.[25]

이와 같은 검소함의 덕목은 앞서 살펴본 청백의 덕목과 긴밀한 연관성을 갖는다. "복은 청렴하고 검소함에서 생겨난다"[26]는 말처럼 검소함의 기초 위에서만이 청백리의 삶이 가능한 것이라 할 수 있다.

(5) 신(信): 믿음은 앞에 제시된 다른 네 가지 덕목들의 중심이며, 그

---

22) 李肯翊, 『燃藜室記述』 권3, 世宗祖故事本末, 〈세종조의 상신〉 참조.
23) 『성종실록』 권86, 성종8년 11월 19일, 「이직·정창손 등과 기온 이상에 따른 실정 여부에 대해 논의하다」 참조.
24) 『정조실록』 권6, 정조2년 7월 20일, 「지방 징수 폐단과 인재 등용, 과거제, 국방 전반에 대한 윤면동의 상소문」 참조.
25) 『문종실록』 권12, 문종 2년 2월 8일, 「영의정부사 황희의 졸기」 참조.
26) 『明心寶鑑』 5, 「正己」, "福生於淸儉."

기반이 된다. '문, 청, 염, 검'의 실천력이 동반되지 않으면 믿음은 확보되지 않는다. 공자는 일찍이 "믿음이 없으면 (정치는 바로) 서지 않는다"[27]라고 선언할 정도로 정치적 믿음을 강조한 바 있는데, 황희야말로 정치적 믿음을 이루어낸 대표적인 인물이다.

① 태종이 일찍이 황희를 신임하여 속 깊은 대화를 많이 주고받았는데, 하루는 "이 일은 나와 경만이 홀로 알고 있으니, 만약 누설된다면 경이 아니면 곧 내가 한 짓이다"라고 말할 정도였다.[28]

② 신숙주는 "세종은 늘 공의 식견과 국량이 크고 깊어 대사를 잘 결단한다고 칭찬하면서 길흉(吉凶)을 점치는 시(蓍)·구(龜)와 물건을 다는 권(權)·형(衡)에 비유까지 하였다"[29]고 하였는데, 이는 세종에게 있어서 황희는 절대적 믿음의 대상이었음을 시사해주는 평가라고 할 수 있다.

③ 세종은 황희가 영의정을 사직하고자 할 때 다음과 같이 비답하여 자신의 믿음을 드러낸 바 있다. "돌아보건대 그렇게 많던 대신들이 점점 새벽하늘의 별처럼 드물어지고, 오직 한 사람의 늙은 재상이 의젓이 높은 산처럼 우뚝 솟아 서서 시정을 모아 잡을 만한 인망이 공을 버리고 그 누구이겠는가?"[30]

④ 태상왕이 세종에게 이르기를, "황희의 전날 일은 어쩌다가 그릇된 것이니, 이 사람을 끝내 버릴 수 없다. 나라를 다스리려면 이

---

27) 『논어』, 「顏淵」, "無信不立."
28) 『문종실록』 권12, 문종 2년 2월 8일, 「영의정부사 황희의 졸기」 참조.
29) 신숙주, 「묘지명」(『방촌선생문집』 부록 상, 「금석문」), 1361쪽 및 신숙주, 「신도비명」(『방촌선생문집』 부록 상, 「금석문」), 1366쪽.
30) 『세종실록』 권56, 세종14년 4월 20일, 「황희가 고령을 이유로 사직하자 허락하지 않다」 참조.

사람이 없어서는 안 된다"라고 하고는 곧 예조 판서로 제수하였다.[31] 또한 세종 때 황희는 대간에 의하여 여러 차례 탄핵을 당하였다. 그때마다 세종은 "태종도 황희의 재능을 지극히 아꼈는데, 내가 어찌 연소한 대간의 말에 따라 그를 등용치 않을 수 있겠느냐"라고 하여,[32] 황희에 대한 절대적인 믿음을 표시하며 일체의 비난을 물리쳤다. 황희는 세종에 대한 기대에 부응하여 조선조를 대표하는 어진 재상의 표상이 되었다.

이것은 세종이라는 성군(聖君)과 황희라고 하는 현신(賢臣)의 정대한 만남이 있었기 때문에 가능한 결과였다고 평가된다.[33]

황희를 조선 최고의 청백리로 꼽는 것은 그의 심원한 사려와 행위가 매미의 오덕을 벗어나지 않았기 때문이다. 부정부패를 멀리하기 위해서는 반드시 매미의 오덕이 수반되어야 한다. 작금의 현대 한국사회는 부정부패를 방지하고 투명성을 제고하기 위해 한창 노력 중임에도, 정치일선에 나서있는 정치인들의 부정부패가 연일 그치지 않고 논란이 된다는 점에서 갈 길이 멀게 느껴진다.

국제투명성기구(TI, Transparency International)의 발표에 따르면, 2018년도 국가별 부패인식지수(CPI, Corruption Perceptions Index)에서 한국은 100점 만점에 57점을 받아 180개국 중 45위를 차지했다. 국민권익위원회는 이러한 결과가 한국부패인식지수에서 역대 최고

---

31) 李肯翊, 『燃藜室記述』, 「世宗祖故事本末」, 〈黃喜〉 참조.
32) 『東國輿地勝覽』 권39 참조.
33) 황의동, 「인간 '황희'」, 『백성의 臣 황희와 그 후예들』, 201쪽 참조.

점수라고 고무적인 반응을 보였지만,[34] 이는 OECD 36개국 가운데는 30위에 해당하는 순위로서 여전히 최하위권에 머물러 있는 실정임을 감안하면 부끄러운 결과라고 할 수 있다.

이젠 매미가 껍질을 벗듯이, 우리는 자기 자신의 구각을 벗지 않으면 안 된다. 특히 위정자들이 내세우는 미래적 이념과 방향성은 그들 자신의 철저한 자기반성 없이는 공염불에 그치고 말 것이다. 투명한 사회 또는 행복한 사회로 나아가기 위해서라도 매미가 가지고 있다고 표상되는 오덕의 실천과 여기에 도달하기 위한 공동의 껍질 벗기가 시급하다. 매미의 껍질(蟬蛻殼)처럼 우리의 허물도 벗겨져야만 한다.

3. 소공대(召公臺): '감당지애'(甘棠之愛)와 같은 사랑의 리더십

나는 황희를 '동방의 소공'이라고 규정한다. 그 이유는 강원도 삼척에 황희를 기리는 '소공대'와 그 기념비인 '소공대비'가 세워진 역사적 사실이 있기 때문이다.[35] 또한 황희를 기리고자 건립된 사당 '소동사'(召東祠)[36] 역시 일찍부터 황희를 '동방의 소공'이라고 규정하였음을 알려주는 중요한 단서에 해당한다. 네이버 지식백과 『두산백과』에

---

34) 이유미, 「권익위 "한국 부패인식지수, 역대 최고점수 … 반부패 노력 영향"」, 〈연합뉴스〉, 2019.01.29. https://www.yna.co.kr/view/AKR20190129149500001?input=1195m

35) 이에 대한 기록이 『동국여지승람』, 『대동야승』, 『해동잡록』, 『국조인물지』 등에 두루 보인다(『방촌황희선생문집』 부록 상, 1462쪽 및 1470~1472쪽 참조).

36) 소동사는 황희의 신위를 모시고 제향을 올리기 위해 순조 24년(1824) 삼척의 사림들이 주축이 되어 건립되었다(원영환, 「소공대와 산양서원고」, 『강원문화사연구』 제1집, 강원향토문화연구회, 1996, 5쪽 참조).

서는 '삼척 소공대비'를 이렇게 설명한다.

1986년 5월 23일 강원도문화재자료 제107호로 지정되었다. 강원도 관찰사를 지낸 황희(黃喜)의 선정을 기리기 위해 관동지방 백성들이 세운 것이다. 1423년(세종 5) 관동지방에 흉년이 들자, 관찰사로 파견된 황희는 정성을 다하여 백성을 구호하였고 이에 감동한 백성들은 당시 황희가 쉬던 와현(瓦峴)에 돌을 쌓아 대(臺)를 만들고 소공대라 하였다. 1516년(중종 11) 강원도 관찰사로 부임한 4대손 황맹헌(黃孟獻)이 허물어진 소공대의 돌무덤을 다시 쌓고 비를 세웠다. 높이 173cm, 너비 80cm로, 화강암으로 된 1단의 받침 위에 비신을 세우고 비 상단을 둥글게 마무리한 조선 중기의 일반적인 비석 형태를 지녔다. 지금의 소공대비는 1578년(선조 11) 6대손 황정식(黃廷式)이 삼척부사로 부임하였을 때 다시 세운 것이다. 비문은 영의정 남곤(南袞)이 지었고 글씨는 송인(宋寅)이 썼으며, 상단에 소공대비라는 연각이 있다.[37]

소공대는 삼척의 백성들이 세운 것이고, 소공대비는 황희의 4대손인 황맹헌이 강원도 관찰사로 가서 소공대를 증축하고 세운 것이다.[38] 참고로 <소공대비명>(병서)의 내용을 살펴보면 이와 같다.

삼척부 남쪽 70리 지점에 와현이 있고 와현 위에 돌을 쌓은 곳이 있는데 소공대라 하니 예전에 황익성공이 왕래할 때 쉬었던 곳이다. 영락 계묘년(1423년)에 관동지방에 큰 흉년이 들었으므로 익성공이 특별히 관동지방의 관찰사로 임명되었다. 백성을 보살펴 정성을 다해 구호하니 굶어죽은 백성이 없

---

37) 네이버 지식백과, 『두산백과』, <삼척 소공대비>.
38) 『海東雜錄』(『방촌황희선생문집』 부록 상, 「야사」, 1462쪽) 참조.

었다. 임금께서 가상하게 여기시고 일품조복 한 벌을 하사하고 판우군도총제부사를 제수하였다. 공이 이미 조정에 돌아갔으나 백성들은 공의 덕을 사모하여 잊지 못하였다. 그리하여 공이 쉬던 곳에 돌을 쌓고 대를 만들어 [주나라 소공의] 감당지애와 같은 은혜를 기탁하였다. 그러나 세월이 오래되자 덩굴풀이 우거지고 제사지내는 일이 중지되었으며 모진 풍상으로 대가 무너져 평평한 평지가 되었다.

1516년에 황맹헌이 강원감사가 되어 부임하였는데 익성공의 4대손이다. 그는 정치를 하고 백성을 다스리는데 한결같이 가법을 지켰다. 하루는 관내를 순찰하다가 와현이라는 언덕에 올라 대 아래를 돌아보며 한편으로 사모하고 또 한편으로 슬퍼하였다. 익성공의 기침소리가 아련히 들리는 듯하였다. 다시 돌을 모아 무너진 대를 수축하고 떠났다고 전한다. 나는 그 말을 듣고 탄식하였다. 익성공은 세종대왕을 보좌하여 태평세월이 되게 하였고, 그의 인덕은 한 도에 깊이 남게 되었다. 이 소공대가 온전하거나 또는 무너지거나 공에게 무슨 상관이 있으리오. 다만 공이 가신 지 이미 백 년이 지났어도 사람들의 마음에 간직된 공의 덕이 바로 백 년 전 그날과 같음에랴. 대개 지금 백성은 모두 옛날에 공께서 부지런히 살려낸 그 백성들의 자손인 것이다. 그들 조상이 쌓은 대가 아직도 길가에 우뚝 솟아 있고, 공의 후예가 또 와서 그들의 자손을 무휼하여 옛날의 내를 수축하게 하였으니, 이런 일이 있으리라고 익성공이 어찌 일찍이 생각했겠으며, 또 백성으로서 감히 바랄 수 있었겠는가. 이것은 하늘이 익성공의 인덕에 후하게 보답한 것이며 그 백성들이 추모하여 마지않은 정성에 보답한 것이니, 이 일에 대한 기록이 없을 수 없다.

익성공의 휘는 희이며, 그의 공적과 명성이 모두 역사에 기재되었다. 장원공의 이름은 맹헌이며 노경이 그의 자이다. 명에 이르기를 명주남쪽 실덕국의 옛 강토의 길가에 대가 서 있으니 처음 쌓은 것은 아득히 먼 옛날이다. 들으니 옛날에 익성공은 덕이 소공과 같아서 주린 자는 배부르게 하고 추위에

떠는 자는 따뜻하게 하여 은혜로움이 관동에 남았다고 한다. [이를 기리기 위해] 공이 쉬었던 고개 위에 대를 쌓았다. 임금이 공이 머물던 곳이라 하며 공을 사모하는 눈물을 흘리니 소공대 아래에 고였다. 세월이 흘러 공은 떠나고 대만 남았다. 어떤 이가 와서 공을 이었으니, 바로 공의 후손이었다. 백성들이 기뻐하여 서로 말하기를 "참으로 우리 익싱공이다"라고 하였다. 새로 대를 세운 것은 누구 독촉해서 만든 것이 아니었다. 덕이 사람에게 남아서 대와 더불어 새롭다. 이 글을 좋은 돌에 새겨서 천년토록 알리리라.

영상 남곤이 찬하여 정덕 11 병자년(1516년) 5월에 비석을 세웠는데 61년 후인 정축년 겨울에 풍상으로 부러졌다. 다음해 무인년에 익성공의 6대손 정식이 부사로 부임하여 [익성공의 공적에 관하여] 감읍하고 사모하여 비를 다시 세우고 나로 하여금 글을 쓰게 하였다. 만력 6년(1578년) 8월에 지정 외손 봉헌대부 여성군 송인이 쓰다.[39]

황희는 '백성의 신하'로서 평생을 살았던 인물이다. 나는 그가 평생

---

39) 〈召公臺碑銘〉(並序), "三陟治之南七十里有瓦峴, 峴上有石藪曰召公臺. 盖昔翼成公駐節之所也. 永樂癸卯, 關東饑翼成特膺簡寄來. 撫其民竭心賑活, 民無損瘠. 上嘉之賜一品服, 判右軍都摠制府事. 公旣還朝民慕公德, 而不敢忘, 則相與就公憩之地, 累石爲臺, 以寓甘棠之恩. 時移歲積, 蔓草寒烟, 臺將夷爲平地矣. 歲乙亥, 今監司長原公杖節來莅, 翼成之四代孫也. 凡發政撫民, 一守家法. 一日按部登所謂瓦峴之岡, 徘徊臺下, 且慕且悲僾然如聞謦欬, 迺聚石修其陊坦而去. 僕聞而歎曰, 翼成佐我世宗致太平, 其遺愛一道, 特緒餘耳. 臺之成毁何與於公乎. 然公去百年, 而公德之在人如一日. 盖今之生齒, 皆公昔日, 勤劬全活之民之子孫也. 其祖先所築之臺, 尙歸然路傍, 而公之後裔, 又來, 撫其子孫使修其舊, 茲豈翼成之所曾料者, 又豈民之所敢冀者乎. 無非天所以厚報翼成以償其民追慕不已之誠心也. 是不宜無誌. 翼成諱喜, 事業聲名具載國乘. 長原名孟獻, 魯卿其字云. 銘曰溟州南畔, 悉直舊疆有臺臨路, 經始茫茫. 聞昔翼成德類召公, 飽餓燠寒, 惠留關東. 臺于峴, 上曰公所舍, 望慕涕洟于臺之下. 星霜換易, 公去臺存. 誰來嗣之, 公自有孫. 民權相告, 寔我翼成. 新臺偃蹇匪督匪程. 德之在人與臺俱新. 鐫詞貞石以詔千秋. 領相南袞撰, 正德十一年丙子五月立, 后六十一年丁丑冬, 爲風倒折. 翌歲戊寅, 翼成公六代孫廷式, 適爲府使感慕重建, 仍使余筆之, 是萬曆六年八月也. 止亭外孫, 奉憲大夫礪城君宋寅 書." 앞의 〈소공대비명〉(병서) 원문과 번역은 원영환, 앞의 논문, 3~4쪽의 내용을 인용하였고, 인용문의 번역은 부분적인 수정을 거쳐 재인용하였음.

'백성의 신하'로서 정치에 임했기 때문에 '동방의 소공(召公)'이 될 수 있었다고 본다. '백성의 신하'는 '동방의 소공'이 될 수 있는 하나의 필요조건이며, '동방의 소공'은 '백성의 신하'였기 때문에 가능한 충분조건에 해당한다. 전자와 후자는 서로 양립한다.

그렇다면 '소공'(召公)은 누구인가? 그는 주나라 문왕의 아들로서, 무왕의 동생인 '희석'(姬奭)이다. '소공'은 그의 시호이다. '희'는 성이요 '석'은 그의 이름이다. 『서경』 「군석」(君奭)을 참고할 경우 그는 달리 '군석'이라고도 불린다. '군'은 소공의 이름인 '석'을 높이기 위한 존칭이다.

소공은 같은 형제인 주공과 함께 무왕이 죽자 그의 아들이자 조카인 어린 성왕을 도와 주나라의 기틀을 다진 인물이다. 그는 주나라 왕실의 일족으로서, 지금의 산시(陝西)성 치산(岐山) 지역인 소(召)를 식읍으로 받았기 때문에 소공이라고 불린다. 소공은 문왕으로부터 강왕에 이르는 4대에 걸쳐 정사를 돌보았다.[40] 주공이 성왕 초기에 죽은 것과는 달리 소공은 다음 왕인 강왕 대에 이르기까지 생존하여 고령에도 불구하고 정치를 보살폈다.[41] 특히 무왕이 죽고 성왕이 어린 나이에 군위에 오르자 주공과 함께 그를 훌륭하게 보필하여 주나라의 기반을 확실하게 다져놓은 인물이 소공이다.

주공과 소공은 천하를 둘로 나누어 다스렸는데, 주공은 동쪽 지역을 관장했고, 소공은 서쪽 지역을 다스렸다. 소공의 정치는 대단히 훌륭하고 모범적인 것으로 평가되고 있다. 그가 다스린 지역에서는 모든

---

40) 이종성, 『믿음이란 무엇인가』(파주: 글항아리, 2014), 92쪽 참조.
41) 『두산세계대백과사전(15)』(서울: 두산동아, 2002), 413쪽 참조.

사람이 할 일이 생겼으며, 실직자가 사라졌다고 한다. 청년 실업문제가 팽배한 현재 우리의 상황을 고려한다면 소공의 정치가 얼마나 성공적이었는가를 짐작할 수 있다. 그는 곳곳을 순시하며 백성의 어려움을 보살폈는데, 늘 감당(甘棠)나무 아래에서 송사를 듣고 이를 공정하게 처결해주었다고 전한다. 이에 사람들은 후대에도 감당나무를 보면 마치 소공을 대하듯 공경했는데, 모두가 소공의 선정을 기리기 위함이었다. 지금도 인구에 회자하는 '감당지애'(甘棠之愛) '감당유애'(甘棠遺愛)라는 성어는 소공으로부터 연유하며, 어진 정치를 펼친 사람을 그리워하는 마음을 표현한 것이다.[42]

　『시경』은 소공의 '감당지애'를 기려 이렇게 노래한다. "우거진 저 감당나무 자르지도 말고 베지도 마라. 소백께서 지내셨던 곳이다. 우거진 저 감당나무 자르지도 말고 꺾지도 마라. 소백께서 쉬셨던 곳이다. 우거진 저 감당나무 자르지도 말고 휘지도 마라. 소백께서 즐기셨던 곳이다."[43] 이는 감당나무 아래에서 선정을 펼친 소공을 기린 것으로서, '장소적 기억의 역사'를 노래한 것이라 할 수 있다.

　소공에 대한 '장소적 기억의 역사'는 조선조 초기에 '소공대'에 변형적으로 수렴되어 재현된 것이다. 관동지역 사람들은 황희에게서 주나라 초기의 주요 인물인 소공의 모습을 발견하고, 황희를 '동방의 소공'이라 부르는 것을 주저하지 않았다. 소공이 새롭게 천하를 통일한 주나라 초기의 정국을 안정시킨 것과 마찬가지로 황희는 새롭게 출발한

---

42) 이종성, 앞의 책, 92쪽 참조.
43) 『詩經』, "蔽芾甘棠, 勿翦勿伐 召伯所茇. 蔽芾甘棠, 勿翦勿敗, 召伯所憩. 蔽芾甘棠, 勿翦勿拜, 召伯所說."

조선왕조 초기의 정국을 안정시켰다고 본 것이다. 더군다나 소공이 문왕, 무왕, 성왕, 강왕의 4대에 걸친 왕을 보필한 것과 마찬가지로 황희 역시 태조, 정종, 태종, 세종의 4대 왕을 보필한 이력이 서로 유사하다. 황희는 조선 건국 이래 4대의 군왕을 모셔 인주의 팔다리가 되고 국가의 동량이 되었던 명재상이었던 것이다.

또한 소공이 주나라의 서쪽 땅에 나아가 이 지역을 안정시킨 것과 마찬가지로 황희가 관동지역에 나아가 이 지역을 안정시킨 것 역시 상호 유사성이 있다. 다만 소공과 황희가 다스린 지역이 각각 서쪽과 동쪽으로 서로 다른 점이 있을 뿐, 소공이 다스린 지역이나 황희가 관찰사가 되어 다스린 지역은 공통적으로 거친 지형과 자연환경 때문에 농업에 불리하고 삶의 질이 낙후된 곳이라는 특징이 있었다.

특히 황희가 강원도 관찰사로 부임하였을 당시 관동지역은 극심한 가뭄으로 아사자가 속출하고, 지역 관리들의 가렴주구로 인해 민생이 도탄에 빠져있었다. 이에 황희는 부정한 지역 관리들을 징치하여 물리쳤을 뿐만 아니라, 일자리가 없던 사람들에게 일자리를 갖게 해주는 등 민생을 안정시키는 역할을 충실히 수행하였다. 그 결과 이속(관리)들은 그를 두려워하고 백성들은 그를 사랑하여 그리워하게 되었다고 한다.[44] 삼척의 백성들은 황희의 선정을 기려서, 그가 중국의 소공 같은 인물이 아닐 수 없다고 보아, 황희가 머물던 자리에 '소공대'라는 대를 지은 것이다.[45]

---

44) 『문종실록』 권12, 문종 2년 2월 12일, 「황희에게 사제하는 교서」 참조.
45) 삼척부민들은 소공대를 쌓고 비를 건립하여 황희의 공덕을 기리는 것으로 만족하지 못하고 '소동사'라는 사당을 지었다. 소동사는 후일 '산양서원'(山陽書院)으로 개칭된다. 황희를 기리는

'동방의 소공'은 이렇게 '소공대'와 함께 탄생한 것이다. 황희가 '동방의 소공'이라고 칭송될 수 있었던 것은 소공이 '감당지애'의 모범을 보인 것처럼 황희 역시 사랑의 리더십을 유감없이 펼쳤기 때문에 가능한 일이었다. 사실 현대 리더십에 있어서 사랑의 조건은 필수적이다. 사랑이 배제된 리더라거나 리더에게 사랑이 결여되어 있다고 한다면, 리더십 자체가 성립되지 않는다. 황희가 강원도관찰사로 부임해 있을 동안 펼쳤던, 위에 제시한 몇 가지 사항들 역시 황희의 백성사랑의 결과임에 틀림없다.

유가의 사랑은 인(仁)으로 표상된다. '인'에 대한 해석은 여러 가지다. 그것은 일반적으로 사랑이라고 이해되지만,[46] 또한 사람다움이라고 해석되기도 한다.[47] 임보신(任輔臣, ?-1558)과 이기(李墍, 1522-1600) 등은 황희가 조선조 최고의 어진 재상이라고 평가한다.[48] 황희를 최고의 어진 정승이라고 평가한 것은 황희를 최고의 사랑의 리더십 실천자로 보았음을 알려준다.

일상생활에서 보여준 황희의 관후한 일화들은 그의 인품이 얼마나 어질었는가를 알려준다. 노비의 자식들이 밥상 위의 밥을 빼앗아 먹거나 턱수염을 잡고 뺨을 때려도 웃음으로 대하였다든가(『대동야승』, 『필원잡기』, 『청강쇄어』, 『청야만록』), 한창 무르익은 배에 동내 아이들이 돌을 던져 배가 땅이 가득히 떨어지자, 이를 꾸짖기보다는 시동에

이 서원은 1913년 5월 일제에 의하여 방화 소각되어 버렸다(원영환, 앞의 논문, 5-13쪽 참조).
46) 『論語』, 「顔淵」, "樊遲問仁. 子曰: 愛人." 참조.
47) 『中庸』, "仁者人也."
48) 任輔臣, 『丙辰丁巳錄』 및 李墍, 『松窩雜說』 참조.

게 그릇을 가져오라 하여 떨어진 배를 주어서 아이들에게 가져다주게 한(『대동야승』) 일화 등이 전해진다. 이밖에 황희의 사랑의 리더십을 확인할 수 있는 몇 가지 구체적인 사례를 소개해보기로 한다.

① 황희는 "옥사를 의정할 때에는 관용으로써 주견을 삼아서 일찍이 사람들에게 이르기를, '차라리 형벌을 가볍게 해 실수할지언정 억울한 형벌은 할 수 없다'라 했다."[49] 황희는 나이가 들수록 원숙하고 노련해져 형벌을 무겁게 매기지 않고, 특히 백성들의 어려움을 보살펴주는 데 앞장섰다.[50]

② 장영실(蔣英實)은 본래 그 아비가 원나라 소주, 항주 사람이고 어미가 기생이었는데 솜씨가 뛰어나 태종이 보호하고 세종이 아껴 인재로 쓰려고 하니, 이조판서 허조, 병조판서 조말생 등이 반대를 했다. 다시 황희, 맹사성에게 의논하니 기꺼이 찬성하였다. 이는 황희가 유가의 인을 기반으로 한 사랑의 리더십을 소유하고 있었기 때문에 세종이 신분을 초월한 인사를 할 수 있었던 것이라 평가된다.[51]

③ 황공이 수상으로 있을 때 무슨 일이 있어 관료 수십 명과 함께 정청에서 식사를 하게 되었는데, 황공이 밥을 덜어놓으려고 할 때 밥 속에 벌레가 들어 있었다. 그러나 황공은 그 벌레를 덜어놓

---

49) 『문종실록』 권12, 문종 2년 2월 8일, 「영의정부사 황희의 졸기」 참조.
50) 이성무, 『방촌 황희 평전』 (서울: 민음사, 2014), 6쪽 참조.
51) 『세종실록』 권61, 세종 15년 9월 16일, 「안숭선에게 명하여 장영실에게 호군의 관직을 더해줄 것을 의논하게 하다」. 인용문은 황의동, 앞의 논문, 187쪽을 참조하여 재인용함. 장영실은 동래현의 관노비에서 궁궐의 궁노비로 이동한 이후 세종의 총애를 받아 상의원 별좌, 정4품 호군, 종3품 대호군까지 오른다. 이러한 장영실의 발탁과 승진에는 세종과 황희의 관용 및 사랑의 리더십이 깊이 관여되어 있다.

은 밥 속에 숨겨버리고 아무 말 없이 밥을 먹었다. 관료 중에 그 사실을 안 사람이 있었으나 수상이 그러하므로 그도 아무 말 없이 밥을 먹었다. 만일 그 일이 탄로가 나면 주방 하인들이 중죄에 걸릴 자가 많을 것이므로 공이 덮어버린 것이다.[52)]

④ 양녕대군의 허물이 적지 않았음에도 황희는 그것을 끝까지 감쌌다. 이는 사람을 아끼고 키우는 관후한 덕을 가진 황희의 사랑의 리더십을 확인케 하는 하나의 사례이다.[53)]

여러 문헌에 보이는 황희의 인간성에 대한 기록은 '온후 고결하다'든가 또는 '인자하다'는 말로 많이 표현되어 있다.[54)] 고종 때 이르러 이승조(李承璪) 등이 상소하여 황희를 문묘에 배향할 것을 주청한 적이 있다. 이 상소문에는 일찍이 황희보다 어진 이가 없었다고 하면서, 그의 어짊이 결코 맹자와 한유에 뒤떨어지지 않는다고 평가한 문장이 적혀 있다.[55)] 이 역시 황희의 리더십이 유가의 사랑인 인에 기반을 두었음을 확인시켜준다.

4. 반구정(伴鷗亭): 물러남 또는 은퇴의 리더십

---

52) 李尙震, 『晚庵集』 참조. 이 인용문은 『방촌황희선생문집』 부록 상, 「야사」, 1449쪽 참조.
53) 곽신환, 앞의 논문, 156쪽 참조.
54) 오병무, 「조선조의 명재상 방촌 황희의 생애와 사상」, 『방촌 황희의 학문과 사상』 (서울: 책미래, 2017), 43쪽 참조.
55) 『승정원일기』 권2922, 고종 21년 4월 4일, 「고 영의정 증시 익성공 신 황희를 문묘에 배향하게 할 것을 청하는 팔도 유생 유학 이승조 등의 상소」 참조.

'반구정'은 황희가 벼슬살이를 마치고 파주로 은퇴하면서 임진강 가에 지은 정자다. 반구정은 한명회(韓明澮, 1415-1487)의 압구정만큼 유명세를 타지는 못하였기 때문에 세간에서는 압구정은 알아도 반구정의 존재에 대해서는 모르는 경우가 많다.

반구정이나 압구정은 모두 황희와 한명회가 벼슬을 그만둔 이후 자연을 벗 삼아 살겠다는 의도에서 지은 정자들이다. 이 정자들은 동일하게 갈매기와 벗이 되어 노닌다는 취지를 가지고 있다. 그럼에도 그 명분과 실질의 관계는 서로 엄청나게 다른 결과를 낳았다.

압구정이란 이름은 한명회 본인이 지은 것이 아니다. 본디 중국 북송 시기의 구양수(歐陽修, 1007-1072)가 한기(韓琦, 1008-1075)라는 재상에게 서재명으로 지어주었던 이름이 압구정이었는데, 이 이름을 차용하여 중국인 예겸(倪謙)이란 사람이 한명회의 부탁을 받고 지어준 것이다. 저간의 상황을 보여주는 『성종실록』의 기사를 보자. "신이 옛날에 사명을 받들고 중국 조정에 들어갔을 때에 학사 예겸과 더불어 접화하고자 하여 드디어 청하기를, '한강 가에 조그마한 정자 하나를 지었으니, 원컨대 아름다운 이름을 내려 주십시오' 했더니, 이에 압구(狎鷗)라고 이름하고 또 기문을 지어 주었습니다."[56] 한명회는 이 정자의 이름이 마음에 들었던지 자신의 호로 사용하기도 한다.

『성종실록』의 기록에 의거할 때, 한명회는 자신이 지은 정자의 이름과는 정반대되는 권력에의 의지를 행사하려고 하다가 탄핵된 후 유배형에 처해진다. 1481년(성종 12년) 중국에서 조선에 사신이 들어왔을

---

56) 『성종실록』 권118, 성종 11년 6월 7일, 「사간 이세필이 원각사 중을 국문하기를 청하다」 참조.

때 한명회는 중국사신을 자신의 압구정에 초빙하여 잔치를 벌이고자 하였고, 더군다나 왕실에서나 사용하는 용과 봉황이 새겨진 차일(遮日, 천막)을 빌려 압구정에서 사용하였으면 한다고 성종에게 요청하였다. 그러나 이 요청은 성종에 의해 거부된다.

이 과정에는 좀 더 내밀한 권력쟁투의 그림자가 숨어있다. 당시 중국에서 조선에 왔던 사신은 평소 한명회와 친분이 있던 정동(鄭同, ?-1483)이라는 이름을 가진 악명 높은 환관이었다. 그는 본래 조선인으로서 세종 때 환관으로 뽑혀 중국에 보내진 인물이었다.[57] 한명회는 그를 통해 대명외교를 통한 자신의 정치적 입지를 공고히 하고픈 욕망이 있었던 터라 그를 자신의 정자에 초대하고자 한 것이다.[58] 뿐만 아니라 자신의 권세가 왕권을 능가하고 있음을 은근히 과시하고도 싶었던 것이다.[59]

---

57) 『성종실록』에는 정동을 이렇게 소개한다. "저 정동은 본시 우리나라 환관으로서 중국 조정에 뽑혀 들어가 천자의 좌우를 모시게 되면서 교만하고 오만하고 간사하며 망령되어 모든 소인들의 자태를 전부 가지고 있는데, 이번에 우리나라에 들어와서는 성세를 빙자하고서 거만하고 무례하여, 한 가지의 쾌한 일을 보면 날뛸 듯이 즐거워하고 한 가지의 흠을 보면 발끈하여 성을 내니, 마치 사당에 엎드린 쥐와 같아서 불태울 수 없고, 굴속에 들어 있는 여우같아서 물을 들이댈 수도 없다."(『성종실록』권132, 성종 12년 8월 2일, 「강자평과 안침 등이 상소하여 도감 낭청 등에게 벼슬로 상을 내린 것이 부당하다고 하다」 참조).

58) 정동은 명나라 5대 황제 선덕제의 후궁으로 간택된 한영정(韓永矴)의 딸 한씨의 수종화자로 진헌된 인물로서, 정통제 때 후궁한씨의 후광으로 태감의 자리에 올라 황제를 측근에서 보필하였고, 조선에 5차례 사신으로 오는 등 대조선 외교를 전담하였다(이상균, 「명사 정동의 조선사행과 별진헌 문제」, 『서울과 역사』 제92호, 서울역사편찬원, 2016, 43쪽 및 45-46쪽 참조). 후궁한씨는 한확의 누이동생이었고, 한명회는 그녀의 족친이기도 하였다.

59) 이에 관해 『성종실록』은 다음과 같은 기록을 남기고 있다. "정동이 왔을 때 전일 관대를 받은 것에 깊이 감격한 나머지 만 분의 일이라도 보답하려고 정동에게 말하기를, '한강 남쪽에 압구정이 있는데, 이는 곧 나의 별장입니다. 가서 보시지 않겠습니까?'라고 했는데, 이는 그 자신의 부호함으로써 정동의 눈앞에 과시해보고자 하는 의도였다. 그래서 보첨을 설비하려고 하였는데 이를 윤허하지 아니하였고, 장만을 설비하려고 하였는데 이것도 윤허하지 않았더니, 한명회는 사전의 계획이 어긋남을 분하게 여겨 곧 아내가 병들었다는 핑계로 압구정 놀이를 그만두었다. 한명회가 전일 만 리 길인 중국의 사은사로 떠날 때에는 그의 아내가 마침 큰 병이

그러나 이 사건을 계기로 한명회는 권력의 중심부에서 밀려나게 된다. 중국사신 정동이 돌아간 후 성종은 왕실의 정자인 제천정(濟川亭)과 희우정(喜雨亭) 두 개만 남겨둔 채 압구정을 비롯한 한강변의 모든 정자들을 허물어버린다. 사람은 떠날 때를 잘 알아야 함에도 한명회는 자신의 노욕 때문에 스스로 화를 불러들인 것이라 볼 수 있다. 원인 없는 결과가 있을 수 없듯이, 한명회의 몰락은 예기되었던 것이나 다름없다. 스스로를 '망기로'(忘機老)라고 자칭했지만,[60] 그의 만년의 삶은 매우 이율배반적인 결과를 낳고 말았던 것이다.

이에 비해 본다면, 황희의 반구정은 중국의 권세 내지는 사대주의를 등에 업고 지어진 이름이 아닐 뿐 아니라 본심을 숨기고 겉으로만 자연을 벗하겠다는, 그야말로 이름뿐인 가식적 선언이 아니었다는 데 의의가 있다. 서울을 떠나 파주로 은퇴하여, 얼마 남지 않은 여생을 갈매기와 짝하고 살겠다는 황희의 마지막 바람에 진정성이 있었던 것이다.

미수(眉叟) 허목(許穆, 1595-1682)은 「반구정기」(伴鷗亭記)를 지어 반구정이 "파주 부치에서 서쪽으로 15리 되는 임진 가에 있는데, 썰물이 물러가고 갯벌이 드러날 때마다 갈매기들이 모여든다. 강가의 잡초 우거진 벌판에는 모래밭으로 꽉 찼다. 또 9월이 오면 기러기가 찾아든다. 서쪽으로 바다 어귀까지 10리이다"라고 소개함과 동시에 "물러

있었다. 그런데도 사양하지 아니한 것은 정동의 후한 보답을 얻기 위한 것이었다. 뒷날의 압구정 놀이는 하루에 불과하며 그의 아내도 대단한 질병이 없었다."(『성종실록』권132, 성종 12년 8월 2일, 「강자평과 안침 등이 상소하여 도감 낭청 등에게 벼슬로 상을 내린 것이 부당하다고 하다」참조).

60) 이규태는 최경지(崔敬止)와 이윤종(李尹宗)이 지은 시들을 예시하여, 당대에 이미 '압구정'과 '망기로'의 역설을 풍자하는 분위기가 형성되어 있었음을 제시하고 있다(이규태, 『선비의 의식구조』(서울: 신원문화사, 1984), 249~250쪽 참조).

나 강호에서 여생을 보낼 적에는 자연스럽게 구로(鷗鷺)와 같이 세상을 잊고 높은 벼슬을 뜬 구름처럼 여겼으니, 대장부의 일로 그 탁월함이 마땅히 이와 같아야 하겠다"고 하여 황희의 물러남 또는 은퇴의 리더십을 본받을 필요가 있다고 소개한다.[61]

본래 갈매기와 짝한다는 일화는 도가서적인 『열자』와 직접적인 관련성이 있다.

> 바닷가에 사는 사람 중에 갈매기를 좋아하는 사람이 있었다. 그는 매일 아침 바닷가로 나가서 갈매기와 놀았는데, 날아오는 갈매기들은 백 여 마리도 더 되었다. 한 번은 그의 아버지가 말했다. "내가 듣기로는 갈매기들이 모두 너와 함께 논다는데, 너는 몇 마리 잡아 오너라." 다음 날 그가 바닷가에 나가니, 갈매기들은 공중에서 춤추며 날기만 할 뿐 내려오지 않았다.[62]

또한 갈매기를 짝한다고 하는 중국의 압구정 고사에는 장자의 '기심'(機心) 이야기가 내재되어 있다. '기심'이란 대상에 대한 욕망의 기미가 드러나는 마음이다. 장자는 사람들이 '기심'을 마음속에 갖게 되면 반드시 순백함을 갖출 수 없다고 하여 이를 멀리할 것을 주장한다.[63] 갈매기와 친할 수 있는가 아닌가는 '기심'의 유무에서 결정된다는 내용이다. 한명회는 '기심'을 가지고 갈매기를 만났지만, 황희는 '기심'을 버리고 갈매기를 만났다. 중앙 정계를 은퇴한 이후에도 정치권력을 행사

---

61) 許穆, 『眉叟記言』 권13, 원집 중편, 동우, 「반구정기」 참조.
62) 『列子』, 「黃帝」, "海上之人有好漚鳥者, 每旦之海上, 從漚鳥游, 漚鳥之至者百住而不止. 其父曰: 吾聞漚鳥皆從汝游, 汝取來, 吾玩之. 明旦之海上, 漚鳥舞而不下也."
63) 『莊子』, 「天地」, "有機械者必有機事, 有機事者必有機心. 機心存于胸中, 則純白不備." 참조.

하고자 한 한명회와는 다르게 황희는 정치일선에서 깨끗하게 물러나 자연의 결을 따르고자 한 것이다.

황희나 한명회는 다 같이 갈매기를 친구삼아 남은여생을 보내겠다고 선언했지만 두 사람의 말년은 현격하게 대비된다. 한명회가 철저한 명교주의의 삶을 살아갔다면, 황희는 친자연주의적 삶을 살아갔다고 평가된다.[64] 이런 점은 네 말도 맞고 또한 네 말도 맞다고 하는 유명한 일화를 남긴 황희의 삶의 태도가 친도가적인 것으로 평가하여 무리가 없으리라는 가능성을 열어두게 한다.[65] 국가 사회적인 일들에 대해서는 유가나 법가적인 예·법으로 살아가더라도, 물러나 사적 개인의 삶을 살아갈 때는 한사람의 자연인으로서 친도가적 삶을 영위하고자한 황희의 모습이 여실히 확인된다.

혹자는 한명회가 황희의 반구정을 모방하여 압구정을 지은 것이라 추정하지만, 앞서 언급한 것처럼 압구정은 한명회가 중국인에게 부탁하여 전해 받은 것임에 비해 반구정은 황희가 직접 자신의 생각을 투영하여 지은 이름이라는 점에서 확실한 차이점이 있다. 물론 이러한 정자의 이름은 북송시대로부터 그 기원이 찾아진다는 점에서, 황희 역시 '압구정'을 염두에 두고 '반구정'이라는 정자명을 지었을 가능성은 매

---

64) 황희는 나이가 들어갈수록 현실정치로부터 벗어난 전원의 목가적 삶을 지향하면서 여러 차례 중앙정부에 사직서를 제출한다. 그 꿈이 갈매기를 친구삼아 살아보겠다는 반구정의 상징성에 담겨진 것이라고 볼 수 있다.

65) 언어적 시비평가는 절대적인 것이 아니라고 한 장자의 '제물론'(齊物論) 논리가 황희의 삶에 깊이 삼투되어 있었다고 보아도 무방하다. 이는 황희의 통합적 사유의 특징을 보여주는 하나의 단면이다. 다만 황희는 불교에 대해서만큼은 예외적으로 척불론의 입장을 표명한다(『방촌황희선생문집』 별집1, 서, 「請斥佛氏書」 참조). 이는 조선이 지향하고자 한 국가시책의 이념에 충실해야 한다는 정치관에 기인한 것으로서, '척불숭유'라는 조선의 정치적 방향성에 흔들림이 있어서는 안 된다는 명확한 기준에 근거를 둔 것이다.

우 높다. 당시 중국역사나 언어에 대해 대단히 해박했던 황희였기 때문에 그 가능성은 더 높다고 할 수 있겠다.

만일 이러한 가설이 옳다고 한다면, 황희는 '압구정'에서 '압'이라는 글자를 동일한 의미의 '반'이라는 글자로 바꾸어 '반구정'이라고 명명한 것이라 볼 수 있다. 황희와 한명회가 지은 두 정자의 지향성을 통해 '은퇴의 리더십'에 대해 한 번쯤 충분히 생각해볼 측면이 있다고 생각한다. 황희는 『주역』 건괘(乾卦) 상구효(上九爻)의 '항룡유회'(亢龍有悔)의 정신[66]을 누구보다 잘 실천한, 진정한 리더의 본보기임에 틀림없다. 황희는 진퇴가 분명한 인물이었다. 그래서 문종은 교서를 통해 "황희의 진퇴가 모두 도의에 부합하였다"고 평가한 것이다.[67] 누구보다 '시중지도'(時中之道)를 잘 실천했던 인물이 황희였던 것이다.

5. 광통루(廣通樓): 하늘과 사람의 소통을 목표로 한 리더십

황희는 남원에 유배되었을 당시 지금의 '광한루' 자리에 '광통루'를 지었다. 이러한 사실은 황희의 친도가적인 세계관과 밀접한 관련이 있다. 후대 광한루원에는 신선의 세계관을 반영하여 광한루 전면 동서

---

66) 이에 관해 「문언전」에서는 "항(亢)이란 말은 나아가는 것만 알고 물러나는 것을 알지 못하며, 존재하여 있는 것만 알고 망하여 없어지는 것을 알지 못하며, 얻는 것만 알고 잃는 것을 모른다. [이러한 것을 아는 것은] 그 오직 성인뿐인가! 나아감과 물러남, 존재하여 있는 것과 망하여 없어짐 둘 다를 알아 그 바름을 잃지 않는 자는 오직 성인뿐일 것이다!"(『주역』, 「문언전」, "亢之爲言也, 知進而不知退, 知存而不知亡, 知得而不知喪. 其唯聖人乎! 知進退存亡而不失其正者, 其唯聖人乎!")라고 하였다.
67) 『문종실록』 권12, 문종 2년 2월 12일, 「황희에게 사제하는 교서」 참조.

편으로 연못을 만들어 하늘의 은하수를 상징케 하였고, 연못 안에는 삼신산을 상징하는 삼신도를 만들어 각각의 섬에 대나무, 백일홍을 심고 연정을 지었다. 이러한 점을 감안할 때, 일상생활 영역 안에서 확인되는 황희의 삶은 친도가적인 것이었을 가능성이 매우 높다.

물론 '광한루'는 황희가 남원을 떠난 이후 이 지역에 관찰사로 부임한 정인지(鄭麟趾, 1396-1478)에 의하여 그 이름이 명명된 것이기는 하지만, 황희가 지은 광통루와 정인지가 다시 지은 광한루는 그 공간적 배경의 상호 연관성이 충분히 존재한다. 본래 광통루는 황희가 자신의 선조 황감평(黃鑑平)이 지은 서실 일재(逸齋)를 헐고 그 자리에 누각을 세운 데서 유래한다. 이때가 세종 원년(1419년)이었다. 이후 세종 26년(1444년)에 정인지에 의하여 광통루가 오늘날과 같은 이름의 광한루라고 개칭된 것이다. 황희가 서거하기 8년 전의 일이니, 이때 황희는 일인지하 만인지상의 영의정에 있을 때였다.

광한루야말로 신선도가적인 세계관을 여실히 반영하고 있다. 앞서 언급한 것처럼 동래산, 방장산, 영주산이라는 도교 전래의 삼신산을 삼신도로 변형하여 조성한 것이다. 이와 같이 광한루에 호수를 만들어 은하수를 삼고, 신선들이 사는 세상처럼 삼신산을 모방하여 삼신도를 조성함으로써, 신선도가적인 세계관을 본격적으로 연출한 것은 송강(松江) 정철(鄭澈, 1536-1593)에 의해서이다. 사마천의 『사기』에 의하면, 삼신산에는 선인들과 여러 가지 불사약이 있으며, 거기에 있는 물건과 짐승들은 온통 흰색이고, 황금과 은으로 궁궐을 지었는데, 멀리서 이를 바라보면 마치 구름과 같고 가까이에서 보면 삼신산은 거꾸로 말

아래에 있다[68]고 기록하여, 그 신비로움을 더하고 있다.

특히 도교적 기원을 가지고 있는 광한루라는 누각의 이름은 마치 달나라의 궁전인 '광한전'(廣寒殿)의 '광한청허루'(廣寒淸虛樓)와 같이 아름답다고 하여 붙여진 것이다. 유종원(柳宗元, 773-819)의 『용성록』(龍城錄)에 기록된 전설에 의하면, 당나라 현종이 8월 보름에 달 속을 노닐다가 하나의 큰 궁전을 보았는데, 궁전의 편액에 '광한청허지부'(廣寒淸虛府)라고 적혀 있었다고 한다.[69] 후일 이 말을 줄여서 '광한궁'이라고 하였던 것이다. 청대 포송령(蒲松齡, 1640-1715)이 지은 『요재지이』(聊齋志異)에서는 광한궁을 이렇게 묘사하였다. "소년은 그를 광한궁으로 데리고 갔는데, 궁 안쪽이 모두 수정 계단으로 이루어져 있고, 길을 걸을 때 마치 거울 위를 걷는 것 같았다. 두 그루의 큰 계수나무가 하늘을 찌를 듯 솟아올라 해를 가리고 있었는데, 바람을 타고 꽃기운이 밀려와 향기가 끊이지 않았다."[70]

광한루는 황희가 지은 광통루의 이념이 확장된 공간이다. 광통루와 광한루는 동일한 공간에 시간적 선후에 의해 그 이름이 달라졌고, 규모가 확장되었다. 현재 광통루에 대한 기록이 거의 남아 있지 않은 상황이라서, 황희가 월궁을 염두에 두고 이 누각을 지었는지, 그 사실성

---

68) 司馬遷, 『史記』 권28, 「封禪書」, "自威宣燕昭使人入海求蓬萊方丈瀛洲. 此三神山者, 其傳在勃海中, 去人不遠; 患且至, 則船風引而去. 蓋嘗有至者, 諸僊人及不死之藥皆在焉. 其物禽獸盡白, 而黃金銀爲宮闕. 未至, 望之如雲; 及到, 三神山反居水下." 참조.

69) 柳宗元, 『龍城錄』, 「明皇夢游廣寒宮」, "開元六年上皇與申天師道士鴻都客八月望日夜, 因天師作術, 三人同在雲上遊月中, 過一大門在玉光中飛浮, 宮殿往來無定, 寒氣逼人露濡衣袖皆濕, 頃見一大宮府榜曰廣寒淸虛之府, 其守門兵衛甚嚴, 白刃粲然, 望之如凝雪." 참조.

70) 蒲松齡, 『聊齋志異』, 「白于玉」, "童導入廣寒宮, 內以水晶爲階, 行人如在鏡中. 桂樹兩章, 參空合抱, 花氣隨風, 香無斷際."

여부는 정확하게 알 수 없는 측면이 있다. 만일 황희의 광통루에도 월궁의 이미지가 반영되었던 것이 확실하다면, 황희 역시 월궁의 아름다움을 지상세계에 그대로 구현하고픈 소망이 있었을 것이라 볼 수 있다. 하늘의 세상을 지상에 구현하고자 한 바람은 한국인의 오랜 꿈이었다.

그러나 황희가 지은 '광통루'의 이념에 월궁의 이미지가 반영되지 않았다고 간주한다 하더라도, 광통루의 이름은 그 자체로 큰 의미가 있다. 그것은 넓게(廣) 통하는(通) 공간의 의미를 담고 있기 때문이다. 넓다는 의미에는 크다는 의미도 내재되어 있다. 결국 크고 넓게 통하는 세상을 희망한 황희의 이념이 광통루라는 누각의 이름에 새겨진 것이다. 황희가 볼 때 현실세계는 좁고 작은, 협소성을 벗어나지 못한다.

황희가 강릉 경포대를 바라보면서 읊은 시의 한 구절에 "티끌 같은 더러운 세상에도 바다 속 신선이 노니는구나"[71]라고 한 것을 보면, 황희 역시 신선에 대한 동경과 이에 대비되는 인간세상의 한계에 대해 우려하고 있었음이 명확하게 확인된다. 넓고 큰 세상과 통하자고 하는 황희의 바람은 결국 인간세상의 협소성을 벗어나보자는 이야기다. 사람과 사람 사이에 존재하는 협소함을 벗어나 넓게 소통해보자는 바람이다. 황희의 바람은 사람과 사람 사이의 관계에만 머무는 것은 아니다. 사람과 자연이 넓게 통하고, 사람과 우주가 넓게 통하는 것이다. 광통루에 새겨진 이념은 현실의 벽을 허물고 큰 세상으로 나아가는 것이다. 그 세상이 우주자연에 이르고 있다는 점에서, 황희가 꿈꾼 세상은 넓

---

71) 『방촌황희선생문집』 원집 상, 시, 「題江陵鏡浦臺」, "塵寰亦有海中仙." 이 시는 황희가 정계에 복귀한 뒤 강원도 관찰사로 부임했을 당시 경포대를 방문한 후 지은 것이다(『방촌황희선생문집』, 원집 상, 시, 「題江陵鏡浦臺」, "謹按癸卯甲辰年間在江原道觀察使時所作." 참조).

고 크다.

요컨대 황희는 지상세계에 하늘같은 세상을 구현하고자 한 것이라 볼 수 있다. 이것은 한국인의 오랜 이상과 바람을 지상세계에 구현하고자 한 전통을 재현한다는 특징이 있다. 곧 하늘이 사람이 되고, 사람이 하늘이 되는 '천인합일(天人合一)의 세계관'을 이상적 정치의 목표로 상정한 결과라고 할 수 있다.

황희는 세상과 두루 넓게 소통하는 것이 중요하다고 본 리더십의 소유자였다. 두루 넓게 소통한다는 말은, 일방적으로 한 쪽에 기울지 않는 보편적 이념의 지향성을 리더십의 기초로 삼았다는 의미이다. 새와 매미 같은 동물이 두 날개를 균형 있게 펼치고 하늘을 날듯이 리더십의 핵심은 공평하게 세상 자체와 소통하는 것, 그 이상도 그 이하도 아니었던 것이다. 곧 지상신선의 세상을 구현하는 것이 황희 리더십의 최종 목표였다고 할 수 있다.

6. 결론을 대신하여: 인본주의 리더십의 모범적 거울

이상과 같이 이 글에서는 황희 관련 몇 가지 상징요소에 초점을 맞추어 그 철학적 해석을 중심으로 황희의 리더십에 나타난 특징과 의의에 관하여 살펴보았다. 본문에서 논의된 몇 가지 내용을 간략히 요약 정리하면 다음과 같다.

첫째, 황희의 시호인 '익성'(翼成)에 내재된 리더십의 내용이다. 황희는 평생 왕을 잘 보필한 현명한 신하의 역할에 충실한 삶을 살았던 인물이다. 이러한 삶이 가능했던 이유는 그가 매미가 가지고 있는 다섯 가지 덕을 실천하는 리더의 인품과 자질을 가지고 있었기 때문이다. 그 다섯 가지는 배움[文], 청백[淸], 염결[廉], 검소[儉], 믿음[信]이다.

둘째, '소공대'(召公臺)에 새겨진 사랑의 리더십이다. 황희는 주나라 소공과 같이 가난을 구제하고 실업자를 없앤 한편 탐관오리를 처벌하는 등 민생을 위해 헌신한 결과 백성들에 의해 그의 선정을 기리는 소공대가 세워졌다. 황희는 사랑의 리더십을 통해 이미 자신의 살아생전에 '동방의 소공'이라고 불렸던 것이다.

셋째, 말년에 세운 '반구정'에 내재된 물러남 또는 은퇴의 리더십이다. 리더가 나아갈 때와 물러날 때를 제대로 아는 것도 리더십의 한 특징이다. 그것은 '시중지도'(時中之道)에 충실한 것이기도 하다. 황희의 은퇴는 자연주의적 특징을 가지고 있었다는 점에서 일반적인 명교주의적 은퇴와는 차별성을 갖는다.

넷째, '광한루'의 전신인 '광통루'에 새겨진 소통의 리더십이다. 세상과 넓게 통하기 위한 장소적 특성을 새긴 광통루에서 황희는 사람과 사람, 사람과 자연, 사람과 세상, 사람과 우주 등의 자기 확장성을 갖는 소통의 리더십을 모색하였다. 이것은 이 땅에 이상세계를 구현하고자 한 그의 희망의 리더십이 반영된 결과라는 점에서 의의가 있다.

이와 같은 논의는 역사적인 장소의 현장성에 기초한 구체적 상징요소를 검토의 대상으로 삼아 그 안에 내재된 이념적 요소 내지는 철학적 특성을 파악하는 방식으로 논의된다는 점에서 의의가 있다. 황희의 리더십은 사람과 사람이 허물없이 화합하고 사람과 자연이 상생하며, 사람과 우주가 공생하는, 소통 자체에 도달하는 목표를 가지고 있었던 것이다. 특히 황희와 관련된 여러 가지 일화들을 통해볼 때, 황희의 리더십은 민본주의적인 특성을 띠고 나타나고 있는데, 사실 황희의 리더십은 민본주의적 특성을 넘어 인본주의적 특성이라는 보다 근원적인 성격을 가지고 있음이 확인된다. 인본주의란 주체적 존재로서의 인간이 우주자연과 하나로 소통하여 사람다운 삶을 영위하는 것을 목표로 삼는다.

물론 시대와 역사적인 한계 때문에 황희의 리더십이 부득이 현대와 같은 종류의 민주주의의 특성을 드러냈다고 보기는 어렵지만, 그의 리더십의 이념만큼은 민주주의적인 특성을 넘어 인본주의적인 데로 나아가는 지향성을 가지고 있었음이 확인된다. 단적으로, "종도 하늘이 내린 백성이다"(『대동야승』)라고 한 황희의 인간관이 이를 잘 보여준다.

황희가 종들을 인격적으로 대하였음을 알려주는 사례는 매우 많다. 전해지는 일화를 보면, 황희가 총명한 자질을 가진 어린 노비를 면천시켜 주었는데, 후일 그는 과거에 급제하여 나라의 동량이 되었다는 사례가 있을 정도이다. 또한 본문에서 소개한 것처럼, 어린 종들이 황희의 턱수염을 잡아당기거나 뺨을 때리고 밥상에 밥을 빼앗아 먹어도 나무라지 않고 그대로 두었다는 기록들을 통해본다 하더라도 황희의 인품이 얼마나 관후하였는지 가늠할 수 있다.

또한 『세종실록』에는 여러 신하들이 상의하여 백정들이 자신의 신분 때문에 아무런 죄도 없이 가혹한 형벌을 받거나 부당한 처우를 받아서는 안 된다고 주청한 기록이 있는데,[72] 여기에 구체적인 인명이 거

론되지는 않았지만 그 여러 신하 가운데는 황희가 함께하였을 가능성이 매우 높다. 이것이 세종 17년의 일이었음을 감안하면 그 가능성을 배제하기 어렵다. 황희는 백정에게 패를 만들어 주어 정병으로 삼을 것을 주장한 바도 있는데,[73] 이 역시 백정에 대한 처우개선의 일환이었음이 분명하다.

신분질서가 명확하던 당대의 상황에서 종이나 백정까지도 인간 그 자체로 보아야 한다는 황희의 입장은 분명 시대를 앞서간 선각자적인 사유였다고 평가된다. 이러한 리더십의 특징은 인본주의적인 성격을 갖는다. 황희의 리더십은 분명 서구적 리더십의 이념적 방향성과는 그 궤를 달리하는 특성이 있다. 최근 유행처럼 번지고 리더십 가운데는 개별적 주체의 성장을 전제로 하면서 계층 상호 간의 관계성 자체를 강고하게 유지하고자 하는, 일부 보수주의적 리더십이 인기를 끌기도 한다. 개인의 행복을 위해서는 타인의 존재를 무시하고 수단시하여도 좋다는 방식의 일부 이기주의적 성향이 짙은 리더십까지 발견되고 있다.

이상과 같은 특정한 리더십과는 달리 황희의 리더십은 사적 개인의 문제보다는 인간 그 자체의 문제에 초점을 맞춘, 보다 보편적이고 근원적인 존재와 존재사물 상호간의 관계성 회복을 염두에 둔 특징이 있다는 점에서 그 철학적 의의가 인정된다.

건의하다」 참조.

73) 『세종실록』 권59, 세종 15년 2월 27일, 「의정부·육조 등을 불러 주장과 함께 권력 있는 자를 골라 정할 것을 논의하다」 참조. 백정에 대한 차별은 매우 심각하여, 이들은 결혼을 하더라도 가마를 탈 수 없었고, 죽어서도 상여를 사용할 수 없었으며, 일반인들과 동석할 수도 없었다. 이러한 백정들에게 관심을 갖고 그들의 인권을 함께 고민하고자 한 점은 황희 리더십의 인본주의적 특성을 드러내는 것이라 할 수 있다.

—

헌장(憲章)의 수호자:
세종시대 황희(黃喜)의 정치적 역할[*]

송 재 혁 (여주대학교)

1. 문제제기: 세종은 왜 황희를 중용했는가
2. 의정부서사제의 시행과 황희
3. 세종과 황희
4. 헌장의 수호자 황희
5. 결론: 좋은 정치와 정책의 연속성

1. 문제제기: 세종은 왜 황희를 중용했는가

조선의 제4대 국왕 세종(世宗, 1397-1450, 재위 1418-1450)은 황희(黃喜, 1363-1452)를 자신의 재위 기간 동안 최고위 재상으로 중용했다. 세종은 자신의 재위기에 수많은 인재를 직접 육성했음에도 불구하고, 부왕 태종이 육성한 황희를 파격적으로 대우하고[1] 자신의 가장 중요한 정치적 동반자로 삼았다. 결국 황희는 세종을 보좌한 공로로 죽은 지 얼마 안 되어 세종의 문묘배향공신으로 결정되었다(『문종실록』 02/02/08). 그러나 사실 황희는 세종이 중용하기에는 많은 문제점들

---

* 이 글은 『정치사상연구』 제25집 2호, 한국정치사상학회, 2019에 게재한 논문이며, 2018년 대한민국 교육부와 한국연구재단의 지원을 받아 수행된 연구(NRF-2018S1A5B5A01037103)이다.
1) 세종은 70세를 맞이한 황희의 사직상소에 "어찌 보통의 규례에 얽매여 치사하게 할 수 있겠는가?(『세종실록』 14/04/20, 豈拘常規以致仕)"라고 대답하고 있다.

을 가지고 있는 인물이었다.

첫 번째 문제는 고령의 나이였다. 1418년에 세종이 22세의 나이로 즉위했을 때, 황희의 나이는 이미 56세였다. 태종의 세자 교체를 반대하다가 유배되어 있었던 황희는 세종 4년(1422) 3월에 조정으로 복귀한다. 황희는 고령의 나이에도 불구하고 세종 13년(1431) 최고위 재상인 영의정에 임명된 후, 세종의 재위 기간을 거의 대부분을 함께 했다. 그는 그 기간 동안 수많은 사직 상소를 올렸지만, 세종은 세종 31년(1449)에 가서야 이미 87세가 된 황희의 사직을 허락했다.

두 번째 문제는 부패와 비리에 대한 지속적인 논란이다. 『세종실록』에는 황희를 부정적으로 기록하는 부분들이 많은데, 재위 10년(1428) 6월 25일의 기사가 대표적이다. 이 기사를 기록한 사관 이호문(李好問)은 뇌물, 스캔들, 매관매직 등을 지적하고 있다. 후에 실록의 편찬 과정에서 사관의 이러한 기록이 진실인지 아닌지 여부에 대한 논란이 벌어졌다. 그러나 사관의 기록을 함부로 없앨 수 없다는 이유로, 이 기록은 그대로 실록에 실리게 되었다(『단종실록』 즉위/07/04). 황희가 고위직 대신으로 오랜 기간 재직한 만큼, 정적들의 공격도 빈번했던 것으로 추측된다. 그는 좌의정으로 재직하던 시절부터 뇌물과 청탁에 연루되어 지속적으로 곤욕을 치뤘다(『세종실록』 09/06/21; 10/01/28; 『세종실록』12/11/14). 그러나 이도는 이러한 황희를 보호하며 자신의 동반자로 삼았다.

세 번째 문제는 황희가 태종의 공식 후계자였던 양녕대군의 후원자였다는 점이다. 양녕이 세자로서 중국에 조회할 때, 태종은 상중이던 황희를 불러 수행원으로 임명한 바 있다. 이후 황희는 양녕을 계속 보필했다. 충녕대군이 세자로 임명받을 때까지, 그는 양녕이 국왕이 되어야 한다는 소신을 굽히지 않았다. 그 결과 황희는 태종에 의해 유배되었으며, 세종 재위 4년 이후에야 복귀할 수 있었다.

그렇다면 세종은 왜 황희를 중용했을까. 사실 황희는 태종 이방원이 공신세력 견제 및 국정운영을 위해 직접 키운 인물이다(소종 2015). 황희는 태종 집권 시기 유일하게 육조의 판서를 모두 역임했다. 황희는 국왕의 기밀사무를 관장하는 지신사를 비롯해 육조 판서직을 거치면서 국가의 전반적인 정치 운영을 경험한 유일한 관료라고 할 수 있다(소종 2015, 111-112).

세종은 황희의 장점 중 하나로 "헌장(憲章)에 밝다(『세종실록』 14/04/20)"는 것을 지적했다. 세종이 말하는 '헌장(憲章)'이란 곧 선왕인 태조 이성계와 태종 이방원이 이룩한 정치적 유산이다. 황희의 졸기(卒記)는 세종시대 황희의 정치적 기여에 대해 다음과 같이 요약하고 있다. "세종이 중년(中年) 이후에 새로운 제도를 많이 세웠는데, 황희는 '조종(祖宗)의 예전 제도[舊制]를 경솔하게 변경할 수 없다.'고 생각하고 홀로 반박하여 중지시켜 막은 것이 많았다."[2] 이때 새로운 제도는 육조직계제에서 의정부서사제로의 통치체제의 변화, 4군 6진의 개척, 공법의 개혁, 첨사원의 설치 등 세종이 새롭게 확립한 정치제도를 뜻한다. 황희의 졸기에서, 세종의 정치 개혁 시도에 맞서 선대의 정치적 유산을 지키려고 했던 황희의 노력이 그의 핵심적 역할로 부각된다. 즉,

---

2) 『문종실록』 02/02/08, "世宗中年以後 多立新制 喜以爲 祖宗舊制 不可輕變 獨駁議 … 多所止遏."

황희는 "선대의 국왕들이 남긴 제도[祖宗舊制]"를 유지시킨 "헌장(憲章)의 수호자"였다.

황희에 대한 학술 연구는 그의 대중적 인지도에 비해 매우 드문 편이다. 정두희(1996)는 청렴하고 포용력 있는 관리보다는 조선왕조가 안정화되는데 막대한 역할을 했다는 관점에서 황희의 정치적 역할을 조망했다. 이성무(2014)는 "탁월한 행정가이자 외교가", 이민정(2016)은 "군신공치"의 입장에서 재상 황희의 역할을 고찰했다. 오기수(2014), 이민우(2016)는 공법 제정과정에서 황희의 역할을 살펴보았는데, 전자는 조세의 중립과 공평성의 측면을 읽어냈고, 후자는 이상적인 정책을 추구하는 세종을 경계하는 안전판의 역할을 담당했다고 해석했다.[3] 이 글의 논지를 전개하는데 많은 도움을 받은 소종(2015)의 연구는 태종시대에 황희가 담당한 정치적 활동을 검토했다. 그는 태종시대를 시기적으로 구분하여 태종의 황희 육성 및 황희의 정치적 활동을 분석했다.

본 연구는 '헌장(憲章)의 수호자'라는 관점에서 세종 18년 4월 의정부서사제 시행 전후의 황희의 정치적 역할을 조망하고자 한다. 먼저 2장에서는 의정부서사제로의 통치체제의 전환과 그 속에서의 황희의 역할을 고찰한다. 다음으로 3장에서는 헌장의 계승과 황희에 대한 세종의 생각을 살펴본다. 마지막으로 4장에서는 여러 정책 사안들 중에서 대표적으로 북방의 경략, 공법의 개혁, 세자의 대리청정 세 가지 정책 사안에서 황희의 입장 및 정치적 역할을 검토한다. 이를 통해 결론

---

3) 소종(2015), 오기수(2014), 이민정(2016), 이민우(2016), 정두희(1996)의 경우, 최근 "방촌 황희의 학문과 사상"((사)방촌황희선생사상연구회, 2017)으로 묶여 출간되었다.

에서는 세종시대 황희의 정치적 기여에 대해 논의해 보고자 한다.

2. 의정부서사제의 시행과 황희

1) 의정부서사제 시행의 원인

태종은 재위 14년(1414) 4월 17일 의정부서사제를 폐지하고 육조직계제를 시행하였다. 세종은 재위 18년(1436) 4월 12일, 육조직계제를 다시 의정부서사제로 전환하였다. 이때 세종이 내린 교서는 다음과 같다.

> "요와 순이 다스리던 시대는 백규(百揆)가 구관(九官)과 십이목(十二牧)을 모두 통솔하였으며, 위대한 주나라 때에는 총재(冢宰)가 육경(六卿)과 육십속(六十屬)을 모두 통솔하였다. … 우리 태조께서 개국하시던 초창기에 도평의사사(都評議使司)를 설치하여 한 나라의 정치를 총괄하게 했으며, 뒤에 의정부로 이름을 고쳤으나 그 임무는 처음과 같았다. 그러나 지난 갑오년[태종 14년(1414)]에 … 사무가 경중과 대소와 관계없이 모두 육조에 귀속되고 의정부와는 관계하지 않아서, 의정부에서 참여하여 듣는 것은 오직 사형 죄수들에 대한 논결뿐이었다. … 이제 태조의 성헌(成憲)에 의하여 육조에서는 각각 맡은 직무를 먼저 정부에 품의(稟議)하고, 의정부에서는 가부를 의논하여 아뢴 뒤에 분부를 받아서 도로 육조로 돌려보내서 시행하게 하라. … 이렇게 하면 거의 옛날에 재상에게 전임(專任)하는 본래의 뜻에 합치될 것이다."[4]

---

4) 『세종실록』 18/04/12, "唐虞之際 百揆統九官十二牧 成周之時 冢宰統六卿六十屬 … 我太祖開國之初 設都評議使司 以摠一國之政 後改爲議政府 其任如初 歲在甲午 … 事無輕重大小 皆歸於六曹 而不關於政府 政府所與聞 唯論決死囚而已 … 今依太祖成憲 六曹各以所職 皆先稟於議政府 議政府商度可否, 然後啓聞取旨 還下六曹施行 … 如此則庶合古者專任宰相之意."

세종은 요와 순, 그리고 주나라가 실시하던 이상적인 통치체제를 언급한다. 백규(百揆)와 총재(冢宰)는 모든 관원을 총괄 관리하는 직책으로, 성왕(聖王)들이 '재상에게 정치적 역할을 전임'했던[專任宰相] 뜻을 보여준다. 세종은 의정부서사제 복원의 이유로, 태조가 실시한 도평의사사와 의정부 제도가 태종이 실시한 육조직계제보다 옛날 제도의 본의에 합당하는 점을 지적한다. 고제(古制) 연구를 통해 이해할 수 있게 된 이상정치의 실현, 그리고 의례 및 제도의 정비와 왕권의 안정화에 따른 정치적 여건의 성숙이라는 요인을 의정부서사제 전환의 이유로 본 연구들은 세종의 이러한 수사에 주목한 것들이다(최승희 2002, 한영우 1973).

이러한 연구는 통치체제 전환의 정당성을 부각시키기 위한 유가적 군주 세종의 정치적 수사에 주목한 것이라 할 수 있다. 그러나 수사 뒤에 숨어있는 의정부서사제 시행의 실제적인 동기를 이해하기 위해서는, 재위 18년을 전후로 한 당시의 정치적 실상과 배경에 주목할 필요가 있다(유재리 2016, 61). 세종의 건강 악화(최승희 2002, 한충희 2011), 세자의 대리서무를 위한 사전적인 포석(정두희 1983, 김순남 2005), 세종의 친정 이래 불거진 정책적 책임의 분산(유재리 2016)과 같은 기존 연구의 설명이 여기에 해당한다.

이 중에서 유재리(2016)의 설명은 세종의 실제 의도를 잘 포착하고 있다. 태종의 서거 이후 주도적으로 추진했던 각종 정책들이 문제점을 노정하자, 세종은 정치적 책임을 분담하고 산적한 문제들을 성공적으로 처리하기 위해 의정부를 중심으로 국정운영 구조를 재편한 것으로 보인다(유재리 2016). 황희의 역할을 군신공치론의 관점에서 해석하고 있는 이민정(2016)의 논의 역시 이러한 정치적 책임의 분담의 입장에 서 있다.

다만 유재리(2016)는 세종이 의정부서사제를 시행한 원인을 현실 정치의 난관 타개라는 한 가지 측면의 목적으로 축소하고 있다. 이상적인 통치체제인 재상위임의 총재제를 표방한 의정부서사제가 정치적 국면 타개를 위한 세종의 선택이며, 이로써 세종은 정치적 책임론에서 벗어나면서도 친정(親政) 이래 형성해온 집권력을 더욱 견고히 할 수 있었다는 것이다(유재리 2016, 87). 그러나 이러한 시각만으로 의정부서사제의 시행 원인을 설명하는 것은 한계가 있다.

세종은 분명 권력을 희구하는 정치가이다. 그러나 동시에 그는 독단적으로 강행한 정책의 실패를 몸소 경험하면서, 국가의 미래를 위해 더 나은 정치적 결정과정을 모색하는 지도자이기도 하다. 서론에서 살펴보았듯이, 의정부서사제로 전환한 세종 18년 이후 세종 31년까지 계속해서 영의정 자리를 지킨 황희의 정치적 기여는 세종의 개혁 시도에 대한 반대, 즉 무모해 보이는 정책의 시행에 제동을 거는 것에 있었다. 유재리(2016)의 경우, 이러한 황희의 역할에 주목하지는 못했다. 의정부서사제 시행 이후 황희의 정치적 기여는 세종에 대한 권력적 측면에서의 설명이 한계가 있음을 보여준다. 그러므로 의정부서사제 시행의 원인을 보다 넓은 시야에서 조망하기 위해서는, 황희의 역할에 대한 분석이 필요할 것이다.

2) 신개, 하연과의 비교

세종은 의정부서사제의 시행을 알리는 교서를 내리는 한편, 다음과 같이 의정부에 전교했다.

"옛날 의정부가 서사할 때는 좌우의 의정(議政)만이 도맡아 다스리고 영의정은 참여하지 않으므로, 옛날의 삼공(三公)에게 전임(專任)하는 본의와는 달랐다. 이제부터는 영의정 이하가 함께 가부를 논의해서 시행하게 하라."[5]

의정부서사제를 시행하기 전에도 좌의정과 우의정은 각각 판이조사(判吏曹事), 판병조사(判兵曹事)를 겸임하면서 문·무반의 인사 모두에 참여하고 있었다. 의정부서사제 시행 전후로 우의정 자리에 있었던 무장 출신 최윤덕의 사례가 이를 보여준다. 좌·우의정은 판서를 겸임하면서 해당 관사의 주요 업무에 대해 영향력을 행사했으며 스스로 해당 관사의 장관이라는 인식을 가지고 있었다(한충희 1997, 67-72). 또 전환 이후 얼마 지나지 않은 시점에 의정부의 요청에 따라 중요성이 낮은 업무를 기존의 육조직계제 방식으로 처리하게 했다. 그렇다면 세종 18년 4월 12일 의정부서사제 전환의 핵심은 영의정인 황희가 실질적인 임무를 맡게 되었다는 점에 있다고 할 수 있다.

<표 1> 세종시대 의정부서사제 시행 이후 삼정승의 변화 (세종 재위 18년 ~ 32년)[6]

구분	18년	19년	20년	21년	22년	23년	24년	25년	26년	27년	28년	29년	30년	31년	32년
영의정	황희														하연
좌의정	-			허조	-					신개	-		황보인		황보인
우의정	노한	-	허조	신개						하연			남지		남지

이 표는 의정부서사제 시행 이후 삼정승 임명자의 변화를 나타낸 것이다. 먼저 눈에 들어오는 인물은 황희이다. 황희는 세종 13년(1431) 9

---

5) 『세종실록』 18/04/12, "昔議政府署事之時 但左右議政摠治 而領議政不與焉 有違古者專任三公之意自今領議政以下 同議可否施行."
6) 유재리(2016, 88-89)를 참조하여 작성하였음.

월 영의정부사가 되었고, 의정부서사제 시행 이후에도 세종 31년까지 영의정부사를 역임했다. 황희 이외에는 신개(申槩, 1374-1446)와 하연(河演, 1376-1453) 정도가 눈에 띈다. 그러나 같은 삼공의 자리를 역임했음에도 황희는 이들과는 차별되는 인물이다. 그 이유를 간략히 살펴보면 다음과 같다.

먼저 신개는 황희와 함께 세종의 문묘에 배향된 7명의 배향공신 중 한 명이다. 그는 북방 영토의 개척과 관련된 정책을 비롯해 공법 개혁에서 주도적 역할을 담당하였다. 실록에 기록된 신개의 졸기는 그를 다음과 같이 평가하고 있다.

> 계축년(세종 15년, 1433)에 야인(野人)이 변방을 침범하여 사람과 가축을 죽이고 사로잡아 갔다. 임금이 뜻을 가다듬고 이를 토벌하려 하니, 많은 대신들이 임금과 뜻이 달랐다. 신개는 임금의 뜻을 헤아려 알고 글을 올려 토벌하기를 청하였다. … 임금의 뜻에 매우 합하였으므로, 임금이 이를 보고 크게 기뻐하였다. … 몇 해가 되지 아니하여 마침내 수상(首相)이 되어 총애가 비할 데가 없었다. 사람됨이 매우 지나치게 살폈는데, 재상의 직위에 있게 된 뒤에는 의논이 오로지 남의 마음에 맞기만을 힘썼다. 각염(権鹽), 입거(入居), 공법(貢法), 행성(行城) 등 모든 백성에게 불편한 것은 모두 신개가 건의하여 앞서 시행한 것이므로, 당시의 논의하는 자들이 그를 비난하였다.[7]

---

7) 『세종실록』 28/01/05, "歲癸丑 野人犯邊 殺虜人畜 上銳意討之 大臣多以爲不可 槩揣知上意 上書請伐之 … 甚合上意上覽之大悅 … 不數年 遂爲首相 寵顧無比 爲人頗傷苛察 及居相位 凡論議專務逢迎 其権鹽入居貢法行城凡不便於民者 皆槩建議倡之 時論少之."

줄기는 신개가 세종의 의사에 부합하는 쪽으로 매사에 힘썼다는 것을 그의 단점으로 지적하고 있다. 세종 15년에 야인 정벌을 추진할 때, 신개는 주변의 많은 우려와 반대에도 불구하고 상세한 정벌 전략까지 제시하며 야인 정벌을 적극 지지했고, 그 결과 세종에게 전격 발탁되었다(유재리 2016, 72). 위의 기사의 내용처럼, 그는 이후에도 여진 정벌 추진을 비롯해 그에 따른 사민과 축성 정책을 책임지고, 공법 개혁과 소금 전매 논의 역시 주도하였다. 당시 조정 관료들의 반대로 인해 추진의 난항을 겪던 사안들마다 신개는 국왕 세종의 의사에 부합하는 의견을 제시하고 이를 추진하는 능력을 보여주었다(소순규 2019).

다음으로 하연은 세종의 초대 지신사를 역임했다(박현모 2019). 그는 세종 5년(1423) 대사헌으로 불교 사원에 대해 선교 양종으로 병합하고 36개 사원을 제외한 나머지를 모두 혁파하는 작업에 관여하였다. 세종 18년 이후 그는 형조판서, 의정부 참찬, 예조판서, 이조판서, 의정부 좌우찬성을 두루 맡으면서 공법의 논의 및 전품의 개정에 관여한다(김보정 2008, 181). 그는 세종 12년 공법 논의가 대두하자 수세 등급의 세분을 주장하였고, 이후 공법의 내용을 구체화하는 과정에 깊게 개입하였다(유재리 2016, 72-73). 하지만 그는 공법 이외의 사안에서는 별다른 업적을 내지 못했다. 세종시대 초기부터 두루 관직을 역임하며 국정 전반을 파악하고 있었기 때문에, 세자의 대리청정이 시작되는 세종 재위 25년 이후 삼정승의 역할을 맡겼던 것으로 추측해 볼 수 있다.

결국 황희에 비견할 수 있는 인물인 신개 혹은 하연의 경우, 충실하게 세종의 의사에 따라 정책을 추진했다는 것을 확인할 수 있다. 이러한 사실은 의정부서사제의 시행이 독단적인 정책 시행의 결과에 따라 정치적 책임을 느끼게 된 세종의 국면 타개라는 설명에 부합한다. 다만 황희의 경우는 이들과는 차별성을 가지기 때문에 보다 세심한 분석이 필요하다.

3.세종과 황희

1) 세종의 '계승'

'견습 국왕' 세종의 초기 국정 목표는 선대의 사업을 잘 계승하는 것이었다. 더구나 자신을 국왕으로 만들어준 부왕 태종이 상왕으로 군림하고 있는 상황이었다. 세종은 즉위교서에서부터 "인을 베풀어 정치를 행해서, 땀 흘려 이루어 주신 선대의 은혜를 밀고 나아가리라(『세종실록』즉위/08/11, 施仁發政 方推渙汗之恩)"라는 말로, 선대 지도자들의 위대한 업적을 이어 가겠다고 선언했다.

세종이 즉위 후 첫 번째로 했던 말은 "일을 잘 알지 못하니 의논하자(『세종실록』즉위/08/12)."라는 것이었다. 세종은 본래 정식 후계자가 아니었고, 후계자로 선정되고 정식 수업을 얼마 받지 못한 채 국왕이 되었다. 당연히 일을 잘 알 수가 없었다. 그는 인사권과 군사권을 거머쥔 아버지 아래서 견습 국왕으로 거의 4년을 보낸다. 그가 과거의 국정 운영에 대한 기록, 즉 실록을 보려고 끊임없이 시도했던 것도 선대 사업의 계승이라는 목표 의식 때문이었을 것이다.

상왕으로 군림하던 태종 이방원은 세종 4년 5월에 죽었다. 이후 세종은 홀로서기, 즉 친정을 시작한다. 가뭄과 같은 재해를 비롯한 많은 시련이 있었지만, 세종은 이를 극복하고 순조롭게 태종의 정치를 계승했다. 이러한 내용은 "이제 사방에 우환이 없어"(『세종실록』 07/12/07, 方今四方無憂), "이제 국경에 우환이 없어"(『세종실록』 08/01/07, 方今四境無憂) 등과 같은 『세종실록』의 기사를 통해 확인할 수 있다. 그리고 세종은 그 속에서 자신만의 정치 스타일을 관철하기 시작한다.

새롭게 정치 리더십이 세워지면 언제나 선대 지도자들의 업적에 대한 계승을 언급한다. 세종의 초기 국정 운영에서 세종의 계승에 대한 언급은 분명 초기 리더십의 안정적인 승계, 새로운 리더십에 대한 정당화, 혹은 정치공동체의 안정을 위한 수사적인 측면이 내포되어 있다고 할 수 있다. 주목할 점은 세종이 이러한 계승 의식을 그의 통치 기간 내내 일관되게 유지하고 있다는 사실이다. 정권이 안정기에 접어든 세종 재위 14년경의 기록을 통해 이 점을 확인해 보고자 한다.

세종 재위 14년(1432)은 1397년생인 세종이 36세가 되는 해이다. 세종의 일과는 신하들이 매일 국왕을 알현해 정무에 관한 보고를 하는 상참, 정무에 대한 토론을 하는 시사, 각 관아의 관리들이 돌아가며 국왕과 접견하는 윤대, 고전을 토론하는 경연으로 채워졌다. 장년기의 세종이 열정적으로 정치를 펼치고 있는 시기라고 할 수 있다. 당시 국제적으로는 전쟁 및 분쟁이 발생하지 않았고, 국내적으로 국가 재정의 확보와 부민(富民)의 문제가 어느 정도 해결되었다는 공감대가 있었다. 국내외 정치 상황이 안정되자, 세종의 관심사는 교민(敎民)의 문제로 점차 옮겨가고 있었다.

이 시기에 세종은 선대 지도자들의 정치에 대해 다음과 같이 언급하고 있다.

"태조께서는 천운(天運)에 순응하여 나라를 여시고, 태종께서는 그 뜻을 이어서 일을 닦아 밝히시니, 예악문물(禮樂文物)이 찬란하게 크게 갖추어졌다. 나는 다만 조종(祖宗)의 왕업(王業)을 계승하니, 유지하여 지키고, 가득 차게 이루고, 부족한 것을 보충할 뿐이다."[8][9]

이 시기에도 세종은 자신의 임무를 '왕업의 계승'으로 인식하고 있다. 위의 기사에서 세종은 왕조를 창업한 태조, 그를 이어받아 예악문물의 제도를 갖춘 태종을 이어서 "왕업을 계승하는 것"을 자신의 임무로 받아들이고 있다. 그리고 그는 계승의 방법을 '유지하고 지키는 것[持守]', '내용을 채워 완성하는 것[盈成]', '부족한 것을 보충하는 것[補不足]' 등 세 가지로 세분화한다.

세종 재위 10년 이후 본격적인 치세에 접어들면서, 세종은 스스로를 "수성의 군주", "조종의 왕위를 계승하는 군주"로 표방한다. 이 시기에 그는 1차 여진 정벌과 같은 정책들이 "조종의 성규(成規)", "조종의 왕업"임을 내세워, 자신의 주도하는 정책에 대해 당위성을 부여하였다 (유재리 2016, 66). 파저강 토벌과 관련된 세종 15년경의 다음과 같은 기사는 세종이 자신을 수성의 군주, 왕업을 계승하는 군주로 자임하고 있음을 보여준다.

---

8) 『세종실록』 14/06/14, "太祖應運開國 太宗繼志述事 禮樂文物 粲然大備 予則但承祖宗之業 持守 盈成 補不足而已."
9) 비슷한 시기의 다음과 같은 기사도 세종의 동일한 계승 의식을 보여준다. "대제학 정초가 새로 주조한 종의 명문에서 말하였다. '아! 거룩하신 태조시여. 총명하시고 신무(神武)하사 천명에 순응하고 인심에 호응하시니 동쪽 나라의 땅 남김없이 가지시어 백성들의 왕이 되셨네. 용감하고 굳센 태종께서는 밝은 정치 잘하시어 임금 노릇 잘하시고, 명나라 천자를 극진하게 섬기시니 크게 훌륭한 명성이 일어나고 국가는 융성해졌네. 지금 임금께서 즉위해 기업(基業)을 이으시니, 선왕의 남긴 훈업(勳業)을 더욱 두텁게 하시네(『세종실록』 14/04/29)."

"수성하는 군주[守成之君]는 대체로 사냥놀이나 성색(聲色)을 좋아하지 않으면, 반드시 큰 것을 좋아하고 공을 세우기를 즐거하는[好大喜功] 폐단이 있다. 이것은 옛날부터 지금까지 조상의 왕위를 계승하는 군주[繼體之主]가 경계해야만 하는 일이다. 나는 조종의 왕업을 계승하여, 영성(盈盛)한 왕운(王運)을 안정적으로 보존하는 것을 항상 염두에 두고 있다."[10]

위 기사는 파저강 토벌의 결과로 북방의 정세가 요동치면서, 자신이 주도한 정책의 후폭풍을 감당해야 하는 세종의 입장을 잘 보여주고 있다. 신하들에게 파저강 토벌은 세종의 "큰 것을 좋아하고 공을 세우기를 좋아하는 폐단[好大喜功]"으로 보였을 수도 있다. 정치적 책임에 부담감을 느낀 세종은 신하들에게 자신이 조선왕조를 안정적으로 보존하는 것을 항상 염두에 두고 있다고 변명한다.

물론 여기서 세종이 계승을 언급하는 목적에는 자신의 독단적인 결정을 추진하기 위한 수사적인 측면이 있는 것도 사실이다. 그러나 우리가 주목해야 할 점은 세종이 조선의 국왕으로서 자신의 임무의 주요 골자가 "왕업을 계승하는 것"이라고 선언했으며, 그가 정책 사안에 따라 이러한 임무를 '유지하고 지키는 것[持守]', '내용을 채워 완성하는 것[盈成]', '부족한 것을 보충하는 것[補不足]'으로 나누어서 실행하고 있다는 것이다. 기본적으로 세종은 자신이 주도한 파저강 토벌을 성헌(成憲)에 대한 계승이라고 인식한다. 다음은 파저의 전역에 대한 세종의 평가이다.

---

10) 『세종실록』15/11/19, "守成之君 大抵不好遊畋聲色 則必好大喜功 自古及今繼體之主所當戒也 予承祖宗之業 撫盈成之運 常以此爲念."

"지난번 파저(婆猪)의 전역(戰役) 때에는 대신, 장수, 재상들이 모두 불가하다고 말하였다. 이 말은 바로 만세에 변함이 없는 정론(正論)이었지만, 내가 정벌을 명하여 공을 이루었다. (그러나) 이것은 다만 행운일 뿐이고 숭상할 만한 것이 못 된다."[11]

세종의 평가에 따르면, 파저강 토벌은 모두의 반대에도 불구하고 자신이 고집해서 성공하긴 했으나 행운이 따른 것이었다. 이러한 세종의 언급은 세종 15년 당시 파저강 토벌의 후폭풍에 직면하게 된 군주 세종의 곤경을 보여준다. 우리는 군주가 완성된 존재가 아니라 변화해 가는 존재임을 잊어서는 안 된다. 세종도 초기 견습 군주에서 출발하여 역량을 키워간 군주이다. 파저강 토벌은 역량을 쌓아간 군주 세종의 회심의 정책이었으나, 야인들의 규합과 저항을 촉발하여 끊임없이 국경을 방비해야 하는 비용을 치르게 되었다.

파저강 토벌의 사례는 군주의 역량 측면에서 세종이 논의와 토론을 통한 신중한 정책의 결정이라는 것에 주목하게 된 이유를 잘 보여준다. 영의정 황희는 처음부터 파저강 정벌에 반대하는 입장에 서 있었고, 이후 세종은 황희를 보다 신중한 정책의 결정 과정에 활용하게 된다.

2) 세종의 황희 평가와 졸기의 평가

황희는 나이가 많다는 것을 이유로 그 누구보다 많은 사직 상소를 올렸다. 세종은 그러한 황희의 요청을 계속 들어주지 않았고, 재위 31

---

11) 『세종실록』 15/11/19, "往者婆猪之役 大臣將相皆曰不可 此乃萬世不易之正論 予乃命征而成功 此特其幸耳 不足尚也."

년이 될 때까지 정치적 동반자로 삼았다. 수많은 이유가 있겠지만, 핵심적인 이유는 황희가 선대의 정치적 유산에 대한 가장 높은 수준의 이해를 가진 사람이었기 때문이다. 황희는 태종의 재위 기간 중 유일하게 육조의 판서를 모두 역임했다. 국왕의 기밀사무를 관장하는 지신사를 비롯해, 육조의 판서직를 거친 황희는 국가의 전반적인 정치 운영을 경험한 거의 유일한 관료라고 할 수 있었다(소종 2015, 111-112).

태종은 서거 직전, 유배 중이던 황희를 서울로 불러(『세종실록』 04/04/11), 세종이 황희를 등용할 수 있는 길을 열어주었다. 이후 세종은 황희를 경시서제조(『세종실록』04/ 10/13), 의정부 참찬(04/10/28), 강원도 도관찰사(『세종실록』05/07/16), 판우군도총제부사(『세종실록』 05/12/11), 대사헌(『세종실록』 07/03/01), 의정부 찬성사(『세종실록』 07/05/21), 이조판서(『세종실록』 08/02/10)에 임명하며 그의 능력을 두루 시험하였다. 그리고 황희는 우의정(『세종실록』 08/05/13), 좌의정(『세종실록』09/01/25)을 거쳐, 드디어 영의정(『세종실록』 13/09/03)에 임명되었다.

세종은 황희를 '옛사람(舊人)'이라고 불렀다. 세종이 황희의 사직 상소에 답하는 기사를 통해 세종의 황희를 어떻게 인식하고 평가했는지 살펴볼 수 있다.

"어려움을 극복하는 임금은 보필하는 재상의 능력에 힘입는 것이니, 어찌 힘써 임용한 옛 사람이 물러가고 나아가는 일을 가볍게 처리할 수 있겠는가. 경은 덕과 그릇이 크고 두터우며, 지식과 국량(局量)이 침착하고 깊고, 큰일을 잘 결단하며, 헌장(憲章)을 밝게 익혔도다. … 돌아보건대 그렇게 많던 여러 대신들이 점차 새벽의 별처럼 드물게 되고, 오직 한 사람의 늙은 재상이 의정이 높은 산처럼 우뚝 솟아 서 있다. 시정(時政)을 모아 잡을 만한 인망(人望)이 공을 버리고 그 누구에게 있겠는가. 이에 삼공의 우두머리에 위치하여 신하와 백성들의 사표가 되게 하였다. … (그대가) 비록 헛말을 꾸며서 물러가기를 청하는 것은 아니나, 어찌 보통 일반의 규정에 구애되어 벼슬을 물러날 수야 있겠는가. 경 자신을 위한 계책으로는 좋겠지만, 그리하면 내가 의지할 사람은 누구이겠는가. 겸손한 생각을 누르고 속히 직위(職位)에 나아가기를 바라노라. 덕이 적은 나를 더욱 도와서 영원히 왕업을 지켜 가지게 하는 방법을 도모하고, 옛 사람이 물러나가 휴양할 뜻이 없었던 것을 힘써 생각하라. 사직하려고 하는 일은 당연히 허락하지 않을 것이다."[12]

위의 기사에서 세종은 황희의 여러 장점들을 거론하고 있다. 이중에서 핵심은 '헌장(憲章)'이라는 말에 있다. 세종에게 황희는 선왕의 유산인 '헌장(憲章)'을 밝게 익힌 '옛사람(舊人)'이었다. 세종이 즉위한 지 14년이 지나 선대의 정치를 파악하고 있는 인물들이 새벽하늘의 별처럼 드물어진 상황에서, 세종은 황희를 영의정에 임명하여 신하와 백성들의 사표로 삼았다. 세종은 황희가 자신을 도와 왕업을 지켜나가기를 바라고 있으며, 황희가 87세의 나이로 사직할 때까지 영의정으로 곁에 두었다. 『문종실록』에 등장하는 황희의 졸기는 세종시대 황희의 정치적 기여에 대해 다음과 같이 요약하고 있다.

---

12) 『세종실록』 14/04/20, "克艱厥后 所賴輔弼之賢 圖任舊人 豈宜去就之易 惟卿德器宏厚 識局沈深 善斷大事 明智憲章 … 顧諸公之衮衮 漸至星稀 唯一老之堂堂 巍然山立 揆時之望 舍公其誰 玆冠位於公台 用表位於臣庶 … 縱非虛飾而求閑 豈拘常規以致仕 卿之自謀則善矣 予之所倚者誰歟 庶抑謙懷 速踐職位 益贊寡德 永圖持守之方 勉思古人 毋有退休之志 所辭宜不允."

"(황희는) 대체(大體)를 보존하기에 힘쓰고 번거롭게 고치는 것을 좋아하지 않았다. 세종이 중년(中年) 이후에 새로운 제도를 많이 세웠는데, 황희는 '조종(祖宗)의 예전 제도를 경솔하게 변경할 수 없다.'고 생각하고 홀로 반박하는 의논을 올렸다. 비록 세종이 다 따르지는 않았지만, 중지시켜 막은 것이 많았다."[13]

황희의 졸기에 따르면, 세종은 집권 후반기에 많은 새로운 제도를 모색했다. 세종은 32년이라는 오랜 기간 동안 통치하면서 선대 정치의 계승이라는 목표를 가지고 각 정책 사안을 '유지하고 지키는 것[持守]', '내용을 채워 완성하는 것[盈成]', '부족한 것을 보충하는 것[補不足]'으로 나누어 처리하고자 했다. 세종이 군주로서 경험과 연륜을 쌓을수록, 정국을 바라보는 시각 역시 넓어졌다. 따라서 세종은 자신의 판단에 따라 기존 제도의 문제를 해결하고자 했다.

반면 황희는 세종과는 달리 보수적인 태도를 견지했다. 그는 재위 중, 후반기에 혁신을 추구하는 세종에 맞서 기존의 제도를 유지하려고 했다. 또한 영의정으로서 황희는 현실적으로 문제가 있는 정책의 시행을 막고자 했다. 황희는 한 사직 상소에서 다음과 같이 세종과 자신의 역할을 구분한다.

---

13) 『문종실록』 02/02/08, "務存大體 不喜煩更 世宗中年以後 多立新制 喜以爲 祖宗舊制 不可輕變 獨駁議 雖不能盡從 多所止遏."

"하고자 하는 바를 반드시 그대로 하는 것은 임금의 대법[大度]이지만, 할 수 없는 것을 그치게 하는 것은 미신(微臣)의 지극한 마음입니다."[14]

세종이 위대한 리더십을 발휘할 수 있었던 배경에는 이러한 황희의 보좌가 있었다. 이러한 공로를 인정받았기 때문에 황희는 허조, 최윤덕, 신개, 양녕대군, 효령대군, 이수와 함께 세종의 종묘배향공신이 되었다. 황희의 배향에 대한 논의하는 기사에서는 황희의 기여를 다음과 같이 밝히고 있다.

황희가 죽은 지 5일 만에 임금[문종]이 도승지 강맹경(姜孟卿)을 보내어 의정부에 말하였다. "황희를 세종의 묘정(廟庭)에 배향(配享)시키려고 하는데 어떻겠는가?"
김종서(金宗瑞), 정분(鄭苯), 허후(許詡) 등이 아뢰었다.
"황희가 수상으로 있던 것이 20여 년입니다. 비록 전쟁에서 세운 공로는 없지만, 군주를 보좌한 공로는 매우 큽니다. 대신의 체통(體統)을 얻었으니, 선왕에게 배향시킨다면 사람들이 보고 들을 만할 것입니다."[15]

4. 헌장의 수호자 황희

이 장에서는 세종시대 황희의 정치적 기여에 대한 사례 논증으로서

---

14) 『세종실록』 14/04/20, "所欲必從 惟聖人之大度 不能者止 乃微臣之至懷."
15) 『문종실록』 02/02/08, "卒之五日 上遣都承旨姜孟卿 議于政府曰 欲以喜配享世宗廟庭 何如 金宗瑞鄭苯許詡等曰 喜爲首相二十餘年 雖無汗馬之勞 贊襄之功甚大 得大臣體 配享先王 足人聽聞."

대표적으로 북방의 경략, 공법의 개혁, 세자의 대리청정 세 가지 정책 사안을 검토한다. 북방의 여진 문제와 공법 개혁은 세종이 의정부서사제로 통치체제를 전환하는 시점에 대두된 양대 현안이었다. 황희는 태종시대의 경험을 활용하여 이 두 가지에 사안에 대해 신중론을 견지하며 무분별한 시행을 막았다. 마지막 사례인 세자의 대리청정은 세종이 의정부서사제로 체제를 전환하는 재위 18년부터, 첨사원의 설치로 두 개의 권력이 병존하게 된 재위 25년까지 세종이 황희를 위시한 신하들과 논쟁한 사안이다. 대리청정 문제에서는 세종과 황희가 각각 태종의 상왕기를 어떻게 이해하는지 드러난다.

1) 북방의 경략

세종은 재위 15년(1433) 4월, 평안도절제사 최윤덕(崔閏德)을 총사령관으로 임명하여 총 2만 명의 군대로 제1차 야인 정벌을 단행하였다. 이 정벌에서 생포된 여진인은 모두 248명, 참수된 자는 모두 178명에 달하였으며, 그밖에 우마 177필을 노획하였다. 이하에서는 세종이 주도한 야인 정벌이 불러온 결과를 중심으로 북방의 경략이라는 사안에 대한 황희의 역할을 살펴본다.

제1차 야인 정벌을 위해 동원한 군사의 규모에 비해 토벌의 성과는 미약했다. 하지만 파저강 토벌을 주도한 세종은 이를 대성공으로 평가하고,[16] 총사령관 최윤덕을 직접 영접하기까지 하였다. 세종은 무장인 최윤덕을 파격적으로 우의정에 임명한다(『세종실록』15/05/ 16). 황희

---

16) 1차 파저강 정벌에 대한 세종의 평가는 『세종실록』 15/05/15의 기사를 참조.

는 "오늘의 일은 수복(收復)한 것과 같은 공이 아니고, 또 큰 전쟁도 아니며, 다만 작은 도둑을 친 것뿐이니 나가서 맞이할 필요가 있겠습니까." 라며 전공에 대해 확대 해석하는 것을 경계하는 역할을 담당했다 (『세종실록』15/05/11).

한편 정벌로 인해 조선은 막대한 비용을 부담해야 했다. 세종 15년 조선의 제1차 야인 정벌은 만주의 여러 여진족 집단의 권력 구도를 변화시켰으며, 이에 따라 조선은 지속해서 상황을 주시하고 국경 수비 비용을 지출해야 했다.[17] 결국 야인의 지속적인 침입 때문에 조선은 세종 19년(1437) 9월 이천을 총사령관으로 제2차 정벌을 감행한다. 그러나 변방에 설치한 진은 안정적이지 못했고, 해를 거듭하여 이어지는 심한 흉년과 기근 탓에 군사를 함부로 움직일 수 없었으며, 전선 확대에 따른 전쟁수행의 부담도 만만치 않았다(유재리 2016, 68). 그럼에도 불구하고 강행한 2차 정벌의 성과는 1차 정벌보다도 형편없는 것이었으며, 1차 정벌의 성과 역시 긍정적으로 판단할 수 없게 되었다.

제1차 야인 정벌 이후의 황희의 역할은 정벌로 인한 후폭풍을 최대한 줄이고자 한 것에 있다. 예컨대 황희는 1차 야인 정벌의 대상이었던 야인 이만주(李滿住)를 배신한 부하 동화응합(童和應哈) 등을 받아들이는 문제에 대해, "도망하는 자를 불러들이고 배반한 자를 받아들이는 것은 후일에 변방의 흔단이 일어날 염려가 있을 뿐만 아니라, 야인에게 신의를 잃는 것이니 대단히 불가합니다."[18]라고 의견을 밝히고

---

17) 1차 파저강 정벌 이후 야인의 조선 변경에 대한 침략 현황(함길도와 평안도)에 대해서는 송병기(1964, 192-193)을 참조.
18) 『세종실록』17/05/08, "招亡納叛 非唯恐致後日邊釁之階 失信於野人 甚不可也."

있다. 황희는 비록 야인이라 할지라도 신의를 잃어 후일에 문제가 될 일은 하지 않아야 한다는 신중론을 폈다.

세종은 1차 야인 정벌을 태종의 북진 정책을 계승한 것으로 평가한다. 사실 북방 정책의 계승은 세종의 전대 정책에 대한 개인적인 해석이며, 동시에 정벌을 강행하기 위한 세종의 수사라고 할 수 있다. 태조의 요동 수복 기도와 같은 북진정책, 세종의 1, 2차 야인 정벌과 4군 6진의 개척과는 다르게, 태종시대의 대여진 정책은 현상유지책에 가깝다. 태종시대를 경험한 황희는 처음부터 1차 파저강 정벌에 대해서 다음과 같이 부정적인 입장을 표명했다.

"야인은 지극히 완악하여 인면수심이기에 그들의 마음을 알 수 없습니다. 만약 그들 종족[種類]을 모두 소탕하고자 한다면 불가합니다. 오랑캐를 다루는 계책은 옛 성현(聖賢)이 이미 상세히 말하였습니다."[19]

황희의 언급은 전통적인 기미(羈縻)의 입장이다. 명나라는 만주의 야인들을 힘으로 완전히 병합하지는 못하고 기미정책을 펼치고 있었다. 이만주와 같은 유력한 여진족 집단의 우두머리에게 정식으로 관직을 수여하고, 이이제이(以夷制夷), 즉 잠재적인 적 세력들 사이의 견제를 통해 현상을 유지하는 정책을 취하고 있었던 것이다. 태종의 대여진 정책은 이러한 명의 대만주 정책과 동일한 것이었다.

세종 자신이 언급한 바 있듯이, 파저강 토벌의 성공은 행운에 의한

---

19) 『세종실록』 14/12/09, "野人至頑 人面獸心 不可校也 若欲掃除種類 則不可 馭戎之策 古昔聖賢已詳言之矣."

것이었다.[20] 세종 15년 10월, 동맹가첩목아가 우디캐족과 연합하여 약 800명의 병력을 이끌고 침입한 양목탑올에 의해 살해되는 사건이 벌어진다. 세종은 이러한 행운을 이용하여 4군을 설치하였다. 그럼에도 1차 야인 정벌(1433년 4월), 2차 야인 정벌(1437년 7월), 그리고 그 이후에도 만주를 둘러싼 국제질서는 요동치고 있었다. 그 속에서 황희는 혼란을 최소화하며 신중론을 펼치고 있다.

2) 공법의 개혁

공법 개혁에 대해 신중론을 펼친 황희의 역할에 대해서는 이미 이한수(2010), 오기수(2014), 이민우(2016)가 연구를 진행한 바 있다. 특히 이한수(2010), 이민우(2016)는 본 연구에 앞서 공법의 논의 과정에서 황희가 세종을 비롯하여 당대에 국정 운영을 함께 한 관료들과 구별된다는 것을 주장하였다. 여기서는 황희의 주장을 신개, 하연의 그것과 대비시켜 그의 정책적 입장을 드러내는 정도에서 간략히 살펴보고자 한다.

세종이 기존의 답험손실법의 한계를 극복하기 위해 제안한 공법은 사실 동아시아에서 최악의 조세 제도로 혹평받았다(소진형 2018, 90). 맹자는 철법(徹法)을 가장 나쁜 법으로 평가했는데(『맹자』등문공), 세종이 추진한 정액세제인 공법은 이러한 철법에 해당한다. 황희는 신중론을 펴며, 20년에 가까운 기간 동안 태종이 실시했던 수확량의 1/10을 거두는 정률세인 답험손실법(踏驗損實法)의 제도를 변경해서는 안

---

20) 각주 12번을 참조.

된다고 주장했다.

　반면 신개는 공법의 개혁을 주도했다. 그는 제2차 야인 정벌 논의에서도 선두에 서서(『세종실록』18/09/30), 정벌 계획을 거의 도맡아 입안하였다(소순규 2019, 159-160). 공법 개혁의 경우에도 세종이 신개의 이름을 언급할 정도로(『세종실록』28/06/18) 앞장서서 개혁을 추진하였다. 공법 개혁 논의가 세종 18년에 시작되어 26년 확정되기까지 신개의 역할이 컸다. 상술한 내용과 같이, 하연 역시 새로운 공법안이 시행되는데 주요한 역할을 담당했다. 공법에 대한 신개, 하연, 황희의 입장은 다음의 기사를 통해 확인할 수 있다.

　　(신개) 순찰하여 문적을 만들고 공법(貢法)에 의하여 조세를 거두면, 간혹 사소하게 적당하지 못한 것이 있을 지라도, 지금과 같이 등급도 논하지 않고 일률적으로 조세를 거두는 것과는 크게 다를 것이며, 여러 도의 사람들도 모두 공법이 시행되기를 원할 것입니다.[21]

　　(하연) 만약 9등급으로 해에 따라 등급을 나눈다면 일이 간편하면서 폐단도 없을 것입니다. 이것은 소신이 한번 좋은 계책을 낸 것이 아니라, 이미 선유(先儒)들의 논한 바이니 결단하여 시행하기를 엎드려 바랍니다.[22]

　　(황희) 저는 이 법을 결국 시행하기가 어려울 것이라 생각합니다. 위관(委官)

---

21)　『세종실록』 22/07/13, "巡審成籍 依貢法收租 雖或有些小不中者 與今不論等第而一槪收租者大相遠矣 而諸道之人 皆欲行貢法."

22)　『세종실록』 22/07/13, "若以九等之數 隨歲分等 則事簡無弊 非但小臣一得之愚 亦有先儒之所論 伏望裁擇施行."

이 손실(損實)을 정확하게 조사하는 제도를 엄격하게 하여, 조종 때부터 마련한 수손급손(隨損給損)의 성헌(成憲)대로 하는 것이 어떠합니까.[23]

『세종실록』 22년 7월 13일의 기사는 당시 우의정 신개, 우찬성 하연, 영의정 황희 사이의 입장 차이를 극명하게 보여준다. 신개는 현재 시행되고 있는 공법을 약간만 수정하자는 의견이다. 그는 경차관(敬差官)이 수령으로 하여금 각 방면의 토지의 등급을 3등급으로 나누게 하는 정도로 수정하면 공법이 시행될 수 있다고 주장했다. 반면 하연은 해의 풍흉에 따라 9등급을 나누어 공법을 시행하자고 주장했고 이후 실제 공법의 시행에 기여하였다. 반면 황희는 세종 재위 12년 이후 10년간 논의되고 시험되어온 공법을 시행해서는 안 된다는 입장을 표명했다. 조종의 성헌(成憲)인 손실법을 그대로 시행하자는 의견이다.

세종이 재위 12년 공법 시행안을 발표한 이후, 황희는 이것을 일관되게 반대해 왔다(『세종실록』 12/08/10). 이어지는 그의 건의에서 정책의 유지와 변경에 대한 황희의 주장을 확인할 수 있다.

육전(六典)에 기재된 법이 해와 별처럼 밝게 있고, 조종의 백성이 반석과 같이 편했습니다. 어찌 시끄럽게 고쳐서 일이 많아지게 할 수 있겠습니까. 저는 모든 시행하는 정책이 한결같이 육전을 따라 백성에게 믿음(信)을 보이고, 안정한 정치를 펼쳐 백성의 뜻을 진정해야 한다고 생각합니다.[24]

---

23) 『세종실록』 22/07/13, "臣竊謂此法終必難行矣 乞嚴委官損實不中之禁制 仍祖宗隨損給損之成憲何如."
24) 『세종실록』 22/07/13, "六典之法 昭如日星 祖宗之民 安如盤石 何用汲汲紛更 爲多事哉 臣願凡所施爲 一從六典 示信於民 以行安靜之化 以定民志."

태종과 세종은 화폐 개혁과 같은 정책을 추진하는 과정에서 정책 내용을 자주 변경하여 실패를 경험했다. 이에 반해 황희는 전대의 성헌(成憲)을 집대성한 『경제속육전』과 같은 법전을 편찬하기도 했다(『세종실록』15/01/04). 황희의 입장은 법전에 기록된 대로 성헌에 따르는 정책을 펼쳐, 백성들에게 정책의 일관성을 보여줘야 한다는 것으로 요약할 수 있다.

3) 세자의 대리청정

세종은 의정부서사제 전환 직후인 재위 18년 세자의 대리서무를 거론한다.

> "이제 왕위에 있은 지 20년인데, 조금도 다스린 공효가 없다. 요즈음 해마다 수재를 만나고, 기근이 끊이지 않고, 이웃 도적이 자주 변경을 어지럽힌다. 정치와 교화[政教]가 무너지고, 간사한 도둑이 날마다 불어나니, 모든 정책이 시행하면 후회만을 남긴다. 물러나 피하여 하늘의 견책에 답하고자 하여 세자에게 서무(庶務)를 참여하여 결정[參決]하였다. 지난해[세종 18년] 가을부터 대신들에게 의논하였으나, 확고하게 불가하다 하였다."[25]

위의 기사는 실록에 처음으로 등장하는 세종의 세자 대리청정 언급이다. 여기서 세종이 이미 지난해 가을에 동일한 내용을 말했다는 것

---

25) 『세종실록』19/03/27, "今在位二十年 略無治效 比來連遭水患 饑饉荐臻 隣寇數擾邊境 政教陵夷 姦盜日滋 凡百施爲 動皆有悔 思欲退避 以答天譴 令世子參決庶務 自去年秋謀諸大臣 固執以爲不可."

을 알 수 있다. 이 시기 세종은 부왕 태종이 재위 18년에 상왕으로 자리를 옮기고, 자신에게 국왕의 자리를 선위했던 일을 떠올렸을 가능성이 있다. 세종은 자신의 재위 기간을 조금도 다스린 공효가 없다고 평가하며, 세자에게 서무를 대리시키겠다는 의사를 표명한다. 국왕으로서 다양한 정책 사안에 대한 정치적 책임을 느끼고 있는 세종의 모습을 확인할 수 있다.

여기에 대해 황희는 삼대의 이상적인 정치를 이끈 문왕과 무왕이 나이가 많았음에도 세자에게 권력을 넘겨주지 않았다면서 반대 의사를 밝히고 있다.[26] 세종은 결국 황희와 같은 대신들의 강경한 반대에 부딪혀 자신의 의사를 철회한다. 그러나 세종의 세자 대리서무 발언은 계속해서 이어졌다. 세종은 재위 18년 1회, 재위 19년 4회, 재위 20년 2회, 재위 21년 4회, 재위 24년 3회로 세자를 대리서무 시키겠다는 발언을 늘려나간다(유재리 2016, 75). 그리고 세종 24년(1442) 세자의 정무 처결 기관인 첨사원(詹事院)을 설치하여 신하들의 반대에도 불구하고 세자의 섭정을 강행하였다(『세종실록』 24/08/05).

첨사원 설치에 대한 황희의 의견은 다음의 기사에서 확인할 수 있다.

"신 등은 이조에서 작성한 문서를 보고 비로소 동궁(東宮)에 첨사원(詹事院)을 설립한다는 것을 알았습니다. 신 등은 이를 시행하기 어렵다고 생각합니다. 비록 조종에 없던 법이라도 만약 부득이한 조짐이 있다면, 때에 따라 손익해서 새로운 법을 세우지 않을 수 없습니다. 그러나 지금 동궁에는

---

26) 『세종실록』 19/03/27. "三代之盛 文武老耄在位 而未嘗使世子聽政 漢唐以後 雖或有之 何足取法 臣等愚昧 誠未見其可也 非惟今時不可行 雖後日殿下春秋高 亦不可行也."

따로 결재해야 할 서무(庶務)도 없는데, 하물며 조종에 없던 법을 하루아침에 갑자기 세울 수 있겠습니까."[27]

세종 24년 8월의 시점에서 영의정은 황희, 우의정은 공석, 좌의정은 신개였다. 이것은 황희의 의중이 반영된 것이라 생각해도 좋을 것이다. 황희는 불가피한 사정이 있다면 어쩔 수 없지만, 그렇지도 않은데 선대에 없던 법을 시행할 수는 없다고 주장한다. 여기에는 새로운 제도의 도입에 신중한 태도를 보이는 황희의 입장뿐만 아니라, 황희가 경험한 세종시대 상왕기의 양상체제에 대한 기억이 내재되어 있다.

세종의 입장에서는 첨사원의 설치를 통해 세자와 업무를 분담하는 것이 합리적인 정국 운영의 방안이 될 수 있다.[28] 재위 24년 세종의 나이는 40대 중반으로, 그동안의 통치를 통해 정치 운영에 대한 경륜이 충분히 쌓여있었다고 볼 수 있다. 세종의 세자 대리청정 시도와 이후 첨사원의 설치는 세종 18년 의정부서사제의 시행과 마찬가지로 정치적 경륜을 쌓은 세종이 자신의 정치를 보다 넓은 시야에서 바라보고 있음을 보여준다.

그러나 태종을 지근거리에서 보좌하며 태종의 권력정치를 경험했던

---

27) 『세종실록』 24/08/05, "臣等見吏曹呈 乃知於東宮立詹事院 臣等以爲難 雖祖宗所無之法 若有不得已之機 則不可不因時損益 以立新法也 今東宮別無 可決庶務 況祖宗所無之法 一朝遽立."

28) 재미있는 것은 태종이 죽은 뒤, 세종이 말한 다음과 같은 언급이다. "기해년[세종 1년]부터 임인년[세종 4년]까지 내가 비록 임금 자리에 있기는 하였으나, 그동안 국정은 모두 태종에게 말한 뒤에 시행하고 내가 마음대로 한 일은 없었다. 그 4년 동안의 사초를 모두 수납하여 『태종실록』에 기재하는 것이 어떠한가(『세종실록』 06/12/01)." 그러나 그렇게 부정적 평가를 했던 세종도 아버지 태종처럼 세자에게 섭정을 맡겨 재위 후반 비슷한 권력의 구도를 시도하고 있다.

황희의 입장은 달랐다. 태종은 수차례의 선위 파동을 통해 신하들을 시험하고 왕권을 강화했던 인물이었다(최승희 2002, 108). 태종은 상왕으로 있었던 기간 역시 인사권과 군사권을 쥐고 자신의 권력을 유지했다. 이러한 경험을 한 황희에게 권력은 두 개로 분할되어서는 안 되는 것이었다.

5. 결론: 좋은 정치와 정책의 연속성

세종은 왜 황희를 중용했을까? 이 글은 권력론의 차원에서 벗어나 운영론의 관점에서, 세종이 황희를 정치적 동반자로 삼은 이유를 설명하고자 했다. '헌장(憲章)'의 계승을 모토로 삼은 세종에게 있어 선대의 국왕인 태조와 태종시대를 경험한 황희는 국정 운영에 있어서 어떤 인물보다 중요한 인물이었다. 선대의 정치를 직접 경험하며 이해하고 이를 유지하려 했던 황희는, 특히 재위 후반기에 유위(有爲)의 정치를 지향하고 있었던 세종에게 있어 무분별한 제도 개혁을 막는 브레이크의 역할을 담당했다. 황희의 졸기는 이 점에 주목하여 황희의 정치적 기여에 대해, "조종(祖宗)의 예전 제도를 경솔하게 변경할 수 없다.(『문종실록』 02/02/08)."는 입장을 견지하고 무분별한 제도 개혁을 막은 점을 높게 평가하고 있다.

세종은 재위 18년(1436) 4월, 육조직계제에서 의정부서사제로 통치체제를 전환했다. 운영론의 측면에서 보면, 세종이 의정부서사제로 통치체제를 전환한 것은 보다 신중한 정책결정 과정을 확보하려는 의도를 지니고 있다. 세자의 대리서무를 위한 사전적인 포석(정두희 1983, 김순남 2005), 세종의 친정 이래 불거진 정책적 책임의 분산(유재리 2016)과 같은 기존의 설명은 충분히 합리적이다. 다만 이러한 설명은 권력론의 차원에서 치중해 있다. 본 연구의 설명은 최승희(2002), 한충희(1997, 2011)가 이미 지적한 것과 비슷하다. 다만 기존 연구자들은 그것을 운영론의 관점에서 적확하게 표현하지는 못 했다고 생각한다.

황희는 세종이 의정부서사제를 채택한 대부분의 기간 동안 영의정을 맡으며, 헌장의 수호자로서 제도의 개선과 혁신이라는 입장에 서 있는 세종을 견제하는 역할을 수행했다. 의정부의 다른 구성원들과 비교해 볼 때, 세종은 황희의 이러한 역할 수행을 의도한 것으로 보인다. 이 글은 북방의 경략, 공법의 개혁, 세자의 대리청정 세 가지 정책 사안에서 황희의 구체적인 역할 검토를 통해 이러한 주장을 뒷받침하고자 했다.

제도의 개선과 혁신만이 좋은 정치는 아니다. 오히려 무분별한 정치적 변화는 정치공동체의 불안정을 초래할 수도 있다. 기존의 정책이 문제가 없다면, 그것을 유지하는 것만으로도 좋은 결과를 확보할 수 있다. 기존 연구는 유위의 정치의 입장에서 세종시대의 정치를 바라보았기에 황희의 역할에 대해 경시한 측면이 있다.

조선 건국기의 정치이론가 정도전은 자신의 저작을 통해, 총재의 역할을 강조하는 '재상주의'를 제시했다. 이러한 정도전의 정치 기획은 권력론의 입장에서 독해하는 것이 일반적이다. 그러나 건국이라는 시대적 배경을 고려하면, 정도전의 재상주의는 향후 조선이라는 국가공동체의 안정적인 운영이라는 측면에 주목한 운영론의 측면이 강하다. 운영론의 측면에서 정도전의 재상주의는 정책적 연속성을 왕이 아닌 신하를 통해서 확보하려는 기획이다.

인간은 누구나 죽고, 결정권을 가진 군주 역시 결국 교체될 수밖에 없다. '조선의 설계자' 정도전은 그러한 특정한 시점에서 재상을 통해 정책의 연속성과 안정성을 확보하려 했던 것으로 보인다. 이것은 관료와 주권자가 분리되어 있음으로써, 분열이 아니라 안정성을 확보하려는 구도이다. 군주의 교체는 기존의 제도적 안정성이나 평형상태, 세력균형을 무너뜨릴 가능성이 있다. 정도전의 구상은 이러한 리스크를 기존의 관료제를 통해 완충하고 정책적 연속성을 확보하기 위한 것이다. 세종과 황희의 사례는 바로 그러한 정도전의 재상주의 구상이 현실화한 것으로 보인다. 세종은 새롭게 다수의 정책을 시행하면서도, 황희를 통해 정치적 안정을 확보할 수 있었다.

조선 전기 방촌 황희 묘제의 특징과 요(凹) 자형 봉분 사례 연구[*]

정 종 수 (전 국립고궁박물관장)

1. 머리말

한 왕조에서 다른 왕조로의 전환은 그 사회에 내포되어 있는 제반 요소들의 변화를 수반하게 된다. 14세기 말 고려에서 조선으로의 왕조 교체는 단순한 성씨의 교체가 아닌 주자학, 즉 유교라는 통치이념을 바탕으로 불교를 대신하여 주자학적 유학이 지배적인 사상으로 자리 잡는 시기로서 사회 제부분에 변동을 가져왔다. 이와 같은 여말선초의 종교사상적 유불교체는 사생관이나 영혼관을 담고 있는 장묘제(葬墓制)에도 그대로 반영되어 사회적, 경제적으로도 지대한 영향을 미쳤다.

조선 전기는 상장의례의 제도적 성립과 함께 무덤 내부도 석실묘에

---

* 이 글은 『민속학연구』 43호, 2018.에 게재한 논문이다.

서 모래와 석회, 흙을 섞어 만든 회곽묘(灰槨墓)로의 묘제 변천을 가져왔다. 또한 분묘의 외형도 고려는 일반적으로 호석을 두른 방형분(方形墳)인데[1] 조선으로 넘어오면서, 둥근 모양의 원분(圓墳) 혹은 봉분의 꼬리를 둔 타원형으로 바뀐다. 특히 묘역에 배치되었던 각종 석물은 다양한 문화요소가 융합되어 그 시대 사람들의 사생관, 종교관, 사회생활 질서 등 사회구조를 이해하는데 귀중한 자료를 제공하고 있다. 이러한 관점에서 조선 전기 방촌 황희의 장례 과정과 묘제의 형성은 매우 중요한 문화사적 의미를 지닌 문화유산이다.

방촌 황희의 상장의례는 철저히 주자가례에 의거 시행되었고, 나라에서 예장으로 장례를 치렀다. 황희의 묘제는 려말 선초의 과도기적 양식을 지니고 있을 뿐만 아니라 조선 초기의 요(凹) 자 모양의 특이한 형식을 지니고 있어 당시 장묘제를 이해하는데 없어서는 안 될 중요한 자료라는 점이다. 또한 금석문으로서의 가치가 큰 신도비와 함께 부조묘가 묘역에 유존하고 있으며, 묘역은 10여 대 400여 년을 이어 계속된 조선시대 족장묘(族葬墓) 형성과 의례의 전형을 보여주고 있다는 점에서 주목된다.

---

1) 손보기·장호수, 『가락허시중공 무덤발굴 조사보고서』 한국선사문화연구소, 1988, 22~27쪽. 金元龍, 「晋州平居洞紀年高麗古墳群」 『美術資料』 9호, 1964, 6~12쪽. 진주 평거동에 1079년에서 1229년까지 1세기에 걸쳐 조영된 고려 무덤 6기가 소재하고 있는데, 봉분 외형이 장방형으로 되었으며 기부에 단형의 호석이 돌려져 있다. 이들 이외에도 지금까지 조사된 고려의 무덤들은 대부분이 방형이나 장방형을 이루고 있다.

<사진1. 파주 황희 묘역의 전경>

황희의 묘는 파주시 탄현면 금승리 장수산 자락에 위치하였으며, 1976년 8월 27일 경기 기념물 제34호로 지정되었다. 본고에서는 황희 묘제의 특이한 형식과 타 묘와의 차별성, 그리고 조선 전기 대표적인 묘역 석물의 도상 및 배치 및 문화사적 가치에 대해 살펴보고자 한다.

2. 방촌 황희의 생몰과 예장

1) 황희의 생몰

방촌 황희는 1363년(공민왕 12) 2월 10일 사시(巳時:오전 9~11시) 개성 가조리에서 아버지 황군서(黃君瑞)와 어머니 김씨 사이에서 둘째 아들로 태어났다. 부모는 오래오래 살라는 뜻으로 초명을 수로(壽老)로 지었다가, 그 뒤 아버지 황군서는 한평생 기쁘게 살라는 뜻에서 희(喜)로 고쳤다. 자는 구부(懼夫)이고, 호는 자호로 방촌(厖村)이며 장수 황씨이다. 황희는 나면서부터 총명하고 민첩하며 특이하고 출중하여

한번 본 것은 바로 기억하여, 식견이 있는 사람은 이미 큰 인재가 될 것을 알았다고 한다.[2]

황희의 첫 부인은 판사복시사(判司僕寺事) 최안의 따님으로 일녀를 낳고, 두 번째 부인은 청주 양씨로 공조전서 양진(楊震)의 따님이다. 부인 양씨는 삼남을 낳았는데, 장남은 치신(致身)으로 지중추부사이고, 차남은 보신(保身)으로 호용위호군과 종친부전첨을 지냈다. 삼남은 수신(守身)으로 병조참판, 영의정을 지냈다. 1녀는 강화도호부사 기질에게 출가하였다.[3] 부인은 부지런하고 검소하였고 시부모를 정성껏 섬기었으며, 전실 딸의 부양을 자신의 소생과 다름없었고 모든 첩의 자식과 종족 노비들에 이르기 까지 한사람도 불평하는 일이 없었다. 황희의 자손은 손남, 손녀를 합해 모두 69명으로 문벌의 성대함은 그 비할 데가 없었다.[4]

조선 왕조 교체 시기 이전인 려말에 태어나 조선 전기에 이르는 거의 한 세기를 살아온 황희는 태조·정종·태종·세종 4대 임금을 보좌하며 명재상으로 큰 업적을 남겼다. 세종 31년(1431년) 영의정에 오른 뒤 87세로 1449년 치사하였다. 당시 『세종실록』은 이렇게 기록하였다. "황희는 수상 지위를 20여 년이나 재직하였다. 항상 그가 논하는 바는 너그럽고 관대하였으며, 소란스럽게 이것저것을 자주 바꾸는 것을 좋아하지 않아 백성들을 능히 진정시킬 수 있었다. 그래서 사람들은 황희를

---

2) 황희 묘지명, 신숙주 찬, 장수황씨호안공파보. 익성공 방촌 황희 신도비, 신숙주 찬, 1500년.
3) 황희 묘지명, 신숙주 찬, 장수황씨호안공파보.
4) 익성공 방촌 황희 신도비, 신숙주 찬, 1500년.

두고 진정한 재상감이라 칭송하였다."[5]

세종은 영의정에서 물러난 황희에게 죽을 때까지 2품의 봉록을 주었으며, 나라에 큰일이 있으면 근시(近侍)를 보내 가서 자문한 후 결정 시행하였다. 황희가 영의정에서 물러나 치사한지 3개월 뒤에 세종이 세상을 떠났다.

1452년(문종2년) 1월 황희가 처음 병이 나자 왕은 내의를 보내 병을 치료케 하였고, 태관(太官; 궁중보급관)을 통해 음식을 계속 보내주었다. 하지만 황희는 그해 2월 8일 90세로 한양 석정동(지금의 서울 경운동) 별제 정침에서 돌아가셨다.[6] 황희가 죽은 뒤 사관들이 내린 평가는 그가 어떻게 살아왔는지를 잘 말해준다.

> "황희는 너그럽고 부드럽고 신중하여 재상으로서의 식견과 도량을 지니고 있었다. 타고난 풍채와 자질이 크고 훌륭하며 총명함이 남보다 뛰어났다. 집 안을 다스림에도 검소하였고, 기쁨과 화난 표정을 짓는 법이 없었다. 일을 처리함에 있어서는 공명정대하여 사사로운 규정에 얽매이지 않고 큰 도리와 사리에 맞게 일을 처리하였다. 일을 처리함에 있어서는 번거롭게 변경하는 것을 좋아하지 아니하였다. 중년 이후 세종이 여러 가지 새로운 제도를 만들었는데, 황희는 나라의 옛 제도를 경솔히 바꿀 수 없다고 홀로 반대하였다. 세종도 황희의 뜻을 다 따르지는 않았지만, 그의 말에 따라 중지하는 일도 많았다. 옛날 대신의 기풍을 가지고 있어서 옥사를 이를 때도 너그럽게 처리하였다. 일찍이 사람들에게 이르기를, "차라리 형벌을 가볍게 하여 실수할지

---

5) 『세종실록』 권126, 세종31년 10월 임자조.
6) 『문종실록』 권12, 문종2년 2월 8일 임신조.익성공 방촌 황희 신도비, 신숙주 찬, 1500년.

언정 억울한 형벌을 정할 수는 없다."고 하였다. 비록 늙었어도 손에서 책을 놓지 않았으며, 항시 한쪽 눈을 번갈아 감아 시력을 보호해 비록 잔글씨라도 읽기를 꺼려하지 않았다. 재상이 된 지 24년 동안이나 재상을 지내 널리 명성이 크게 알려져, 사람들이 모두 말하기를, '어진 재상'이라고 칭송하였다. 늙었음에도 기력이 강건하여 붉은 얼굴과 흰 머리카락이 마치 신선과 같아 세상 사람들은 그를 송나라 문노공(文潞公)에 비교하였다.[7]

2) 유교식 상장의례와 황희의 예장

유불교체를 수반한 고려에서 조선으로의 왕조교체는 사생관, 영혼관을 담고 있는 장묘제례에 많은 영향을 끼쳤다. 특히 주자가례를 근간으로 한 유교식 상장은 기존의 불교적·민간신앙적 요소들과 마찰을 불러왔다. 주자가례가 도입되기 이전의 상장의례는 불교식과 무속적, 즉 무불(巫佛)이 습합된 형식으로 행해졌다.[8] 그러나 주자가례가 점차 보급되면서 유교식 상장으로 정착되어 갔다. 주자가례에 의한 의례를 새로이 갖추어 가묘를 짓고 신주를 받들어 제사를 지내도록 하였다. 무덤의 외형도 고려의 방형분에서 둥근 모양의 원분 형태로 바뀌고, 무덤 내부도 석실에서 회격으로 변화되었다.

1452년(문종2년) 2월 8일 90세로 졸하자, 문종은 황희가 세상을 떠났다는 소식을 접하고 매우 슬퍼하시며 조회를 3일 동안 폐지하고 혼령을 위로하는 제사를 지내도록 하고 부증(賻贈 ; 재물을 보내 장사를 도움)을 후히 내려 장사를 예장(禮葬)으로 치르도록 하였다.

---

7) 『문종실록』, 권12, 문종2년 2월 8일 임신조. 황희의 졸기.
8) 정종수, 『조선 초기 상장의례 연구』, 중앙대학교 대학원 박사학위논문, 1994, 49□57쪽.

예장이란 나라에서 예를 갖추어 장사하는 것으로, 왕비의 부모와, 빈, 귀인, 대군, 왕자군 및 부인 옹주, 종친의 종2품 이상, 문무관 종1품 이상 및 공신에 대한 국장 다음가는 장사를 이른다. 조선시대 예장과 증시(贈諡)가 제정된 것은 태종 5년(1405)으로, 종1품 재상 이상은 예장과 증시를 내리고, 정 2품은 증시, 치부(致賻 : 쌀과 콩 40석)만 하고, 종 2품은 치부(쌀과 콩 30석)만 하였다. 특히 예장 대상자에게는 나라에서 관과 곽을 내려 주었다. 예장과 시호의 하사는 사헌부의 엄격한 심사를 거쳐 시행되었다. 본래 예장 시 무덤을 조성하는 군인이 300명 투입되었는데, 세종 때 이를 감해 상등 예장에 군인 200명, 중등 예장 150명, 하등에는 100명까지 동원되었다.[9] 예장 시 조회의 정지는 재상을 지낸 문무관원은 3일, 문무관 정·종 1품은 2일, 정2품은 1일 정지토록 하였다. 장사도 4품 이상의 대부는 3개월장, 5품 이하 선비〔士〕는 달을 넘겨 유월장(踰月葬)을 치르도록 하였다.

황희는 일찍이 유서를 지어 자손들에게 자신의 장사와 상례는 주자의 『가례』를 따르도록 하고 억불숭유 정책에 따라 불교식 예식〔佛事〕를 행하지 못하도록 하였다.

"내가 죽은 후에는 상장에 대한 의식은 모두 가례에 따라 따르되, 만약 우리 나라에서 시행하기 어려운 일이라면 억지로 따를 필요는 없다. 능력과 분수 알맞도록 우리 집 형편에 따라 맞게 하고, 허례허식적인 일은 일체 행하지 말라. 가례 중에 음식에 관한 절차를 그대로 하면 병나기가 염려되니, 이는

---

9) 『세종실록』 권28, 세종 7년 6월 27일, 을축조.

존장의 명령을 기다리기 전에 억지로 죽을 먹도록 하라. 이미 시행한 가법
에 따라 불사는 행하지 말고, 빈소에 7일 동안 제물을 차려놓는 것은 가례에
없는 것이니, 이는 부처에게 아첨하는 사람이 꾀를 내어 사사로이 하는 것인
만큼 이를 따라 하지 말라."[10]

이처럼 황희는 상장에 있어 주자가례를 준수할 것을 명하고 철저히
불사를 배척하였다. 특히 분수나 형편에 맞지 않으면 설사 가례의 예법
이라도 이를 무조건 따르지 말도록 하고, 허례허식을 철저히 배격하였
다. 황희는 세종 9년 가을 어머니 상사 때도 불사를 행하지 않고 한결
같이 주자가례에 따라 장사를 치렀다.

신숙주가 지은 황희의 신도비문에 의하면, 초종의 예에 따라 "염습
을 하기 위해 몸을 씻고 수의를 입히려고 하자, 갑자기 상서로운 기운
이 정침 옥상을 덮고 있다가 염을 마치자 곧 그 기운이 없어지는 매우
기이한 일이 일어났다. 이는 하나로 혼합된 아름다운 기운이 땅에 있어
서는 황하와 오악이 되고, 사람에게 있어서는 대인·군자가 되는 것으로
공의 훈업과 덕망이 온 세상에 뒤덮이고 90의 상수(上壽 ; 90~100
세)를 누렸으니, 그 기운이 오고 가며 모이고 흩어짐이 보통 사람과는
다르다는 것을 여기에 인증할 수 있다."고 했다.[11]

황희의 장사 날에는 신분의 귀천을 막론하고 각기 달려와 비통하며
애석히 여기지 않은 사람이 없었다. 또한 각 지방 관청의 예하 관리들로
부터 노복에 이르기까지 모두 제각기 앞을 다투어 포화(布貨)를 내놓으

---

10) 『문종실록』 권12, 문종2년 2월 8일 임신조. 황희의 졸기
11) 익성공 방촌 황희 신도비, 신숙주 찬, 1500년

며, 전(奠)을 베풀어 풍성하게 제사를 지낸 것은 전고에 없었던 일이었다. 이러한 풍경은 일부 왕과 왕비의 국장에서나 볼 수 있는 일이다.

황희의 장사는 유사가 길일을 택해 의장을 갖춰 원평부 감물역(지금의 파주시 금승리) 장수산 남록에 안장하였다. 황희의 유언에 따라 부인 양씨와 함께 봉분은 같이하고 실은 달리한 동분이실(同墳異室)로 합장하였다. 좌향은 간좌곤향으로 남서향이다.[12] 부인 청주 양씨는 황희가 87세 되던 해 1448년(세종 30년) 3월 8일 돌아가셨다.

3) 임금의 사제와 치제

문종2년 2월 12일 황희가 세상을 뜬 5일 만에, 문종은 의정부 여러 대신들과 논의하여 황희의 신주를 세종의 묘정에 배향시키고, 익성(翼成)이란 시호를 내렸다. 익성이란 사려가 깊고 원대하다[思慮深遠]는 뜻에서 익을 쓰고, 재상이 되어 마지막까지 잘 마친 것을 기려 성이라 했다. 황희의 공명정대한 청백리로서의 관직 생활을 한마디로 축약해 표현한 시호라 할 수 있다. 또한 문종은 친히 황희의 사당에 제사를 내려 주는 교서를 내렸다.[13]

> "상은 3년의 슬픔을 다 마쳐야만 그제야 태묘에 봉안하고, 신하는 한 마음으로써 보좌했으니 어찌 세종에 추배하지 않겠는가? 사사로운 은혜에서 나온 것이 아니라 실로 옛날의 전장(典章)을 상고하였다. 경은 풍채가 고상하고

---

12) 『문종실록』 권12, 문종2년 2월 8일 임신조. 황희의 졸기. 익성공 방촌 황희 신도비, 신숙주 찬, 1500년
13) 『문종실록』 권12, 문종2년 2월 8일 임신조. 황희의 졸기.

기우(器宇)가 굉심하였다. .....중략..... 몸은 사세(태조, 정종, 태종, 세종)를 섬겨서 충의가 더욱 독실하였고, 수명은 90세가 되어 덕망과 지위가 모두 높았었다. .....중략..... 특별히 시호를 내리는 영예를 논하여, 그대로 하여금 종사의 반열에 오르도록 한다. .....중략..... 아아, 공종(功宗)을 기록하여 차례대로 제사하니, ...중략..... 오히려 정백(貞魄)이 이 총장(寵章)을 받기를 기대한다."

황희에 대한 치제[14]는 후대에도 계속되었다. 영조 7년(1731) 임금의 행차 중 명신들의 묘에 제사를 지냈던 숙종의 예를 따라, 영조는 황희의 화상을 영당에 봉안하고 제사를 받드는 후손에게 녹용을 내리고 예관을 보내 황희의 묘에 제사를 지냈다.[15] 정조 또한 1789년 2월 고양의 영릉과 순릉, 공릉을 배알하고 교하의 황희 묘역 지나는 길에 친히 제문을 지어 명신 황희 묘에 치제하였다.[16] 다음은 『홍재전서』에 실린 황희의 묘소에 정조가 내린 제문이다.[17]

걸출한 익성공이여 / 揭揭翼成
고요와 기[18]와 짝할 만하니 / 咎夔者匹
옥척과 주현[19]으로 / 玉戚朱絃
왕업을 빛나게 도왔네 / 有煌黼黻

---

14) 치제란 임금이 공신이 죽었을 때 제물과 제문을 보내어 제사를 지내는 일을 이른다.
15) 『영조실록』 권130, 영조 7년 10월 12일 임인조.
16) 『정조실록』 권27, 정조 13년 2월 12일 기해조.
17) 『홍제전서』 제21권, 한국고전번역원, 김홍영(역), 1998.
18) 고요는 순임금 시대에 옥관獄官의 우두머리를 맡았던 신하이고, 기는 전악으로서 천자 및 경대부의 자식들 교육을 맡았던 신하로 어진 신하의 대표적인 인물.
19) 옥척은 옥으로 장식한 도끼로 종묘 제향의 악무에 쓰이는 도구이고, 주현은 종묘 제향에 쓰이는 금슬 등의 악기를 일컫는 말인데, 모두 왕업을 도울 기량이 있는 훌륭한 신하를 뜻함.

태산처럼 움직이지 않아 / 泰山不動
공리가 백성에게 미쳤네 / 功利及民
어느 곳에서 얻었던가 / 何處得來
진실로 이와 같은 사람을 / 展如之人
나의 행차가 서쪽으로 나가 / 輦路西出
길이 묘소 앞을 지나게 되었으니 / 云過墓門
영령은 돌아보아 흠향하소서 / 靈其顧歆
나의 술을 높이 받드나이다 / 我酒崇尊

    임금의 치제는 순조와 고종 때에도 행해졌다. 순조는 1808년 8월 능관·원관(園官)에게 상전을 베풀고 상신 황희의 묘에 치제하였다.[20] 순조 25년(1825)에는 순조가 창덕궁 희정당에 나아가 문무백관의 사은을 받는 자리에서 갑과 3등 한 황희의 사손 황협을 보고 친히 제문을 지어 익성공의 사판(祠版)에 치제하였다.[21] 고종은 선정신(先正臣) 황희의 묘에 지방관을 보내 제사를 지냈다.[22]

3. 황희 묘역의 산세와 풍수지리적 특징

1) 황희 묘역의 산세와 지세

    경기도 파주시 탄현면 금승리 산 1번지에 위치한 황희의 묘는 한북정맥의 끝자락이 한강으로 들어가기 전 마지막으로 기운이 맺힌 자리이

---

20) 『순조실록』 권11, 순조 8년 8월 10일 계묘조.
21) 『순조실록』 권27, 순조 25년 4월 18일 을해조.
22) 『고종실록』 권8, 고종 8년 2월 19일 기묘조.

다. 이곳은 백두산에서 한 머리가 남동으로 흘러 만든 백두대간인 금강산 북쪽 분수령에서 강원도와 한강이북의 경기도를 이룬 정맥으로 화천과 철원에 걸쳐있는 대성산(1,175m) →포천 백운산(903.1m) →가평 운악산(935.5m)을 경유하여 양주에서 한강봉(漢江峰 : 474.8m)으로 솟아오른다. 다시 용맥(龍脈; 풍수에선 산맥을 용맥이라 함)은 서진을 계속해 파주 보현산(135m)을 만들고 이어 장수 황씨의 족분을 이룬 파주 금승리 장수산(長水山)[23]에서 솟아 긴 여정을 마친다. 장수산 자락에 위치한 황희 묘는 풍수지리상으로 금강산 북쪽 분수령이 태조산이고, 양주 한강봉이 중조산, 파주 월롱산이 소조산이다.

 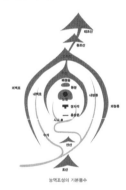

<사진2 위성에서 본 황희와 아들 황수신 묘>[24] <도판1 능역 조성의 기본 풍수도>

가. 묘의 사신사 특징과 장명등의 위치

사신사(四神砂)란 묘나 주택의 좌우, 전후 사면에 있는 산을 이른다. 주산을 등지고 좌측의 능선을 청룡, 우측에 있는 산을 백호, 전면에 있

---

23) 파주 장수황씨 「금승리 묘역도」, 『장수황씨족보』 계묘보 1783(정조7년)에 수록.
24) 출처 : 이정희, 수암풍수지리연구소. 이 지역은 군사보호지역이라 최근 사진촬영이 금지되어 다음이나 네이버 등의 지도에도 나와 있지 않다.

는 산을 주작, 그리고 후면에 있는 산을 현무라고 하며, 일반적으로 좌청룡·우백호·남주작·북현무라고 이른다.

위성사진에서 보듯이 마을의 형세는 높지도 험하지도 않은 올망졸망한 금성체(金星體; 봉우리가 약간 둥그런 산) 산들이 이리저리 뻗으면서 단아한 수봉(秀峰)들을 세워 미려한 원국(垣局)을 형성하고 있다. 그 좌측 산록에 황희 선생의 묘가 자리 잡고 있어 국안이 한 눈에 들어온다. 묘지로 뻗어 내려오는 용맥의 근본은 그리 넓지는 않지만 앞으로 뻗어오면서 넓게 펼친 모습이 마치 당판(마루바닥을 까는 널빤지)을 보기 좋게 깔아놓은 형국이다. 높이 솟아오른 곳에 조성한 묘역에 올라서면 시야가 확 트여 국세가 시원하다. 황희 묘의 우뚝 솟아오른 두툼한 혈장은 후덕해 마치 선생의 인품을 말해주는 듯하다.

묘역 맞은 편 아들 황수신 묘에서 바라보면 장수산에서 뻗은 주산의 능선도 높지도 급하지도 않고 유연하여 마치 한 마리의 용이 요동치는 모습을 연상시킨다.

<사진 3. 황희 묘역의 전경 - 묘역 좌측 산록이 안산을 겸한 청룡이다>

황희 묘의 주산은 장수산이고 안산은 미궐봉(薇蕨峰)이다.[25] 묘혈 뒤 현무에서 바짝 붙어 나온 좌청룡은 서남으로 뻗어 묘 앞을 휘감고 돌아 안산을 겸하고 있다. 이처럼 청룡이 안산을 겸하다보니 묘역과 안산이 너무 가까워 봉분에서 팔을 뻗치면 안산에 닿을 듯한 착각을 불러일으킨다. 안산을 겸한 청룡이 너무 가깝고 뭉툭하게 솟아 혈장을 누르는 국세를 이루었다. 주산보다 손님격인 안산이 낮아야 하는데, 오히려 황희 묘역은 객이 주인보다 더 높은 격이 되어 풍수지리적으로 좋지 않다.

이러한 풍수적 약점을 보완하기 위한 조치가 바로 장명등의 위치를 옮긴 것이다. 일반적으로 장명등은 봉분과 상석과 일직선상에 놓이는 것이 원칙이다. 하지만 황희 묘의 장명등은 봉분에서 약간 떨어져 좌측에 세워져 있다. 이는 장명등을 안산과 마주보게 설치하여 청룡을 겸한 안산의 기를 막기 위한 조치이다.

<사진4. 봉분 정면에서 약간 우측에 비켜 세운 장명등>

---

25) 파주 장수황씨 「금승리 묘역도」(『장수황씨족보』 계묘보 1783(정조7년)에 수록), 황경원, 『坡州靈神禪院記』, 1787.

그러나 풍수에서는 혈처와 바짝 붙은 안산과 청룡의 기운은 금시발복 혹은 당대 발복을 상징한다. 아들들이 음서로 시작하여 영의정까지 오른 것을 풍수와 관련짓는 것도 무리는 아니다. 또한 황희의 묘는 내명당이 없다. 내청룡과 내백호 사이의 공간이 내명당인데, 겹쳐지는 부분이 없다 보니 내명당이 없는 좁은 형국이 되었다. 풍수적으로 묘 앞의 너른 들은 부를 상징하는데 이런 것이 없으니 부와는 다소 거리가 멀다.

백호는 어떤지 살펴보자. 묘혈을 둘러싼 백호가 좌청룡보다 훨씬 짧게 감싸고 있는 것이 약점이다. 하지만 청룡보다 훨씬 거리를 띄워 열려진 백호 쪽에 들판이 보이고 허한 듯 보이지만 당판 앞의 외백호가 좌청룡을 넉넉하게 감싸 앉고 있어 짧고 약한 우백호의 이런 약점을 보완해준다. 오히려 백호보다 외백호가 듬직하여 항상 지원의 손길이 그를 감싸는 모양새이다. 한편 이렇게 오른쪽 백호자락이 짧아 열려 보이니 상대적으로 우측 안산 너머의 명당은 넓고 평탄하고, 앞에서 장막을 드리우듯 펼쳐진 묘 앞의 산들은 마치 비단결처럼 살기 한 점 없이 유순하다. 어느 하나 험하지 않고 혈을 보듬는 형국이다. 이는 마치 재물보다는 유순하고 청렴결백한 황희 선생의 성품을 연상시킨다.

나. 군자의 덕을 상징한 좌향과 주역 15괘

그렇다면 묘 앞을 흘러가는 물길은 어떤지 살펴보자. 물길도 혈을 제대로 감싸 앉지 못하고 그대로 빠져나가는 형국이다. 다시 말해 보국에서 물이 빠져 나가는 파구(破口)는 남서향〔木局〕으로 흘러나가 풍수지리적으로 좋지 않다. 비록 이곳 형국은 잘 짜여있지만, 명당혈 주변이

물이 잘 흐르지 않고, 소량의 물조차 혈자리를 싸고돌지 않고 앞으로 빠져나가버리는 형국이다. 풍수에서 물은 재물로 본다. 물이 많지 않고 바로 흘러가버리므로 황희 묘는 재물과는 거리가 먼 땅이다.

이러한 물길의 풍수적 약점을 보완하기 위한 방책이 곧 묘의 좌향을 남서향인 간좌곤향(艮坐坤向)으로 앉히는 것이다. 즉 동북간의 간방으로 머리를 놓고, 서남간의 곤방으로 발을 향하는 것이다. 실제 황희 묘의 좌향은 간좌곤향이다. 좌향을 간좌곤향으로 앉히면 청룡과 백호가 겹쳐지는 부분이 없어 내명당이 없는 좁은 형국이 되어 좋지 않다.

이런 약점에도 불구하고 굳이 시신을 남서향인 간좌곤향으로 앉히었다. 이는 물길이 드나들고 나가는 파구의 방향과 맞추기 위한 것이다. 황희 묘의 좌향은 동북간에서 서남간으로 이어지는 간좌곤향으로 팔십팔향법 중 문고소수(文庫消水) 형국이다. 파구가 동북간에서 서남간으로 이어지는 간좌곤향인 경우 소위 문고소수가 되어 녹존유진패금어(祿存流盡佩金魚)로 물길이 녹존방(祿存方)으로 빠져 나가 금어(金漁)를 찬 다는 것이다. 즉 녹존방이란 물길이 우측으로 돌아 흘러나가 것으로 길한 것을 의미하며, 금어는 당나라 이후 고위 관리가 허리에 차던 물고기 모양의 신분증이다.

풍수에서 시신을 안장한 혈처의 좌향이 간좌곤향이 되면 비록 재물은 넉넉하지 않지만 총명한 수재가 나고 문장이 특출하여 부귀를 누리는 땅으로 본다. 혈처와 안산이 지나치게 가까워 내명당이 없는 풍수지리적 약점에도 불구하고 일부러 묘의 좌향을 간좌곤향으로 맞춘 것은 재물 대신 총명수재하고, 특출한 문장가가 나오기를 기대한 것이라 볼 수 있다.

또한 풍수에서 말하는 간좌곤향은 주역으로 풀이하면 겸손한 군자의 모습을 상징한다. 주역에서 간(艮)은 오토(五土)이고, 곤(坤)은 십토(十土)로 간과 곤은 토(土)이면서 동북방을 간방이라 하고 서남방을 곤방이라 한다. 또한 곤은 좌(坐)로 하괘(下卦)이고, 곤은 향(向)으로 상괘(上卦)로 주역의 15번째 괘인 지산겸(地山謙)이 된다. 주역 15번째 괘 지산겸은 땅 밑에 산이 있는 형상으로 겸손한 군자의 덕을 상징하는 괘이다. 보통 산은 땅 위에 있는 것이 당연하나 오히려 자신을 낮추고 땅 밑에 있으려는 것은 겸손한 군자의 모습과 가장 닮아 있다는 의미를 지닌다. 이는 황희 선생이 살아온 일생의 모습과도 일치한다.

다. 영구하산형·금구몰리형의 길지

황희 선생의 묘소는 지상보다 높게 솟구쳐 마치 거북등이나 가마솥을 엎어놓은 듯한 돌혈(突穴) 혈장에 조성되었다.[26] 묘소의 형국은 '영구하산형(靈龜下山形)'·'금구몰리형(金龜沒泥形)'이다. 영구하산형은 영험한 거북이가 산에서 내려오는 모습이다. 금구몰리형은 거북이가 진흙탕에 묻힌다는 것으로 알을 낳으려고 흙을 파는 형국이다. 예부터 이러한 형국은 풍수지리상 길지로 여겨왔다.

---

26) 돌혈은 거북 등이나 가마솥을 엎어놓은 형태의 봉긋한 봉우리로서, 조선시대 태실은 반드시 이같은 돌혈 형태이며, 전국의 태실봉이나 태봉산이란 지명이 붙은 산은 모두 이러한 형태를 갖추고 있다. 왕릉의 봉분도 평지보다 솟아오른 돌혈 형국에 조성해 제향공간인 정자각에 이르는 사초지가 자연스레 경사가 이루어져 정자각에서 봉분이 보이지 않도록 하였다.

<사진 5. 황희 묘역의 전면>　　　　<사진 6. 뒤에서 본 봉분의 후미>

봉분의 형태도 다른 묘에서 찾아보기 힘든 앞은 2단으로 장방형 돌을 쌓고, 양 옆으로 양팔을 벌린 것처럼 2단의 큰 장방형 돌로 내밀어 쌓아 거북의 앞발처럼 형상화 하였다. 봉분 뒤 후미는 거북꼬리처럼 용미를 두어 앞의 방형분과 합쳐져 요(凹) 자의 형태로 조성하여 마치 거북이가 산에서 내려와 알을 품는 모습을 연상시키다.

2) 황희의 금승리 묘산도와 장수 황씨의 족장묘

파주 금승리는 대대로 장수 황씨의 터전으로 내려온 마을로, 마을을 둘러싸고 있는 산은 대부분 장수 황씨의 선산이다. 문종이 사방 십리의 땅을 황희에게 사패함으로써 후손들이 뿌리를 내리고 집성촌을 이루었다.

가. 금승리 묘역도와 파주영신선원기

황희 묘역의 위치와 산세, 이곳에 장수황씨의 족장묘를 쓰게 된 내력을 잘 보여주는 것은 바로『파주영신선원기(坡州靈神禪院記)』와 파주 금승리 묘산도(墓山圖)이다. 방촌 황희가 90세의 일기로 세상을 떠나자 금승리 장수산 자락에 장사를 지내고, 문종은 장작감(將作監)[27]에 명하여 영신원(靈神院)을 금승리에 세우고, 승도로 하여금 관리토록 하였다.[28] 영신원은 재실로서 방촌 황희의 명복을 비는 일종의 분암으로서의 역할을 하였다.

영신원은 '영신선원(靈神禪院)', '영신암(靈神菴)' 등으로 불린다. 영신원은 현재 방촌 묘역의 북쪽 절골에 위치해 있었다. 지금은 군부대가 들어서 터가 완전히 없어져 버렸다. 영신원의 위치는 「금산리 묘산도」에 잘 나타나 있다.

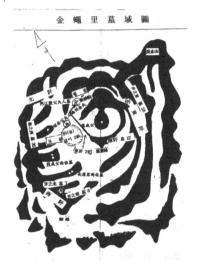

<도판2. 파주 장수산 황희의 금승리 묘역도>

---

27) 고려시대 국가의 토목공사와 궁궐 및 관사의 건축·수선을 담담했던 관청으로 조선 문종 때 정비하여 정3품의 판사 1명, 정4품의 감 1명, 종4품의 소감 1명, 종6품의 승 2명, 종7품의 주부 2명을 두었다. 이속으로는 감작 6명, 기관 3명, 산사(算士) 1명을 두었다.

28) 『방촌황희선생문집』, 권9, 년보, 문종 2년. "某月日 有司涓吉具儀 葬于坡州金蠅里 坤坐 上追命將作監 建靈神院于金蠅里 使僧徒典守."

대부분의 묘역도(묘산도라고도 함)는 산세만 그리는 것이 일반적이다. 그러나 황희의 묘역도는 다른 문중의 묘산도와는 달리 주산과 안산의 명칭을 비롯해 등성과 골짜기 사이사이에 산재한 황희 후손들의 묘 위치와 수량, 영신원·절골·우물·어봉 등의 이름을 구체적이고 자세하게 표시하였다. 금승리 묘역도는 1783(정조7년) 간행한 장수황씨 족보 계묘보에 실려 있는 것으로 보아 역사가 꽤 오래되었음을 알 수 있다

『파주영신선원기』는 족숙(族叔) 황유(黃瑜)의 명으로 1783년(정조7) 후손 강한(江漢) 황경원(黃景源, 1709~1787)이 썼다. 장수산에 방촌의 무덤을 쓴지 10대 이르러 쓴 것으로 황희 사후 331년만의 일이다. 여기에는 황희 묘역을 중심으로 파주 장수산 일대에 황희 후손들의 족장묘가 조성되고 그들의 신령을 받들어 모시고 제사하는 재실의 존재를 밝혀주는 자료이다. 황경원은 방촌 황희의 9세손으로 대사성, 대사간 겸 양관제학(兩館提學), 홍문관제학을 역임하고 「장수황씨계묘보」의 서문을 썼다.

거기에는 『파주영신선원기』를 쓰게 된 동기와 장수 황씨들의 족장묘를 장수산에 조성하게 된 이유, 그리고 묘역도에 나타난 황희의 묘역의 산세와 특징, 황희 후손들 묘의 위치와 수량, 영신원·절골·연못의 둘레·어봉 등을 마치 앞에서 보는 것처럼 사실적이고 자세하게 묘사하였다. 이점이 다른 묘산도와 차별화되고 뛰어난 점이라 할 수 있다. 다음은 『파주영신선원기』의 특징과내용이다.

첫째 장수 황씨들의 묘 위치와 산세에 대한 특징이다. 장수산에 족장묘를 쓴 둘레가 십리이고, 황희 묘를 중심으로 동쪽 능선에는 묏등〔강崗: 언덕〕이 있는데, 왼쪽은 높아 모두 구릉으로 되었으며 이를 숟가락

모양처럼 생겼다 해 시산(匙山)이라 불렀다. 그 북쪽에 우물이 있고, 우물 동쪽 구릉 넷이 있는데 그 안에 28기의 묘가 있다. 북쪽에는 연못이 있어 늪이 되었는데 둘레가 480m이며 샘이 샘물은 솟아나나 흐르지는 않는다. 연못 서쪽에는 구릉이 여섯 있는데 35기의 묘가 있다.

서쪽 능선은 병풍 같은 능선으로 비스듬히 남쪽으로 이어내려 배경 언덕을 이루었는데 소위 어봉이라 부른다. 그 앞에 우물이 있는데 물이 송송 솟아나며, 그 우물 북쪽으로 두 개의 구릉이 있는데 7기의 묘가 있다. 우물 남쪽으로 뻗은 구릉에 6기의 묘가 조성되었다.

황희 묘 남쪽 능선은 봉우리가 급하게 우뚝 솟아 모구旄丘(앞은 높고 뒤는 낮은 언덕 모양)가 되었는데 미궐봉(薇蕨蜂 : 황희 묘의 안산이 됨)이라 한다. 그 아래에 12기의 묘가 있다. 남쪽은 큰 들에 임하고 모구 미궐봉에서 동쪽으로 꺾여 약 2리에 몇 간의 집이 있는데 이름이 영신이다.

둘째, 장수 황씨 족장묘를 조성하게 된 연유이다. 당시 장수산에 조성된 장수 황씨의 족장묘는 모두 88기이다. 황경원은 『파주영신선원기』에서 족장을 하게 된 이유를 이렇게 말했다.

"음양화복에 대한 말은 경서에서는 볼 수 없고, 공경대부이하 그 지역에 산 친족은 대대로 그 곳에 장사지냈기에 고로 주관(周官)이 말한 족분묘란 이런 것이다. 또 후세 음양화복설이 유행해 법이 되면서 족장묘 제도가 무너졌으며, 자손의 번성과 쇠퇴, 궁함과 영달, 요절과 장수 같은 것을 모두 부모의 묘자리에 귀결시키고, 묘자리가 좋아 보이더라도 그 음덕이 흘러 자손에 미치지 못하면 개장을 하여 백년 된 부모의 유해가 끝내 흙속에서 편안함을 얻지 못할 것이라 하였다. 처음 장수산에 황씨 묘를 쓰기 시작해 300여 년 동안 이곳에 묘를 쓴 것은 비록 풍수지리적으로 길지는 아니지만 묘의 붕괴 등 뒷 탈을 염려해 자리를 잡게 된 것이고, 또 택조를 가린 것은 광중의 흙이 안전한 가를 시험하기 위한 것이다. 그런데도 황씨 문중이 융성하고 황씨 문중이 융성하고 불같이 일어나 공경가(公卿家)로 이름을 날린 것으로 보아 음양화복화설은 믿을 것이 아니다. 세상 군자들이 장수황씨의 묘제를 보고 족장묘 제도의 훌륭함을 알았고, 묘자리는 음양설에 현혹되지 않을 것이다."

황경원은 장수산 자락이 길지는 않지만 묘를 300여 년 동안이나 쓴 것은 혹시 세월이 지나면 묘가 붕괴되지는 않을까, 또 묏자리를 가려 쓴 것은 광중의 흙이 안전한 가를 시험한 것이지 결코 풍수를 따져 길지를 찾아 쓴 것이 아니라고 하였다. 그럼에도 불구하고 황씨 문중이 융성하고 불같이 일어나 공경가(公卿家)로 이름을 날렸다며 음양화복화설은 믿을 것 못된다고 비판하였다. 따라서 세상의 군자들이 장수황씨의 묘제를 보고 족장묘 제도의 훌륭함을 안다면 묘자리를 잡는데 음양설에 현혹되지 않을 것이라고 하였다.

이처럼 황경원은 10대 300여년에 걸쳐 장수산 일대에 황씨들의 족장묘를 조성하게 된 이유를 자세히 설명하고, 풍수지리설이나 음양화복설이 아닌 유교적 효의 논리로서 족장묘의 의의를 밝히고 있다.

족장묘는 동일 지역 내에 매장하는 장묘법을 이른다, 조선시대 이러한 족분제(族墳制)가 처음 시작된 것은 태종 17년 11월 동혈장사법(同穴葬事法)을 상고케 한 데서 비롯되었다. 태종은 "내가 죽어서 중궁과 합장하고자 하는데 구천 아래에 함께 묻히고자 하려는 계교가 아니라 후세 자손이 배소(拜掃)할 때에 여기저기 왔다 갔다 하는 폐단을 없애기 위함이다."[29]이라 하였다.

이처럼 족분제는 묘소가 여러 곳에 분산되어 후손들이 참배하는 번거로움을 덜어주고, 또한 주자가례가 시행 보급되면서부터 사우와 가묘가 세워지고 한 가문이 같은 묘역 권내에 묘지를 쓰기 시작하면서 나타나기 시작하였다. 그러나 음양화복설, 즉 풍수지리가 유행하여 길지를 찾아 안장하고 이장하기 시작하면서 족분제 장묘법이 별장(別葬) 내지 각장(各葬)으로 바뀌어 갔다.

나. 어봉

어봉(御峰)은 1783년 황희의 후손 황사장이 『파주영신선원기』에 전해오는 이야기를 기록하여 알려졌다. "서쪽 능선은 병풍 같은 능선으로 비스듬히 남쪽으로 이어내려 배경언덕을 이루었는데 소위 어봉이라 부른다"고 했다. 황희 묘 서쪽의 외백호 격인능선이 남쪽으로 이어져 내려오다 솟구친 어봉은 황희 묘소에서 정면으로 바라다 보인다. 어봉은 황희 선생의 예장시 문종이 장지 인근인 이곳에 와 산정에서 장례 광경을 보며 슬퍼했다는 곳으로, 마을에서는 어봉이라 구전되고 있다. 하지만 1783년에 쓴 『파주영신선원기』로 보아 어봉이란 이름이 오래 전부터 전해 왔음을 알 수 있다.

파주시 탄현면 금승리 어봉에는 문종이 황희 선생의 장사 때 다녀갔다는 기록을 적은 '문종대왕주필지지비(文宗大王駐蹕之地碑)'가 세

---

29) 『태종실록』 권34 태종 17년 11월 계축조.

워져 있다. 이 비는 1950년 3월 황희 후손들이 세웠다.

4. 황희 묘제의 특징과 요(凹)자 형식 봉분 사례 비교

여말선초는 유교식 상장의례의 제도적 성립과 함께 무덤의 형태도 호석을 두른 방형분에서 둥근 모양의 원분 혹은 꼬리를 둔 타원형으로 바뀐다. 특히 방촌 황희 묘처럼 봉분 전면을 장방형 돌로 2단을 쌓고, 다시 장방형 돌을 이용하여 양팔을 벌린 것처럼 호석 양끝을 ㄱ자형으로 내밀어 쌓아 '요(凹)' 혹은 '八' 자 형태를 띤 새로운 양식의 묘제가 등장한다.

그리고 조선시대 사대부 묘역도 조금씩 차이는 있으나 장대석으로 단을 조상하고, 계체석이라 부르는 이 단을 중심으로 계를 나누고 높이를 다르게 하여 봉분과 석물을 배치하였다. 계체석을 이용해 조성한 묘역은 크게 3부분으로 구분하는데, 봉분이 있는 위 부분부터 상계·중계·하계로 부른다. 상계에는 사대석 혹은 석담·봉분·호석·상석·묘표 등을 설치한다. 상계보다 한단 낮춘 중계에는 망주석·장명등·석인(문인석·무인석)·향로석을 배치한다. 중계보다 한단 낮은 하계에는 석인상을 두거나 넓은 초지로 남긴다.

이러한 공간 구성은, 조선 전기에는 상계·중계·하계 등 3단계로 나뉘기도 하지만, 묘역의 공간적 협소 유무에 따라 상계·하계 등 2단계로 구분하기도 하고, 계체석은 장방형 돌이나 잡석으로 조성한다. 조선 후기로 내려오면서 묘역을 2단으로 나누고 계체석 설치도 생략되거나 흙으로만 다지고 높이만 달리 구분하여 계를 나누는 경우가 많아져 간소화하였다. 특히 조선 전기의 묘역은 후기에 비해 넓은 터에 조성하였고, 각 계의 높낮이 경사도 커서 단의 구분이 명확하다.[30]

이렇게 단을 달리한 묘역의 공간구성은 석물 배치를 용이하게 할 뿐만 아니라 묘역의 안정감을 준다. 또한 봉분이 위치한 공간은 죽은 사자를 위한 능침공간으로 성(聖)의 영역이고, 상석과 장명등, 석인 등이 설치된 공간은 제향공간으로 성과 속(俗)이 혼재한 산자의 영역이다.

봉분의 형태도 호석을 사각 전체를 쌓은 방형분과 앞에만 호석을 쌓고 옆면은 흙으로 조성한 방형분, 둥근 모양의 원분, 원형 혹은 타원형에 용미를 세운 봉분, 봉분에 용미를 달아 자연스럽게 사성에 연결시킨 묘 등 양식이 다양하다. 한편 고려의 방형분에서 조선의 원분으로 바뀌게 된 것은 명나라의 원형분(圓形墳)의 영향을 받은 것으로 여겨진다.[31]

석물의 배치도 지역 혹은 문중에 따라 조금씩 차이가 있으나, 묘비는 일반적으로는 봉분 앞에 배치하여 표석의 역할을 담당하기도 한다. 묘비 앞에는 혼유석·상석·향로석 등을 설치한다. 상석 좌우에는 장대석 혹은 잡석으로 계체석을 두어 단을 조성한다. 장명등은 상석에서 앞으로 약간 떨어져 봉분과 상석과 일직선상에 설치한다. 그리고 상석

---

30) 김은선, 「조선전기 경기 묘제 석조미술의 이해」, 『경기 묘제 석조 미술』 상 조선전기 해설편, 경기도박물관, 2007. 236쪽.

31) 明代에 들어와 릉묘가 方形에서 圓形으로 바뀐다. 漢代와 唐·宋 兩代에는 황릉이 모두 방형이었다. 명대의 원형분은 효릉에서 시작되는데, 이는 六朝 이래 원형을 채택하였던 남방 제왕의 분묘에서 비롯되었다.(楊寬 著, 尾形·太田有子 共譯, 1981, 『中國皇帝陵の 起源と 變遷』, 學生出版, 92쪽)

좌우에 근접해 동자석 한 쌍을 배치하고 계절 좌우에 망주석을 설치한다. 문인석은 장명등을 중심으로 좌우에 한 쌍을 두고, 거기에서 아래로 약간 떨어져 무인석 한 쌍을 배치한다. 신도비는 무덤에서 비교적 떨어져 묘에 이르는 동남쪽의 입구나 혹은 묘역 내 하단에 세우기도 한다. 하지만 조선 전기의 신도비는 거의 묘역 내 있는 것이 특징이다.

1) 황희의 묘제와 사다리꼴 모양의 요(凹)자형 봉분

봉분은 묘역 중 가장 신성한 중심처이다. 따라서 묘역 내에서 성소적(聖所的) 공간의 확산이 이곳으로부터 이루어져 석물의 배치나 묘의 공간구성의 중심처가 된다. 앞서 살펴보았듯이 황희 선생의 봉분은 마치 거북등이나 가마솥을 엎어놓은 듯이 등마루처럼 높게 솟구쳐 오른 돌혈에 조성되었다. 묘역은 3단으로 넓게 조성되었고, 묘 둘레는 34m, 높이가 4m로 조선시대 왕릉처럼 능침에서 정자각으로 내려가는 경사진 사초지가 형성되어 무덤의 규모가 더욱 웅장해 보인다.

<사진7. 조선 왕릉처럼 지표면에서 우뚝 솟아 돌출된 황희 묘역의 전경>

봉분은 황희 선생의 유언에 따라 둘째 부인 청주 양씨와 단분 형태

로 합장하였다. 봉분을 향해보았을 때 좌측이 황희, 우측이 부인이다. 단분 합장묘임에도 불구하고 상석과 장명등을 단출하게 하나씩 밖에 설치하지 않았다. 이는 황희의 유언에서도 알 수 있듯이 평소 허례허식을 배격하고 소박하고 검소한 그의 정신이 반영된 것이라 하겠다.

이 같은 사실은 다음의 예에서도 알 수 있다. 조선 전기에는 쌍분합장이거나 단분 합장의 경우에도 별도의 상석과 묘비, 장명등을 갖추어 예를 표한다. 특히 신숙주(1417~1475)나 광평대군 이여(1425~1444), 박중손(1412~1466) 등은 합장묘로 상석과 장명등을 봉분 앞에 각각 설치하였다.[32] 단장 합장인 성여완(1309~1397)과 정연(1389~1444) 묘의 경우도 봉분 앞에 상석과 묘비를 각각 설치하였다.[33]

봉분 앞은 2단 장대석으로 호석을 만들어 봉분을 받치고 있고, 나머지 양 옆과 뒤 부분은 호석을 두르지 않았으며, 전면보다 측면을 길게 조성하였다. 묘의 외형은 전형적인 고려시대 사각형태의 방형분이나 전면은 각을 두고 후면은 꼬리를 둔 타원형으로, 방형분의 변형 양식이라 할 수 있다.

앞서 살펴보았듯이 봉분 뒤는 사성을 쌓지 않고 거북꼬리처럼 얇은 용미를 두어 뒤에서 보면 마치 거북이 산에서 내려와 알을 품는 모습을 연상시킨다. 이러한 형국을 풍수에서는 영구하산형·금구몰리형이라 하여 길지로 여긴다. 봉분 말미에 꼬리인 용미를 두는 것은 풍수설의 영향이다. 용미를 두고 사성을 만들면 주산에서 내려오는 용맥과

---

32) 김은선, 「조선전기 경기 묘제 석조미술의 이해」, 『경기 묘제 석조 미술』 상 조선전기 해설편, 경기도 박물관, 2007. 237쪽.
33) 『경기 묘제 석조 미술』 상 조선전기 해설편, 경기도박물관, 2007. 16쪽, 46쪽.

이을 수가 있어 묘혈의 지기가 모이고 흩어지는 것과 바람을 막을 수가 있기 때문이다. 무덤 뒤 주변 곡담은 후대 후손들이 추보한 것이다.

<사진8. 봉분 앞 양 끝단을 사다리꼴(요凹) 자 형태로 조성한 황희의 묘>

<사진9. 황희 묘역의 꼬리 형태의 봉분 후미>   <도판3. 황희 묘역 배치도>

황희 묘의 특징은 봉분 앞 양쪽에 달린 날개이다. 봉분 앞을 2단으로 장방형 돌을 쌓고, 장방형 돌로 양팔을 벌린 것처럼 호석 양끝을 ㄱ자 형으로 내밀어 쌓아 봉분 앞을 사다리꼴 모八 자형으로 조성하였다.

전체적으로 앞의 방형분과 합쳐져 요(凹) 자의 형태를 띠고 있는 특이한 구조이다. 이렇게 봉분 앞 양끝을 양팔 벌린 것처럼 '八자' 형식의 요(凹) 자형으로 봉분을 조성한 이유를 아직까지 정확하게 밝히지 못하고 있다. 그 조성 기간이 110여 년에 불과하고 사례가 많지 않아 밝히기는 어렵지만, 호석과 별개로 설치한 것으로 보아 바람을 막아 혈처를 편안하게 하고 지기가 흩어지는 것을 막기 위한 것으로 생각된다.

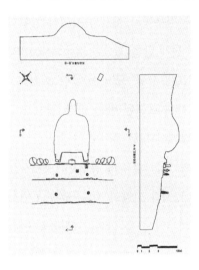

<도판4. 황희 묘역의 세부 배치도>

2) 방형분의 퇴조와 八자형 및 요(凹)자형의 새 묘제 등장

지금까지 황희의 묘처럼 봉분 앞의 '八'자 모양의 요(凹)자 형태의 무덤은 전국적으로 밝혀진 것은 모두 14기로, 전체적으로 앞의 방형분과 합쳐져 요(凹) 사의 형대를 띠고 있는 특이한 구조이다. 파주, 고양, 서울, 여주, 안성 등 경기 일부지역에서만 존재하는 것으로 파악되었다. 마치 봉분에 앞에 날개를 단것처럼 보이는 '八 자형 및 요(凹) 자형' 묘는 단분·단분 합장묘·쌍분 등 다양한 형식에서 보일뿐만 아니라 그 형태도 다르게 나타난다. 이러한 양식의 묘제는 려말 선초, 특히 이같은 사다리꼴 형태의 요(凹) 자형 봉분의 형식은 황희가 졸한 15세기 전반에서 16세기 초반에 조성된 조선전기의 특수한 묘제이다.

이러한 새로운 형식의 묘제를 본고에서는 八자형 및 요(凹)자형 두 가지 형식으로 구분하였다. 八자형 봉분은 봉분 좌우에 설치한 날개 모양의 비교적 낮은 경우이고, 요(凹) 자형식은 황희의 봉분처럼 양쪽 날개부분이 비교적 높게 단을 조성한 경우이다. 이와 같은 사다리꼴 형태의 八자형 및 '요(凹)자형' 묘제는 일부 조사보고서로 보고되었을 뿐 전체를 파악해 학계 보고된 바는 없다. 필자가 직접 현장을 방문하여 확인하고 그 과정에서 새로 찾기도 하였다

가장 이른 시기의 묘는 파주의 봉유인(1350~?)·유엄(1367~?)·파주의 이직(1362~1423)과 고양의 정탁(鄭濯, 1363~1423) 묘이다. 이어 안성의 삼한국대부인 순흥 안씨(三韓國大夫人順興安氏, ?~1444)와 서울 수서의 광평대군 이여(廣平大君 李璵, 1425~1444)의 묘가 있으며, 뒤를 이어 파주의 황희(黃喜, 1363~1452)·이사원(李師元, ?~1455)의 묘, 황희의 아들 황수신(黃守身, 1407~1467)의 묘가 있고, 가장 늦은 시기의 묘는 용인의 한산 이씨 묘역의 이예견(李禮堅, 1446~1510)·이운·이누·이자(1480~1533)의 묘 등이 있다.

가. 봉유인의 묘와 사다리꼴 모양의 八자형 봉분

조선 전기 문신 봉유인(奉由仁 : 1350~?)은 본은 하음(河陰)이고, 검교한성부윤을 역임하였다, 출생년도는 알 수 있으나, 졸한 연대는 그의 따님이 목은 이색의 손자 광주목사를 지낸 숙야(叔野)와 혼인 한 것을 통해 대략 년대를 추정할 수 있다.

묘는 경기 고양시 강매동 야산에 위치하였다. 묘역은 3단으로 구성하여 상계에는 각각의 봉분 앞에 상석을 두고, 봉분과 봉분 사이 중간에 묘표를 세웠다. 중계에는 향로석과 장명등, 문인석 2쌍씩을 배치하였고, 하계는 아무런 설치를 하지 않았다. 조선 전기 전형적인 쌍분 형식이다.

<사진10. 봉분 앞의 호석날개를 묘 양쪽 끝에 각각 하나씩만 조성한 봉유인의 쌍분>

<도판 5. 봉유인의 쌍분 배치도>

특이한 점은 광평대군 이여 묘처럼 쌍분 형태를 취하고 있으면서 봉분 앞의 사다리꼴 날개 모양을 각각의 봉분에 설치하지 않고 바깥 양쪽에만 하나씩 설치한 것이다. 광평대군의 묘는 원형분이지만, 봉유인의 묘는 앞과 옆 일부만 호석을 두른 형태이다. 봉분 앞은 각각 장대석으로 호석을 만들어 봉분을 떠받치고 있으며, 양 봉분의 바깥 끝단을

꺾어 장대석을 이용하여 봉분 앞을 사다리꼴로 조성하여 마치 양팔을 벌린 것처럼 보인다. 왼쪽의 봉분의 날개 길이가 165cm, 오른쪽 봉분의 날개 길이는 125cm로, 왼쪽 날개보다 짧은 것은 일부 유실 된 것으로 생각된다. 봉분 뒤는 각각 용미를 두어 활개와 연결시키고 있다.

봉유인 묘처럼 호석의 양 끝단을 꺾어 사다리꼴로 조성한 배치 양식은 세 가지 유형으로 구분된다.

첫째 단분인 황희의 묘와 정탁의 묘, 삼한국대부인 순흥 안씨 묘, 이사원의 묘처럼 봉분 앞에 양 날개를 사다리꼴 모양의 조성한 경우.

둘째 부부 쌍분으로 이예견의 묘처럼 봉분 각각에 사다리꼴 모양의 날개를 둔 경우.

셋째 부부 쌍분이나 광평대군 이여의 묘와 봉유인의 묘처럼 쌍분 양쪽 끝에 각각 하나씩만 설치한 경우이다. 이러한 양식 중 가장 빠른 것은 1423년 조성된 정탁의 묘로 조선 초기 일부 묘역에서만 나타나고 있는 특징이다.

나. 류염의 묘와 사다리꼴 모양의 팔八자형 봉분

류염(柳琰 : 1367~?) 묘는 경기 여주시 오학동 산 72-110번지 야산에 위치하고 있다. 생몰 년대는 출생년도만 나와 있고 졸한 년도는 미상이다. 고려 말·조선 초의 문신으로, 본관은 문화, 호는 묵재(默齋), 시호는 문간(文簡)으로, 공민왕 때 문과에 급제하고 우왕 때에 성균관대사성을 역임하였다. 공양왕 즉위 후 이림(李琳)의 손녀사위라는 이유로 멀리 유배되었다가 1391년(공양왕 3)에 사면되었다.

조선 개국 후에는 1402년(태종 2)에 전라도관찰출척사를 거쳐

1417년에 판한성부사를 지냈으며, 그 뒤에는 이조판서·대제학 등을 역임하면서 관료생활이 깨끗하다고 하여 세종 때에는 청백리로 녹선되었다.

<사진11. 류염의 묘>

<도판6. 류염의 '요(凹) 자형 봉분 배치도과 사다리꼴 모양의 '요(凹)자형 봉분 >

류염의 묘는 단장으로 상계와 하계로 나누고 상계에 봉분을 두고 앞에는 꺽쇠형 호석을 두르고 상석 앞에 묘표를 세웠다. 묘 전면의 사다리꼴 호석은 아주 소박하고 규모도 작다. 상석과 혼유석, 고석은 모두 새로 설치한 것이며, 상석 우측에 오석으로 새로운 비를 세웠다. 류염 묘 아래에는 부인 고성 이씨 묘가 있으며 좌우에 문인석 1쌍을 세웠다.

다. 정탁의 묘와 사다리꼴 모양의 요(凹)자형 봉분

정탁(1363~1423)의 묘는 경기도 기념물 제173호로 파주시 월롱면 덕은리 15번지 산자락에 자리 잡고 있다 정탁은 고려 우왕 8년(1382) 문과 병과에 급제하여 춘추관 수찬을 역임한 뒤 여러 관직을 지낸 후 1392년 이성계를 도와 개국공신이 되어 성균관대사성에 올랐다. 제1차 왕자의 난 때 이방원을 돕기도 했으며 이후 두루 관직을 거쳐 우의정까지 올랐다.

정탁의 묘역은 산의 경사면을 따라 장대석을 쌓아 3단으로 조성하여, 상계에는 봉분과 상석을, 중계에는 묘표와 문인석을 갖춘 전방후원분의 형식이다. 봉분 앞은 2단 장대석으로 호석을 460cm 길이로 쌓아 봉분을 받치고, 봉분 양 끝단은 장대석으로 호석을 쌓아 ㄱ자로 꺾어 양팔을 벌린 것처럼 사다리꼴로 조성하고 그 위에 흙을 덮었다. 봉분 양 날개의 호석 길이가 286cm, 높이가 76cm로 그 끝을 계체석 단과 일치하도록 쌓아 봉분 앞이 움푹 들어가 아늑한 기분을 준다. 봉분은 총 높이가 250cm로 비교적 높으며, 봉분 후미는 황희의 묘처럼 각을 짓지 않고 꼬리처럼 살짝 용미를 조성하고, 활개는 조성하지 않아 평지에서 도출된 것처럼 보이도록 하였다. 봉분 앞을 사다리 꼴 모양으로 쌓아 앞에서 보면 마치 활개로 두른 묘처럼 보인다.

<사진12. 봉분 좌우 양끝을 호석을 쌓아 사다리꼴(八)로 조성한 정탁의 묘>

<도판 7. 정탁의 묘 배치도>

라. 이직의 묘와 사다리꼴 모양의 八자형 봉분

이직(李稷, 1362~1423)의 묘는 경기도 고양시 덕양구 선유동 산 51-1 월촌 도로 변 야산에 위치해 있다.

<사진13. 이직의 사다리꼴 모양 요(凹) 자형 봉분 전면> <사진14. 이직의 묘 후면>

이직의 본관은 성주, 호는 형재(亨齋)로, 1377년(우왕 3) 16세로 문과에 급제해 경순부주부(慶順府注簿)에 보직되고, 그 뒤 사헌지평·성균사예·전교부령·종부영·밀직사우부대언 등을 거쳐 공양왕 때 예문제학을 지냈다. 1392년에 이성계 추대에 참여해 지신사로서 개국공신 3등이 되고 성산군(星山君)에 봉해졌다. 1397년(태조 6) 대사헌을 지내고, 1399년(정종 1) 중추원사로서 서북면도순문찰리사를 겸임해 왜구의 침입을 격퇴시켰다.

제2차 왕자의 난 때는 방원(태종)을 도와 1401년(태종 1) 좌명공신 4등이 되고, 1414년 우의정에 승진되어, 진하사(進賀使)로서 명나라에 다녀왔다. 이듬해 황희와 함께 충녕대군(뒤의 세종)의 세자책봉을 반대하다 성주에 안치되었다. 1422년(세종 4) 풀려 나와 1424년 영의정에 오르고, 1426년 좌의정으로 전직했다가 이듬해 사직하였다. 성주의 안봉서원에 제향되었으며 시호는 문경(文景)이다.

묘소는 부인 양천 허씨와 합장으로 되어있다. 원래 이직의 묘는 여주 북성산 초장지에서 이곳으로 이장한 것이다. 묘역은 상계, 중계, 하계 3단으로 구분하고 상계에 봉분을 두었는데 전형적인 고려시대 방형분이다. 묘의 앞뒤 좌우를 모두 장대석을 이용해 호석을 놓고 그 위에 봉토를 하였다. 봉분은 황희 묘처럼 봉분 앞에 호석을 쌓아 양팔을 벌린 것처럼 '八' 자 모양이 아닌 봉분 앞의 상단 계체석을 사다리 꼴 모양으로 움푹 들이민 다음 호석을 두르고 상석과 향로석을 설치하였다. 상석 앞의 묘표는 향로석 함께 모두 새로 설치한 것이며, 묘표는 후손들이 1975년 세웠다.

중계에 문인석 1쌍을 세웠으며, 하단에 상석과 일직선상에 되게 장명등을 세우고 좌우에 무인석 1쌍을 배치하였다. 황희 묘역의 문·무인석 위치와는 정반대로 배치되었으며, 무인석의 형태는 황희의 묘역과 비슷하나 조각 면에서 뒤떨어진다.

마. 삼한국대부인 순흥 안씨 묘와 사다리꼴 모양의 팔八자형 봉분

삼한국대부인 순흥안씨(?~1444)는 세종의 비 소헌왕후의 모친이자 영의정을 지낸 심온의 부인 순흥 안씨 묘이다. 묘의 위치는 경기 안성시 금광면 오흥리 산 32-1번지로, 안성 금광저수지에서 사흥리로 들어가는 도로 좌측 편 산록에 위치하고 있으며, 경기 향토유적 30호로 지정되었다.

<사진15. 봉분 앞을 사다리꼴로 조성한 삼한국대부인 순흥 안씨 묘역 전면, 후면>

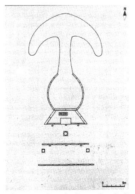

<도판 8. 순흥 안씨 묘역 배치도>

약 60여평의 묘역은 2단으로 조성하였는데, 봉분은 높이 3.4m, 지름 6.5m, 둘레 27m로 위 배치도에서 보는 바와 같이 앞의 호석은 장대석을 일자형(一字形)으로 쌓아 봉분을 받치고, 봉분 양 끝단을 꺾어 양팔을 벌린 것처럼 봉분 앞에 사다리꼴로 조성하여 아늑하고 품위 있는 제단처럼 꾸몄다. 원형의 봉분 양쪽에 호석을 두르고 뒤에는 용미와 사성(莎城; 활개라고도 함)을 두었다.

묘 앞 중앙에는 글씨가 마멸된 대리석 묘비와 1910년 새로 건립한 묘비가 있다. 묘비 앞에는상석과 향로석을 두고 양쪽 날개 부분까지 장대석을 깔았다. 그 앞에는 망주석과 장명등, 문인석 등이 좌우에 갖추어져 있는데, 장명등은 봉분과 상석이 일직선상을 이룬다. 묘역과 석물은 보존 상태가 양호하고 잘 관리되고 있다.

순흥 안씨가 1444년(세종 26년) 11월 24일에 죽자, 세종은 안씨의 무덤을 용인시 수지면 이의리에 예장토록 하여 이듬해 1445년(세종 27) 용인군 수지면 이의리에 장사지냈다. 이후 1467년(세조13) 5월 3일 왕명에 의해 현재의 위치로 이장하였다.[34]

바. 광평대군 이여의 묘와 사다리꼴 모양의 八자형 봉분

광평대군 이여(廣平大君李璵 : 1425~1444)는 세종과 정비 소헌왕후 사이의 다섯째 아들로, 20세에 졸하였다. 광평대군은 세종의 명에 의해 후사가 없는 무안대군(이성계의 계비 강씨 신덕왕후의 장남) 방

---

34) 「조선전기 경기 묘제 석조미술의 이해」, 『경기 묘제 석조 미술』 상 조선전기 해설편, 경기도박물관, 2007. 50~51쪽.

번 봉사손(奉祀孫)이 되어 그의 묘를 지극정성으로 시묘하자 백성들 간 칭송이 자자했다.

광평대군 이여 묘는 수서동 산10-1번지 궁마을 대모산 북동쪽 기슭에 서울과 근교에 현존하는 조선 시대 왕손의 묘역 가운데 가장 원형에 가까운 광평대군 묘역이 있다. 이곳은 종가 재실을 중심으로 마을을 형성하고 있어, 마을이름을 궁말·궁촌이라 부른다

광평대군 묘역에는 광평대군 내외 묘소를 비롯해 태조의 일곱째 왕자인 무안대군 이방번(李芳蕃) 내외 묘소, 광평대군의 아들 영순군 이하, 그 후손들의 묘소 700여 기가 함께 자리하고 있다. 그 중 신도비·혼유석·석등·석인 등이 규례대로 갖추어져 있는 광평대군의 묘소가 중심을 이루고 있다.

광평대군의 묘는 원래 경기도 광주군 서촌 학당리(현 서울시 강남구 삼성동 선릉 부근)에 예장됐다가 연산군 1년(1495) 아들 영순군 묘가 있던 현재 자리로 이장되었다. 광평대군의 묘역은 서울 강남의 대모산을 조산(朝山)으로 앉힌 북동쪽 기슭에 정남향〔자좌오향〕 혈처를 찾아 마치 왕릉처럼 자리하고 있다.

이여의 묘역은 부인 평산신씨 영가부부인(永嘉府夫人 : 1426~1498, 정1품)과 쌍분으로 조성되었다. 일반적으로 묘의 앞(당판)에서 볼 때 남좌여우(男左女右), 즉 남자를 좌측에 두고 여자는 오른쪽에 매장하는 장법과 달리, 남자가 우측에 있는 남우여좌(男右女左)의 환장법(換葬法)으로 안장하였다.

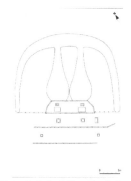

<사진16. 광평대군 이여의 쌍분 묘역> <도판9. 광평대군 이여의 쌍분묘역 배치도>

묘역은 3단으로 조성하고, 봉분 앞은 2단 장대석을 이용하여 일자형 (一字形)으로 양쪽 봉분 끝까지 쌓고, 쌍분 양 끝단을 꺾어 양팔을 벌린 것처럼 봉분 앞을 사다리꼴의 공간을 조성하였다. 원형의 봉분 뒤에는 용미를 두고 자연스럽게 쌍분 주위 사성과 연결시켰다. 같은 양식은 안성의 삼한국대부인 순흥 안씨의 묘와 비슷한 형식이다.

봉분 앞에는 각각 묘표와 상석을 설치하고 그 앞에 장명등을 하나씩 세웠다. 장명등에서 약간 떨어져 신도비를 세우고, 하계에는 문인석 한 쌍을 배치하였다.

사. 이사원의 묘와 사다리꼴 모양의 요(凹)자형 봉분

이사원(李師元 : ?~1455)은 세종 때 영의정을 지낸 조선 개국 공신 문경공(文景公) 이직의 둘째 아들로 태어났다. 세종 때 사헌부 지평, 형조참의, 이조참의, 황해도 관찰사, 첨지중추 등의 벼슬을 지냈고, 단종 때는 공조참판, 중추원부사 등을 지냈으며, 1455년 (세조1)에 졸했다.

<사진 17. 이사원의 묘역 전경>

<도판 9. 이사원의 묘역 배치도>

<사진18. 뒤에서 본 이사원의 묘> <사진19. 옆에서 본 이사원의 묘>

묘는 경기도 고양시 덕양구 선유동 불미지 마을에 부인 백천 조씨(白川趙氏)와 합장묘로 조성되어 있다. 묘역은 3단으로 조성되었는데 상계에는 봉분과 합장임을 알려주는 묘표 2개, 중계에는 최근에 새로 만든 상석과 장명등, 문인석 2쌍, 새로 만든 묘표, 그리고 용도를 알 수

없는 석물 3개를 서로 마주보게 양쪽에 설치하였다. 하계에는 새로 만든 묘표만 두었다.

묘역은 원형이 잘 보존되어 있으며, 황희 묘처럼 조선 초기의 특이한 묘제양식을 보여준다. 커다란 봉분 앞에는 3단으로 장대석을 쌓고 봉분과 상석 사이 공간에 장방형 판석을 마루처럼 깔아 놓았다. 봉분 양 끝은 황희 묘처럼 장대석으로 양팔을 벌리듯 사다리꼴 형태로 쌓고 그 위에 흙을 덮어 조성하였는데 전체적으로 웅장하다. 봉분 뒤에는 용미를 두툼하게 쌓아 자연스럽게 사성과 연결시키었다. 뒤에서 보면 봉분 양 옆에 설치한 사다리꼴 모양의 날개로 인하여 마치 말머리의 모습과 흡사하다.

<사진20. 황수신의 묘와 부인 일선 김씨의 쌍분>

<사진21. 황수신의 사다리꼴 모양의 요(凹)자형 묘>

<도판10. 황수신과 부인 일선 김씨의 합장묘 배치도>

<사진22. 뒤에서 본 황수신의 쌍분과 건너편에 보이는 아버지 황희의 묘>

황수신(黃守身: 1407~1467)의 묘는 경기도 파주시 탄현면 금승리 산 1번지로 아버지 황희 묘 맞은편 산자락에 위치하고 있다. 황수신의 본관은 장수(長水), 자는 수효(秀孝), 아버지는 세종조의 명상 황희이다. 1423년(세종 5) 사마시에 응시했다가, 학문이 부진하다고 시관(試官)에게 욕을 당하고는 발분해 학문에 진력하였다. 문음으로 종묘부승(宗廟副丞)를 시작으로 좌부승지·좌승지를 거쳐, 국초 이래로 문과출신이 아니면 제수되지 못한 도승지에 발탁되었다. 1466년 영의정 한명회(韓明澮), 좌의정 심회(沈澮)와 함께 문과출신이 아니면서도 예문춘추관직을 겸대하였으며, 1467년 영의정에 올랐다. 풍모가 뛰어나고 인품이 중후하면서도 기국이 있어 세조대의 민심 수습과 치적에 큰 공헌

을 남겼다. 장수의 창계서원(滄溪書院)에 제향 되었으며, 시호는 열성(烈成)이다. 『소문찬록(諛聞瓚錄)』은 "아버지 황희 영상이고, 아들도 영상의 자리에 올랐으니 모두 황희 음덕이라 하였다."라고 기록하였다.

황수신의 묘는 일선 김씨(一善金氏)와 쌍분으로, 대개 묘의 앞(당판)에서 볼 때 남좌여우(男左女右), 즉 남자를 좌측에 두고 여자는 오른쪽에 매장하는데, 황수신은 광평대군 이여의 묘처럼 남자가 우측에 있는 남우여좌의 환장법(換葬法)으로 안장하였다. 문중 후손들도 당연히 남좌여우로 생각하여 좌측의 묘를 황수신의 묘로 여겨 제사를 지냈다고 한다. 묘지가 발견되어 남우여좌로 안장되었음이 밝혀졌다.

묘역은 개축이 많은 편으로 크게 3단으로 구분되어 상계에 봉분을 두었다. 우측 황수신의 봉분은 부인 김씨 묘처럼 앞부분은 고려시대 방형분처럼 호석을 쌓고 양 옆은 흙을 쌓아 날개를 달듯이 사다리꼴 형태로 조성하였다. 측면은 흙을 싸서 타원형으로 하고 후미는 꼬리를 조성하였다. 좌측 부인 김씨 묘의 봉분은 전면은 호석을 쌓아 일자 모양으로 만들고 측면은 타원형을 이루면서 후미에는 꼬리처럼 용미를 두었다. 하지만 부인 김씨의 묘는 황수신의 묘처럼 사다리꼴 모양의 요(凹)자형 날개를 두지 않은 일자형이다. 중계에는 좌우 상석을 배치하였는데, 좌측의 부인 상석은 근래에 만든 것이고, 우측 황수신의 상석은 유실되었다. 하계에는 문인석과 무인석, 장명등을 배치하였다. 장명등은 쌍분 가운데에 설치하였다. 묘역 입구에 있는 재실 앞의 비각에는 신도비와 1943년에 새로 제작해 세운 신도비가 있다.

문무인석 크기는 약 140cm 정도로 작은 편이다. 아버지 황희 묘역의 문·무인석과 도상이 유사하며, 문·무인석 배치는 상하가 바뀌었다.

자. 한산이씨 묘역의 이예견·이운·이누·이자의 묘와 八자형 봉분

경기도 용인시 기흥구 지곡동 산 11-17번지 한산이씨 묘역에는 1510년 조성한 이예견의 묘를 비롯한 그의 아들 4형제의 묘가 자리 잡고 있다. 같은 능선에 4기의 묘가 있는데, 맨 아래에는 이예겸의 첫째 아들 이우의 묘, 그 위로 넷째 이자(李耔), 이자의 묘 뒤쪽에는 셋째 이운(李耘)의 묘, 맨 위에는 아버지 이예겸의 묘가 나란히 위치하고 있다.

그리고 바로 인접한 우측 능선에는 둘째 아들 이누(李耨)의 묘가 있다. 이들 묘의 공통점은 첫째 아들 이우의 묘 이외 4기 모두 황희 묘처럼 봉분 앞부분을 호석을 놓아 양팔을 벌린 것처럼 '八'자 모양을 취하고 있다.

<사진 23. 이예견 묘를 비롯한 한산 이씨 묘역 전경>
(맨 아래가 음애 이자의 묘, 그 위가 이운의 묘, 맨 위가 이예견 묘,
우측 능선의 이누 묘)

자-1. 이예견의 묘

이예견(李禮堅, 1346~1510) 묘는 경기도 용인시 기흥구 지곡동 산 11-17 한산이씨 선영에 자리 잡고 있으며, 2000년 4월 7일 경기도기념물 제172호로 지정되었다. 한산이씨 묘역 맨 윗자리에는 이예견의 묘가 있고, 아래로 아들 이운, 이자의 묘소가 조성되어 있다.

이예견은 이색의 현손으로 1471년(성종 2년) 별시문과에 급제하여 관직에 나아가 1493년 57세에 삼척부사를 지냈다. 강원도 관찰사 이집이 공을 먼저 생각하고 백성을 구휼함에 뜻을 둔 인물이라 하여 대사간으로 승진되었다. 연산군 때에는 연산군의 난정을 좌시할 수 없다 하여 수차 상소하였다가 1504년(연산 10) 유순 등의 탄핵으로 경북 예천에 유배되었다가 중종반정으로 풀려나 귀향하여 학문에 정진하다가 75세에 생을 마감하였다. 이예견은 4남 1녀를 두었는데 장남은 이우, 차남은 공조참의 이운, 삼남은 의금부도사 이누, 막내는 의정부 우참찬 음애 이자이다.

이예견의 묘는 부인 선산 김씨와 쌍분으로 합장되었다. 묘역은 상계, 하계로 나누어 조성하였고, 쌍분 가운데에는 혼유석과 상석, 향로석이 받침대 없이 차례로 놓여 있다. 단 아래 좌우에 는 조선 전기 양식의 문인석이 한 쌍 세워져 있고, 우측에는 옥개석을 갖춘 묘갈이 건립되어 있다. 이 묘갈은 원래의 것이 마모되어 1763년 다시 세웠다. 당초 이예견의 묘갈은 1516년 세웠으나 현재는 없고, 새로운 묘갈에 다시 세우게 된 경위를 써놓았다.

<사진24. 쌍분의 이예견 묘
(좌: 배위, 우: 이예겸 묘)>

<사진25. 측면에서 본
이예견의 묘 전경>

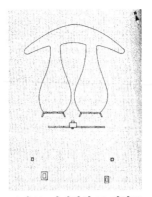

<도판11. 이예견의 묘 배치도>

쌍분 모두 앞은 방형분 형태로, 봉분 앞은 '일(一)' 자 모양이며 측면
은 타원형으로 봉분 끝에 용미를 두어 사성과 연결시켰다. 봉분 앞에
는 각각 장대석을 이용해 호석을 놓고, 호석의 양 끝단은 양팔을 벌린
것처럼 각을 꺾어'八' 자 형식으로 벌려 놓았다. 묘 전면의 호석은 1단
만 쌓아 조성하였는데 형식적으로 쌓은 것 같이 보인다. 이같은 형식은
같은 묘역 내의 이예견의 2남 이운, 삼남 이누와 막내 이자 묘에서도 보
인다.

이러한 형태는 앞서 살펴본 광평대군의 쌍분 합장묘와 유사하다. 그
러나 광평대군의 쌍분은 장대석을 양쪽 봉분 끝까지 쌓고 호석의 양
끝단에서 각을 꺾어 하나의 사다리꼴 형태로 하였지만, 이예견의 쌍분
은 각각 봉분에 호석을 쌓고 봉분 양 끝단에서 각을 꺾어 두 개의 사다
리꼴로 만든 것이 다르다. 또한 '八' 자 양식의 퇴조기로 접어들어서 인
지 황희의 묘 호석보다 규모면에서 왜소할 뿐만 아니라 장대석을 놓은
단도 1단으로 매우 소박하다.

자-2. 이운의 묘

이운(李耘, 1469~1535)은 본관은 한산으로 아버지는 대사간을 지 낸 이예견이다. 4형제 중 차남으로 의금부도사 이누, 우참찬 문의공 음 애 이자와는 친형제이다. 어려서부터 가학을 접했던 이운은 27세에 사 마시에 합격하여 진사가 되고, 33세에 문과에 합격하여 관직에 나아갔 으며, 사의, 사헌부 집의 등 여러 관직을 거쳐 당상관까지 올라 벼슬이 제주목사와 공조참의에 이르렀고 66세에 세상을 떠났다.

<사진 26. 단분 합장의 八자형 이운 묘>

묘소는 경기도 용인시 기흥구 지곡동 산11-17 한산이씨 선영에 부 친 이예견의 묘소 바로 아래쪽에 자리 잡고 있다. 봉분에는 부인 죽산 안씨와 함께 합장되었으며, 부친 이예견, 아우 이자의 묘처럼 봉분 앞 부분만 장대석을 일(一) 자 모양으로 놓고, 호석의 양 끝단은 묘문으로 상징되는 장대석을 양팔을 벌린 것처럼 각을 꺾어 '八' 자 형식으로 벌 려 놓았다.

봉분 앞쪽에는 묘표·혼유석·상석·향로석이 차례로 놓여 있으며, 좌우에는 동자석과 망주석이 한 쌍씩 세워져 있다. 묘역은 비교적 원형에 가깝게 잘 보존되어 있다. 월두형 비신으로 된 묘표 앞면에는 "통정대부행제주목사겸병마수군절제사이공숙부인죽산안씨합묘(通政大夫行濟州牧使兼兵馬水軍節制使李公淑夫人竹山安氏合墓)"라고 새겨졌다. 묘표 뒷면에는 이운의 가계와 행적에 대한 간단한 음기가 새겨져 있다. 봉분 좌측에는 후손들이 세운 묘비가 있다.

자-3. 이자의 묘

<사진 27. 쌍분 형태의 이자 묘역(좌: 배위, 우: 이자)>

이자(李耔, 1480~1533)의 본관은 한산, 호는 음애(陰崖), 시호는 문의(文懿)이며, 아버지는 목은 이색의 현손 이자겸이다. 이자는 1501년(연산군 7) 진사가 되었고, 1504년 식년문과에 장원급제해 사헌부감찰을 지냈다. 연산군 난정 아래에서의 관직 생활에 환멸을 느껴 술로 세월을 보내다가 자청해 의성 현령으로 나갔다. 1506년 중종반정 후에 발탁되어 홍문관수찬·교리 등을 거쳐 1517년부터 홍문관전한·직제학을 거쳐 부제학에 승진하였다. 기묘사화로 조광조와 함께 옥에 갇혔다

가 그 해 12월에 최숙생과 함께 관작을 삭탈당하고, 음성의 음애 고을에 은거하면서 스스로의 호를 음애라 부르며 그곳에서 살다가 일생을 마쳤다.

이자의 묘는 경기도 용인시 기흥구 지곡동 산11-17 한산이씨 선영에 자리 잡고 있다. 한산이씨 묘역 맨 윗자리에는 이예견의 묘가 있고, 아래로 아들 이운, 이자의 묘소가 조성되어 있다. 묘는 원형 쌍분이며, 묘 앞에는 문인석과 망주석, 묘표 1좌가 있다. 묘비의 후면에는 음기가 없다. 비신은 규석이고 비좌는 화강암으로, 상단에는 12판의 복련을 두었고, 각 면에는 동자주와 안상을 조식하였다. 묘비는 1636년에 세운 것으로, 이자가 타계한 지 103여 년 만에 세운 것이다.

이자가 남긴 『음애일록』은 1509년(중종 4) 윤9월부터 시작하여 1516년(중종 11) 12월까지의 기록으로, 당시의 정치상황은 물론이고, 왜구와 교섭한 일, 농사에 관한 옛 풍속, 유자광 공훈 삭제의 전말, 여말의 유종(儒宗) 이종학(李種學)의 행적 등을 싣고 있는 사료적 가치가 높은 자료로 평가된다.

이자의 묘 봉분의 호석은 아버지 이예견의 묘처럼 각각 봉분 앞부분만 장대석으로 쌓아 받치고, 호석의 양 끝단은 양팔을 벌린 것처럼 각을 꺾어 사다리꼴로 조성하였다. 즉 각각 봉분 하단의 전면 좌우에 묘문으로 상징되는 장대석을 '八'자 형식으로 벌려 놓았다. 묘 전면의 사다리꼴 호석은 1단만 쌓아 조성하였는데 형식적으로 쌓은 것 같이 보인다.

자-4. 이누의 묘

<사진 28. 쌍분 형태의 이누 묘역(좌: 배위, 우: 이누)>

이누(李耨, ? ~1539)는 본관이 한산으로 아버지는 대사간을 지낸 이예견이고, 4남 2녀 중 3남으로 3남으로 제주목사를 지낸 이운, 의정부 우참찬을 지낸 문의공 음애 이자와는 친형제이다. 부인은 해주 최씨로 후사를 두지 못해 백형의 아들 장사랑 이임을 계자로 들였다. 이누는 동생 음애 이자와 함께 어려서 학업에 전념하였다. 과거와는 인연이 없었으나 그는 음보로 종사랑, 선무랑에 임명되었고 의금부도사를 지내기도 하였다. 당시 사림을 대표하던 인물 중 하나였던 아우 이자가 기묘사화 이후 벼슬길을 접고 낙향했듯이, 그도 역시 1519년 이후 벼슬길을 포기하고 고향에서 은거하다가 60이 넘어 세상을 떠났다.

묘소는 경기도 용인시 기흥구 지곡동 산11-17으로 부친 이예견과 형 이운, 동생 이자가 묻힌 한산이씨 선영 바로 우측 능선에 자리 잡고 있다. 묘는 부인 해주 최씨와 쌍분으로 조성되어 있다. 사각의 봉분 앞에는 부친 이예견, 형 이운, 아우 이자의 묘처럼 장대석을 일(一) 자 모양으로 놓고, 호석의 양 끝단은 묘문으로 상징되는 장대석을 양팔을 벌린 것처럼 각을 꺾어 '八' 자 형식으로 벌려 놓았다. 그 앞쪽으로 상석과 향로석이 놓여있고, 좌우에는 문인석 1쌍이 세워져 있다. 월두형 비신을 지닌 묘표는 1764년 건립되었다. 맞은편에는 2002년 건립된 묘비가 놓여 있다.

3) 八자형 및 요(凹)자 형식 묘제의 특징

고려시대의 묘는 사방에 호석을 두른 방형분이 일반적이었다. 그러나 고려에서 조선으로 넘어오면서 고려의 방형분은 봉분 앞 양편에 날개가 달린 사다리꼴 모양의 '八'자형과 요(凹)자형으로 변화된다. 일반적인 묘에서는 찾아 볼 수 없는 새로운 특수한 묘제이다. 이러한 봉분의 형태 또한 묘역마다 조금씩 다르게 나타난다. 다음은 이들 묘제에 대한 특징과 황희 묘와의 차이점이다.

첫째, '八'자형 봉분 앞은 방형이고 뒷면은 원추형이다. 봉분 후미는 방형이나 타원형이 아닌 꼬리처럼 두거나 반달처럼 봉분을 둘러싼 사성(莎城; 활개라고도 함)에 연결시키기도 한다. 풍수에서는 묘의 꼬리를 용미(龍尾)라 한다. 용미는 산에서 오는 기(氣)가 묘까지 이르게 하는 연결고리이다. 묘혈의 기가 빠져나가지 않도록 묏자리 주위를 반달처럼 에워싼 작은 두둑이 사성이다. 이처럼 묘에 용미를 잡고 사성을 두는 것은 풍수지리설의 영향 때문이다. 즉 용미를 통해 받은 기가 새어나가지 않도록 하기 위한 것이다.

둘째, 려말 선초 고려의 방형분에서 원형 혹은 타원형 양식으로 넘어가는 과도기적 조선 전기의 특수 묘제로서, 가장 이른 시기는 1423년이고, 가장 늦은 시기는 1533년으로, 조선 초기 약 110여 년 간 조성되었다. 15세기 중반에 가장 많이 나타나고 16세기 초반에 이르면 양식과 규모 면에서 퇴화되어 용인의 한산이씨의 묘역의 이예겸·이운·이누·이자의 묘에서 보이는 것처럼 형식화된다. 지금까지 밝혀진 묘는 황희의 묘를 비롯해 모두 13기이며, 파주·고양·서울·용인·여주·안성 등 경기 일부지방에만 존재하고 있는 새로운 묘제라는 점이다.

셋째, 사다리꼴 모양의 '八'자형 새 묘제는 사대부 중에서도 주로 당상관 이상의 묘에서만 나타난다는 점이다.

넷째, 묘의 형식 유형은 크게 두 가지로 분류된다. 봉분 앞의 설치된 호석의 모양에 따라 단을 낮게 조성한 사다리꼴 모양의 八자형과 단을 비교적 높게 조성한 요(凹)자형으로 나눌 수 있다. 八자형 양식의 묘는 봉유인 묘·유염 묘·이직 묘·삼한국대부인 순흥 안씨 묘·광평대군 이여 묘, 한산이씨 묘역의 이예견·이운·이누·이자의 묘 등이다. 요(凹)자형 봉분은 황희 묘·정탁 묘·이사원 묘·황수신의 묘 등이 있다.

다섯째, 묘의 형태 및 호석의 배치양식은 다섯 가지 유형으로 구분된다.

① 단분(單墳) 단장묘(單葬墓) : 정탁·삼한국대부인· 염의 묘 등 3기.
　- 한 봉분에 한 분만을 안장하고 봉분 앞을 사다리꼴 모양의 '八'자형으로 조성한 경우.

② 단분 합장묘 : 이직·황희·이사원·이운의 묘 등 4기
　- 단분에 양위를 합장하고 봉분 앞에 날개를 두어 사다리꼴 모양의 八자 및요(凹)자형 방형분으로 조성한 경우.

③ 쌍분 1형 : 이예견·이누·이누의 묘 등 3기
　- 봉분은 부부 쌍분 합장묘나 봉분 각각에 사다리꼴 '八'자형

의 방형분으로 조성한 경우로서 용인의 한산이씨 묘역에서 주로 보인다.

④ 쌍분 2형 : 봉유인·광평대군·이여 묘 등 3기

   - 봉분은 쌍분 형태이나 봉분 각각에 'ㅠ'자 형으로 호석을 설치하지 않고, 장대석을 양쪽 봉분 끝까지 쌓고 호석의 양 끝단에서 각을 꺾어 하나의 사다리꼴 형태로 조성한 묘.

⑤ 쌍분 3형 : 황수신 묘 1기

   - 쌍분 합장묘이지만 남자의 봉분에만 사다리꼴 모양의 요(凹)자형의 방형분으로 조성한 경우.

여섯째, 묘의 형태는 전형적인 고려의 방형분과 봉분 전면만 사각분으로 하고 측면과 후미는 타원형으로 한 2가지 양식으로 나뉜다. 이직의 묘 1기만 앞과 뒤, 좌우 모두가 방형이고, 단지 봉분에서 약간 떨어져 봉분 앞을 'ㅠ'자 모양으로 조성 한 방형분이고 나머지 12기 모두 봉분 양쪽에 꼬리를 둔 'ㅠ'자 모양의 타원형 묘이다.

일곱째, 전방이 사각인 '요(凹)자형' 방형분은 황희 묘의 조성 시기를 중심으로 가장 활발하게 나타난다, 이중 황희의 묘가 양식과 규모 면에서 호석으로 사용된 장대석도 가장 크고 안정감 있게 조성되었을 뿐만 아니라 묘표와 신도비, 장명등, 문·무인석 등 석물도 타 묘에 비해 비교적 잘 갖춰져 있다.

여덟째, 봉분 양 옆에 단을 쌓아 호석을 설치하는 것은 시신이 묻힌 혈처를 보호하기 위한 풍수지리적인 영향으로 보인다. 즉 외부로 부터 오는 바람을 막고, 내부의 기가 새는 것을 막기 위한 것이다.

5. 황희 묘역의 석물과 건조물

1) 묘표와 신도비

묘비는 묘역의 주인공과 생몰 년대, 안장일과 더불어 세가(世家)를 알리는 석물이다. 묘비는 묘표(墓表), 신도비, 묘갈로 구분되는데, 묘표는 봉분 앞에 세우는 가장 간단하고 소박한 형태나 소형의 규모로 세우는 비석으로 묘표석(墓表石) 혹은 표석(表石)이라 부른다. 묘표문의 표기는 "OOO之墓" 양식이 대부분이다. 남자의 경우 비의 앞면에 피장자의 품계와 관직명, 본관과 성명, 시호나 아호가 새겨진다. 여자의 경우는 본과, 성씨, 관작명이 병기되는 것이 일반적이다. 표석 앞면 표기 내용과 기능면에서 신주나 지방과 같다.

비석은 크게 비문이 새겨지는 비신(碑身), 수석(首石), 규수(圭首), 가첨석(加檐石)이라고 부르고, 비신 위에 얹는 것을 개석(蓋石), 부석(趺石), 비신 하단을 삽입하여 이를 지탱해주는 비좌, 비대로 구분된다.

가. 묘표

황희의 묘표는 봉분 쪽에서 보았을 때 상석 좌측에 별도로 세워졌다. 묘표의 재질은 화강석으로, 형태는 개석이 없는 비신의 윗부분이 둥글고, 방형의 대석을 지닌 원수방부형(圓首方趺形)이다. 비록 형태는 단순하지만 여기에는 하늘은 둥글고 땅은 네모나다는 '천원지방(天圓地方)' 우주관을 나타내고 있다. 묘표의 규격은 다음과 같다.

총 높이 : 168.9cm

비신 : 가로44.1cm x 세로19.3cm x 높이134cm

비대 : 가로90.7cm x 세로59.4cm x 높이34.9cm

<사진29. 황희 묘역의 묘표>

건립연대는 음기의 말미에 '공졸삼백칠십삼년(公卒三百七十三年)'
이라 쓰여진 것으로 보아 황희 사후 373년이 지난 1825년에 세웠음을
알 수 있다. 이러한 둥근 방부형 비석은 조선 후기에 많이 세워졌다.[35]

비문은 비신의 앞과 측면에 새겼다. 앞면은 황희의 관직+시호+아호+
이름+묘 순으로 "영의정익성공방촌황희지묘(領議政翼成公厖村黃喜
之墓)"라고 쓰고, 그 옆으로 "계배정경부인청주양씨부(繼配貞卿婦人
淸州楊氏祔)"라고 썼다. 계배는 후실부인을 뜻하며, 정경부인은 조선
시대 정일품, 종일품 문무관의 아내에게 주던 봉작이고, 부(祔)는 부인
청주양씨를 합장하였다는 표시이다.

---

35) 『죽은 자 또한 산자의 공간 무덤』, 국립민속박물관, 2007, 72쪽.

나. 신도비

신도비는 표석과는 달리 피장자의 생애, 서(序 ; 전傳)와 명(銘 ; 문文)이라는 글의 체제로 장려하게 기록한 큰 규모의 비석을 이른다. 신도비는 피장자의 관직과 품계가 실직(實職)과 증직(贈職)을 포함하여 최종 품계가 2품 이상만 세울 수 있다. 신도비란 명칭을 처음 쓴 것은 진(晉)나라와 송나라 시기이다. 이는 풍수가들이 동남쪽은 신이 다니는 길이라고 하여 그 곳에다 비를 세운데서 비롯되었다.[36]

우리나라의 신도비는 고려 말기부터 세워지기 시작하여 조선시대에는 전 시기에 걸쳐 건립되었다. 조선 전기 신도비는 거의 묘역 내에 세워지고 극히 일부분만 묘역으로 올라가는 가까운 입구에 세워졌다. 묘갈은 신도비와 표기형식도 유사하고, 역할도 비슷하지만, 비석의 규모, 피장의 품계가 신도비와 다르다. 주로 묘역 내에 세우거나 묘역 입구에 배치한다.

황희의 신도비는 묘역 하단 묘 입구에 세워져 있다. 봉분이 있는 곳에서 경사진 사초지를 내려와 원모재 앞 언덕에 신도비가 있다.

신도비는 개석 없이 비신과 비좌만 있는 형태로, 특히 비신 윗면 양 모서리를 깎아 각을 낸 규수방부형(圭首方趺形, 모서리를 깎아 각을 냈다하여 말각방부형(抹角方趺形)이라고도 함)이다.

---

36) 이유원, 『임하필기』, 「경전화시편 묘비문조」.

<사진30. 황희의 신도비, 좌; 구비, 우; 1945년에 세운 신도비>

이러한 양식은 고려시대 비석 형태를 계승하여 15세기 전반 경부터 16세기 전반까지 약 150년 동안 건립된 전형적인 양식이다.[37] 이같은 규수방부형은 비신의 상부를 둥글게 처리한 원수(圓首)와 방형의 비신 받침을 가진 원수방부형(圓首方趺形)의 변형이지만, 이는 곧 '천원지 방' 하늘은 둥글고 땅은 네모나다는 우주관을 상징한 것이다. 비는 백색대리석으로 제작하였고, 비좌는 화강암이다. 전체적으로 신도비는 웅장하고 당당하지만 어떤 문양이나 조각을 하지 않은 소박하게 제작되었다.

비문은 비신의 앞면에만 새겼다. 조선 전기 크게 유행하던 백색 대리석제를 사용하여 비의 마모가 심한 편이라 판독이 어렵다. 대리석은 연질이어서 글씨를 새기거나 문양을 조각하기에는 용이하지만, 풍화 작용에 약한 치명적인 단점을 가지고 있기 때문이다. 다행이 2008년 후

---

37) 김우림, 「조선시대 사대부 묘역의 석물」, 『경기 묘제 석조 미술』 하, 조선후기 해설편, 경기도박물관, 2007. 252~253쪽.

손 황병연이 탁본을 해놓아 비문의 원형을 알 수 있다.

비문의 내용은 황희의 성명과 자, 호, 본관, 가계, 출생, 역임한 주요 관직들과 활동 내역, 졸기와 장사, 왕의 부증(賻贈)과 사시(賜諡), 세종 묘 배향, 공의 성품과 그의 덕망, 부인과 자손 등을 새기고 마지막에 글을 짓고 쓰고, 비를 세운 자의 이름을 새겼다.

신도비는 당대에 세우지 못하고 1500년(연산군 6) 4월 손자 절충장군 첨지중추부사(정3품) 황사장(黃事長)이 세웠는데 황희 사후 48년 만이다. 비문은 영의정 고령부원군 신숙주(1417~1475)가 짓고, 가선대부동지중추사겸오위도총부부총관 안침(安琛)이 썼다. 신도비 건립이 늦은 것은 청렴결백하게 산 당대에는 가세가 어려워 손자 대에 와 세운 것으로 보인다.

왜냐하면 신도비는 2품 이상 관작자 만이 세울 수 있지만, 이를 건립하려면 막대한 비용이 들어 경제적 여유가 없는 집안은 건립이 어려웠다. 그래서 보통 장사 때 묘표를 기본적으로 먼저 세운 후 형편을 살펴 묘갈이나 신도비를 세운다.

이 같은 예는 황희와 비슷한 시기에 졸한 성종의 모친 인수대비의 아버지 한확(1403~1456)의 신도비 건립 과정에서도 알 수 있다. 효성이 지극한 인수대비가 아버지의 비가 없는 것을 슬퍼하자, 1494년(성종 25) 4월 성종은 우참찬 어세겸에게 비문을 짓게 하고 한확의 셋째 아들 한치례(韓致禮)에게 건립토록 하였다. 한확의 신도비 건립은 왕실이 주도하였는데, 1494년(성종 25) 9월 경기 관찰사 신종호가 경기지방의 기근이 심하여 비대석(비신의 받침대)을 운반할 때 드는 역부 1천명과 많은 역마와 많은 공궤 비용 등의 문제점을 들어 신도비 건립 연기를 주청하자, 성종은 비 건립을 중지시키고 1년 연기토록 하였다.[38] 따라서 한확의 신도비는 사후 38년 뒤인 1495년(연산군 원년)에 건립되었다.

황희의 신도비가 마모가 심해 판독이 어려워 그 옆에 1945년 김영한이 찬하고, 민병승이 글을 써 새겼으며, 19세손 황정연이 다시 세웠다. 이 때 비각도 지어 신·구 신도비를 보존하고 있다.

2) 상석과 장명등

가. 상석

<사진31. 봉분 앞 계체석 위에 설치된 상석과 향로석>   <사진32. 측면에서 본 상석>

상석(床石)은 혼유석 앞에 설치한 장방형의 돌로 된 상으로 묘제를 지낼 때 이곳에 제물을 진설한다. 보통 상석 밑에 2개 혹은 4개의 받침돌로 고이는데 이를 고석(鼓石) 혹은 북석이라 한다.

황희 묘의 상석은 계체석 위에 앞에는 고석을 놓고, 뒤에는 방형의 돌로 받쳐놓았다. 상석 뒷부분이 훼손되어 같은 재질의 화강암으로 만들어 붙였다. 상석 뒷부분의 받침돌도 같은 재질로 새로 제작해 설치하

---

38) 『성종실록』 권294, 성종 25년 9월 30일 을묘조.

였다. 혼유석은 없으며, 상석 앞의 향로석과 고석 두 개는 새로 제작해 설치하였다.

나. 장명등

장명등(長明燈)은 능묘 앞에 세워 불을 밝히는 석등이다. 묘의 장명등은 실질적인 기능보다는 장생발복(長生發福)을 기원하고 부정과 잡귀를 막기 위해 건립되었다. 능묘의 장명등은 고려시대부터 이미 설치되어 왔고, 조선에서도 이를 모방하여 설치하였으나 사대부 묘에는 허락되지 않았다. 그러나 실질적으로는 이러한 규정이 지켜지지 않아 사대부 묘역에 설치되었다.

장명등의 구조는 전체를 떠 바치는 받침대와 몸체 부분(등을 넣을 수 있는 화사석), 지붕 부분으로 이루어졌다. 몸체 부분은 화사석으로 등을 넣을 수 있도록 네모지게 만들며, 화사석 위에 지붕 역할의 옥개석이 있다. 이 세 부분을 분리하여 축조한 경우도 있고, 하나 혹은 둘로 연결하여 조각한 경우도 있다. 일반적으로 장명등은 상석 앞 중앙에 설치한다. 쌍분 일 경우는 봉분과 봉분 사이 중간에 설치되기도 하고, 각각의 봉분 앞에 두기도 한다.

황희 묘역의 장명등은 봉분 정면에 있는 상석에서 좌측으로 약간 치우쳐 배치되었다. 재질은 화강암이며, 크기는 높이 166.2cm, 가로 62.4cm, 세로 66cm로 비교적 작은 편이다. 등의 모양은 사각형으로 옥개석은 따로 제작하였고, 화사석 이하 대석은 분리하지 않은 한 몸으로 되었다. 상륜부는 연봉형 보주와 복발(覆鉢)의 2단구조로 되었으며, 보주 아래에는 연주문대를 돌렸다. 복발 아래에는 두툼한 받침을 양각하였다. 옥개석은 사각지붕으로 모서리를 모임으로 하였는데 상륜부에 비해 소규모이다. 추녀마루를 두툼하게 약간 배흘림으로 양각하였고, 전각은 두껍다. 화사석의 화창은 앞뒤로 두 곳만 뚫었으며, 화대석과 상대석에 두 줄의 음각선으로 구분하였다. 중대석은 잘록한 사각형태이며 상대석 하단과 중대석 상단에 한 줄의 음각선을 넣어 모양을 냈다.

<사진33. 황희 묘, 상석에서 좌측으로
약간 비켜 세워진 장명등>

<사진34. 황희 묘의 장명등>

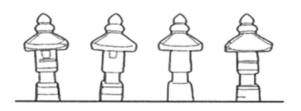

<도판12. 황희 묘의 장명등 세부>

장명등은 옥개석만을 따로 조성하여 올리고 화사석 이하 몸돌은 모두 하나로 제작한 조선 전기 양식을 그대로 따랐으나 대석에 비해 지붕 부분의 옥개석과 상륜부가 유난히 커 전체적으로 비례가 맞지 않으나 단순 간결하면서 소박하다. 특히 15세기 초반에는 조각기법이 투박하

고 불균형 형태를 보이다가 15세기 중반 이후부터 단순하지만 안정감을 보였다.[39] 이러한 사실로 보아 황희 묘의 장명등 제작 시기는 15세기 초반에서 중반으로 넘어가는 과도기에 제작된 것으로 보인다.

3) 문인석과 무인석

무덤의 석인상(石人像)은 묘를 수호하는 상징성을 가진 석물 중의 하나이다. 일반적으로 조선전기 무덤에는 문·무인석 1쌍이나 문인석 2쌍을 많이 배치한다. 문치주의를 표방한 조선시대에는 문·무인석을 한 묘역에 배치할 경우, 문인석을 상단에 배치하고 무인석을 하단에 배치한다. 그러나 황희 묘역의 석인상은 중계에 상석과 묘표, 장명등과 함께 무인석을 배치하고, 문인석 1쌍은 한단 아래인 하계에 배치함으로써 일반 묘역과는 상반되게 세웠다. 이같은 예는 성종대 삼정승을 역임한 노사신(盧思慎 1427~1498) 묘에서도 나타나고 있다. 묘역은 2단으로 구성되었는데, 상계에는 봉분과 묘표, 상석을, 하계에는 무인석 1쌍을 배치하고 그 아래에 문인석 1쌍을 배치하고 있다.

문·무인석이 함께 배치된 경우 크기는 일반적으로 비슷하거나 문인석이 약간 큰 경우가 많다. 하지만 아래 표에서와 같이 황희 무덤의 무인석은 문인석보다 훨씬 작게 만들어졌다.

<황희 묘의 석인상 규격>단위 : cm

무인석	좌	53.4x46.7x152	우	54x47.6x144
문인석	좌	59.1x56.9x197	우	64x58.5x190.7

---

39) 김은선,『경기 묘제 석조 미술』상 조선전기 해설편, 경기도박물관, 2007. 244~246쪽.

가. 문인석

황희의 문인석은 머리에 복두를 쓰고 공복을 입은 복두공복형이다. 일반적으로 복두형 문인석은 공복을 착용하고 있다. 조선시대 공복은 머리에 쓰는 복두와 포, 흑피화, 야자대(착용 후의 모습이 한자의 '也' 자처럼 생긴 허리띠)로 구성된다.

얼굴은 방형이고 광대뼈 즉 양 뺨을 돌출시켜 자연스럽게 입 주변의 八자 주름을 깊게 표현하였다. 두 눈은 돌장승의 퉁방울눈처럼 양각으로 돌출시켰다. 양손에는 홀을 잡고, 소매주름은 아래 부분을 둥근 형태로 발까지 흘러내렸다. 문인석은 무인석보다 규모가 크며, 상체의 두부가 커서 신체 비례가 다소 어색하게 느껴진다. 이러한 특이한 석인상은 조선 초기 권력을 장악한 신진사대부의 묘역에서 주로 나타나는데, 고려의 수도인 개경으로 가는 길목에 위치한 장수 황씨, 교하 노씨, 창녕 성씨 등의 종중에서 공통적으로 나타나는 형상이다.[40]

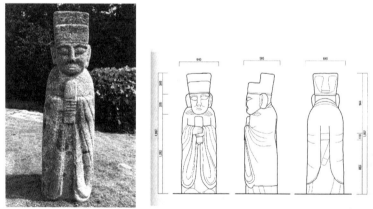

<사진35. 황희 묘의 문인석> <도판14. 황희의 묘의 문인석 세부 도면>[41]

---

40) 『경기 묘제 석조 미술』 상 조선전기 도판편, 경기도박물관, 2007. 216쪽.
41) 『경기 묘제 석조 미술』 상 조선전기 도판편, 경기도박물관, 2007. 217쪽.

나. 무인석

무인석은 일반적으로 머리에는 투구나 모자를 쓰고, 옷은 무인복을 입고 칼을 차거나 쥐고 있는 형상이다. 하지만 문인석보다 한단 위에 배치된 황희 묘의 무인석은 검을 들지 않았으며, 옷도 융복에 주로 걸치는 철릭을 입고 소모자를 쓰고 두 손은 공수한 채로 허리를 약간 굽히고 서있는 모습이다. 합임의 중앙에 장방형의 단추 구멍 3개를 선각하여 매듭단추까지 달았으며, 공수한 소매 자락 아래에는 허리띠를 매었다. 좌우 측면 허리 부위에는 짧은 주름을 촘촘하게 선각하였다.

얼굴은 동근 형태로 눈과 눈썹 사이가 깊이 음각되어 눈동자가 장승의 눈처럼 툭 튀어 나왔으며, 눈꼬리가 약간 치켜 올라갔다. 입은 약간 돌출되었으며 미소를 머금은 듯 한 모습으로 무인석임에도 무섭다는 인상보다는 부드러운 인상을 준다.

<사진36. 황희 묘의 무인석> <도판15. 황희 묘의 무인석 도면>[42]

소모를 쓰고 칼을 차지 않은 이러한 형태의 무인석은 용인에 있는

---

42) 『경기 묘제 석조 미술』 상 조선전기 도판편, 경기도박물관, 2007. 215쪽.

여말 선초의 무신인 이애(1363~1414)와 태조의 맏 딸 경신공주(?~1426)의 쌍분, 박중손 묘의 무인석에서도 보이고 있다.

또한 황희 무덤의 무인석은 문인석보다 한단 위에 배치되고, 검을 차지도 않았고, 크기도 문인석보다 작다보니 동자석으로 잘못 오해하기도 한다. 위에서 살펴본 노사신의 문무인석도, 무인석이 문인석 보다 각각 48.5cm, 69.8cm가 작다.[43] 신숙주(1417~1475) 무덤의 석인상도 문인석보다 무인석이 작다.[44]

동자석은 상석 바로 좌우에서 묘주와 가장 가까운 곳에 배치하였고, 묘 동자상은 황희 보다도 뒤에 안장된 류순(1441~1517), 류순정(1459~1512), 최명창(1466~1536) 묘에서 처음 등장한다.

황희 묘의 무인석은 비록 크기는 작으나 두께가 두꺼워 볼륨감을 주고, 복식도 소모자와 철릭으로 간편한 무장 복식은 갖추고, 얼굴과 상체, 하체 등 신체 비례가 전체적으로 잘 맞는다.

황희 묘역의 석인상은 조성 당시의 원형이 잘 남아있고, 특히 문인석보다 상단 중계에 배치된 특이한 도상의 무인석은 주목할 만하며 묘제의 형식과 석물 양식은 조선전기를 대표하는 중요한 묘역이다.[45]

아래 도판과 사진은 소모와 융복형 묘의 석인 비교 도판이다.

43) 『경기 묘제 석조 미술』상 조선전기 해설편, 경기도박물관, 2007. 117쪽.
44) 『경기 묘제 석조 미술』상 조선전기 해설편, 경기도박물관, 2007. 85쪽.
45) 『경기 묘제 석조 미술』상 조선전기 해설편, 경기도박물관, 2007. 59쪽.

<도판16. 이애 묘>　　<황희 묘>　　<박중손 묘>　　<사진37. 이사검 묘>

4) 부조묘와 영정각

황희 묘역과 관계되는 건조물은 황희의 위패를 모신 부조묘(不祧廟), 영정각(影幀閣), 원모제(遠慕齊)등이 있다.

가. 부조묘

부조묘는 조상의 신위를 옮기지 않도록 허락받은 신주를 모시는 사당이다. 4대가 넘은 조상 신위는 사당에서 꺼내 땅에 묻고 제사는 지내지 않고 향사로 지낸다.

<사진38. 황희의 위패를 봉안한 부조묘>

하지만 황희처럼 나라에 큰 공훈이 있거나 위험에 빠진 나라를 구하기 위해 목숨을 바친 특별한 경우 왕의 허락 아래 신위를 옮기지 않고 제사를 모시게 되는데 이를 부조묘라 한다. 이렇게 '불천지위(不遷之位)'가 된 대상들은 4대 봉사가 끝난 후에도 신주를 땅에 묻지 않으며 계속적으로 후손들에게 기제사를 받게 된다. 황희 묘역의 부조묘는 역사적으로 사당으로 불리어져 왔고, 때로는 영당(影堂)으로 지칭되었다.

문종 2년(1452) 2월 8일 황희가 졸하자, 문종은 5일 만에 황희를 세종의 묘정에 배향시키도록 하고,[46] 사당에 사제(賜祭 ; 임금이 죽은 신하에게 제사를 내려 주는 것)하여 배향한다는 뜻을 유고하고 황희에게 교서를 내렸다.[47] 같은 해 4월 2일 문종은 세종과 소헌왕후의 신주를 문소전에 봉안하고 황희와 함께 정렬공 최윤덕, 문경공 허조, 문희공 신개, 문정공 이수를 묘정에 배향하여,[48] 불천지위로 종묘 안의 공신당에 모셔져 있다.

<사진39. 황희 위패를 봉안한
부조묘 내실>

<사진40. 황희와 배위 최씨,
양씨 위패>

---

46) 『문종실록』 권12, 문종2년 2월 8일 임신조. 황희의 졸기
47) 『문종실록』 권12, 문종2년 2월 12일 병자조.
48) 『문종실록』 권13, 문종2년 4월 10일 갑술조.

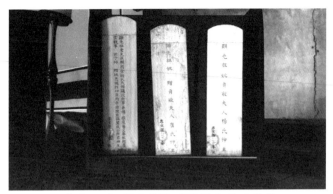

<사진41. 좌로부터 황희, 배위 최씨, 양씨 위패>

묘역 안에 건축된 황희 선생의 부조묘는 국가의 예장과 함께 시호를 받으면서 불천위가 되면서 건립된 것으로 보인다. 문종은 예장 후 장작감에 명하여 영신원을 건립하여 묘소를 수호케 하였다.

부조묘는 3차에 걸쳐 중건되었다. 1차 중건은 1580년~1590년대 황정욱에 의해 지어졌다. 2차 중건은 1610년대 승지 황락에 의한 중수와 영정을 봉안하였다. 3차 중수는 1700년대 초 후손 황이장에 의해 중수되었고, 1880년에서 90년대에 4차 이건 중수되었다. 황명주가 찬한 '금승리 사우중수기(金蠅里 祠宇重修記)'에 의하면, "여러 자손이 힘을 모아 중수를 경륜한 바, 본래의 지역이 너무 낮아 습하므로 묘소에 가까운 높고 건조한 터를 잡아, 체제는 이전대로 따르고, 지붕은 기와로 바꿔 3년 만에 준공되어, 위아래로 바라볼 적마다 감회가 새롭기만 하다."라고 했다. 이어 1950년, 1955년 보수를 거쳐 1987년 6월 단청 공사를 하였다.

부조묘는 묘아래 좌측에 위치하였다. 방촌 선생 부조묘는 황희와 배

2위 신주를 모시고 제사를 지내는 건물이다. '방촌황선생부조묘(厖村黃先生不祧廟)'라고 쓴 간판을 단 솟을삼문을 지나 들어가면 황희 선생의 신주를 모신 사당이 보인다. 부조묘는 목조로 삼간전퇴 맞배지붕 기와집으로 삼문이 있다. 사당 안 교위에 세분의 위패를 모셨는데, 문 입구에서 보아 황희 선생, 첫째 배위 최씨, 둘째 배위 청주양씨 순으로 안치하였다. 부조묘가 처음 건립된 것은 문종 임금으로부터 불천지주로 사제를 받은 후 황희 신도비를 세운 손자 황사장 때 세워진 것으로 보인다. 그 후 계속 보수를 하면서 이어오다가 6.25 전쟁 때 소실된 것을 다시 복원하였다.

나. 영정각

황희 묘역 아래에 위치한 방촌 영정각은 황희 선생의 영정을 모시고 제향을 지내는 건물이다. 정면 3칸, 측면 2칸의 맞배지붕의 건물로, 건물 내부에는 황희 선생의 영정이 모셔져 있다. 영정각은 6.25때 소실된 것을 1962년 새로 복원하였다. 매년 음력 8월 8일 지역 유림과 후손들이 제향을 지내고 있다.

<사진 42. 황희 영정을 봉안한 영정각 전경>   <사진 43. 영정각 내 황희 초상화>

다. 원모재

원모재(遠慕齋)는 황희 묘 아래에 위치하였다. 건물구조는 5간 전후퇴 기와집으로 팔작지붕이다. 이 재실은 6.25 전쟁 때 소실되어 건물을 복원 신축하였으나 퇴락하여 대종회 결의로 원모재 건립위원회를 구성하고 2억원을 모금하여 1995년 7월 착공하고 1995년 11월 준공하였다.

원모재는 제사를 준비하거나 종인의 모임 장소로 쓰고 눈비가 내리면 제사를 여기에서 모시기도 한다.

6. 맺음말

황희는 14세에 처음 관직에 나아가 태조, 정종, 태종, 세종 4대에 걸쳐 유례가 없는 신임을 받고, 임금을 섬기면서 74년간의 공직 생활 중 18년을 재상으로 있으면서 탁월한 정치적 역량을 발휘하였다. 태종대에 국가 통치체제 기틀을 확립하고, 이러한 기반과 안정을 바탕으로 세종대에 태평성대의 주역이자 공직자의 귀감으로, 청백리의 상징으로 일컬어졌다.

황희의 묘는 조선 초기 예장 의례의 결과물로서, 조선 전기 주자가례에 의한 절차가 확립된 상장의례를 잘 보여주고 있다. 특히 그의 장례는 가례의 예법이라도 현실에 맞지 않으면 억지로 따르지 않고, 능력과 분수에 알맞도록 집안 형편에 맞춰 일체 허례허식을 멀리하고 검소하게 치러졌다.

황희 묘제는 고려 말 조선 전기 묘제 양식이 반영된 대표적인 묘제로 여말 선초의 과도기적 양식을 가지고 있다. 특히 봉분 앞 좌우를 장방형 돌을 2단으로 쌓고, 다시 장방형 돌로 호석 양 끝을 양팔 벌린 것처럼 ㄱ자형으로 쌓았다. 마치 사다리꼴 모양의 요(凹) 자형의 특이한 형식은 당시 장묘제를 이해하는데 없어서는 안 될 중요한 자료이다.

이 같은 八자형, 요(凹)자 형식은 조선 전기 110여 년간에 걸쳐 나타난 새로운 묘제로 경기지역 일부에서만 나타나는 특수 묘제이다. 지금까지 알려진 이러한 형식의 묘는 황희 묘를 비롯해 15세기 초반의 봉유인, 류염, 이직의 사례가 있고, 이어 15세기 중반 정탁, 삼한국대부인 순흥 안씨, 광평대군 이여, 이사원의 묘가 있다. 이후 16세기 초반에 이르러 이예겸, 이누, 이자 등의 묘제에서 경기 지역의 특수 형식 묘제는 형식화에 그치면서 퇴조하였다. 이러한 새 양식의 묘제는 사대부 중에서도 주로 당상관 이상의 묘에서만 나타나고 있다.

八자형과 요(凹)자 형식의 특수 묘제는 바람을 막아 혈처를 편안하게 하고 지기가 흩어지는 것을 막기 위한 것으로 조선 초기에만 나타나는 특별한 양식이다.

황희의 묘역은 조성 당시의 원형이 잘 남아있고, 석물 배치 또한 조선 전기 양식을 대표하고 있다. 특히 문인석보다 상단 중계에 배치된 특이한 도상의 무인석은 주목할 만하며 묘제의 형식과 석물 양식은 조선 전기를 대표하는 중요한 묘역이다. 또한 황희의 묘역의 무인석은 조선 전기에 나타나는 특별한 양식으로, 이와 똑같은 모양의 무인석이 순창의 황희 조모 진주 강씨 묘역과 파주의 모친 묘역, 파주의 아들 황수신의 묘역에도 세워져 있다. 황희 일가의 4대에 걸쳐 같은 양식의 무인석을 세웠는데, 이는 매우 특이한 현상으로 향후 연구가 필요하다.

그리고 황희 묘역은 그를 중심으로 400여 년을 이어 계속된 조선시대 가족묘제·족장묘의 형성과 의례의 전형을 보여주고 있다.

제2부

방촌 황희 향사서원의 역사와
그 문화재적 가치(1)

<상주시 옥동서원 청월루>

옥동서원의 문화재적 가치[*]

정 종 수 (전 국립고궁박물관장)

1. 머리말

상주 옥동서원(玉洞書院)은 경상북도 상주시 모동면 수봉리에 있는 서원이다. 상주 백화산 권역의 문화 산실이라 할 수 있는 옥동서원은 조선조 최고의 명상이신 방촌 황희(1363~1452) 선생의 학문과 덕행을 추모하기 위해 세운 서원이다. 옥동서원은 1984년 12월 19일 경상북도의 기념물 제52호로 지정되었다가, 2015년 11월 10일에 역사·문화·경관 요소를 비롯해 현재까지도 건립기록과 함께 운영 변천 등의 상세한 기록물들이 전승되고 있는 가치를 인정받아 국가사적 제532호로 승격·지정되는 등 국가의 중요한 문화유산으로 평가받고 있다.

옥동서원에 대해서는 그간 많은 연구가 이뤄졌다. 특히 2019년에는 옥동서원에 대한 존재의의에 역사적 사실에 대한 고증, 옥동서원만이

---

[*]   이 글은 제4회 옥동서원학술대회(2020, 07, 11, 상주시 옥동서원)에서 발표한 논문이다.

가지고 있는 사액일기 전 과정 수록, 현존 건축물의 창건과 변천을 비롯한 상세한 설계도면, 서원의 배향 인물에 대한 학술논문, 서원의 운영 등을 수록한 획기적인 종합성과물인 《옥동서원지(玉洞書院誌)》를 발간하였다.

따라서 본고에서는 옥동서원의 지리적 위치 및 역사와 문화, 문화재적 가치에 대해 간략하게 살펴보고자 한다. 참고적으로 본고는 옥동서원의 종합성과물인 《옥동서원지》의 내용을 중심으로 발췌 참고하였음을 밝힌다.

2. 서원의 지리적 위치 및 배경

옥동서원이 위치한 수봉리는 조선시대 장수황씨들이 세거지를 이룬 집성촌이다. 중모천이 북에서 남으로 마을을 향해 흘러와 입구에서 서쪽으로 방향을 틀어 백화산(933m)과 만경산(499m) 사이를 흐른다. 옥동서원 앞으로 흘러와 좌측으로 휘돌아나 나가는 중모천은 수봉리 앞에 이르러 깊은 소를 만들었는데, 소의 이름이 사담(沙潭)으로, 예전에는 마을이 있었다고 하나 지금은 논과 밭으로 바뀌었다. 사담에 대해 청대 권상일(權相一, 1679~1759)은 《상산지(商山誌)》에서 백화산에서 발원한 중모천은 산을 굽이굽이 돌아 남으로 흘러 사담(沙潭)에 이르니 넓어지면 담동(潭洞)이 되고 흩어지면 짝을 이루며 굽이쳐 흐른다고 했다. 이곳에 커다란 바위가 있는데 세심석(洗心石)이란 글자가 새겨져 있다. 세심석이란 명칭은 밀암 이재 선생이 1716년 9월 백화재 황익재(1682~1747) 선생을 방문하여 이곳에 머물며 노니다가 두 분이 지었다고 한다.

옥동서원을 둘러싼 백화산은 경상북도 상주시 모동면과 충청북도 영동군 황간면 사이에 있는 명산으로 최고봉인 한성봉이다. 이 산을 기점으로 옥동서원의 주변에 상주를 대표하는 많은 역사와 문화, 경관이 잘 보존되었다. 만경산은 서원의 진산으로, 산 정상의 이름이 헌수봉이다. 헌수봉을 배산으로 전면에 반계천과 석천이 합류하면서, 넓은 들판이 형성되었다. 좌우로 산들이 아늑하게 감싸고 있어 산수가 수려하다. 서원 뒤에 있는 중모의 진산인 만경산의 정상 헌수봉 이름은 황희의 고손자로 한성부판윤·강원도 관찰사를 지낸 황맹헌(1472~?)과 이조참판을 지낸 황효헌(1491~1532) 형제가 매년 어머니의 만수무강을 기원하는 헌수를 올려, 사람들이 어머니의 장수를 기원하는 봉우리라 하여 이름을 헌수봉으로 바꾸었다고 한다.

서원이 위치한 마을 수봉리는 정주학(程朱學)에서 연유한 것으로 오도(吾道)·일관(一貫)·신덕(新德)·동산(東山)을 통칭하여 천하촌(川河村) 이라 불렀다. 지금의 수봉리는 이들 마을을 합해 만경산의 정상 헌수봉 이름을 따서 1914년 수봉리로 개칭한 것이다. 이곳 일관이란 지명은 학문에 일관하여 새롭게 덕을 닦는다는 의미이다. 이곳 수봉리에 장수황씨가 세거하게 된 것은 방촌 황희 선생의 둘째 아들 소윤공 황보신이 상주의 직제학 홍여강의 딸과 혼인하여 터전을 옮겨 천하촌을 형성하고 그 자손들이 유학의 틀을 갖춰왔다.

<상주 수봉리 옥동서원의 근경>

<상주 수봉리 옥동서원의 원경>

3. 서원의 창건 및 변천

상주 모동면 수봉리에 위치한 옥동서원 시원은, 1454년 황희의 둘째 아들 소윤공 황보신이 한양에서 삶의 기반이 잘 갖춰진 처가가 있는 중모 천하촌으로 삶의 터전을 옮기고, 사랑채의 당호를 백화당(白華堂)이라 지은 데서 비롯됐다고 보여진다. 이 백화당은 사랑채로서 독서당의 역할과 빈객들의 접견장이었던 것으로 생각된다. 특히 당호 백화당의 유래에 대해 후손 백하 황반로(1766~1840)가 상량문에서 "황씨가 살만한 집을 가려 지을 때부터 여기에 백화당이란 명칭이 있었는데, 영천자 신잠(신숙주의 증손, 상주목사, 1551~1554)이 문치를 숭상함에 빈빈(彬彬)하여 18개 횡당의 하나로서 건물을 창건하였다."고 하였다. 백화당은 장수황씨 가문의 가학의 전승장으로 역할을 하다가 백화횡당으로 발전하였다. 횡당은 학교, 글방의 기능을 담당하였다.

1511년 황여헌이 사가독서를 명받아 백화당에 기거하면서 사가독서당이 되었으며, 4년 뒤 1515년 황여헌의 동생 황효헌이 또 사가독서를 명받아 백화당에 기거함으로써 형제의 사가독서당으로 나라에서 인정할 만큼 유명한 사가독서당이 되었다. 형제 사가독서당은 1518년 황맹헌과 그의 아우 황여헌과 황효헌 5형제가 모친의 헌수를 축하하며 백화당에서 강마함으로써 백화횡당으로 이름을 널리 알렸다. 같은 해 여기에 황희 선생의 영정을 모시고, 1580년(선조 13)에 새로 백옥동 영당(影堂)을 건립하여 향사(享祀)를 지내면서 서원의 면모를 갖추게 되었다.

그러나 임진왜란 중인 1593년 백옥동 영당이 소실되자 황효헌의 증손 반간 황뉴가 다시 중건하였다. 1714년(숙종 40)에 서원으로 승격되어 방촌 황희 선생을 주벽으로 모시고, 조선 중기 문인으로 대사헌과 예조참판을 지낸 사서 전식(全湜) 선생을 배향하였다. 이듬해에 묘우를 동쪽으로 100여보 거리에 있는 헌수봉 아래 지금의 자리로 옮기고 묘우의 당호를 경덕사(景德祠)로 지었다. 그리고 1716년(숙종 42)에 정면 5칸, 측면 2칸의 강당을 완성하였다. 1786년(정조 10) 황희의 고손자로 이조참판을 지낸 황효헌(1491~1532)과 황효헌의 증손자인 황뉴(1578~1626)가 배향돼 있다.

1789(정조 13)년 1월 상주의 유생 조규진 등 326명이 사액을 청원하는 상소로, 동년 4월 1일 정조는 승지 박천형을 보내 지치하고 '옥동서원'이란 사액을 내렸다. 이때 서원의 명칭을 옥동·덕봉·도계 등 3망을 올렸는데, 옥동으로 낙점되었다. 옥동서원은 1871년 대원군이 서원철폐령을 내렸지만 황희를 모신 서원 중 유일하게 훼손되지 않아 비교적 원형이 잘 보존돼 있다.

4. 서원의 건물 배치 및 현황·문루 특징, 강당 명칭의 의의

　　옥동서원은 사당과 강당 등 주요 건물 외에 제물을 마련하는 전사청과 서원 관리인이 거처하는 고사, 화직사, 묘직사 등이 있다. 건물의 구성은 정문 역할을 하는 문루인 청월루(淸越樓), 강당인 온휘당(蘊輝堂), 사당인 경덕사(景德祠)가 직선상에 놓여 있으며, 제례 때 제물을 보관하는 전사청, 묘우로 통하는 제향 공간의 정문인 내삼문, 관리사로 통하는 출입문인 사주문, 화장실, 팔각정(백옥정)이 있다. 일반 서원과는 달리 옥동서원에는 학생들이 묵는 기숙사인 동재(東齋)와 서재(西齋)는 없다.

　　전반적인 배치는 홍살문이 없고 전면에 18세기 후반에 건립한 문루인 청월루가 대문 즉 입구 역할을 하고 있다. 그 안쪽으로 강당이 있고, 강당 우측으로 19세기 초에 전사청을 두면서 서원으로서의 구색을 갖추었다. 강당 뒤에 솟을 삼문과 묘우(사당)이 있다. 서원의 전체적으로 전학후묘(前學後廟)의 형식을 취하고 전면에 강학 공간을 두고, 후면에 제향 공간을 배치하였다. 앞쪽의 강학 공간에서 제향 공간으로 갈수록 지형이 높아지는 전형적인 방식으로 위계를 표시하였다. 서원의 담장을 경계로 좌우측에는 서원의 부속 건물이 자리하고 있다.

특히 옥동서원은 동재와 서재가 없는 대신 문루 양측에 온돌방으로 동재와 서재의 역할을 겸하게 하였다. 이는 향사의 기능이 점차 확대 강화되고, 강학은 약화되는 경향을 보여 것으로, 17세기에 18세기에 이르는 서원의 건축적 양식 변화과정의 특성을 잘 보여주고 있다.

옥동서원에는 문루와 강당, 사당인 묘우에 편액 등의 현판 14점이 보존되어 있다. 특이 이들 편액은 옥동서원이 위치한 마을을 지칭하는 옥(玉)과 관련된 고전의 구절을 인용하여 공부하는 선비들의 마음가짐을 적절하게 묘사해 놓았다.

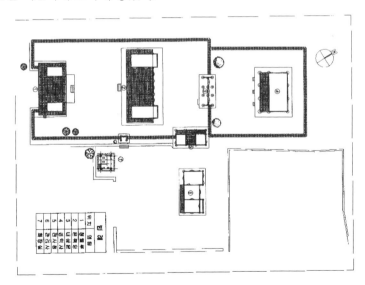

<옥동서원의 구성 및 배치도>

<일직선으로 배치된 옥동서원의 청월루, 온휘당, 경덕사.서원의 대문- 청월루>

옥동서원은 세월이 흐르면서 여러 번 이건 보수를 거쳤다. 현 위치의 옥동서원 건립은 1715년 묘우를 옮겨 지으면서 시작되었다. 1716년에 강당을 건립하고, 1789년 옛 건물을 이건하여 문루로 사용하였다. 다시 1792년(정조 16) 3월 3일 새 문루를 건립하였다.

서원의 대문 문루인 청월루는 정면 5칸, 측면 2칸, 2층 누각이다. 지반은 강당 바닥지반보다 1.5척 낮게 조성하여 중앙에 문루를 두었다. 입구에서 보았을 때 양측 칸에 온돌방을 설치하고 온돌방 아궁이 상부를 경계로 큰 막돌을 사용하여 축대를 쌓았다. 축대 상부에 흙담을 쌓아 담장을 둘렀다. 2층 누 상부의 출입은 안쪽에서 좌측에 계단을 설치하여 누마루를 통해 들고나도록 하였다. 누각의 하부에는 양측 1칸에 아궁이를 설치하여 누 상부의 온돌방에 난방을 하도록 하였고, 가운데 3칸은 외삼문이다.

\<서원의 정문 회보문, 2층 누마루 중앙에 걸은 청월루 현판\>

\<서원 안에서 본 청월루\>

누각의 상부는 정면 5칸, 측면 2칸으로서 중앙 3칸은 대청을 두고 우물마루를 깔았다. 그 좌우에 각각 1칸씩의 협실로서 온돌방을 놓고, 전면에 반칸 크기의 툇마루를 설치하였다. 4면에 헌함을 설치하고 계자각 난간으로 장식하여 2층 누마루를 되도록 하였다. 온돌방의 천장은 고미반자로 꾸미고, 홑처마로 구성하여 팔작지붕을 얹었다. 특히 대청의 정면과 배면은 물론 강당에서도 서원 앞쪽의 전경을 감상할 수 있도록 개방하였다.

청월루에는 누와 문의 명칭을 확실하게 한 현판을 여러 개 달았다. 2층 누각 정면 중앙의 처마 아래에 출입문이란 회보문(懷寶門), 대청에는 청월루란 편액을 걸어두었다. 1792년 3월 청월루각을 완성하면서 정경세의 6대손 입재 정종로(1738~1816)가 상량문을 찬하였고, 3년 뒤 1795년 정종루가 본원의 원장 재임 시 서원의 문루와 강당 현판을 명명하였다. 정조가 재상 채제공에게 정종로의 인품을 물었을 때, "경학과 문장이 융성하여 영남 제일의 인물이다."라고 답했다 한다.

2층 누마루 청월은 '옥성청월장지(玉聲淸越長之)'의 의미로 옥성(학문의 소리)이 멀리멀리, 오래도록 퍼져나간다는 의미이다. 서원의 정문은 회보문이다. 의미는 '장기이대(藏器以待)'로 그 재능과 도량을 길러 이를 쓸 시기를 기다린다는 뜻이다. 회보는 보배를 가슴에 품는다는 뜻으로 『논어』 양화편에서 양화는 공자에게 "보배를 품고도 나라의 혼란함을 내버려 둔다"라고 하였다. 즉 천하를 구제할 경륜을 가지고 있으면서도 은둔하여 나오지 않는 것을 '회보'라고 이른다. 정종로는 "기량을 감추고 은거하여 때를 기다려야 한다"라는 의미라 했다.

옥동서원에는 동재와 서재 건물을 따로 두지 않았다. 대신 2층 문루의 좌우에 온돌방을 만들고 좌측 방은 '진밀료(縉密寮)', 우측 방은 '윤택료(潤澤寮)" 편액을 걸어 동·서재의 기능과 역할을 하도록 하였다. 이는 모두 옥의 성질을 취한 것으로, 진밀은 세밀하다는 뜻으로 학문의 정미를, 윤택은 학문이 아름답고 여유로움을 뜻한다.

서원의 문루 형식은 보편적인 서원 문루 건축 양상을 띠고 있고, 전체적으로 19세기 이후의 특징을 잘 보여주고 있다.

<서원의 강당 - 온휘당>

정문인 청월루의 회보문으로 들어가 처음 만나는 건물이 강당 온휘당(蘊輝堂)이다. 강당은 정면 5칸, 측면 2칸으로 가운데 3칸은 우물마루인 대청이다. 좌우측에는 각각 1칸 크기의 온돌방을 설치하였다. 강당 정면에는 옥동서원(玉洞書院)의 현판이 걸려 있다. 강당의 옥동서원 편액은 편액 좌측에 '건륭 54년 4월 선액'이라 하여 1789년(정조 13) 사액 당시 내려진 것임을 밝혀 놓았다.

대청의 뒷벽 중앙에는 온휘당 편액이 걸려 있다. 중앙의 마루와 양쪽 협실로 된 온돌방 남쪽은 착로재(斲露齋), 북쪽은 탁장재(琢章齋) 편액을 달았다. 이 좌우 협실은 문루 청월루의 좌우 온돌방과 함께 동·서재의 역할을 분담토록 하였다.

1)서원의 현판, 입구 대문 회보문, 문루 청월루, 옥동서원, 온휘당 현판

강당의 이름 온휘(蘊輝)는 '옥온산휘(玉蘊山輝)'라는 뜻으로, "유명한 산속에 천하의 보물인 옥이 묻혀있으면, 그 산은 자연히 광채가 난다"라는 의미이다. 온휘는 후한의 명제가 태자로 있을 때 악공이 노래를 지어 올렸는데, 그중에 수록된 "돌이 옥을 품으면 산이 빛나고, 옥이 사나에 있으면 나무가 번질번질하다"라는 문구에서 따온 것이다.

강당 동쪽 방 착로는 '착석로옥지(斲石露玉之)'로 돌을 천만번 갈아 옥을 나타낸다는 의미이다. 즉 돌을 조심스레 다듬어 옥을 드러낸다는 뜻으로, 돌과 같은 선비들의 서툰 문재를 조심스럽게 다루어 옥처럼 깊은 군자의 경지에 이르게 함을 뜻한다. 여기서 착(斲)은 조심스럽게 뚫는다는 뜻이며, 로(露)는 노출을 뜻한다. 서쪽의 방 탁장은 '추탁기장(追琢其章)'의 의미로 하품의 민옥(玫玉)을 갈아 상품의 옥(학문)이 되게 한다는 뜻이다. 탁장은 『시경』대아의 역복에 나오는 아로새긴 그 문채요, 금옥같은 그 바탕이로다"에서 따온 것이다.

건물은 막돌을 쌓은 기단 위에 덤벙 초석을 놓고 대청의 정면과 배면의 각각 두 기둥만 원기둥을 세우고 나머지는 각기둥을 세웠다. 원기둥은 초익공으로 장식하고 나머지는 민도리로 결구하였다. 온돌방의 천장은 고미반자로 꾸미고 옥개부는 홑처마에 팔작지붕을 얹혔다. 배면을 제외한 세면에는 쪽마루를 두고, 온돌방 정면 쪽마루는 계자각 난간으로 장식했다. 온돌방 뒷벽에는 벽감을 설치하였다. 이처럼 강당 주위에 쪽마루를 설치하여 동선상의 편의를 도모한 것은 19세기 이후 건물에서 주로 나타난다. 대청 정면은 개방하고, 배면은 창호를 달아 출입할 수 있도록 하였다. 이처럼 대청 배면에 건물 뒤쪽으로 출입을 위해 문을 내 편의를 도모한 모습은 19세기 이후의 건물에서 찾아볼 수 있다. 이는 조선 초기의 통치이념인 성리학의 규범적 덕치주의 사상에 조화를 이루었던 건축역사가 조선 후기 대두된 실학의 이용후생 가치관과 서학의 합리주의 사고에 영향을 받은 것으로 여겨진다.

<옥동서원의 강당 온휘당>

<서원의 강당 현액 옥동서원과 온휘당>

2)내삼문과 묘우 경덕사

정문 문루인 청월루(淸越樓), 강당인 온휘당(蘊輝堂), 사당인 경덕
사(景德祠)가 일직선상에 놓여 있다. 내삼문은 묘우로 통하는 제향 공
간의 정문이다. 교육공간과 제향공간을 구분짓는 기능과 서원 가장 깊
숙한 곳에 위치하였고, 3칸으로 구성되어 내삼문이라고 하며 솟을 대
문으로 되었다. 내삼문을 들어서면 묘우가 있는데, 정면 3칸, 측면 1칸

반 규모로서, 전면에 반 칸 크기의 툇간이 있다. 전면 툇칸은 툇마루를 설치하였다. 보통 묘우는 툇칸은 강화다짐으로 마감을 하는데 옥동서 원처럼 묘우 정면의 툇칸에 마루를 까는 것은 드문 경우이다.

사당인 경덕사는 중심으로 황희 선생의 영정과 위패를 모셨고, 좌우 에 전식· 황효헌· 황맹헌· 황뉴 선생의 위패를 모시고 있다. 경덕이란 방촌 황희 선생을 비롯한 ·황효헌· 황맹헌· 황뉴의 덕망을 기리기 위해 네 분의 위패를 봉안한 사묘라는 의미이다.

전체적으로 경덕사는 서원의 보편적 원칙을 잘 갖추고 있으며, 묘우 정면의 반 칸 크기의 툇칸을 놓고 툇마루를 깔아 제례 의식의 편의를 돕고 있는데, 이는 옥동서원이 건립되던 18세기 당시의 강학 기능이 약화되고, 제향 기능이 강화되던 시기적 특징을 잘 나타낸다.

<사당 경덕사 내삼문과 경덕사의 전면>

3)제물 보관처 - 전사청

향사 때 제물을 봉치하여 두는 공간으로서 강당 배면의 오른쪽 모 서리 끝에 강당과 관리사 담장 사이에 위치하였다. 정면 3칸, 측면 1.5 칸 규모로 정면에 툇마루가 들여져 있다. 가운데 한 칸은 우물 마루방 을 두고, 그 좌우 측에 각각 1칸짜리 온돌방을 놓았다.

4)서원 관리사 - 고사(雇舍)

서원을 관리자의 거처로 고직사(庫直舍)라고도 한다. 고사는 강당 우측밖에 위치하였으며, 일자형 살림집 형태로 관리인이 거주하고 있다.

과거에는 서원의 우측 담장 밖에 고직사 1동과 디딜방아 1동이 있었으며, 좌측 담장 밖에는 고직사 2동과 묘직사 1동이 있었다고 하나 서원의 기능이 축소 상실되면서 고직사 1동, 묘직사 1동, 화직사 1동 디딜방아가 1970년경에 소실되었다고 한다.

5)서원의 편액과 의미

옥동서원에는 문루와 강당, 사당인 묘우에 편액 등의 현판 14점이 보존되어 있다. 특이 이들 편액은 옥동서원이 위치한 마을을 지칭하는 옥(玉)과 관련된 고전의 구절을 인용하여 공부하는 선비들의 마음가짐을 적절하게 묘사해 놓았다. 옥동서원의 편액의 명칭과 상징적 의미는 정종로의 『입재집』에 수록된 '옥동서원당재급수석명명기'에 잘 나와 있다. 서원의 상량문을 짓고, 본원의 원장을 지낸 입재 정종로(1738~1816)는 1795년 서원의 문루와 강당 현판을 명명하였다.

그는 정조께서 사액을 내리면서 본 서원의 이름을 백옥동에 근원을 두고 '옥동'이라 명하였고, 내가 서원의 원장 시 유생들이 당과 재, 문루 및 동네의 수석이 명칭이 없어 나에게 이름을 붙이기를 청해 명칭을 지었다고 한다. 서원과 동네는 이미 모든 것이 옥으로 이름을 지었으니 나머지도 그런 의미를 고려하여 부르는 것이 좋겠다고 했다.

따라서 강당을 "온휘(蘊輝)라 한 것은 옥이 묻혀있으니 산이 빛을 머금고 있다" 라는 의미이다. 온휘당의 재(齋) 동쪽 방은 '착로'라 한 것은 돌을 깎아 옥을 드러냄을 취한 것이다. 탁장이라 한 서쪽 재는 아로새긴 그 문채〔추탁기장(追琢其章)〕의 의미를 취한 것이다. 문을 회보라 한 것은 연장을 감춰 두고 때를 기다린다는 '장기이대(藏器以待)'를 취한 것이다. 누를 청월이라 한 것은 옥의 소리가 맑고 소리가 높다는 것으로 길러준다는 의미를 뜻한다. 누의 좌우 측 온돌방을 진밀료(縝密寮), 윤택료(潤澤寮)라 이름 한 것도 옥의 의미를 취한 것이다.

또한 정종로는 옥동서원의 선비들이 이름 붙인 것을 보고 그 의미를 생각하여 온휘당에 올라가서는 옛 군자들이 수면양배한 것은 인의예지가 마음에 근본하고 있음을 생각해야 하고, 착로재와 탁장재에 기거할 때는 치사(致思)의 공으로 하여금 궁구하기를 지극히 깊게 하여 반드시 그 이치를 얻어서 마치 만중(萬重)의 돌을 깎아서 양옥을 얻는 것과 같게 함이 있어야 할 것이라고 했다.

5. 서원 소장의 고문헌과 전적류의 가치

옥동서원에는 상당히 많은 양의 고문서와 전적류가 있다. 현재 옥동서원에는 명문(明文), 통문(通文), 상서(上書) 등의 낱장 고문서와 필사본 등의 성책(成冊) 고문서 약 150여 건과 책판 5종 94장, 황희 선생영정 1점을 보관하고 있다. 고문서는 대체로 19세기 이후에 작성된 것이며, 성책 고문서는 건립 이래로 서원의 역사를 정리한 『창건록(創建錄)』과 인적구성 및 조직·운영체제를 확인할 수 있는 『분향록(焚香

錄)』(21책), 『준분록(駿奔錄)』(12책), 『시도기(時到記,到記)』(15책), 『원록(院錄)』(4책), 『임사록(任司錄, 任員錄)』(3책), 『심원록(尋院錄)』(10책) 등이 있다.

옥동서원을 방문하고, 서원의 인적구성과 향사 때 제례 주관과 참석자들의 이름과 직임을 기록한 것으로는 『알묘록』·『분향록』·『준분록』·『시도기』·『임사록(임원록)』·『심원록' 등이 있다. 알묘록은 서원 방문한 사람들이 사당을 참배하고 본인의 이름을 적은 방명록으로 1675년(숙종 1) 9월 20일에 작성한 것이다. 특히 본 알묘록은 1714년 서원 승격 이전 영당 방문자들의 현황과 특성 특히 배향자 황희 선생의 위상을 파악할 수 있는 중요자료이다.

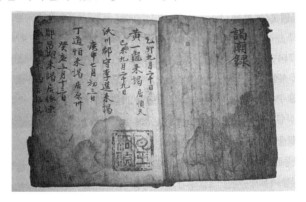

<옥동서원의 알묘록>

『임사록(임원록)』·『심원록' 등이 있다. 알묘록은 서원 방문한 사람들이 사당을 참배하고 본인의 이름을 적은 방명록으로 1675년(숙종 1) 9월 20일에 작성한 것이다. 특히 본 알묘록은 1714년 서원 승격 이전 영당 방문자들의 현황과 특성 특히 배향자 황희 선생의 위상을 파

악할 수 있는 중요자료이다. 심원록이라 않고 알묘록이라 한 것은 서원으로 승격하기 전이기 때문이다.

임원록은 서원의 원임 구성을 알려주는 자료로, 1714년(숙종 40)부터 1899년(고종 36)까지 185년 동안, 1900년부터 1960년까지 작성하였다. 옥동서원의 원장 임기는 1714년부터 1800년까지 86년간 평균 11,2개월이었다. 심원록은 서원 방문자들의 이름을 기록한 방명록으로 모두 여섯 번에 걸쳐 기록하였는데, 기간은 다음과 같다.

① 1687년(숙종 13)부터 1745년(영조 21)

② 1768년(영조 44)부터 1782년(정조 6)

③ 1789년(정조 13)

④ 1816년(순조 16)부터 1825(순조 25)

⑤ 1828년(순조 28)부터 1857년(철종 8)

⑥ 1858년(철종 9)부터 1873년(고종 10)

이 같은 심원록은 서원의 위상을 반영하는 척도가 되고, 대내적인 인적 관계를 비롯해 서원의 학맥과 정치적 성향을 파악할 수 있는 귀중한 자료이다.

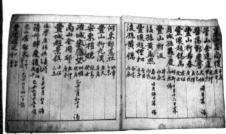

<옥동서원의 심원록>

분향록·준분록·시도기 등은 서원 인적구성과 향사 때 제례 주관과 참석자들의 이름과 직임을 기록하였다. 분향록은 매월 삭망(초하루와 보름)에 분향을 주관한 인물들을 기록하였다. 서원의 제향 의식은 주로 서원의 구성원인 장수황씨들에 의해 주관되었다. 준분록은 제향을 담당한 명단을 기록한 것으로 매우 중요한 자료이다. 옥동서원의 준분록은 모두 10책으로, 가장 오래된 것은 1650년(효종 원년)에 춘향 때 작성한 것으로, 서원으로 승격되기 전 백옥동영당 제향 때 기록한 것으로 추정된다.

또한 서원의 경제적 기반을 확인할 수 있는 『백옥동서원소납전답(白玉洞書院所納田畓)』, 『백옥동서원본별소전답부수기(白玉洞書院本別所田畓卜數記)』, 『옥동서원본별소거재소전결록(玉洞書院本別所居齋所田結錄)』, 『옥동서원수호생안(玉洞書院守護生案)』, 『옥동서원하인안(玉洞書院下人案)』 등이 있다. 이외에도 19세기 말 황희의 문묘종사 운동과 관련한 사실을 엮은 『방촌선생승무소(厖村先生陞廡疏)』, 사액을 받기까지 과정을 기록한 『사액일기(賜額日記)』 등이 있다. 책판은 주향자인 방촌 황희의 『문집』 2종, 즉 황희 선생의 문집인 『방촌선생실기』 종향인 반간 황뉴의 『문집』 1종, 유촌 황여헌· 축옹 황효헌 형제의 유고인 『장계이고(長溪二稿)』, 장수황씨의 족보인 『황씨세보(黃氏世譜)』 등이 남아 있다. 이들 자료는 옥동서원의 운영과 향촌 사회 활동의 구체적 실상을 보여준다는 점에서 사료적 가치가 매우 높다. 옥동서원의 대부분의 자료들은 보존의 어려움 때문에 대부분 상주박물관에 기탁해 보존하고 있다.

방촌선생승무소는 방촌 황희 선생의 문묘종사와 관련된 상소문으로 공주의 유학 송지수를 소수로 유생 240여 명이 연명하였다. 방촌선생 승무소시사적(厖村先生陞廡疏時事蹟)』과 함께 황희선생의 문묘 종사 시도 당시 상주를 비롯한 각 지역의 유림활동을 살펴볼 수 있는 자료이다.

옥동서원의 사액일기는 1788년 6월 9일부터 1789년 4월 2일까지, 22일분의 기록이다. 1789년(정조 13) 사액을 받기까지 옥동서원은 백옥동서원으로 불리웠다. 동년 1월 30일 옥동서원으로 개칭하고 4월 1일 승지 박천형이 경덕사에 치제했다는 내용이 정조실록에 수록되긴 했지만, 사액을 받기까지의 기록이 없었다가 옥동서원지를 발간하면서 발견되었다. 이 일기는 누가 작성했는지는 알 수 없지만 내용은 청액의 절차, 상소준비와 상경 후 활동, 거액의식 관련 임원선출 및 부조계획, 부조 모금 양상, 계액 당일 의식과정 등을 상세하게 기록하였다. 지금까지 서원에 대한 연구는 많았지만 사액과 관련된 연구는 단편적인 경우가 많아, 옥동서원의 사액일기는 사액이 어떻게 결정되는 과정을 보여주는 중요한 자료라 할 수 있다.

또한 1891년에 작성한 것으로 추정되는『옥동서원수호생안(玉洞書院守護生案)』은 신묘년 9월에 상주 옥동서원에서 상주목사의 재가를 받은 수호생 등의 원속들 명단이 적힌 수호생안이다. 수호생안에는 수호생 외에도 묘지기, 재지기, 고지기, 차사, 구종 등의 직역과 명단을 함께 기재하고 있다. 옥동서원이 사액을 받았던 1789년 이후 근 100명의 원생을 소유하고 있었다는 완문의 기록 등을 참고해보면, 19세기 중반까지 옥동서원에서는 15명의 원속이 사역하였음을 추정할 수 있다. 필사본으로 된 옥동서원수호생안은 옥동서원의 원속들의 규모와 거주지, 서원 운영에 필요한 재원을 관리하기 위해 제작된 것으로, 옥동서원의 경제적 기반을 확인할 수 있는 자료로서 사료적 가치가 매우 크다.

6. 맺음말 – 옥동서원의 문화재적 가치

상주 옥동서원은 조선 초 유학의 기반을 마련하고 유교 숭상 정책을 주도하였던 명재상 방촌 황희(1363~1452년)의 학문과 덕행을 추모하기 위해 세운 서원이다. 옥동서원은 1518년(중종 13) 횡당을 세워 황희의 영정을 모신 것이 효시로, 1580년(선조 13) 백옥동 영당을 건립하여 향사(享祀)를 지내면서 서원의 면모를 갖추게 되었다. 1714년(숙종 40) 서원으로 승격되면서 전식(全湜, 1563~1642년)을 배향하였으며, 1715년(숙종 41)에 현재의 위치로 이건(移建)하였다. 1786년 황희의 현손 황효헌(1491~1532년)과 그의 증손 황뉴(1578~1626)를 추가로 배향하였다.

1789년(정조 13)에는 조정으로부터 현재의 명칭인 '옥동서원'으로 사액을 받았다. 옥동서원은 1871년 흥선대원군의 서원철폐령 때 황희를 모신 서원으로는 유일하게 훼손되지 않아 오늘날까지 원형을 잘 보존하고 있으며, 황희 등 4현의 향사가 현재까지 전승되어 내려오고 있다. 특히 옥동서원은 17세기에서 18세기 서원 건축의 특징인 강학 쇠퇴와 향사 강화의 배치와 특징이 남아 있을 뿐 아니라 역사·문화·경관적 요소가 잘 전승되고 있다. 따라서 서원은 2015년 11월 10일 인문·

역사·건축·학술적 가치를 높이 인정받아 국가지정 문화재로 승격됐다. 옥동서원의 문화재적 가치는 외형적인 건축물뿐만 아니라 거기에 소장하고 있는 문헌적 자료의 가치가 크다는 점이다. 다음과 같이 옥동서원의 문화재적 가치는 정리할 수 있다.

첫째, 서원의 외형적인 건축물의 특징이다. 옥동서원을 구성하는 주요 건물인 문루(門樓, 청월루), 강당(온휘당), 사당(경덕사)은 일직선상에 놓여 있으며, 학생들의 기숙사인 동재·서재가 없다. 이러한 점은 강학 기능이 약화되고 향사 기능이 점차 강화되던 17~18세기 서원 건축의 특징을 잘 보여준다. 특히 옥동서원 청월루는 1792년 서원임 정종로가 쓴 '옥동서원문루상량문'과 1795년 서원의 문루 명칭을 지었다는 확실한 기록으로 건축 과정을 소상하게 알 수 있다는 점이다. 또한 옥동서원은 동·서재는 두지 않고 청월루 상층에 온돌방인 '진밀료', '윤택료'를 두어 기숙의 기능을 겸하게 하는 독특한 건축 배치 특징이 나타나고 있는데, 이는 서원의 향사 기능이 강화되고 강학 기능이 약화되는 조선 중·후기 서원 건축의 구성 변화를 특징적으로 잘 보여주고 있다는 점이다.

둘째, 옥동서원은 조선 초기 황희의 둘째 아들 황보신이 처가인 상주에 자리 잡고 서원을 짓고 사액서원이 되기까지의 과정을 살펴볼 수 있는 각종 자료와 기록이 남아 있다는 점이다. 현재 옥동서원에는 명문, 통문, 상서 등의 낱장 고문서와 필사본 등의 성책(成冊) 고문서 약 150여 건과 책판 5종 94장, 황희 선생 영정 1점을 보관하고 있다.

셋째, 옥동서원 설립의 효시에 결정적 역할을 한 황희 선생의 영정이 현전하고 있다는 점이다. 영정은 지금은 중앙박물관에 기탁 중이다.

넷째, 옥동서원에는 건립 이래로 서원의 역사를 정리한 『창건록』과 인적구성 및 조직·운영체제를 확인할 수 있는 『분향록』, 『준분록』(12 책), 『시도기』, 『원록』, 『임사록』, 『심원록』등을 비롯하여, 서원의 경제적 기반을 확인할 수 있는 『백옥동서원소납전답』, 『백옥동서원본별소전 답부수기』, 『옥동서원본별소거재소전결록』, 『옥동서원수호생안』 등이 있어 서원의 역할과 기능 운영을 살필 수 있다는 점이다. 이외에도 19 세기 말 황희의 문묘종사 운동과 관련한 사실을 엮은 『방촌선생승무 소』, 사액을 받기까지 과정을 기록한 『사액일기』 황희 선생의 문집, 반 간 황뉴의 『문집』, 황여헌· 황효헌 형제의 유고인 『장계이고』, 장수황씨 의 족보인 『황씨세보』등을 찍은 5종 241책의 책판이 잘 남아 있어, 옥 동서원의 운영과 향촌 사회 활동의 구체적 실상을 보여준다는 점에서 사료적 가치가 매우 크다는 점이다.

끝으로 옥동서원에는 문루와 강당, 사당 등에 편액 14점이 보존되어 있는데, 누가 언제 그 이름을 지었고, 그것이 갖는 의미와 상징성을 가 록하였다는 점에서 서원의 건축학적 기능과 함께 서원의 교육적 이념 을 담아내고 있다는 점이다.

옥동서원 청월루 음영시인(吟詠詩人)과 작품세계*

이 구 의 (경북대학교)

1. 머리말

청월루(淸越樓)는 상주시(尙州市) 모동면(牟東面) 수봉리(壽峰里)에 위치한 옥동서원(玉洞書院)[1] 경내에 있는 누각이다. 청월루(淸越樓)는 옥동서원의 문루로서 2층의 좌우에 진밀재와 윤택재라 이름 붙인 방(房)이 있어 제생들이 묵을 수 있는 곳으로 과거 공부를 하는 학

---

* 이 글은 제4회 옥동서원학술대회(2020, 07, 11, 상주시 옥동서원)에서 발표하고, 「淸越樓 吟詠詩에 나타난 자아와 세계의 만남」의 제목으로, 『동아인문학』 제52집, 동아인문학회, 2020, 09.에 게재한 논문이다.

1) 옥동서원은 1518년(중종 13) 白樺黌堂이라는 이름으로 창건되었다. 이 서원에 黃喜·黃孟獻·黃孝獻의 위패를 모셨고 1714년(숙종 40)에 全湜을,1783년(정조 7)에는 黃紐를 추가 배향하였다. 1789년에 사액서원이 되었다. 1868년(고종 5) 興宣大院君의 書院撤廢令 때 남아 있던 47개 서원 가운데 하나이다. 경상북도 기념물 제52호로 지정되었고, 2015년 국가사적 제532호로 승격 지정되었다.

생들을 위한 경계문이다.

본고는 이 청월루를 제재로 하여 읊은 시를 고찰하는 것을 목표로 한다. 300년 넘는 세월 동안 이 누각을 제재로 하여 지은 시가 아주 많지는 않다. 그러나 이 누각은 옥동서원을 대표하는 건물 가운데 하나로 황희 정승의 영정을 모시고 있다는 점과 이 청월루를 제재로 하여 지은 시인들이 당대에 유명한 분이라는 점에서 그 연구의 가치가 있다. 또 이 누각을 제재로 하여 지은 시를 보면 당대의 작가들이 무슨 생각을 하였는지 알 수 있다. 이를 통하여 작가들의 지향의식을 알 수 있다.

본고의 진행 순서는 다음과 같다. 옥동서원의 연혁을 간략히 살펴볼 것이다. 이어서 옥동서원 경내에 있는 청월루 시에 대하여 고찰할 것이다. 이에 대하여, 첫째 이 누각을 제재로 하여 읊은 시와 시인을 시대별로 알아본다. 둘째 시인들이 청월루 시를 통하여 독자들에게 무엇을 전달하고자 하였는가를 고찰한다. 셋째 이 청월루 음영 시의 의의에 대하여 논의한다. 넷째 이 청월루 시의 위상을 정립한다.

본고를 진행함에 있어 그 대본은 청월루 시를 읊은 시인들의 문집과 기타 자료이다. 그 진행방법은 인문주의 비평 이론을 적용한다.

2. 옥동서원과 청월루

옥동서원이 있는 상주시 모동면(牟東面)은 신라시대에는 도량현(刀良縣), 통일 신라 시대인 757년(신라 경덕왕 16년)에는 도안현(道安縣), 고려시대 1018년(현종 9년)부터 조선시대까지는 중모현(中牟縣)이

라 불렸다. 이 고을에 학문이 발달된 것은 방촌(厖村) 황희(黃喜: 1363
~1452)의 둘째 아들 한성부(漢城府) 소윤(少尹)을 지낸 황보신(黃保
身)이 중모(中牟)에 입향한 뒤 그의 후손들이 세거하면서부터이다. 그
가 중모현 천하촌(川下村)에 정착하면서 자신의 집사랑채인 백화당(白
華堂)에서 가학(家學)을 전승(傳承)하였다. 옥동서원의 내력에 대하여
는 시려(是廬) 황난선(黃蘭善)의 「옥동서원 중수기(玉洞書院重修記)」
에서 그 대략을 알 수 있다.

공자께서 "그 정치를 행할 만한 사람이 있으면 그 정치가 행해지는 것이다."[2]
라고 하였다. 학교를 다스리는 일은 정치 가운데 비중이 큰 것이다. 서원은
학교의 아류(亞流)이다. 이 때문에 주자가 백록동서원을 세웠고, 퇴계가 백
운동서원에 사액할 것을 청하여서 학교와 정치를 닦고 행하는 데에 유념하
지 않음이 없었다. 이는 대개 선현께 제사 드리고 여러 인재를 기르는 것을
고을의 표본으로 삼았다. 그 서원이 들어선 지역에서는 그 정치가 어찌 정치
를 할 만한 사람을 기다리지 않고 행해 질 수 있겠는가?
생각하건데, 우리 선조이신 익성공(翼成公)의 원우(院宇)는 상주 치소(治
所)에서 서쪽으로 60리 떨어진 중모현(中牟縣) 천하촌(川下村)에 있다. 만
력 경진년(1580)에 우리 선대의 여러 어른들이 '조상님이 일찍 이곳에서 노
니시던 곳이라 유상을 보니 정신이 숙연하고 맑은 향기가 전하여오니 사당

---

2) 노(魯)나라 애공(哀公)이 정치하는 도리를 묻자, 공자가 맨 먼저 "문왕(文王)과 무왕(武王)이
    행한 정사가 지금도 서책에 서술되어 있으니, 그 정치를 행할 만한 사람이 있으면 그
    정치가 행해지는 것이고, 그런 사람이 없어지면 그 정치도 없어지는 것이다. 사람의 심리는
    정치에 민감하게 반응하고, 땅의 생리는 나무에 민감하게 반영된다.〔文武之政布在方策,
    其人存則其政擧, 其人亡則其政息, 人道敏政 地道敏樹〕."라고 대답한 내용이 『중용장구』
    제20장에 나온다.

을 지어 제사를 지내기로 하였다. 그 이름을 백옥동영당(白玉洞影堂)이라 한 것은 백화산(白華山)의 옥봉(玉峯)이 그 곁[3]에 있기 때문이다.

그 뒤 134년이 지난 청나라 강희(康熙) 갑오년(1714)[4]에 사서(沙西) 전식(全湜: 1563~1642) 선생을 배향하였고, 그 이듬해인 을미년(1715)에는 영당을 동쪽으로 백여 무(武) 거리에 있는 헌수봉(獻壽峰) 아래로 옮겼다. 그리고 또 이듬해인 병신년(1716)에는 강당을 지었다. 이곳은 익성공의 둘째 아드님 인 소윤공(少尹公)이 지내시던 옛 터이다. 영당이 놓인 자리가 평온하고 산 수가 밝고도 상쾌하여 한 고을에서 경치가 빼어났다.

또 그 뒤로 70년이 지나 건륭(乾隆)[5] 병오년(1786)년에는 축옹(畜翁)과 낙 윤(樂潤) 두 선조를 추배(追配)하였다. 그 뒤 3년이 지난 기유년(1789)에는 주상[正祖]께서 예조(禮曹)에서 익성공을 모신 서원에 아직까지 사액(賜額)하지 않은 것을 흠전(欠典)이라고 하자, 주상께서 특별히 '옥동서원(玉洞書院)'이라 선포하고 술을 내려 사제(賜祭)하시니 은하수가 반짝였다. 또 3년이 지난 임자년(1792)에는 강당의 남쪽에 문루(門樓)와 두 익실(翼室)를 건립하였다. 원사를 세운 200여 년 동안 횡당(黌堂)이나 층층 난간이 차례 로 갖추어졌다. 이 때 우리 종중의 덕이 있는 어르신뿐만 아니라 한 고을의 큰 선비들이 북두성을 중심으로 별들이 모이듯 하였다. 족조(族祖)이신 심 기(審幾) 어른이 동지들과 같이 거처할 당재와 강학할 곳을 세우시고 입재 (立齋) 정선생[鄭宗魯]께서 당실(堂室)의 이름을 지으셨는데, 수석(水石: 玉)에서 따온 것이었다. 이 때 이후로 현명하고 재능 있는 분들이 대대로 강 론(講論)하는 자리를 마련하여 때에 맞게 읍양(揖讓)하면서 글을 외는 풍

조를 열었다. 검은 산과 푸른 물이 어우러진 가운데에서 마음이 여유롭고 만족하지 않은 적이 없었으니, 이를 두고 그 정치를 행할 만한 사람이 있으면 그 정치가 행해진다고 하는 것이 과연 어떠한가?[6]

1511년(중종 6)에 유촌(柳村) 황여헌(黃汝獻: 1486~?)이 사가독서(賜家讀書)를 명받아 백화당에서 지내면서 독서하였다. 1515년(중종 10)에는 유촌의 아우인 축옹(畜翁) 황효헌(黃孝獻: 1490~1532)이 또 이 백화당에서 사가독서하게 되자 이 백화당이 백화횡당(白華黌堂)으로 이름이 났다. 1518년(중종 13)에는 월헌(月軒) 황맹헌(黃孟獻: 1472~?)과 그의 아우 5형제가 백화당에서 서로 강마(講磨) 하자 이곳은 백화횡당이라는 이름이 더욱 세상에 알려지게 되었다. 1580년(선조 13년)에는 신덕(新德)에 방촌(厖村) 황희(黃喜)의 영정(影幀)을 모신 백옥동영당(白玉洞影堂)[7]을 새롭게 건립하였다.

<hr />

6) "孔子曰, 其人存則其政舉. 夫學校之政, 政之大者, 而書院即學校之流亞也. 是以晦翁之於白鹿洞, 陶叟之於白雲院, 莫不拳拳於學政之修擧, 蓋祀先賢育群才, 為鄉黨間矜式. 依歸之地, 則其政烏得不待其人而擧也哉. 惟我先祖翼成公院宇, 在尚州治西六十裏, 中牟縣之川下村. 萬曆庚辰, 吾先世諸名公, 以祖嘗杖屨於此, 而遺像肅然, 清芬未沫, 為之刱祠, 以俎豆豆之, 名之為白玉洞影堂者, 以白華玉峰在其榜[傍]也.
    其後一百三十四年, 而至明陵甲午, 以沙西先生全公配之, 越明年乙未, 移其廟於稍東百餘武, 獻壽峰之下, 而又明年丙申講堂成. 是蓋翼成公仲子少尹公漁樵舊址, 而堂局平穩, 溪山明爽, 為一州之殊勝也.
    又其後七十年, 而至乾隆丙午, 以吾畜翁樂潤二祖追配之. 越三年己酉, 上因春曹啟議謂翼成之院, 尚闕扁額欠典也, 特宣號曰玉洞書院, 黃封賜祭, 雲章煥然. 又三年壬子, 建門樓兩翼室于堂之南. 自刱祠二百有餘年, 而橫舍層軒, 次第具矣. 當是時也, 不惟吾宗多宿德遺老, 一鄉之鴻儒鉅公, 錯落如星斗. 此族祖審幾翁, 所以倡率同志, 設居齋講學之所, 而立齋鄭先生為之名堂室, 而評水石者也. 由玆以來, 哲匠代作講筵, 時開揖讓弦誦之風, 未嘗不優優洋洋於山玄水蒼之際, 斯其為人存而政擧也者, 果何如矣. 黃蘭善,『是廬集』卷5,「玉洞書院重修記」.
7) 백옥동영당은 임진년 왜란 때 불타서 그 뒤 을해년(1635)에 중수하였다고 한다. (李肯翊,『練藜室記述別集』卷10,「사전전고」조 참조).

1593년 임진왜란 때 백옥동영당 건물이 모두 타 버려 우복(愚伏) 정경세(鄭經世: 1563~1633)의 문인으로 문과에 급제하여 홍문관(弘文館) 교리(校理)에 오른 반간(槃澗) 황뉴(黃紐: 1578~1626)가 영당(影堂)을 중건하여 춘추향사를 봉행하였다. 그 뒤 1714년(숙종 40년)에 이르러 사림들의 중론에 의해 서원으로 승격되면서 1789년(정조 13년) 사액과 함께 현재의 옥동서원이 되었다.

입재(立齋) 정종로(鄭宗魯: 1738~1816)는 옥동서원에 배향하고 있는 분들과 사액하게 된 유래를 밝히고 있다. 그의 「옥동서원 당재와 수석 명명기(玉洞書院堂齋及水石命名記)」를 보면 다음과 같다.

우리 고을의 옥동서원은 익성공 방촌 황선생의 위패를 모신 곳이다. 배위는 사서(沙西) 전충간공(全忠簡公)과 또 축옹(畜翁)·반간(槃澗)[8] 두 분을 모시고 있는데, 축옹과 반간은 모두 선생의 후손들이다. 금상(今上) 병오년(1786)에 제향하고 4년이 지난 기유년(1789)에 사림들이 상소(上疏)하여 사액을 청하니 주상께서 특별히 (방촌)선생께 사제(賜祭)하셨다. 서원이름이 본디 백옥동이었는데 이를 옥동으로 하라 명하셨다. 사액한지 6년이 지난 을묘년(1795)에 내가 마침 동주(洞主)가 되자 서원의 유생들이 당재(堂齋)나 문루(門樓), 옥동(玉洞) 안의 수석에 이름이 없다고 하여 나에게 그 이름을 지어 표시하기 바랐다. 내가 그 일을 사양하였으나 안 되어서 한참 동안 망설이다가 "서원이나 동네가 이미 모두 '옥(玉)'으로 이름을 붙였으니, 이 뜻을 미루

---

8) 충간공은 전식(全湜: 1563~1642), 축옹(畜翁)은 황효헌(黃孝獻: 1490~1532), 반간(槃澗)은 황뉴(黃紐: 1578~1626)를 가리킨다.

어 그 이름붙이면 되지 않겠는가?"라고 하였다.[9]

이 글을 지을 당시(1795) 입재는 옥동서원 원장이었다. 그가 원장의 신분으로 이 서원의 여러 건물과 주변 사물에 이름을 붙였다. 옥동서원이 사액한지 6년이 지나 1795에 그가 서원 원장이 되자 서원의 유생들이 당재(堂齋)나 문루(門樓), 수석(水石) 이름을 지어 달라고 하여 그 이름을 지었다. 그가 서원이나 동네의 이름이 '옥(玉)'자가 들어가 이 뜻을 미루어 그 이름을 지었다고 하였다.

이 옥동서원은 중모(中牟)지역의 교육·문화·문학 등에 표상이 되었다. 이에 자연적으로 백화산 정기가 중모 한문학의 꽃을 피우기 시작하였다. 백화산을 중심으로 이 지역에서 창작된 한시(漢詩)는 조선시대 성종 조부터 한말까지 대략 400여 년간 총 140제(題) 296수(首)에 작자(作者)는 28인[10]이며, 산문(散文)도 서(序), 제발(題跋) 등 총 41편[11]이다. 이들의 작품은 백화산과 주변의 경승, 그리고 유적(遺蹟)들에 대해 창작한 것이 대부분이다.

옥동서원과 백화서당 관련 한시를 남긴 분은 영의정 황희의 현손(玄

---

9) "吾州玉洞書院, 卽翼成公厖村黃先生妥靈之所也. 配位則沙西全忠簡公, 又畜翁槃澗兩賢, 俱以先生之孫. 躋享於當宁丙午, 越四年己酉, 士林上章請額, 自上特賜祭于先生. 院本號白玉洞, 命以玉洞. 宣之越六年乙卯, 余適忝洞主, 院儒以堂齋門樓及洞裏水石之無名稱, 要余表揭之. 余辭不獲, 沉吟良久而言曰, 院與洞, 旣皆以玉而爲號, 則餘亦推是義而號之也其可乎." 鄭宗魯, 『立齋集』 卷29, 「玉洞書院堂齋及水石命名記」).

10) 金子祥, "白華山 詩 硏究", 「尙州 護國 靈山, 白華山」 (『尙州文化硏究叢書』 4, 尙州文化院, 2001. 186~187쪽 참조.

11) 權泰乙, 「尙州 舊中牟縣 漢文學 - 白華山 圈域의 散文을 中心으로-」, 『尙州 護國 靈山, 白華山』 (『尙州文化硏究叢書』 4, 尙州文化院, 2001. 287쪽 참조.

孫)인 유촌(柳村) 황여헌(黃汝獻: 1486~1566), 대산(大山) 이상정(李象靖: 1711~1781), 입재(立齋) 정종로(鄭宗魯: 1738~1816), 백하(白下) 황반로(黃磻老: 1766~1840), 장원(藏園) 황원선(黃源善: 1798~1873), 녹차(綠此) 황오(黃五: 1816~?), 시려(是廬) 황난선(黃蘭善: 1825~1908) 등이다. 이 가운데 청월루를 제재로 하여 시를 지은 분은, 정종로·황반로·황원선·황오·황난선이다. 겉으로 보면 청월루 시를 지은 분은 5분이다. 이 가운데 입재 정종로를 제외하면 모두 황씨 성을 가진 분들이다. 따라서 시를 지은 신인이 대단히 제한적이다. 겉으로는 그러하지만 그 안에 들어가면 이러한 생각이 바뀌게 된다.

지금부터는 청월루를 제재로 하여 지은 시인들의 작품을 들어 이에 대한 논의를 하여 보기로 한다. 이에 앞서 옥동서원이 있는 곳에 처음 정착한 유촌 황여헌과 중모의 황씨에게 장가들어 시를 남긴 대산 이상정의 시를 먼저 소개하기로 한다.

3. 청월루 음영(吟詠)시와 시인

1)유촌 황여헌과 신덕팔영(新德八詠)과 백화서원(白華書院)

유촌(柳村) 황여헌(黃汝獻: 1486~1566)은 신덕정사(新德精舍) 주변의 경치 좋은 8곳을 읊은 「신덕팔영(新德八詠)」을 지었다. 이 팔영은, 「백화서원(白華書院)」·「수봉의 봄꽃(壽峯春花)」·「설정의 향음주례(偰亭鄕飮)」·「단탄에서 낚시(簞灘釣魚)」·「사연에 지는 달(沙烟落月)」·「두꺼비 바위의 새벽 안개(蟾巖曉霧)」·「남천의 고기잡이 불(南

川魚火)」·「서촌의 밥 짓는 연기(西村炊烟)」 등이다. 이 8수 가운데 가장 먼저 읊은 「백화서원(白華書院)[12]」을 들어보면 다음과 같다.

華山靈淑自儲精　맑고 신령한 백화산 저절로 정기 쌓여,
間世英才幾篤生　세상에 드문 영재(英材) 몇이나 났던가.
深院閉門春晝永　깊은 서원에 문 닫히고 봄날은 기나니,
好風長送讀書聲　좋은 바람 길이 글 읽는 소리 보내리라.

자아[13]가 이 시에서 백화서원의 있는 주변 경관과 서원에서 배출된 인재, 현재 서원 안에서 진행하고 있는 상황, 자아의 희망을 묘사하고 있다. 기구(起句)의 화산(華山), 곧 백화산(白華山)과 승구(承句)의 영재(英才)가 서로 짝이 된다. 곧 밝게 빛나는 산이나. 뛰어난 인재는 모두 보통이 아니다. 신령한 산의 정기를 받고 훌륭한 인재가 태어났다. 그것도 몇이나[幾]라고 하였으니 한 두 사람이 아니다.

이러한 인재들이 봄날인데도 서원의 문을 닫고 그 안에서 글공부를 한다. 봄날[春晝]과 좋은 바람[好風], 글 읽는 소리[讀書聲]는 따뜻하고, 밝고, 좋고, 정답고, 희망적인 이미지를 내포하고 있다. 자아가 백화서원에서 자신의 희망을 묘사하고 있다. 이는 그만큼 자아가 이 서원과 서원 유생들에게 바라는 기대가 크다는 것을 의미한다.

---

12)　黃汝獻, 『柳村集』卷1.
13)　여기서 '자아'는 서정적 자아(Persona)를 가리킨다. 이하도 이와 같다.

2)대산(大山) 이상정(李象靖)과 「백화서재에 붙임(題白華書齋)」

경상도 안동부(安東府) 일직현(一直縣) 소호리(蘇湖里, 현 경상 북도 안동시 일직면 망호리)에서 태어난 대산(大山) 이상정(李象靖: 1711~1781)은 반간(槃澗) 황뉴(黃紐: 1578~1626)의 현손인 황혼(黃 混: 1687~1724)의 사위가 되어 중모(中牟)와 인연이 닿았다. 대산은 「백화서재에 붙임(題白華書齋)[14]」와 「황영공 익재의 백화재에서 묵으 면서 오언 근체시를 지어 삼가 바침(宿黃令公翼再 白華齋得五言近體 奉呈)[15]」이라는 시 두 수를 남겼다. 먼저 「백화서재에 붙임(題白華書 齋)」이라는 시를 들어보면 다음과 같다.

清溪一曲抱山深 맑은 시내 한 굽이 깊이 산을 감쌌는데,
松巷琴寥翳夕陰 고요한 솔 마을에는 저녁노을이 물드네.
門掩小齋人似玉 문 닫힌 작은 서재에 옥 같은 사람 있어
玉峯清對坐無心 옥봉을 맑게 대하며 욕심없이 앉아 있네.

이 시도 위의 유촌의 시와 그 분위기가 서로 닮았다. 시의 공간적 배 경은 백화서원이 있는 곳이다. 자아가 기구(起句)와 승구(承句)에서 공 간적 배경을 묘사하고 있다. 맑은 시내가 흐르고 산이 감싼 마을, 그것 도 소나무가 가까이 있는 산골 마을이다. 이 솔마을에 저녁놀이 물든 다. 보통 저녁놀은 쇠퇴, 절망, 부정 등의 이미지를 지닌다. 하루의 해가

---

14) 李象靖, 『大山集』 卷1.
15) 李象靖, 『大山集』 卷1.

저물어 가는 시점이기 때문이다. 그러나 이 시에서는 앞의 소나무[松]과 짝을 이루어 분위기가 살아난다. 어려운 가운데에서도 꼿꼿이 자신을 지키는 선비의 모습을 연상할 수 있다.

이러한 분위기가 현실로 다가왔다. 전구와 결구에서 그러한 정황을 알 수 있다. 조그마한 서재에 옥 같은 사람이 있다. 옥 같은 사람이 옥봉(玉峯)을 마주하고 있다. 옥은 귀한 물건이다. 옥 같은 사람은 고결한 인격과 높은 학문을 갖춘 사람이다. 자아가 마주 대하고 있는 옥봉과 어울려 고매(高邁)한 자아 자신을 묘사하고 있다.

대산은 「황영공 익재의 백화재에서 묵으면서 오언 근체시를 지어 삼가 바침(宿黃令公翼再 白華齋得五言近體奉呈)[16]」이라는 시도 지었다.

烟霞有前分	이곳의 경치에 묵은 인연이 있나니,
水石好重遊	시냇물과 바위 다시 와 노닐기 좋아.
曲折明溪轉	굽이쳐 맑게 흐르는 시내 휘돌아가,
參差晚木幽	들쭉날쭉 저녁 숲 그윽하기만 하네.
一心藏處密	일편단심은 감추어 둔 곳 은밀하니,
萬事樂中憂	세상일 즐거운 가운데 근심 있다네.
俛仰還今古	그럭저럭 살면서 고금을 돌이키니,
臨風意不休	바람 앞에서 생각이 멈추지가 않네.

이 시의 자주(自註)에, "주인의 자호(自號)가 장암(藏庵)인데 이 말

---

16) 李象靖, 『大山集』 卷1.

은 『주역(周易)』 「계사전(繫辭傳)」의 '물러나 은밀한 곳에 감추어 둔다[退藏於密]'라는 뜻에서 따왔다[主人自號藏庵, 取易繫退藏於密之義]."하고 있다.

황영공(黃令公)은 조선 후기의 문신이자 학자인 황익재(黃翼再: 1682~1747)를 가리킨다. 그의 자는 재수(再叟)이고, 호가 백화재(白華齋)이며, 본관이 장수(長水)이다. 그는 방촌(厖村) 황희(黃喜)의 10대손으로 가문의 명성을 독실히 이었다. 그의 환로는 순탄하지 못하였지만, 그는 당대 상주의 이름 있는 선비인 식산(息山) 이만부(李萬敷), 청대(靑臺) 권상일(權相一)를 비롯하여 손경석(孫景錫)·강석필(姜碩弼)·노계원(盧啓元)·강필신(姜必愼)·김시태(金時泰) 등과 빈번히 교류하며 학문과 문학을 하였다. 1702년(숙종28)에 문과에 급제하여 평안도사, 전라 도사, 무안 현감을 지냈다. 1728년(영조4) 이인좌(李麟佐)의 반란을 평정하는 데 공을 세웠으나 도리어 반란군에 연루되었다는 모함을 받아 7년간 유배되었다. 이후 복직되었으나 사직하고 낙향하여 성리학 연구와 후진 양성에 전념하였다.

이 시는 앞 두 연(聯)과 뒤 두 연이 의미상으로 서로 나뉜다. 앞 두 연은 주변 경치를 읊었고 뒤 두 연은 자아의 생각을 묘사하였다. 수연(首聯)의 출구에서 자아가 묵은 인연이라 하여 황씨 집안과 묵은 인연이 있다고 한다. 앞에서도 언급하였듯이, 대산(大山)의 처가가 이곳이기에 이 말이 빈말이 아니다. 수연의 대구(對句)에서 함련(頷聯)의 대구까지 3 구절은 자아가 처한 주변 경관을 묘사하고 있다. 선경후정(先景後情)이다.

경련과 미연에서는 자아가 마음속에 지닌 생각을 묘사하고 있다. 경련의 출구에서 핵심어는 일심(一心), 곧 일편단심(一片丹心)이다. 이는 자아가 학문에 대하여 가지는 열정이다. 아무리 곧은 마음을 가지고 있더라도 세상을 살아가다 보면 즐거운 일보다는 어려운 일을 더 많이 만난다. 이것이 세상살이이다.

미연(尾聯)에서는 당시 자신의 모습을 묘사하고 있다. 여러 가지 생각에 고금의 역사를 돌이켜 본다. 과거의 역사는 현재 삶의 본보기가 된다. 역사는 일회성이 아니라 순환한다. 곧, 역사는 과거와 현재의 작용과 반작용이다.

이처럼 대산은 두 수의 시에서 그 자신의 정감(情感)을 묘사하고 있다. 그가 자신의 시에서 학문에 관한 자신의 견해는 밝히지 않았다. 그러나 그 자신이 한결 같은 마음을 가진 선비라는 것을 은근히 드러내고 있다.

대산은 퇴계학맥의 중요한 계승자인 밀암(密菴) 이재(李栽)의 외손이다. 그가 일찍부터 밀암의 문하에 나아가 수학하여 퇴계(退溪) 이황(李滉)→갈암(葛菴) 이현일(李玄逸)→밀암 이재로 이어지는 영남학파의 학통을 계승하였다. 그가 남한조(南漢朝), 김종덕(金宗德), 류장원(柳長源) 등에게 학문을 전수하였다. 이재의 문하에서는 김익한(金瀷漢), 권정택(權正宅), 김낙행(金樂行) 등과 교유하였다. 따라서 대산이 백화서당을 제재로 하여 시를 지었다는 것은 상당한 의미가 있다.

3) 입재(立齋) 정종로(鄭宗魯)와 「옥동서원에 붙여 읊음(玉洞題詠)」

입재(立齋) 정종로(鄭宗魯: 1738~1816)는 경상도 문경(聞慶) 출신으로 대제학(大提學) 정경세(鄭經世)의 6대손이며, 대산(大山) 이상정(李

象靖)의 문인으로서 영남학파의 학통을 계승하였고, 병인년(1806, 순조
6)에 「옥동제영(玉洞題詠)」 19수(首)를 지었다. 옥동서원의 강당(講堂)
과 서재(書齋) 이름도 그가 붙였다. 그의 「옥동서원 강당과 서재 및 수석
명명기(玉洞書院堂齋及水石命名記)」에서 그 사실을 알 수 있다.

> 서원이나 동네가 이미 모두 '옥(玉)'으로 이름 붙였으니, 그렇다면 이 뜻을 미
> 루어서 이름붙이면 되지 않겠는가? 선생의 덕업과 훈열을 외물에 비유하자
> 면 큰 강이나 산에 견줄 수 있다. 화씨벽和氏璧)[17]이나 조승주(照乘珠)[18] 같
> 은 진귀한 보물이라 할지라도 오히려 이에 그 만분의 일도 견줄 수 없다. 지금
> 옥(玉) 자를 붙여 이름을 지었으니 그 역시 조리가 크게 맞지는 않는다. 그러
> 나 선현(先賢)들이 군자의 덕을 옥에 비유하여 그 아름다움을 칭찬한 말이
> 헤아릴 수 없이 많다. 따라서 이 뜻을 미루어서 이름을 붙이는 것도 안 될 일
> 이 아니다. 또 배향(配享)한 여러 분들도 고아한 인품과 아름다운 명망이 있
> 다. 해맑은 자질과 엄격한 성품으로, 명당에 이름이 오르고 사당에 위패를 같
> 이 모시는 것은 상서(祥瑞)로운 일이니 그 의리가 더욱 안 될 것이 없다.[19]

---

17) 연성(連城): 화씨벽(和氏璧)을 가리킨다. 『사기(史記)』「인상여전(藺相如傳)」에, "조(趙)나라
    혜문왕(惠文王)이 초(楚)나라 화씨(和氏)의 벽(璧)을 얻었는데 진(秦)나라 소왕(昭王)이 그
    소문을 듣고 사람을 시켜 조왕에게 편지를 보내어 열다섯 개의 성(城)과 바꾸자고 하였다." 하였다.
18) 조승주(照乘珠): 구슬의 광채가 멀리 비쳐 수레 여러 채의 앞을 볼 수 있다는 말이다.
    『사기』「전경중완세가(田敬仲完世家)」에, "위왕(魏王)이 제왕(齊王)과 들에서 만나
    사양하면서 말하기를, 과인(寡人)의 나라는 소국이지만 그래도 열두 채의 수레 앞뒤를 비치는
    경촌(經寸)의 구슬이 열 개 있다." 하였다.
19) "院與洞, 旣皆以玉而爲號, 則餘亦推是義而號之也其可乎. 夫以先生之德業勳烈,
    若比於物, 卽江河山嶽是已. 雖以連城之珍照乘之寶, 猶不足以喩其萬一,
    則今玆以玉而爲號, 其亦不倫甚矣. 然古之人, 皆以君子之德, 比之於玉, 稱道贊美之語,
    有不勝其多, 則推是義而號之, 宜若無不可. 又況配位諸賢, 皆有珪璋令望, 其朗潤之資,
    莊栗之性, 允與登明堂陳淸廟者, 同其美瑞焉, 則其義尤無不可."

입재가 옥동서원의 사우(祠宇)나 주변에 수석(水石)에 옥의 의미를 지닌 말로 이름을 붙였다. 그 이유는 그곳 지명이 모두 '옥(玉)'자가 붙었다는 점이다. 그러나 그가 옥(玉)자를 붙였지만 방촌 황희의 덕업과 훈열에 미치지 못한다. 비록 화씨벽(和氏璧)이나 조승주(照乘珠)라 할지라도 그의 인품에 비하면 턱없이 모자란다. 또 이 서원에 배향한 황희(黃喜)·황맹헌(黃孟獻)·황효헌(黃孝獻)·전식(全湜)·황뉴(黃紐) 등도 고아한 인품과 아름다운 명망이 있는 옥과 같은 인물이다.

따라서 그가 이 서원의 부속 건물이나 서원 주변의 수석들이 모두 이 서원에 모신 인물들의 인품과 걸맞다는 것을 강조하고 있다. 이어서 그가 서원의 부속 건물이나 그 주변 대상에 이름을 붙인 이유를 서술하고 있다. 그 내용을 들어보면 다음과 같다.

강당(講堂)은 옥이 쌓여 있으면 산이 빛난다는 뜻에서 온휘당(蘊輝堂)이라 하였다. 동재(東齋)는 돌을 천만번 갈면 옥이 드러난다는 뜻에서 착로재(斲露齋), 서재(西齋)는 하품(下品)의 옥을 갈아 상품(上品)의 옥으로 만들어 낸다는 뜻에서 탁장재(琢章齋)라 하였다. 서원 정문은 재주 있는 인재를 길러 뒷날 쓰일 때를 기다린다는 뜻에서 회보문(懷寶門), 문루(門樓)는 글 읽는 소리[玉聲]가 멀리까지 오래 퍼져 나간다는 뜻에서 청월루(淸越樓)라 하였다. 문루의 왼쪽 방을 진밀료(縝密寮), 오른쪽 방을 윤택료(潤澤寮)라 하였는데 이 또한 옥에서 그 이름을 따왔다.

옥동의 산수(山水)에서 산봉우리의 이름이 본디 옥봉(玉峯)이고, 시내의 이름이 옥계(玉溪)이다. 산등성이는 신현강(神見岡), 그 나루는 방류도(方流渡), 물이 세차게 흐르는 개울은 장명탄(鏘鳴灘), 다리는 홍기교(虹氣橋)라 하였다. 냇가 모래톱은 사마정(沙磨汀), 언덕길은 석공오(石攻塢), 서원 앞

의 절벽은 산현벽(山玄壁), 바위는 수창암(水蒼巖), 들판은 개운평(開雲坪),
골짜기는 생연곡(生烟谷), 마을 이름은 비덕촌(比德村), 작은 암자는 밀리암
(密理庵)이라 하였다. 이 이름을 옥에서 따오지 않은 것이 없다.[20]

고 하였다. 먼저 그가 서원의 강당이나 재사(齋舍)에 이름을 붙인 내
용을 보면, 학문 수양의 과정과 결과를 말하고 있다. 이 과정을 한 마디
로 하면 절차탁마(切磋琢磨)이다. 『시경』 「기욱(淇奧)[21]」장을 보면 다
음과 같은 구절이 있다.

瞻彼淇奧 저 기수(淇水) 벼랑을 보니,
綠竹猗猗 푸른 대나무 야들야들하네.
有匪君子 문채(文彩) 나는 군자(君子)여,
如切如磋 잘라놓은 듯 다듬어 놓은 듯,
如琢如磨 쪼아놓은 듯 갈아놓은 듯해.
瑟兮僩兮 치밀하고 굳세며,
赫兮咺兮 빛나고 점잖으니,
有匪君子 문채나는 군자여,
終不可諼兮 끝내 잊을 수 없다네.

---

20) "故遂名其堂曰蘊輝, 取玉蘊山輝之義也. 齋之東者曰骿露, 取骿石露玉之義也.
西者曰琢章, 取追琢其章之義也. 門曰懷寶, 取藏器以待之義也. 樓曰淸越,
取玉聲淸越以長之義也. 樓之左室曰縝密寮, 右室曰潤澤寮, 亦取義於玉也.
又就洞之水石, 以峯之本號玉峯, 溪之本號玉溪. 名其岡曰神見, 名其渡曰方流,
名其灘曰□□鳴, 名其橋曰虹氣, 名其汀曰沙磨, 名其塢曰石攻. 壁則曰山玄,
巖則曰水蒼. 坪曰開雲, 谷曰生烟, 村曰比德, 庵曰密理, 無非所以取義於玉也." 鄭宗魯,
『立齋集』卷29, 「玉洞書院堂齋及水石命名記」).
21) 『詩經集傳』卷1, [衛風], 「淇奧」章.

위 시에서 우리가 주목하여야 할 구절은 유비군자(有匪君子)부터이다. 유비군자의 주체는 무공(武公)이다. 곧, 사람이 천부적인 자질을 지니고 있다는 것을 먼저 묘사하였다. 이를 달리 말하면 옥과 같은 사람이다. 학문과 자수(自修), 궁리(窮理)와 진성(盡誠) 공부를 병행하여야 한다.

이 시를 『대학』 전문(傳文)에서는, "여절여차(如切如磋)는 학문을 말한 것이요, 여탁여마(如琢如磨)는 자수(自修)를 말한 것이요, 슬혜한혜(瑟兮僩兮)는 마음으로 두려워함이요, 혁혜훤혜(赫兮咺兮)는 위의(威儀)요, 문채 나는 군자(君子)여 끝내 잊을 수 없다는 것은 성한 덕(德)과 지극한 선(善)을 백성들이 잊지 못함을 말한 것이다."고 하였다. 입재가 말한 온휘(蘊輝)는 옥이 묻혀 있는 산은 빛이 나듯이 자질을 지니고 태어난 사람을 의미한다.

착로(斲露)와 탁장(琢章)은 수련하는 과정이다. 곧, 옥 덩어리를 자르고 이를 쪼고 갈아서 문채가 나게 한다. 사람이 궁리와 진성 공부를 해나가서 한 사람의 안전한 인격체를 만든다. 이것이 진밀(縝密)과 윤택(潤澤)이다. 진밀(縝密)은 섬세하고 신중하여 빈틈이 없는 것을 가리키고, 윤택(潤澤)은 윤기(潤氣) 있게 빛나는 모습, 또는 사물이 넉넉한 것을 의미한다. 여기서 진밀과 윤택은 학문하는 과정과 결과를 의미한다. 곧, 공부하는 사람이 미사오지(微辭奧旨)를 하나하나 이해하고 이 이치를 마음속에서 깨달으면 몸이 빛이 나게 된다. 이는 사람의 마음속에 구슬을 품고 있는 것과 같다. 이것이 회보(懷寶)이다.

학문이 무르익고 인격이 고매(高邁)하면 그 소문이 마치 옥소리[玉音]이 울리듯 멀리까지 퍼져나가게 된다. 이것이 바로 청월(淸越)이다.

이 청월한 사람은 학문과 인격을 갖춘 완전한 인간이다. 입재(立齋)가
이에 부연하여 서원의 유생들에게 당부하고 있다. 그 내용을 들어보면
다음과 같다.

> 명명(命名)을 다 하고 나서 또 내가 한 마디 하기를, "무릇 우리 서원의 유생
> 들이 명명한 이름을 보고 그 뜻을 생각하여야 한다. 온휘당에 오르는 사람
> 은 옛날 군자들의 덕이 있는 모습[睟面盎背][22]을 생각하여 이를 통해서 마
> 음속에 인의예의 뿌리를 심어야 한다. 착로재와 탁장재에 머무는 사람들은
> 골똘히 생각하여 사물의 심오하고 은미한 곳을 깊이 연구해서[極深研幾]
> 반드시 그 이치를 깨닫게 하여, 마치 만 겹의 돌을 깎아서 좋은 옥을 얻은 뒤
> 에 그만두는 것과 같이 하여야 한다. 스스로의 수신(修身)하는 공은 자기 자
> 신을 깊이 반성하여 나쁜 점을 통렬히 없애 버려 만 일(鎰)의 옥을 쪼아서 아
> 름다운 그릇을 만들 듯 그 착한 본성을 회복하여야 한다.[23]
>
> 선현들의 아름다운 법도를 추앙하여 진실로 이와 같이 실천할 줄 안다면, 이
> 런 사람이 참으로 보배를 지닌 사람이니 이 보배가 마음속에 쌓여 행동으로
> 드러나게 된다. 이렇게 하면 윤택(潤澤)하고 치밀(緻密)하게 되어 마침내 발
> 양(發揚) 동탕(動盪)하여 밝게 비치지 않은 것이 없다. 따라서 그 소리가 맑
> 으면서도 멀리까지 퍼져나가는 것이 또한 이 옥(玉)과 같다. 이로부터 삼현

---

22) 수면앙배(睟面盎背)는 덕 있는 사람의 자태를 말한다. 『맹자』「진심(盡心)」 상편에 "군자는
    타고난 본성인 인의예지의 덕이 마음에 뿌리박혀 있어서 그 드러나는 빛이 맑고 윤택하게
    얼굴에 나타나고 넉넉하며 두텁게 등에 나타난다[君子所性, 仁義禮智根於心, 其生色也,
    睟然見於面, 盎於背]."고 하였다.
23) "名旣訖, 又爲之一言曰, 凡我玉院之儒, 必須顧名思義. 升蘊輝之堂,
    則想古君子所以睟面盎背者, 由其有仁義禮智之根於心也. 居斲露與琢章之齋,
    則使致思之工, 極深研幾, 必得其理, 有若斲萬重之石而得良玉乃已. 自修之工,
    猛省痛鋤, 必復其善, 有若琢萬鎰之玉而成美器乃已." 鄭宗魯, 『立齋集』卷29,
    「玉洞書院堂齋及水石命名記」.

(三賢)의 자취를 따르고, 또 이로부터 선생의 경륜을 쌓아서 때에 맞게 쓰이기 바라는 것이 어찌 화씨벽(和氏璧) 뿐이겠는가? 옥동의 여러 경관 모습이 비록 한결 같지 않으나 요점은 모두 옥의 의미를 벗어나지 않는다. 발 닿는 곳마다 기이한 경관을 마주칠 때에 절차탁마하여 옥을 몸에 찰 생각을 한다면, 이는 형옥(珩玉)과 황옥(璜玉)이 서로 부딪치고 궁조(宮調)와 우조(羽調)의 소리가 다투어 울려 일상생활을 하는 동안 사람들에게 그릇되고 나쁜 마음이 들어오지 못하게 하는 것과 같다.[24]

바라건대, 이 옥동에 들어오는 사람은 수석을 등한시 하지 말고 한결 같이 옥으로 본다면 처음 눈에 들어오고 귀에 들리며 몸이 있는 곳이 또한 옥처럼 될 것이다. 따라서 마침내 내 마음이 나도 모르는 사이에 한 조각 옥과 같이 되어 마음이 확 트여 옥 같은 행동하지 않음이 없어 반드시 한 사람의 옥인(玉人)이 될 것이다. 옛날에 옥인이라 하던 사람을 내가 옥동(玉洞)에서 볼 것이니 그대들은 어떻게 생각하시는가?"[25] 하니, 모두 다 "옳습니다!" 라고 하였다. 마침내 시를 잘 짓는 사람과 같이 이름을 붙인 여러 곳을 찾아다니며 각각 오언 또는 칠언시를 지어 후세 사람들이 보도록 하였다.[26]

---

24) "其仰先哲之徽範而眞知實踐也如是, 則是眞爲懷寶之人, 而積於中形於外者, 寔能潤澤而縝密, 終至於發越動盪, 無所不輝映, 而其聲之淸越以長, 亦一玉而已矣. 由是而追三賢之踵武, 又由是而蘊先生之經綸, 以待夫時之用者, 豈特如和氏璧已哉. 若夫洞之諸景, 其爲狀雖不一, 而要皆不離於玉. 隨處獻奇, 觸境呈異者, 動有以起琢磨之思, 寓結佩之懷, 便同珩璜相觸, 宮羽爭鳴, 而禁人非僻之心於顧眄俯仰之際." 鄭宗魯, 『立齋集』 卷29, 「玉洞書院堂齋及水石命名記」).

25) 吾願入此洞者, 其無以等閒水石視之, 而一以玉視之, 則其始目之所接玉也, 耳之所聆玉也, 身之所處亦玉也. 至於其終, 吾之心亦不覺居然爲一片玉, 表裏瑩然, 擧四體無非是玉之成, 而眞箇爲玉人也必矣. 古所謂玉人, 吾將於玉洞而見之, 諸君以爲何如. 鄭宗魯, 『立齋集』 卷29, 「玉洞書院堂齋及水石命名記」.

26) "僉曰可矣. 遂與諸能詩者, 就諸所名而各賦五七言, 以爲後觀焉." 鄭宗魯, 『立齋集』 卷29, 「玉洞書院堂齋及水石命名記」.

첫째 마음속에 인의예의 뿌리를 심는 일이다.

둘째 골똘히 생각하여 사물의 심오하고 은미한 곳을 깊이 연구해서 [極深硏幾] 반드시 그 이치를 깨닫는 것이다.

셋째 선현들의 아름다운 법도를 추앙하여 실천할 줄 알아야 한다는 것이다. 넷째 일상생활을 하는 동안 사람들에게 그릇되고 나쁜 마음이 들어오지 못하게 하여야 한다. 다섯째 자신의 마음이 자신도 모르는 사이에 옥 같이 되어 마음이 확 트여 옥 같이 행동하여 세상에서 옥처럼 귀한 사람이 되는 것이다. 이러한 것들이 그가 서원의 유생들에게 바라는 희망이다.

입재(立齋)가 「옥동서원 강당과 서재 및 수석 명명기(玉洞書院堂齋 及水石命名記)」에서 언급한 것 가운데 청월루 왼쪽의 진밀료(縝密寮)와 오른쪽의 윤택료(潤澤寮)에 대하여 읊은 시는 없다. 그가 읊은 시의 제목을 차례로 들어보면 다음과 같다.

①온휘당(蘊輝堂), ②착로재(斲露齋), ③ 탁장재(琢章齋), ④청월루(淸越樓), ⑤회보문(懷寶門),이상 7언율시, ⑥옥봉(玉峯) 이하 5언절구, ⑦옥계(玉溪) ⑧신현강(神見岡), ⑨ 방류도(方流渡), ⑩장명탄(將鳴灘), ⑪홍기교(虹氣橋), ⑫사마정(沙磨汀), ⑬석공오(石功塢), ⑭산현벽(山玄壁), ⑮수창암(水蒼巖), ⑯개운평(開雲坪), ⑰생연곡(生煙谷), ⑱비덕촌(比德村), ⑲밀리암(密理庵)

①에서 ⑤까지는 칠언 8구를 기본으로 하고 있다. ⑥에서 ⑲까지는 오언절구로 되어 있다. ①에서 ⑤까지의 시는 옥동서원 경내에 있는 건

축물에 대한 묘사이고, 그 나머지는 서원 주변의 사물에 대한 묘사이다. 그가 ①에서 ⑤까지를 더 중요하게 생각하였다는 사실을 그가 지은 시를 통하여 알 수 있다. 그의 시 가운데 네 번째인 「청월루(淸越樓)27)」를 들어보면 다음과 같다.

清越樓 清越樓	청월루여 청월루여!
樓上兩齋相對越	누각 위 두 재실 마주보며 서로 대하네.
道明德立氣象別	도가 밝고 덕이 확립되어 기상이 남달라
表裏河澈如冰月	겉과 속이 맑고도 맑아 빙호추월 같구나.
左名潤澤右縝密	동쪽은 윤택 서쪽은 진밀료라 이름하나,
隨處玉理元是一	어디서든 옥의 이치는 본디 하나였다네.
君不見	그대는 모르는가?
八音奏處玉音奏	팔음이 연주되는 곳에 옥음이 울리나니,
琅然直與金始卒	낭랑히 곧바로 금성옥진(金聲玉振)한다네.

입재가 글 읽는 소리[玉聲]가 멀리까지 오래 퍼져 나간다는 뜻에서 청월루(淸越樓)라 하였다 한다. 청(淸)은 맑은 소리요, 월(越)은 그 소리가 멀리 퍼져나간다는 뜻이다.

먼저 자아가 같은 말을 반복하여 독자들의 주의를 환기시키고 있다. 청월루라는 말의 반복으로 청월루의 중요성을 강조한다. 곧, 자아가 독자로 하여금 청월의 의미가 무엇인지를 생각하게 한다. 또 청월루 안에

---

27) 鄭宗魯, 『立齋集』 卷4, [玉洞題詠]19首(『韓國文集叢刊』 253, 89쪽).

있는 두 재실이 있다는 것도 독자들에게 알려주고 있다.

둘째 연에 가면 청월의 의미가 무엇인지를 자아 스스로 알려주고 있다. 그것은 바로 도명덕립(道明德立)이다. 이 말은 『맹자집주』[28]에 나온다. 도덕이 확립되어 그 기상이 남다른 것이다. 도덕이 확립되면 마음과 행동이 바르게 된다. 마음과 행동이 바르면 빙호추월(氷壺秋月)처럼 깨끗하게 된다. 빙호추월은 얼음으로 된 호로병에 맑은 가을 달이 담긴다는 뜻이다. 이는 곧 고결한 인품을 꾸민 말이다. 등적(鄧迪)이 주자(朱子)의 스승 연평(延平) 이통(李侗)의 인품을 말하면서 "마치 빙호추월과 같아 티 없이 맑고 깨끗하니 우리들이 미칠 수 없다."[29]고 하였다. 이 둘째 연의 핵심어가 도명덕립(道明德立)과 빙호추월(氷壺秋月)이다.

셋째 연에 가면 청월루 안에 있는 윤택료(潤澤寮)와 진밀료(縝密寮)도 옥에서 따왔다는 것을 강조하고 있다. 이에 대한 논의는 이미 위에서 하였기 때문에 부연하지 않는다. 자아가 셋째 연까지 자신의 생각을 독자들에게 말하고 있다. 첫째 연에서 청월루라는 말을 반복하여 독자들의 주의를 환기시켰듯이, 넷째 연이 시작하기 전에 고시(古詩)나 고가(古歌)에 많이 나오는 '그대는 모르는가[君不見]'라는 말을 써서 다시 독자들의 주의를 환기시킨다. 자아가 독자들에게 주의를 환기

---

28) 『맹자(孟子)』 「공손추(公孫丑)」 상편(上篇)」 집주(集註) 에, "사십 세는 한창 강하여 처음 벼슬할 나이이니, 군자의 도가 밝아지고 덕이 성취되는 때이다. 공자가 사십 세에 의혹하지 않은 것도 부동심을 말한 것이다[四十彊仕, 君子道明德立之時. 孔子四十而不惑, 亦不動心之謂]."라고 하였다.

29) "願中如冰壺秋月, 瑩徹無瑕,非吾曹所及." 『宋史』, 「李侗傳」. 朱熹, 『朱子大全』 卷87, 「祭延平李先生文」.

시키는 말은 옥음(玉音), 곧 금성옥진(金聲玉振)이다. 금성옥진은 팔음(八音)을 합주(合奏)할 때 먼저 종(鍾)을 쳐서 그 소리를 시작하고, 마지막에 경(磬)을 쳐서 그 운(韻)을 거두어 주악(奏樂)을 끝낸다는 뜻이다. 이는 사람이 지혜(智慧)와 덕(德)을 갖추어 성인의 경지에 이르는 것을 비유한 말이다.[30] 이를 다른 말로 하면 인격과 학문이 완성되었다는 뜻이다. 이것이 바로 자아가 바라는 희망이다. 자아가 이 청월루에서 공부하는 사람들은 인격과 학문이 완성되기를 바라고 있다.

입재 자신이 청월루 뿐만 아니라 백화서원 안팎의 건물이나 수석에 대하여 명명(命名)하였다. 이 때문에 그의 생각이 남들과 달랐다. 특히 그는 청월루에 많은 의미를 부여하고 있다.

4) 백하(白下) 황반로(黃磻老)와 「옥동서원에 붙여 읊음(玉洞書院題詠)」

백하(白下) 황반로(黃磻老: 1766~1840)도 스승인 입재 정종로에 이어, 「옥동서원에 붙여 읊음(玉洞書院題詠)[31]」으로 19수(首)를 지었다. 「옥동서원 제영」 19제(題)는 입재가 지은 19수와 같다.[32] 그의 「옥동서원 제영」 가운데 4번째인 「청월루(淸越樓)[33]」시를 들어보면 다음과 같다.

---

30) "孔子之謂集大成. 集大成也者, 金聲而玉振之也. 金聲也者, 始條理也, 玉振之也者, 終條理也. 始條理者, 智之事也, 終條理者, 聖之事也." 「孟子」, 「萬章」下篇.
31) 黃磻老, 『白下集』卷1.
32) 金子祥, 앞의 책, 221~224쪽 참조.
33) 黃磻老, 『白下集』卷1.

琮琤萬壑盡鳴球　골짜기마다 쟁글쟁글 옥소리 울리니,
一一輪來淸越樓　하나하나 이 청월루에 실어 왔다네.
是處將看條理竟　이곳에서 장차 조리의 끝을 보리니,
大成元在玉音收　큰 성공은 본디 옥음 거두는 데 있네.

　앞의 입재의 시가 칠언고시의 형식을 취한 반면, 백하의 시는 그 형식이 칠언절구이다. 이 시 역시 앞의 입재의 시와 의미가 서로 통한다. 기구(起句)와 승구(承句)는 자연과 인간의 화합이다. 기구의 옥 소리[玉音]는 시냇물이 흐르는 소리이다. 승구의 옥 소리는 글을 읽는 소리, 또는 스승 또는 훌륭한 분이 강론(講論)하는 소리이다. 자연의 소리와 인간의 소리가 서로 조화하고 있다. 자연과 인간이 투쟁하는 것이 아니라 서로 화합하고 있다.

　전구(轉句)와 결구(結句)는 위의 입재의 시 미연(尾聯)과 그 의미가 같다. 금성옥진 가운데 옥진(玉振)이다. 이것이 자아의 희망사항이다. 지혜와 덕을 갖추어 성인의 경지에 이르는 사람이 청월루에서 공부하는 사람 가운데 나오기를 자아가 바라고 있다.

　백하(白下)는 본관이 장수(長水)로 이 청월루가 있는 경상도 상주(尙州) 중모현(中牟縣) 출신이다. 방촌(厖村) 황희(黃喜)의 후손으로 성리학자 입재(立齋) 정종로(鄭宗魯)의 문하에서 수학하여 정통 성리학의 연원을 이어받았으며, 시문(詩文)과 필법(筆法)에도 뛰어났다. 1789년(정조 13) 식년시 생원 2등 14위로 합격하였으나, 진사시에 합격한 뒤 부모상을 당하자 더 이상 관직에 뜻을 두지 않고 학문 연마에 전념하였다. 그와 교유한 인물로 강세규(姜世揆)·강세륜(姜世綸)·강세백(姜

世白)·강봉흠(姜鳳欽)·유심춘(柳尋春)·이경유(李敬儒)·이승배(李升培)·조승수(趙承洙) 등이다. 때때로 이들과 시사(詩社)를 결성하여 명승지를 찾아다니며 시문(詩文)을 지었다. 유고로 『백하선생문집(白下先生文集)』이 있고 이 시는 문집 제1권에 실려 있다.

백하는 「옥동서원 제영」19제를 비롯하여 옥동서원에서 강론을 마치고 참석자 8명이 차례로 두 번에 걸쳐 시를 지었다. 그 시의 제목이 「옥동서원에서 강의가 끝난 뒤 연구 시를 지음(玉洞院講罷後聯句)[34]」이다.

8명은 지원(芝園) 강세륜(姜世綸: 1761~1842)[35], 긍암(兢菴) 강세규(姜世規: 1762~1833)[36], 강고(江皐) 류심춘(柳尋春: 1762~1834)[37], 백하 황반로, 수계(修溪) 이승배(李承培: 1768~1834)[38], 치와(恥窩) 황헌로(黃獻老: 1777~1837)[39], 졸은(拙隱) 황이현(黃履鉉:

34) 黃磻老, 『白下集』卷2.
35) 강세륜(姜世綸): 1761~1842, 본관은 진주(晉州). 자는 문거(文擧), 호가 지원(芝園)·지포(芝圃)이다. 1783년(정조 7) 증광 문과에 급제한 사간원 대사간(司諫院大司諫), 병조참판(兵曹參判) 등을 역임하였다. 1802년(순조 2) 영남 남인을 물리치기 위한 소(疏)를 올리기도 하였다. 저서로 『북정록(北征錄)』이 있다.
36) 강세규(姜世規): 1762~1833, 본관은 진주(晉州). 자는 공서(公敍), 호가 긍암(兢菴)으로 정종로의 문하에서 수학하였다. 1787년(정조 11) 승문원을 거쳐 조경묘(肇慶廟)의 별검(別檢)에 제수되었고, 경상도도사 등을 거쳐 1793년에 아버지의 상을 당하여 벼슬에서 물러났다가 1797년에 지평·정언·기주관(記注官)에 임명되었다. 저서로는 『긍암집』 6권 3책이 있다.
37) 류심춘(柳尋春): 1762~1834, 본관은 풍산(豊山), 자는 상원(象遠), 호가 강고(江皐)이다. 학행으로 천거되어 세자익위(世子翊衛)를 지냈다. 평소에 『주자대전(朱子大全)』을 탐독하여 성리학에 조예가 깊었으며 시문에도 능하였다. 입재의 문인으로 학문과 행의가 당대의 사표(師表)였다.
38) 이승배(李承培): 1768~1834, 본관은 흥양(興陽), 자는 대언(大彦), 호가 수계(修溪)이다. 1792년(정조 16)에 진사에 합격하였고, 입재 정종로의 문인으로 징종로의 행장(行狀)과 만사(輓詞)를 지었다. 강세백(姜世白)·강세륜(姜世綸)·정상리(鄭象履) 등과 교유하였다. 『수계문집(修溪文集)』 10권 5책이 있다.
39) 황헌로(黃獻老): 1777~1837, 자는 징가(徵可), 호가 치와(恥窩)로 반간의 8세손(世孫)이며, 복희(復熙)의 아들이다. 문길(文吉) 황인로(黃麟老)와 3종간이다. 문사가 첨박(瞻博)하고 일고(逸稿)가 있다. (『장수황씨세보』 제3편, 「축옹파」 제7편 안평파).

1778~1831)[40], 우평(雨坪) 황인로(黃麟老: 1785~1830)[41]이다.[42] 이

40) 황이현(黃履鉉): 1778~1831, 자는 조원(調元), 호가 졸은(拙隱)이다. 반간의 8세손으로, 심기당(審幾堂) 계희(啓熙)의 손자이고, 회와(懷窩) 황신로(黃藎老)의 아들이며, 백하(白下) 황반로의 조카이다. 징가(徵可), 문길(文吉)과는 6종 숙질간이다. 정조 16년에 진사에 합격하였고, 입재 정종로의 문인이다.『졸은집(拙隱集)』이 있다. (『장수황씨세보』 제3편, 「축옹파」 제7편 안평파).

41) 황인로(黃麟老): 1785~1830, 자는 문길(文吉), 호가 우평(雨坪)이며, 삼사당(三事堂) 경희(敬熙)의 계자(系子)이다. 생부(生父)는 축옹의 아우인 신(紳)의 7세손 택희(宅熙)이다. 징가(徵可) 황헌로(黃獻老)와는 3종간이다. 입재 정종로의 문인으로, 문장과 행의가 출중하였으며, 일고(逸稿)가 있다. (『장수황씨세보』 제3편, 「축옹파」 제7편 안평파, 『장계세고(長溪世稿)』 권4) 황인로는 숙옹(叔顒) 정상관(鄭象觀), 계호(啓好) 강세은(姜世誾)과 함께 당대 상주의 3문장가로 불렸다.

42) 연구시의 내용을 들어보면 다음과 같다.
吾遊不負艶陽時 우리의 놀이 따뜻한 봄 어기지 않으니,
江外輕車又惠綏 강 밖의 가벼운 수레 또한 은혜롭다네. 지원(芝園)
强策羸驢尋遠堼 지팡이 짚고 여윈 나귀 타고 먼 곳 와,
願從諸友奉良規 벗들 따라 양규(良規) 받들기 바란다네. 긍암(兢庵)
百年古事今能續 백 년을 이어온 일 지금도 계속하나니,
千聖微言孰更窺 천 성(千聖)의 작은 말 누가 다시 보리. 강고(江皐)
躋陟似山宜分寸 산 같은 오르막길 올라 분촌을 다투니,
合離如月易盈虧 모이고 헤어짐이 달이 차고 기울 듯 해. 백하(白下)
浸薰德義同三達 덕의에 푹 젖으니 삼달(三達)이 같고,
曠朗襟期豁四達 회포가 넓고 밝으니 사방 길 넓게 열려. 수계(修溪)
槐杏遺風摛鳳藻 괴행(槐杏) 유풍 훌륭한 문장에 펴지고,
兔瓠餘意供鳧葵 토호의 속뜻은 순채로 공수(供需)한다네. 징가(徵可)
殷周膠序東南盡 은·주의 학교에는 동남 사람 다 모였고,
鄒魯歌絃少長隨 추로의 독송에 소장(少長)이 모두 따라.조원(調元)
天地三光笙什奏 천지의 삼광(三光)을 생황으로 연주하고,
江山九曲蕙纕垂 아홉 구비 강산에는 난초 띠를 드리웠네. 문길(文吉)
庭花媚客薰爲酒 뜰에 핀 꽃 아름다워 담그니 술이 되고,
峯黛迎人晩捲帷 푸른 봉우리 사람 맞아 늦게 휘장 걷네.지원(芝園)
三丈周旋多士會 세 어른이 주선하여 많은 선비가 모이니,
一邱邁軸碩人遺 한 언덕의 뛰어난 시축 석인이 남겼다네. 긍암(兢庵)
苾芬盛禮欽無盡 향기로운 성례(盛禮) 공경이 끝이 없으니,
笫屜當時恨莫追 살아계실 당시 따르지 못한 것 한스러워.강고(江皐)
紅蓼寒盟鷗夢渚 어려워도 변치 말자는 맹서 갈매기의 꿈,
碧梧春色鳳鳴岐 벽오동 핀 봄날엔 봉황이 기산에서 우네.백하(白下)
詩書講說湖州制 시서를 강설(講說)함은 호주의 제도이고,
圖畵風流洛社耆 도서 풍류는 낙사(洛社) 기로회(耆老會)네. 수계(修溪)
玉燭乾坤瞻北極 옥 촛불 밝힌 세상에서 북두성 쳐다보고,
春臺日月頌南离 봄에 누대에 올라 남리(南离)를 칭송하네.징가(徵可)
高筵嶽峙霞盈袂 고아한 자리 산 노을이 옷깃에 가득하고,
一枕泉通雨洽犁 일개 밑 흐르는 냇물 비가 농사에 흡족해. 조원(調元)
上洛文明儀紫鳳 상산의 문명 붉은 봉황의 의범(儀範)이니,
前林物色韻黃鸝 앞 숲의 경치에 꾀꼬리 소리가 운치 있네. 문길(文吉) (黃麟老,『白下集』卷2)

들은 18세기 말에서 19세기 초반까지 살다 간 분들로 당시 상주를 대표하는 선비들이었다. 한 지방의 선비[鄕賢]이면서 나라의 선비[國賢]이기도 하였다.

입재(立齋)와 백하(白下)는 청월루에서 그냥 시를 읊은 것이 아니라 청월루에 의미를 부여하였고, 또 그 의미에 맞는 인재가 배출되기를 바라고 있다. 이는 입재가 직접 청월루라 명명하였고, 백하가 그 뒤를 이었다. 그만큼 이 두 사람은 청월루에 애착이 많았다.

5) 장원(藏園) 황원선(黃源善)과 「집 근처 경치 좋은 열 곳을 읊음(詠家近十景)」

화재(華齋), 또는 백화재(白華齋) 황익재(黃翼再: 1682~1747)의 5세 손인 장원(藏園) 황원선(黃源善: 1798~1873)[43]이 자신의 시 「집 근처 경치 좋은 열 곳을 읊음(詠家近十景)」 가운데 옥동서원의 청월루를 읊은 시가 있다. 집 주위의 10경(景)을 지었는데, 이들 시는 백화산 일대의 유적지를 읊은 것이다. 장원이 10경을 지은 시를 차례대로 기록하면: 1경은 용문사(龍門寺)이고, 2경은 보문암(普門庵), 3경은 진불암(眞佛庵), 4경은 환수암(喚睡庵), 5경은 청월루, 6경은 반야사(般若寺), 7경은 만경대(萬景臺), 8경은 오도령(吾道嶺, 오도고개·오도

---

43) 황원선(黃源善): 1798~1873, 자는 진무(進懋)이고 호가 장원(藏園)이며 본관은 장수(長水)이다. 그는 입재 정종로의 외손자로 어려서부터 입재 정종로에게 밑에서 수학하였다. 그가 장성(長成)하여는 장인인 성재(誠齋) 남한호(南漢皓)의 문하에서 공부하여 훈도(薰陶)를 받음이 더욱 지극하였다. 집안의 가까운 친척인 정재(正齋) 황신로(黃莘老), 백하 황반로, 우평 황인로 등과 학문을 연마하였다. 문집으로 1960년 황원선의 현손인 황탁연(黃卓淵)이 편집·간행한 『장원유고(藏園遺稿)』가 있다.

치), 9경은 비덕촌(比德村)이고: 10경은 풍호정(風乎亭)이다. 5경에 읊은 「청월루(清越樓)」 시는 다음과 같다.

有峰名以玉　봉우리 있어 그 이름 옥봉이니,

應見昆岡來　아마도 곤륜산에서 왔나 보네.

其下栗然立　그 아래 위엄 있게 서 있으니,

上遊占得嵬　상유가 높은 곳에 자리 잡았나.

　장원(藏園)이 읊은 이 시는 제목에서 알 수 있듯이 그가 살고 있는 집 근처 경치 좋은 곳 열 곳을 읊은 가운데 청월루가 그 한 부분이다. 기구와 승구에서는, 자아가 살고 있는 곳의 옥봉과 중국의 곤륜산을 연결하고 있다. 옥봉은 옥 같이 생긴 봉우리, 또는 옥처럼 빛나는 봉우리이다. 곤륜산은 옥을 저장하고 있는 산이다. 옥봉이 겉으로 드러났다면, 곤륜산은 그렇지 않다. 이는 곧 훌륭한 인재가 많이 배출된 곳이 옥봉 아래요, 아직 배출되지 않은 곳이 곤륜산이라는 등식과 같다.

　전구와 결구에서는, 옥봉의 위엄과 그곳에 자리 잡은 상유(上遊)이다. 기구의 옥봉이나 결구의 상유는 자연과 인간의 최상위 수준이다. 자아가 옥봉처럼 위대한 인물이 나오기 바라고 있다. 자아가 단순히 그의 눈에 보이는 경물(景物)을 묘사한 것이 아니라 경물을 통하여 자아의 희망을 읊고 있다. 그만큼 시속에 깊은 의미를 함축하고 있다.

6) 녹차(綠此) 황오(黃五)의 「중산 노래(中山行)」와 「청월루(清越樓)」 시

　뛰어난 문장력으로 김정희(金正喜: 1786~1856), 조두순(趙斗淳:

1796~1870), 김병연(金炳淵: 1807~1863), 김병학(金炳學: 1821~
1879), 신석우(申錫愚: 1805~1865), 박규수(朴珪壽: 1807~1877],
조재응(趙在應: 1803~?) 등 당대 사대부들과 많은 교분을 쌓았던 조
선 말기 천재 시인이었던 녹차(綠此) 황오(黃五: 1816~?)가 「중산 노
래(中山行)⁴⁴⁾」 36연 72구와 「청월루에서 낭사 시려와 함께(淸越樓同

44) 그의 유명한 「중산 노래(中山行)」 를 들어보면 다음과 같다.
中山尙州之屬縣　　중산[中牟]이라는 곳은 상주 속현인데,
縣人黃五作其行　　현 사람 황오(黃五)가 그 노래를 짓네.
海上伊所刀良縣　　해상이소(海上伊所) 도량현(刀良縣)으로,
羅代麗時總殊名　　신라와 고려 때에 이름이 모두 달랐네.
錦水西流出黃澗　　금수는 서쪽의 황간으로 흘러나가고,
白華逶迤中野平　　백화산 구불구불 중모(中牟) 들 평평해.
洞處雲夢入輿誌　　동정호 운몽루가 이곳 지리지에 들어서,
華人若聞喀喀驚　　중국 사람 이 소리 들으면 깜짝 놀라리.
獻壽峯前玉洞院　　헌수봉(獻壽峯) 앞 옥동서원(玉洞書院),
春秋一祀黃先生　　봄가을 한 번씩 황선생[黃喜]께 향사해.
先生雲仍四百歲　　선생 자손들 사백 년이 흘러 지났지만,
林中猶有讀書聲　　숲속에선 아직도 책 읽는 소리 들리네.
崔監司墟夕嘶蚍　　최감사 옛 집터엔 저녁 귀뚜라미 울고,
金將軍墓春哭鶯　　김장군 묘에선 봄에 꾀꼬리 곡 한다네.
土風右農左工商　　토속은 농사 위주 공상(工商)도 간간이,
憲長讀法于王正　　헌장(憲長)의 교육법도 엄정(嚴正)하네.
十千甫田平如掌　　올망졸망한 밭은 그 너비 손바닥만 해,
春水無骨亂蛙鳴　　봄 냇물 흐르고 개구리 어지러이 울어.
李朴疊升李朴桑　　이 집 저 집 누에 올리고 뽕을 따더니,
黃繭栗栗滿蘆籚　　밤알만한 누에고치 그릇마다 그득하네.
白牛落只燊位良　　백우 낙지 오위량(燊位良) 같은 벌들에,
紅頭稻熟石石盈　　고개 숙인 익은 벼가 주렁주렁 맺혔네.
靑山別棗孝谷柿　　청산의 별 난 대추와 효곡(孝谷)의 감,
爛雜荳田秋光明　　콩밭에 섞여 익어 가을 풍경 더욱 밝네.
洛東細醢江景鹽　　낙동강의 젓갈과 강경(江景)의 소금을,
板溪大道遠商征　　판계의 큰길을 따라 멀리 장사해 오네.
五店瓦瓮積邱陵　　오점(五店)엔 옹기가 산더미같이 쌓였고,
戶主陶窟高於鯨　　집주인 도자기굴은 고래등보다도 높네.
龜七賣肉中牟市　　백정[龜七]이 중모장에 고기 내다 파니,
冬天價高揷餠羮　　겨울엔 떡국이나 국밥 값보다 비싸다네.
門前卽捕錦鱗魚　　문 바로 앞에서 물고기를 바로 잡으니,
大綱雲蔽女妓泓　　큰 그물 펼쳐 거두는 여기소(女妓沼)네.

華庠新會參老少	백화서당 신년 모임에 노소가 참석하여,
白飯雪色肥狗烹	눈빛 같은 쌀밥에 기름진 개장국 먹네.
寶門山中南草綠	보문산(寶門山)에는 담배 푸르게 자라,
居人本自虎狼輕	이곳 주민들 본디 호랑이 겁 안 낸다네.
頭逆僧淸念佛喉	두역사[龍門寺] 중 청아하게 염불하다,
白米一斗朱盤擎	백미(白米) 한 말로 밥을 지어 바치네.
貧士囊澁一葉錢	가난한 선비 주머니엔 엽전 한 닢 없어,
春結冬還杳無程	봄엔 겨우 모았다가 겨울이면 막연하네.
一生不識耒耜鋤	평생토록 농사일은 할 줄도 모르면서도,
坐思玉食銀鉢盛	기름진 밥 은 사발에 가득하기만 바라.
不顧兒嘷與妻嗔	우는 아이 성내는 아내는 돌보지 않고,
却向窓前周易評	문득 창 앞에 앉아 세상 이치나 따져.
商州將吏猛如虎	상주의 관리들은 사납기가 호랑이 같아,
臂塗朱墨柴門橫	관리들 벽제할 때는 사립문 닫거네.
一聲咆哮村色寒	한바탕 호통소리에 촌백성 벌벌 떨고,
迂闊生員雙眼瞪	세상일 어두운 생원 눈만 휘둥글었네.
國穀王稅天下難	나라 환곡 세금 조달하기 가장 어려워,
前年已賣折足鐺	지난 해 이미 발 부러진 솥까지 팔아.
富家蓄積眞畵餠	부잣집 쌓인 곡식 진짜 그림의 떡이요,
百計莫塞無底坑	온갖 생각해도 막힌 살림 밑 없는 독.
一金視如夜光珠	한 닢의 돈 보기를 야광주 보듯 하여,
當場血氣楚漢爭	돈 있는 곳엔 사람들 초한이 전쟁하듯.
是時五也蟄舫室	이런 때 황오는 쌍뱃집에서 칩거하며,
曠念徘徊極樂城	생각은 아득히 극락성을 어슬렁거리네.
焉得皐夔禹稷契	어찌하면 요순(堯舜)시대 명신들 찾아,
置我堯舜君之京	요순 같은 우리 임금 계신 서울에 두리.
周召作伯宣化柄	주소같은 명신에 벼슬 주어 선정 펴며,
龔黃出宰持政衡	공황같은 이 재상 삼아 정치 맡기면,
熙熙也復嗥嗥合	화목한 가운데 다시 기꺼이 마음 합쳐,
居居者亦于于幷	친하지 않은 이도 만족스레 어울리네.
友與孟嘗論之懷	맹상군 같이 벗을 사겨 정치 의논하고,
隣有猗頓通其情	의돈(猗頓)같은 이웃 사겨 정을 나누리.
孔子東行到朝鮮	공자도(孔子道) 동으로 조선에 이르러,
三千弟子升彼黌	삼천 제자는 저 학당(學堂)에 올랐네.
戶絃家誦長不絶	집집마다 글 읽는 소리 끊일 날 없어,
六藝作筐五典笙	육예는 광주리 되고 오전은 생황되리.
千歲去不皺一眉	천 년 가도 눈썹 찡그릴 걱정이 없고,
萬古未聽倭胡兵	만고에 왜놈이나 되놈도 이르지 않아.
目見中山化康衢	눈 앞 중산(中山)에 태평한 시절 와서,
家家惟有擊壤氓	집집마다 격양가 부르는 백성 있으리. (黃五, 『黃綠此集』卷1).

浪士是廬)[45]」라는 오언율시를 지었다. 이 시에 앞서 시려(是廬) 황난선 (黃蘭善)은 「일가인 한안(漢案)[46] 황오(黃五)와 청월루에 올라(與族 人漢案五登淸越樓)[47]」라는 시를 지었다. 시려의 시를 들어보면 다음 과 같다.

喬木千年社	높은 나무 천년동안 사직 지키고,
嘉禾七月時	벼 이삭은 7월이라 익어만 가네.
溪山餘宿債	계곡과 산에 묵은 빚 남아 있어,
天地入吟髭	천지의 시 읊는 늙은이 들어왔네.
石蟹秋登浦	가재는 가을이라 물가로 오르고,
風蟬夕起枝	석양에 매미 소리 가지에서 들려.
拏舟東出興	배 저어 동으로 가니 흥이 일어,
留與菊花期	다시금 국화 필 때를 기약한다네.

한안(漢安)은 황오(黃五)의 다른 호이다. 녹차(綠此)역시 장수(長 水) 황씨이다. 그가 경상도 함양에서 태어났으나, 그의 아버지를 따라

---

45) 黃五, 『黃綠此集』 卷1. 原註에, "낭사는 일가인 만선, 시려는 난선이다[族人萬善蘭善]"라 하고 있다.

46) 한안(漢案)은 녹차 황오의 다른 호이다. 황오(黃五: 1816~?)의 자는 사언(四彦), 호가 녹차 (綠此)·녹차거사(綠此居士)·한안(漢案)·동해초이(東海樵夷)·녹일(綠一)이다. 조선 후기인 1816년(순조 16)에 함양군 지곡면 공배리에서 태어났다. 본관은 장수(長水)이다. 어머니는 영일정씨(迎日鄭氏)로, 정추희(鄭楅熙)의 딸이다. 황오에 대한 기록이 남아 있지 않아 정확한 행적은 알 수 없다. 다만 황오가 저술한 『황녹차집(黃綠此集)』에서 "10대에 사서를 외우고 20대에 한양에 올라와 벼슬에 뜻을 두었으나 이루지 못하고 30대에 명산대천을 유람하고 48세 되던 해 집으로 돌아왔다."라는 내용으로 보아 대략의 행적을 유추해 볼 수 있다.

47) 黃蘭善, 『是廬集』 卷1.

상주(尙州) 중모현(中牟縣) 수봉(壽峯)으로 이사하였다.[48] 10대에 사서를 외우고, 20대에 한양에 올라와 벼슬에 뜻을 두었으나 이루지 못하였고, 30대에 명산대천을 유람하고 40대에 집으로 돌아왔다고 『황녹차집(黃綠此集)』에 기록하고 있다. 그가 시와 술을 좋아하였고, 뛰어난 문장력으로 당대에 문명이 높았다.

시려의 이 시에 대하여 녹차(綠此)가 「청월루에서 낭사 시려와 함께(淸越樓同浪士是廬)[49]」라는 오언율시를 지었다. 그 내용을 들어 보면 다음과 같다.

十里黃梁夜　십 리 길 곡식 익어가는 밤에,
千家白露時　집집이 흰 이슬 내려 앉을 때.
文章存口舌　문장은 입 안 혀끝에 담기고,
功業見鬚髭　공업은 입가 수염에 나타나네.
瘦馬鳴衰草　야윈 말은 마른 풀 보고 울고,
寒蟬立古枝　추위 속 매미 옛 가지에 달려.
從今詩興熟　이제부터 시흥이 익어가지만,
逢着本無期　우리 만남은 본디 기약 없다네.

시려와 녹차가 만난 것은 음력 7월 어느 날이었다. 7월은 가을이 시작하는 달이다. 두 사람이 초가을의 시골 풍경을 바라보면서 자신들의

---

48) 權泰乙, 尙州漢文學, 大邱: 文昌社, 2002. 611쪽 참조.
49) 黃五, 『黃綠此集』卷1. 原註에, "낭사는 일가인 만선, 시려는 난선이다[族人萬善蘭善]"라 하고 있다.

회포를 묘사하고 있다. 위의 시려의 시는 수연(首聯)부터 경련(頸聯)까지는 청월루가 서 있는 주위의 경관을 묘사하고 있다. 곧, 시간과 공간 배경의 묘사이다. 시간적 배경은 음력 7월 초가을이다. 이때가 되면 논밭에는 곡식이 익기 시작한다. 수연의 출구에서 높은, 곧 큰 나무는 높게 자란 나무이다. 이는 위대한 인물에 비유하고 있다. 대구(對句)에서 곡식이 익어가니 재능을 지니고 태어난 인재가 위대하게 되었다는 것을 의미한다고도 할 수 있다. 함련의 계곡과 산에 진 빚은 다름 아닌 자연을 감상하면서 시 짓는 일이다. 그만큼 시를 짓기 좋은 계절이다. 시 짓기 좋은 철에 시를 잘 짓는 늙은이 곧 시인이 시를 짓는다. 함련의 출구가 원인이라면 대구는 결과이다. 곧 함련은 인과관계로 이루어졌다. 이에 비하여 수연(首聯)은 출구와 대구가 병렬 관계이다. 경련의 출구와 대구도 역시 병렬관계로 이루어졌다. 녹차의 시는 수연에서 경련까지 모두 병렬관계로 이루어졌다.

미연에 가면, 시려의 시에서는 자아가 이 다음에 다시 만날 것을 기약하고 있다. 그만큼 희망적이다. 이에 비하여 녹차의 시에서는 이 다음에 만날 기약이 없다고 하였다. 그 만큼 절망적이다. 이 구절이 참언(讖言)인지는 몰라도, 실제로 녹차는 자신의 말처럼 다음을 기약하지 못하고 시려보다 먼저 세상을 떠났다.[50]

---

50) 綠此 黃五가 언제 죽었는지는 모르나 시려보다 먼저 세상을 떠난 것은 확실하다. 녹차가 죽고 난 뒤 시려가 「한안을 곡함(哭漢案)」이라는 시를 지어 그를 애도하였다. 그 시를 들어보면 다음과 같다.
宇宙滄溟國이 세상의 아득한 바닷가에서.
黃生偶一遊황생이 한 번 놀다 떠나가셨네.
臨風鐵笛響바람에 들려오는 쇠 피리 소리,
回首已千秋고개 돌리니 천년 세월이 훌쩍. (黃蘭善, 『是廬集』卷1).

이 두 사람 사이에는 시가 곧 대화였다. 무르익은 시흥(詩興) 가운데서 미리 이별을 생각는 두 사람의 심경은 사뭇 다르다. 시려(是廬)가 다음의 만날 날을 기약한 데 비하여, 녹차(綠此)는 다음의 일은 미리 예측할 수 없다고 하였다. 한 사람은 긍정적이었고 다른 한 사람은 부정적이었다. 열림과 닫힘 속에 청월루에서의 두 사람의 만남은 더욱 값진 것이 되었다. 시려와 녹차가 묘사한 청월루는 창작의 공간이면서 접빈(接賓)의 공간이었다. 이에 더하여 시려 황난선의 청월루 시에 대하여 구체적으로 알아보기로 한다.

7) 시려(是廬) 황난선(黃蘭善)의 청월루(淸越樓) 시

축옹 황효헌의 11세 손이요, 반간 황뉴의 8세 손인 시려(是廬) 황난선(黃蘭善: 1825~1908)의 자는 동보(同輔)요, 방촌(厖村)의 후예로 남평 황기로의 아들이다. 어려서부터 남다른 재능을 타고 났으며 백하(白下) 황반로(黃磻老: 1766~1840)의 문하에서 수업하여 종당(宗黨) 서덕(書德)의 기대를 한 몸에 받았다. 그러나 향시(鄕試)에는 10차나 장원을 하고도 중앙시(中央試)인 대과(大科)에 오르지 못한 것은 이미 조정의 인재 등용에 그 본질을 잃었기 때문이다. 정재(定齋) 유치명(柳致明: 1777년~1861)의 문하에 나아가 당대 경상좌우도(慶尙左右道)의 큰 선비들과 학문을 논하고 문학을 창작하였다.[51] 그가 청월루(淸越樓) 관련 시 17제 25수를 지었다. 그 시 제목을 들어보면 다음과 같다.

---

51) 權泰乙, 위의 책, 620쪽 참조.

순번	제목(작품수)	형식	출전	비고
1	춘추를 읽다가 청월루에 오르니 느낌이 있어(讀春秋登樓有感)	오언절구	『是廬集』권1	
2	청월루에서 긍해 이건옥과 일가 봉주와 함께 지음(淸越樓與肯海李建玉族親鳳周共賦) (2)	칠언율시	『是廬集』권1	목차에는 李建玉의 자가 肯海, 본문에는 肯樵로 되어 있다.
3	청월루에서 삼척으로 돌아가는 홍간재를 송별함(淸越樓送別洪艮齋還三陟)	칠언율시	『是廬集』권1	
4	일가인 한안(漢案) 황오(黃五)와 청월루에 올라(與族人漢案五登淸越樓)	오언율시	『是廬集』권1	*시려의 시 밑에 '附漢安詩'라 하여황오의 시가 붙어 있다.
5	청월루에 우초가 옴(淸越樓雨蕉至)	칠언율시	『是廬集』권1	『是廬集』권1에「서원에서 이우초 김공후 강탁로春水등과 같이 지음(在沜與李雨蕉金公厚姜鐸路春水諸公共賦)」이라는 시로 미루어 보면 '우초'라는 자를 가진 사람은 姓이 李氏라는 것을 알 수 있다.
6	청월루에서 이성오와 시를 주고받음(淸越樓酬李星五)	칠언율시	『是廬集』권2	
7	칠월 기망에 여러 벗들과 청월루에서 노님(七月旣望諸友遊淸越樓)	오언절구	『是廬集』권2	
8	청월루에서 읊음(詠淸越樓)	칠언장구(14연 28구)	『是廬集』권2	
9	주자의 빙설루 시에 차운하여 청월루 노래를 지음(次朱子氷雪樓韻爲淸越樓歌)	칠언장구(17연 34구)	『是廬集』권2	
10	우린과 청월루에 오름(與于鱗登淸越樓)	칠언율시	『是廬集』권2	
11	성겸과 청월루에 올라(與誠兼登淸越樓) (3)	오언절구	『是廬集』권2	
12	다음날 밤에 일가 소세경 철주와 청월루에 올라(翌夜與族少世卿哲周登樓)	오언절구	『是廬集』권2	
13	청월루에서 이뢰[52] 세경과 시를 주고받음(淸越樓酬以雷世卿)	칠언율시	『是廬集』권2	
14	청월루에서 가을 풍경을 감상함(淸越樓賞秋) (4)	칠언절구	『是廬集』권2	
15	청월루 시에 차운하여 강윤장운희에게 줌(淸越樓次贈姜允章運熙)	칠언율시	『是廬集』권2	
16	청월루에 올라 홀로 읊음(登淸越樓獨吟) (2)	칠언율시	『是廬集』권2	
17	해거름에 시냇가를 거닐다가 청월루에 올라(溪畔晩步登淸越樓)	칠언율시	『是廬集』권2	

위에서 알 수 있듯이 시려가 지은 청월루 관련 시는 17제(題) 25수이다. 위에서 제시한 시들의 제목을 보면 학문에 관하여 묘사한 작품은 없다. 모두 시인 혼자서 자신의 정감을 묘사하거나, 다른 사람과 시를 주고받은 것이 대부분이다. 이는 청월루가 비록 강학의 공간이지만 글공부할 때는 시를 짓지 않았기 때문에 청월루를 제재나 소재로 하여 지은 시에서 학문에 대하여 묘사한 시가 없다. 특히 청월루는 진밀료나 윤택료와는 달리 열린 공간이었기 때문에 깊은 생각을 필요로 하는 학문, 곧 궁리(窮理)를 논하기는 부적절 하였다. [52)]

이는 다른 건물도 마찬가지이다. 그의 작품 가운데 공부에 대하여 읊은 시는 「일가 아우인 칠선 명선과 윤택료에서 논어를 읽음(與族弟七善明善讀魯論于潤澤寮)」(『是廬集』卷1)과 「온휘당에서 장원형을 모시고 소학을 강론함(蘊輝堂陪藏園兄講小學)」(『是廬集』卷1) 밖에 없다. 이와는 달리 『시려집』권1에 실려 있는 「탁장재에서 홍천가우선과 함께 지음(琢章齋與洪千可右善共賦)」·「온휘당에서 문보 개언과 구점(口占)함(蘊輝堂與文輔開彦口拈)」·「윤택료에서 공진 원겸과 시를 주고 받음(潤澤寮酬公振元兼)」·「달 밝은 밤에 온휘당에서 김무홍과 시를 주고받음(蘊輝堂月夜酬金茂弘)」·「김화중규학과 탁장재에서 묵으며 이야기를 나눔(琢章齋與金華仲奎學留話)」 등에서 보듯이 청월루 뿐만 아니라 탁장재·온휘당·윤택료 등에서도 시려가 다른 사람과 시를 주고받았다는 것을 알 수 있다.

---

52) 以雷는 鄭鳴夏의 자이다. 『시려집』권2에 실려 있는 「정이뢰에게 답함(答鄭以雷)」이라는 편지의 原註에 '鳴夏'라 하고 있다. 시려가 그에게 갑술년(1874)과 기축년(1889)에 答信이 『시려집』권2에 실려 있다.

시려(是廬)의 「춘추를 읽다가 청월루에 오르니 느낌이 있어(讀春秋登樓有感)[53]」이라는 시를 들어보면 다음과 같다.

萬里滄溟國　아득히 바다의 동쪽 나라에,
書生獨上樓　서생이 홀로 누에 올랐다네
日落神州遠　해는 지고 신주 멀기만 한데,
蒼凉二百秋　스산히도 이 백 년이 지났네.

이 시는 자아 자신의 정감을 묘사하고 있다. 창명국은 바다 동쪽에 있는 나라, 곧 우리나라를 가리키나 여기서는 자아가 있는 지역을 말한다. 기구(起句)의 만리(萬里)와 승구(承句)의 독(獨), 전구(轉句)의 일락(日落)과 원(遠), 결구(結句)의 창량(蒼凉) 등의 시어(詩語)에서 쓸쓸하고, 어둡고, 절망적인 이미지가 나타난다. 이 시에서 자아가 자신의 정회(情懷)를 읊고 있다. 달리 말하면 누(樓), 곧 청월루(淸越樓)는 창작의 공간이 되고 있다.

다음의 「청월루에서 긍해(초) 이건옥과 일가인 봉주와 함께 지음(淸越樓與肯海(樵)李建玉族親鳳周共賦)[54]」 2수도 이와 같다. 두 수 가운데 첫 번째 것을 들어보면 다음과 같다.

五月金華客上樓　한여름에 시객(詩客)과 누각에 올라다 보니,

---

53)　黃蘭善,『是廬集』卷1.
54)　黃蘭善,『是廬集』卷1.

白雲深樹境全幽	흰 구름과 깊은 나무 지경이 전부 그윽하네.
松燈忽出山村夕	소나무 등불 갑자기 산촌 저녁에 나타나고,
溪雨新晴野麥秋	개울에 내리던 비 그치니 보리가 익어 가네,
靑嶂堪爲寒士計	푸른 산이 어찌 간난한 선비의 생계가 되리,
紅塵休作熟卿愁	홍진세상 열성 있는 재상의 근심 짓지 마오.
最憐明月尋眞約	가장 기쁘기는 내일 진경(眞境) 찾자는 약속,
千疊岡巒百曲洲	천첩의 뫼와 백 구비의 물가를 보게 되리라.

正白先生署此樓	정백(正白) 선생이 이 누각에서 지내셨나니,
當時洞壑不曾幽	그 때부터는 이 골짜기가 외지지 않았다네.
無雙誰是今江夏	지금 이 강하(江夏)는 그 누구와 짝하리오,
專一吾非古奕秋	오로지 나만이 대대로 뛰어난 후손 아니네.
上洛文章餘散氣	상주의 문장은 흩어진 기운이 남아 있어서,
西城花鳥莫深愁	서성의 꽃과 새 그다지 근심하지 않는다네.
中夜難忘蕙竹好	밤중이라 대나무 숲속 즐거움 잊기 어려워,
努力須還錦上洲	금수(錦水) 가 모래톱으로 돌아가야 한다네.

자아가 이건옥·황봉주와 같이 세 사람이 청월루에 앉아서 시로 수창(酬唱)한다. 이렇게 보면 이 청월루는 창작의 공간이다. 세 사람이 모여 단순히 주변 경관만을 묘사한 것이 아니다. 위 두 수의 시 경련을 보면 자아의 희망과 자부심이 드러난다. 그의 희망은 선조를 욕 뵈지 않는 것이다. 특히 조선시대 명재상인 황희 정승의 명성에 누가 되지 않게 하는 것이다. 자아가 조상에 대한 신종추원(愼終追遠)의 정신이 잘

드러나고 있다. 두 번째 시의 경련(頸聯)에서는 자아의 자부심이 드러나고 있다. 그것은 상주 지방 학맥이 남아 있다는 것이다. 그 학맥을 지키고 있는 사람이 다름 아닌 자아라는 것을 은연중 내비치고 있다. 다음의 「청월루에서 삼척으로 돌아가는 홍간재를 송별함(淸越樓送別洪艮齋還三陟)[55]」이라는 시에서 보면, 청월루가 접빈의 공간, 창작의 공간으로 활용하였다는 사실이 드러나고 있다.

夙飽聲名今始面　일찍이 명성 들어오다가 이제야 만나니,
風流氣格認淸眞　풍류의 기격이 청진(淸眞)함을 알겠네.
分明萬二千峯客　분명 일만이천봉 금강산 유람한 사람이,
恰是三旬九食人　한 달에 아홉끼 먹는 가난한 사람 같네.
百世棠臺瞻有地　영원토록 사모하여 우러를 땅이 있는데,
一燈蘭榻話無塵　등불 켠 서재에서 나눈 말 속되지 않아.
驛梅送別天涯去　역원의 매화 밑에서 작별하고 멀리 가니,
玉笛遙應入夢頻　먼 곳의 옥피리 소리 꿈에 자주 들리리.

그의 시 가운데 「청월루에서 읊음(詠淸越樓)[56]」이라는 시를 들어보면 다음과 같다. 이 시는 5단락으로 나눌 수 있다. 이해를 돕기 위하여 단락을 구분하여 시의 내용을 들어보면 다음과 같다.

---

55) 黃蘭善, 『是廬集』卷1.
56) 黃蘭善, 『是廬集』卷2.

名區比德玉鏘然　　　이름난 비덕촌(比德村) 글 읽는 소리 높아,

淸越聲長百世傳　　　청월(淸越) 소리 길어 백세에 전하여 오네.

數笏靑山呈屋角　　　뾰족한 산봉우리 지붕 모서리 되어 주고,

兩襟流水護欄前　　　두 줄기로 흐르는 물은 난간 앞 에워 쌓네.

優遊暇日神蕭爽　　　한가히 지내노니 날에는 정신이 상쾌하고,

題品當時理貫穿　　　이름을 붙일 당시 이미 이치를 꿰뚫었네.

攻塢磨汀皆逞美　　　담장 쌓고 도랑 쳐서 모두 아름답게 꾸미며,

蒼巖玄壁互持堅　　　푸른 바위 검은 벽이 서로 굳게 지켜주네.

百年風雨齊堂在　　　백년의 비바람에도 제당(祭堂)은 남았었고,

六國干戈魯殿全　　　여섯 나라 난리에도 공자 사당은 안전했네.

窈窕雲林投宿鳥　　　아름답게 구름이 낀 숲에는 새들이 깃들고,

參差烟樹起吟蟬　　　들쭉날쭉 안개 서린 나무엔 매미가 운다네.

功崇大祖垂來後　　　공 높은 태조님이 후손에게 음덕 끼쳤으나,

學滅屚孫憶古先　　　학문 얕은 자손들은 옛 선조만을 기억하네.

白璧荊岑人盡楚　　　형산의 화씨벽 주인은 모두 초나라 사람들,

黃金涓市士皆燕　　　연시(涓市)의 황금 앞엔 모두 연나라 선비.

桑麻鬱鬱千家巷　　　마을에는 집집마다 뽕나무와 삼 울창하고,

禾黍油油萬頃田　　　넓고 큰 논밭에는 벼와 기장이 무성하다네.

一畝邃嚴虔奉幣　　　깊고 엄한 사당에서 경건히 폐백을 올리니,

四邊芬苾克承權　　　사방 제수 향기로워 극진히 권위 받들었네.

離經自有藏修地　　이소경에 저절로 길이 강학할 곳 있었나니,
講道須知性命天　　도(道)를 강론하니 하늘 명한 본성 알아야.
大讀羨君春晝永　　긴 봄날 같이 크게 글 읽는 그대가 부럽고,
空衰憐我夕陽懸　　저녁 해 매달리듯 공연히 쇠한 내가 가련해.

心閒每或哦餘飮　　마음이 한가하니 가끔 시를 읊다 술 마시고,
氣倦居常喫了眠　　기운이 달려서 언제나 밥 먹고는 잠잔다네.
晚向吾曹殊不薄　　늙어가는 우리들 특별히 야박하지는 않으니,
琮琤終夜枕鳴泉　　밤새도록 옥 소리 울리는 시내 베고 자리라.

위에서 알 수 있듯이, 첫째 단락부터 넷째 단락까지는 한 단락이 3연으로, 마지막 결론 부분인 다섯째 단락은 2연으로 구성되어 있다. 첫째 단락에서는 청월루의 지리적 위치와 그 의미를, 둘째 단락에서는 청월루 건립과 그 연혁을, 셋째 단락에서는 조상들에 대한 감사와 후손의 추모의 정을, 넷째 단락에서는 후손의 앞으로의 각오를, 다섯째 단락에서는 후손의 현재 심경을 묘사하고 있다. 그의 시 가운데 「주자의 빙설루 시에 차운하여 청월루 노래를 지음(次朱子氷雪樓韻爲淸越樓歌)[57]」도 구성면에서 보면 위의 「청월루에서 읊음」이라는 시와 같이 다섯 단락으로 이루어졌다. 단지 구성 단락의 길이가 이 시와 차이가 날 뿐이다. 단락을 나누어 시의 내용을 들어보면 다음과 같다.

---

57) 黃蘭善, 『是廬集』 卷2.

有樓有樓淸越樓　누각 있나니 누각이 있나니 청월루가,

乃在歸德西南境　귀덕의 서남쪽으로 경계점에 있다네.

五架結構何岧嶢　오량가 집 지으니 어찌 그리 높던가,

爽塏不與他樓幷　시원스레 탁 트여 다른 누각과 다르네.

　먼저 첫 구에서 자아가 청월루의 존재를 강조하기 위하여 같은 말을 반복하여 독자들의 주의를 환기시키고 있다. 누각, 누각, 청월루가 있다고 하였다. 하지만, 자아가 이 청월루가 어디에 있는지는 밝히지 않고 있다. 그에 대한 해답이 둘째 구에 나온다. 귀덕(歸德)의 남쪽 경계지점에 있다고 하였다. 귀덕은 상주(尙州)의 옛 이름이다. 상주의 남쪽에 있는데, 다른 지역 곧 김천, 또는 영동과의 경계가 되는 지점이다. 첫째 구와 둘째구가 의미상으로 보면 도치되어 있다. 이렇게 한 것은 자아가 청월루의 존재를 강조하기 위해서이다.

　셋째 구에서 자아가 이 청월루는 오량가로 지었다고 한다. 오량가는 종단면상에 도리가 다섯줄로 걸리는 가구형식으로 우리나라 전통 건축법이다. 일반적으로 오량가 집은 그다지 높지 않다. 그러나 자아는 이 청월가 높다고 하였다. 그것은 청월루가 높은 자리에 위치하여 있어서도 그렇겠지만, 자아의 마음이 그만큼 크다는 것을 의미한다. 자아의 눈에 이 청월루가 다른 누각과는 달리 높은 것처럼 보인다. 제목의 청(淸)자와 넷째 구의 상(爽)자가 서로 조화하고 있다.

霽月光風無盡景　제월광풍(霽月光風)[58]에 끝없는 경치,

豁吾胸襟養吾性　나의 가슴 넓히고 나의 성품 기르네.

紅玉之戔綠綺琴　홍옥(紅玉) 술잔과 녹기(綠綺) 거문고,

暇日登臨饒觀聽　틈나면 누각에 올라 마음껏 보고 듣네.

德溪道澗雙龍合　덕계와 도간에는 두 용(龍)이 합했고,

景岳華岺萬馬騁　큰 산과 높은 고개 만마가 달리는 듯.

檻外遙通六十里　난간 밖으로는 멀리 60리 길이 통해,

露陰一扶浮翠瑩　노음산은 우뚝 솟아서 푸르게 빛나네.

이처럼 둘째 단락에서는 청월루가 있는 공간 배경에 대한 묘사를 좀 더 심화하고 있다. 비온 뒤의 밝은 달빛처럼 맑고도 깨끗한 자연환경을 통하여 자아의 마음도 따라 맑아진다. 곧, 자아 자신의 마음을 넓히고 본성을 기른다. 이러한 곳에서 틈나면 술을 마시면서 거문고를 연주한다. 이것이 청월루의 효용이다. 첫째 연의 출구(出句)와 대구(對句)는 인관관계로 이루어졌다. 둘째 연의 출구와 대구는 그렇지 않다. 시간의 진행, 또는 자아의 생각에 따라 일어나는 자아의 행동을 순차적으로 묘사하고 있다. 셋째 연의 출구와 대구는 병렬관계이다. 덕계와 도간은 계곡이고, 경악(景岳)과 화령(華岺)은 산이다. 자연환경이 그만큼 좋은 곳에 이 청월루가 자리하고 있다는 것을 자아가 묘사하고 있다. 넷째 연도 셋째 연과 마찬가지이다. 청월루가 자리한 곳은 계곡과 산이 있고, 그 앞으로는 길이 확 트였다. 공간적으로 그만큼 좋은 곳에 청월루

---

58)

가 위치하고 있다는 것을 강조하고 있다.

縕我先公太平相　옛적 우리 선조 태평성대에 재상 되셔,
扶得東方元氣正　우리나라 바른 원기(元氣)를 지키셨네.
輔佐明君君克哲　밝은 임금 도와 임금님 슬기로우시니,
涵育群民民不病　뭇 백성을 길러 백성이 병들지 않았네.
騎箕驂罡幾百載　돌아가신지 몇 백 년이나 지난 지금도,
章甫南州瞻慕競　영남의 선비들 다투어 우러러 사모하네.
俎豆莘莘享一祀　제물 넉넉히 차려 한 사당에 제향하니,
洞號玉洞光輝淨　고을 이름도 옥동(玉洞)이라 빛 맑다네.

셋째 단락에서는 세종 때 영의정에 오른 익성공 방촌 황희 정승의 인품과 그 공적에 대한 자아의 추모의 정을 묘사하고 있다. 첫째 연과 둘째 연에서는 원인을 셋째 연과 넷째 연에서는 이 원인에 대한 결과를 묘사하고 있다. 방촌의 인품이 뛰어났기에 높은 공적을 이룰 수 있었다. 그가 높은 공적이 이루었기 때문에 그가 죽은 지 몇 백 년이 지났지만 영남 지방 선비들이 아직도 추앙한다. 뿐만 아니라 제물이 가득 차려 사당에서 재를 올린다. 옥동이라는 이름에 걸맞게 방촌의 이름이 밝게 빛나고 있다. 옥동(玉洞)과 청월(淸越)이 서로 짝을 이루어 방촌과 그의 후손들을 드러내고 있다. 곧, 입재 정종로가 의미하는 청월의 뜻에 다다랐다.

大賢曾過題品好　대현이 일찍이 이름을 잘 붙이셨나니,

堂齋兩療垂箴儆　당재(堂齋)와 두 요(療)에 경계 말 썼네.
最是二字斯樓扁　이 누각 두 글자 편액(扁額)이 최고니,
取義琮琤聲氣靜　옥같이 맑고 소리 고요하다는 뜻이네.
淸以亮兮越以長　해맑게 조화하여서 우뚝하게 자라나니,
聞之冷然發深省　들어 시원하고 생각하면 깊이 성찰하네.
況復前川開玉鏡　하물며 다시금 앞 시내에 달빛 어리고,
落日澄明倒山影　지는 해 맑고 밝아 산 그림자가 비치네.
靜廓寥郭不可狀　고요한 곽(廓)과 곽(郭) 형용할 수 없어,
幾人於此費觴詠　그 몇 사람이나 여기에서 시 읊었는가.

네 번째 단락은 입재 정종로가 명명(命名)한 청월과 그 의미에 대하여 묘사하고 있다. 첫째 연 출구의 대현(大賢)은 말할 것도 없이 입재를 가리킨다. 입재가 당재(堂齋)와 요(療)의 이름을 붙인 것은 모두 의미가 담겨 있다. 이곳이 유생들이 공부하는 서원이기에 건물에 붙인 이름은 경계하는 말일 수밖에 없다. 그 가운데 '청월(淸越)'이라는 두 글자가 가장 의미 깊다고 하였다. 그 이유를 자아가 대구(對句)에서 밝히고 있다. 옥같이 맑고 소리가 고요하기 때문이라고 하였다. 옥같이 맑다는 것의 주체는 사람이다. 사람의 옥처럼 해맑게 생겼을 수 있다. 또 그 사람의 목소리가 맑을 수도 있다. 그러나 자아가 뜻하는 청월의 의미는 앞에서 입재(立齋)가 말한 청월의 의미와 같다. 곧, 이곳에 모인 유생들이 자신들의 학문을 완성하여 그 이름이 맑고 멀리 퍼지는 것이다. 이처럼 앞 2연은 누각을 명명한 내력과 그 누각 이름의 의미를 묘사하고 있다.

그 다음 2연은 청월루의 모습과 그 주변 경관을 묘사하고 있다. 첫째 연 출구의 핵심어는 청(淸)·량(亮)·월(越)·장(長)이다. 이(以)와 혜(兮)는 허사(虛辭)로 사부(辭賦)에 많이 나오는 글자이다. 출구에서는 이 청월루에서 청량한 소리가 멀리 퍼져나간다. 화자(話者)의 입장이다. 대구는 청자(聽者)의 입장이다. 맑고 밝은 소리를 청자가 받아들인다. 청자의 반응은 소리가 시원하다는 것과 청자가 스스로 성찰하는 것이다. 앞 연(聯)은 사람과 사람 사이의 일을 묘사하고 있다. 뒤 연(聯)은 시간과 공간 배경이 앞 연의 사람들과 화합하는 모습을 묘사하고 있다. 시간적 배경은 해가 지면서 달이 떠 오늘 때이다. 저녁 어스름할 때이니 그다지 활력 있거나 희망적이지는 않다. 이때에 사람들은 하루 또는 그 이상의 삶을 되돌아보게 된다.

마지막 연에서 자아가 청월루의 효용을 묘사하고 있다. 이곳은 창작의 공간이라는 것이다. 공부하는 사람, 또는 공부한 사람들이 서로 만나 시를 주고받거나 아니면 혼자서 시를 짓는다. 그만큼 이곳이 운치가 있다는 말이다.

시려 뿐만 아니라 황씨(黃氏) 문중(門中)의 시인들은 자신들이 살았던 자연환경에 남다른 애정과 거기 특별한 의미를 부여하고 있다. 특히 이 시에서 알 수 있듯이 시려는 청월(淸越)에 많은 의미를 부여하고 있다. 청월은 인격이나 학문의 완성 단계를 뜻하기 때문이다.

勉君無徒事閒曠　그대들 여유롭고 조용하려고 하지 말고,
始終條理須用敬　처음부터 끝까지 조리와 정성 있어야지.
升堂入室次第功　승당과 입실(入室)에 차례로 공 들이니,

脚跟宜牢脊梁勁　　다리 튼튼하고 척추 들보같이 굳세어야.

다섯째 단락은 두 연으로 구성되어 있다. 이 단락은 자아가 자신의 후세 사람들에 대한 당부를 묘사하고 있다. 곧 가만히 있지 말고 끊임없이 성의와 조리가 있어야 한다고 하였다. 또 당재(堂齋)에 올라 입실하여 이치를 연구하려면 몸이 튼튼하여야 한다는 것이다.

위 시에 알 수 있듯이 이 시는 다섯 단락으로 나뉘는데, 2·4·4·5·2연으로 이루어 졌다. 첫째 연은 청월루의 위치와 모습, 둘째 연은 청월루가 있는 공간 배경, 셋째 연은 선조에 대한 추모정신을, 넷째 연은 청월루의 명명과 청월의 의미, 다섯 째 연은 후세들에 대한 자아의 바람을 묘사하고 있다.

이처럼 시려는 자신의 문중에 대한 애정과 자부심을 갖고 있었다는 것을 이 시를 통하여 알 수 있다. 이런 자부심이 그 자신을 꼿꼿이 지키게 한 밑거름이 되었다는 것을 알 수 있다. 그의 「7월 16일에 여러 벗들과 청월루에 올라 노래함(七月旣望與諸友登淸越樓歌)[59]」이나 「청월루에 올라(登淸越樓)」라는 시에서도 청월루는 창작의 공간 역할을 하고 있다. 먼저 「7월 16일에 여러 벗들과 청월루에 올라 노래함」 시를 들어 보면 다음과 같다.

山白千秋月　　산 위는 변함없이 밝은 달 비치고,
江淸萬里風　　맑은 강에는 긴 바람이 불어오네.

---

59) 黃蘭善, 『是廬集』卷2

不知人世變　인간 세상의 변화를 알지 못하여,
危坐問蒼空　단정히 앉아 하늘에게 물어본다네.

　　시려가 청월루에 올라서 시를 지었다. 공간적 배경은 청월루요, 시간적 배경은 가을밤이다. 자아가 고개를 들어 쳐다보니 산위에는 달이 떠 있다. 고개를 숙여 아래를 보니 강에는 맑은 바람이 불어온다. 자아의 시선이 위에서 아래로 내려오고 있다. 기구와 승구는 자아가 자연 현상을 묘사하고 있다. 자연은 변함이 없다. 언제나 저절로 질서 있게 변화한다.
　　전구(轉句)와 결구(結句)에 가면, 자아가 이에 대하여 의문을 가진다. 자연은 변함이 없는데 인간은 변화무쌍(變化無雙)하다. 자아가 이미 이러한 진리를 알고 있었다. 성(誠)과 성지(誠之)의 차이이다. 자연은 저절로 정성스럽지만, 인간은 언제나 정성스럽게 하여야 한다. 자아가 독자들을 환기시키기 위하여 물음을 제시하였다. 그의 「청월루에 올라(登淸越樓)[60]」 2수의 내용만 들어 보면 다음과 같다.

曾卜茅廬住院傍　일찍 서원 곁에 터 잡아 띠 집에 살며,
有時排悶獨徜徉　때로는 기분을 풀려 홀로 서성인다네.
晴嵐碧繢鴛鴦瓦　산 그림자 원앙 기와에 푸른 무늬 놓고,
落照紅明薜荔墻　지는 해 붉은 빛이 담장에 비친다네.
世遠空留絃誦地　도학 끊겼는데 공연히 학문하는 곳에다,

---

60)　黃蘭善,『是廬集』卷2.

年來還設揖揚場　근년에는 읍양하는 장소도 마련했다네.
金搬玉夏今誰繼　세상 울리던 명성 지금 누가 계승하리,
貌矣聲名振一鄉　오래도록 이 명성 온 고을에 떨쳐야 해.

茲黌創設憶墻東　이 서원[黌堂] 담장 동편에 새로 지어,
爲安先靈一畝宮　자그마한 사당에 선령들 편히 모셨네.
錦水寒聲鳴戶闥　금수 찬 시내 소리 지게 문턱서 울고,
玉峯晴色拂簷櫳　옥봉 맑은 그림자 추녀 끝에 닿아오네.
藏園故宅屏山下　장원(藏園)의 옛집 작은 산 아래 있고,
石友荒墳落照中　석우의 황폐한 무덤 석양 가운데 있네.
歷數遊從皆己盡　함께 지낸 종반들 모두 다 돌아가시고,
可憐餘子亦飄蓬　가련히 남아 있는 나도 나그네 신세네.

시려는 「청월루에 공부하는 여러 생도들에게 방문(榜文)을 붙여 보임(榜示淸越樓居接諸生)[61]」을 지어서 청월루에 공부하는 유생들에게 경계하도록 하였다. 그 내용을 들어보면 다음과 같다.

대체로, 학교인 상(庠)·서(序)·숙(塾)은 인륜을 밝히는 곳이요, 성현의 경전을 강학하는 곳이다. 본디 과거 공부가 앞서는 것은 아니다. 생각하건대, 나라에서 과거제를 두어 인재를 뽑는 것이 다만 사부(詞賦)만 가지고 그 재주를 겨루게 하면, 선비가 임금을 섬기는 길이 오직 여기에 있어 과거(科擧) 공

---

61)　黃蘭善, 『是廬集』卷5, 「榜示淸越樓居接諸生」

부를 포기할 수가 없다. 본 서원이 마을 가운데에 있기 때문에 마을의 과거 공부하는 이들이 여름철에는 늘 이 청월루에 다투어 와서 공부한다.[62]

청월루가 실제 술잔을 주고받으며 자신의 회포를 읊는 자리로 처음부터 대청[正堂]이나 청재(淸齋)가 아니라면, 참으로 기숙하면서 공부하는 것이 안 될 것도 없다. 그러나 가끔씩 갓과 버선을 벗고 팔이나 다리를 베고 눕거나, 또 어떤 이가 멋대로 농지거리를 하고 오만스레 웃으며 시끄럽게 떠들고 소란을 피워 엄숙한 용모[威儀]를 잃고 삼가고 조심하라는 가르침을 생각지도 않는다면 이 어찌 서원의 다락방에서 유식(遊息)[63]하는 도리이겠는가?[64]

바라건대, 여러분은 반드시 의관(衣冠)을 가지런히 하고 용모(容貌)를 엄숙히 하여 농담을 하거나 다투지 말고 서로 수양하고 훈계하여 혹시라도 태만하거나 경솔하지 않으려고 하여야 한다. 이것이 바로 마땅히 힘써야 할 일이니, 여러분들이 어찌 날마다 경쟁하여 공부를 부지런히 하지 않을 수 있겠는가?[65]

여러분이 이미 과거공부를 하고 있다면 응당히 과거시험에 임하는 도리를 지켜야 하니 내가 한 가지 제안한다. 선배들의 말씀에 과문(科文)이 비록 작은 재주이긴 하나 또한 이치가 담겨 있다고 하였다. 이치도 모르면서 어떻게

---

62) "夫庠塾, 所以明人倫講聖經之地也. 功令之業, 本非所先, 而第惟國家設科取士, 惟在於詞賦較藝, 則士子之事君, 一路在此, 亦不可拋棄不業也. 本院介閭井之間故里中, 舉子輩, 每當三夏之交爭來, 課做於茲樓之上." 黃蘭善, 『是廬集』卷5,「榜示淸越樓居接諸生」.

63) 유식(遊息): 유(遊)는 한가하게 노닐며 함양하는 것을, 식(息)은 피곤하여 쉬며 함양하는 것을 말한다.

64) "樓固暢敍觴詠之場, 初非正堂淸齋之所, 則捿寄做業, 固無不可, 而但或脫巾去襪被, 把臂枕股. 又或謔浪笑敖, 叫呶喧聒, 全失威儀之, 則罔念謹愼之戒, 則是豈庠樓遊息之善道乎. 惟望諸君, 必須正衣冠肅容貌, 祛嘲諧絕, 爭競交修, 胥飭毋或怠忽. 是為正當要務, 惟爾諸生, 盍亦日競而日勉之哉." 黃蘭善, 『是廬集』卷5,「榜示淸越樓居接諸生」.

65) "惟望諸君, 必須正衣冠肅容貌, 祛嘲諧絕, 爭競交修, 胥飭毋或怠忽. 是為正當要務, 惟爾諸生, 盍亦日競而日勉之哉." 黃蘭善, 『是廬集』卷5,「榜示淸越樓居接諸生」.

담겨 있는 이치를 찾을 것이며, 생각 또한 글을 짓는 일에 지나지 않을 것이다. 무엇을 보면 의론할 것을 생각하고, 의리를 바탕으로 문맥이 막힘이 없이 통하게 하여, 한 편의 글을 짓더라도 혼후(渾厚)하고 순정(純正)하며, 뛰어나고[俊偉] 명백하여야 하니, 이러한 글이 곧 이치가 닿은 글이라 하겠다.[66] 만약에 글을 아름답게 꾸미는 데에만 힘써서 다투어 신기하고 교묘한 것만 숭상하여, 바람에 나부끼듯 경박하고 허공에 걸리듯 알맹이가 없이 한바탕 황당무계한 글을 짓는다면, 어쩌다 당시 사람들의 안목에는 맞을지 모르나 군자가 귀하게 여기지는 않는다.[67]

대저, 앞으로 출세하고 그렇지 않은 것은 시운(時運)과 명운(命運)에 달려 있다. 그대들이 바로 자기 스스로 마음을 다잡아먹고 실질에 힘써 순수한 마음으로 글의 뜻을 익히 아는데 힘써야 한다. 돌이켜 보건대 나는 늙어 머리가 세어도 명성을 얻지 못하였다. 늘 젊은 사람들이 공부하는 것을 보면 또한 격려하여 따르도록 하고 싶은 마음이 없지 않다. 이 때문에 이 방문(榜文)을 써서 보이니 모두들 자세히 살피기 바란다."[68]

라고 하였다. 이는 서원을 중심으로 하는 각종 학교 교육이 과문(科文)에 치중된 현상과 의례(儀禮)의 문란상 및 문풍(文風)의 일면을 알

---

66) "諸君既做科文, 則又當以做業之道一提焉. 前輩有云, 科文雖小技, 亦有理寓焉. 未知所謂理者, 怎尋所寓, 而意亦不過做題. 目入思議, 根據義理, 條暢血脈, 使夫一篇文字, 渾厚純正, 俊偉明白. 是則所謂理到之文, 而若專務藻華, 競尚新巧, 或飄揚輕薄, 橫空蔑實, 只做得一場誕妄, 則雖或幸中於時眼, 非君子之所貴也." 黃蘭善, 『是廬集』卷5, 「榜示淸越樓居接諸生」.

67) "而若專務藻華, 競尚新巧, 或飄揚輕薄, 橫空蔑實, 只做得一場誕妄, 則雖或幸中於時眼, 非君子之所貴也." 黃蘭善, 『是廬集』卷5, 「榜示淸越樓居接諸生」.

68) "大抵將來得失, 有係於時與命, 若乃自己上, 見在道理, 惟在於着緊務實, 用功純熟而己. 顧此白首顏憫, 無所成名, 而每見少年輩隷業者, 則亦不無勸勉程督之心, 故此牓(片+房)示統, 惟諒悉." 黃蘭善, 『是廬集』卷5, 「榜示淸越樓居接諸生」.

수 있게 한다. 1908년에 생을 마친 시려 황난선(黃蘭善)은 어려서부터 남다른 재능을 타고 났다. 그가 집안 어른인 백화(白華) 황익재(黃翼再:)의 문하에서 수업하여 종당(宗黨)·서덕(書德)의 기대를 한 몸에 받았다. 그러나 향시(鄕試)에 10번이나 장원(壯元)을 하고도 중앙시(中央試)인 대과(大科)에 급제하지 못하였다. 이는 그의 실력이 모자라서가 아니라 이미 조정의 인재 등용에 그 실체를 잃었기 때문이다. 그가 정재(定齋) 유치명(柳致明)의 문하에 나아가 당대 강좌우도의 큰 선비들과 학문을 논하고 문학을 창작하였다. 그가 과거에 뜻을 접고 아침저녁으로 이 청월루에서 형과 함께 공부에 전념하면서 후학들을 가르쳤다. 이에 조선말기 혼란하고 쇠퇴해 가는 시국에 당시 선비들의 구태의연한 학문 태도를 준엄하게 고발하고 있다.

4. 청월루 음영(吟詠)시의 사적(史的) 의의(意義)

옥동서원의 경내(境內)에 있는 청월루는 앞에서도 언급하였듯이 강학(講學)을 목적으로 세운 건물이다. 문루(門樓)인 1층의 회보문(懷寶門)을 통하여 2층에 있는 누각이 청월루이다. 이 청월루에는 진밀료(縝密寮)와 윤택료(潤澤寮)라 이름붙인 두 개의 방이 있다. 이곳이 바로 서원의 유생들이 머물며 글을 익히는 곳이다.

앞에서 고찰하였듯이 청월루를 제재로 하여 읊은 시는 학문에 관한 묘사보다는 당시의 시인들이 그 혼자서 자신의 정회를 읊거나 아니면 어떤 사람이 찾아와서 그곳에서 수창한 경우가 많았다. 이는 공부하는 여가(餘暇)에 자신의 정회를 시로 표현한 경우가 많았기 때문이다.

그러나 이 청월루 음영시(吟詠詩)는 문학사적으로 몇 가지 의의를 지닌다.

첫째, 청월루 뿐만 아니라 옥동서원의 여러 건축물을 제재로 하여 지은 시인들은 당대의 학문과 덕행으로 유명하였던 선비라는 점이다. 앞에서 거론한 유촌(柳村) 황여헌(黃汝獻: 1486~1566)부터 마지막 에 거론한 시려(是廬) 황난선(黃蘭善: 1825~1908)까지 8분은 장수 (長水) 황씨(黃氏) 후손이거나 장수 황씨와 인연이 있었던 분들이다. 이들은 영남지방뿐만 아니라 중앙에까지 그 이름이 널리 알려진 인물 들이었다. 유촌은 문과에 급제하여 벼슬은 군수였으나 문장과 필법으 로 이름이 높았다. 그는 당대의 대시인이었던 정사룡(鄭士龍)·소세양 (蘇世讓) 등과 이름을 나란히 하였다. 허균(許筠)이 엮은 『국조시산 (國朝詩刪)』에는 그의 「스님에게 줌(贈僧)[69]」과 「죽지사(竹枝詞)」가 실려 있다. 이 작품은 중국 문인들에까지 알려졌다고 한다. 유촌의 아 우인 축옹(畜翁) 황효헌(黃孝獻) 역시 문과에 급제하여 벼슬이 이조 참판에 올랐다. 그는 『축옹선생일고(畜翁先生逸稿)』를 남겼는데, 당

---

69) 許筠의 『國朝詩刪』에 실려 있는 유촌 황여헌의 「스님에게 줌(贈僧)」이라는 시를 들어보면 다음과 같다.
直指知名寺　직지사는 이름 난 절로 알았는데,
居僧問幾三　중이 몇이냐 하니 겨우 셋이라네.
石泉鳴瀺瀺　바위틈 물 콸콸거리며 흘러가고,
花雨落毿毿　비가 오듯 꽃임이 흩어져 날리네.
定罷香烟細　참선을 마치니 향 연기 모락모락,
鍾殘鶴夢酣　종소리 여운에 학 꿈에 취한 듯.
話頭如有味　첫 마디에 무슨 뜻 있는 것 같아,
呼我老龐參　날 불러 노승의 방으로 들라 하네. (黃汝獻, 『柳村先生詩稿』)

대에 이현보(李賢輔)· 기재(企齋) 신광한(申光漢) 등과 시를 주고받았
다. 뿐만 아니라 그는 이행(李荇)·홍언필(洪彦弼) 등과 같이 『신증동국
여지승람(新增東國輿地勝覽)』을 수찬하기도 하였다.[70]

둘째, 이 시인들을 통하여 당시 학맥과 혼인 관계를 알 수 있다는 점
이다. 장수 황씨 후손은 말할 것도 없고, 대산(大山) 이상정(李象靖) 입
재(立齋) 정종로(鄭宗魯) 등을 두고 보면 그 사실을 알 수 있다. 입재는
대산의 제자였다. 또 시려(是廬) 황난선(黃蘭善)은 정재(定齋) 유치명
(柳致明)의 제자였다. 대산이나 정재는 모두 안동 출신이다. 따라서 이
청월루가 경상도 서북학맥과 동북학맥이 서로 연결되는 구심점 역할
을 하였다는 것을 알 수 있다. 시려 황난선의 스승인 정재(定齋) 유치명
(柳致明)은 이상정(李象靖)의 외증손이다. 그가 이상정의 문인인 남한
조(南漢朝)·유범휴(柳範休)·정종로(鄭宗魯)·이우(李瑀) 등의 문하에
서 수학하였다. 유치명은 이황(李滉)→김성일(金誠一)→장흥효(張興
孝)→이현일(李玄逸)→이재(李栽)→이상정(李象靖)으로 이어지는 학
통을 계승하였다. 또 그는 이진상(李震相)·류종교(柳宗喬)·이돈우(李
敦禹)·권영하(權泳夏)·이석영(李錫永)·김흥락(金興洛) 등 많은 학자

---

70) 許筠의 『國朝詩刪』에 실려 있는 축옹 황효헌의 「동년께 줌(贈同年)」이라는 시를 들어보면
   다음과 같다.
   屈指吾同榜   우리 동방급제한 해를 손꼽으니,
   于今十七年   어느덧 열일곱 해가 지나갔다네.
   相離星似散   서로 떨어져 별같이 흩어졌으나,
   投分柒逾堅   뜻이 통하여 옻칠같이 굳었다네.
   盃酒聞韶館   문소 관아에서 술잔을 나누나니,
   笙歌歲暮天   생황 노래 소리에 한 해 저무네.
   莫辭今日醉   오늘 취한다 사양하지 마시구려,
   人世信茫然   세상은 참으로 아득하기만 하니. (黃孝獻, 『畜翁先生逸稿』 卷1, 『詩』).

를 배출하였다. 이러한 학맥이 중모(中牟)의 인재들에 닿았다.

셋째, 이 청월루 시를 통하여 장수황씨 후손들의 선조에 대한 추앙(推仰)과 일가에 대한 애정을 알 수 있다는 점이다. 장수(長水) 황씨(黃氏)는 조선 시대에 문과(文科) 급제자 40명, 상신(相臣) 2명, 대제학(大提學) 2명, 호당(戶當) 2명, 청백리(淸白吏) 1명, 공신(功臣) 6명을 배출하였다. 조선 4대 명상(名相)의 한 사람으로 꼽히는 익성공(翼成公) 황희(黃喜) 정승을 낳아 더욱 유명하다. 상주 중모현(中牟縣)에 정착한 소윤공파(少尹公派)는 황희의 둘째아들 황보신(黃保身)을 파조로 한다. 황희의 아들은 호안공(胡安公) 황치신(黃致身), 소윤(少尹) 황보신(黃保身), 영의정(領議政) 황수신(黃守身), 사직(司直) 황직신(黃直身) 등이다. 한성부(漢城府) 소윤(少尹)을 지낸 황보신의 후손은 군수(郡守) 황우형(黃友兄), 참판(參判) 황종형(黃從兄), 현감(縣監) 황경형(黃敬兄), 사정(司正) 황공형(黃恭兄) 등이다.

황희(黃喜)의 영정(影幀)이 이 옥동서원에 봉안되어 있다. 청월루는 강학의 공간이면서 창작의 공간이기도 하였다. 이 청월루와 청월루 시를 매개로 하여 장수황씨 후손들이 이곳에 모였다. 이들이 이곳에서 서로 수창하면서 조상에 대한 추원(追遠)의 정(情)을 고조시켜 일가에 대한 애정과 집안이 결속(結束)하는 계기가 되었다.

넷째, 이 청월루 시를 통하여 당대의 시풍(詩風)의 단면을 알 수 있다는 점이다. 15세기 후반부터 20세기 초반까지의 생존한 시인들의 시를 통하여 한시의 형식과 내용이 어떻게 변화하고 있는가를 알 수 있게 한다. 예를 들어, 입재 정종로의 시 같은 경우는 칠언시를 기반으로 하고 있다. 그의 시는 근체시가 아니라 당나라 이전의 고시(古詩)에서 많이 보이는 형식을 취하고 있다. 그의 청월루 시는 시가 아니라 노래[歌]에 가깝다. 그만큼 시의 형식이 정형(定型)에서 정형(整形)으로 변하여 가고 있다는 사실을 알 수 있다. 또 시려 황난선의 여러 작품은 그 형식이 다양하다. 그의 25수의 시는 칠언율시가 많은 부분을 차지하고 있지만, 오칠언 절구, 칠언장구가 있다.

다섯째, 이 청월루 시를 통하여 그들의 현실인식과 시인들의 지향의식을 알 수 있다는 점이다. 청월루 시를 지은 시인들은 자신들의 시에는 시를 지을 당시의 그들의 정감을 묘사하고 있다. 그러나 시의 내용을 면밀히 분석하여 보면, 시 속에는 시인의 정감뿐만 아니라 그들의 지향의식이 들어 있다. 이들은 현실세계에 대하여 우환의식을 가지고 있었다. 자신들이 접하는 산천초목의 경치가 좋을지라도 현실 세계를 걱정하였다. 또 이들은 그 나름대로 선민의식(選民意識)을 갖고 있었다. 이들은 선비정신을 몸소 실천하고 있었다. 그러나 그들은 나름대로 일반 서민들과는 다르다는 선민의식을 시를 통하여 표출하고 있다.

여섯째, 청월루 음영 시를 통하여 이를 제재로 하여 지은 시인들의 학문 경향을 알 수 있다는 점이다. 이들은 조선후기에 유행한 실학(實學)보다는 그 이전의 의리학을 중시하였다. 청월루 시를 지은 시인들은 모두 정주학(程朱學)을 바탕으로 하고 있다. 물론 대과(大科)에 급제하여 벼슬살이를 한 분도 있고 그렇지 않은 분도 있다. 그러나 실사구시(實事求是)의 실학(實學)이 유행하였던 때였지만 이들은 의리학(義理學)을 바탕으로 현실에 적응하였다. 이들은 독서의 폭이 대단히 넓었다. 이들은 경서(經書) 뿐만 아니라 당송팔가(唐宋八家) 시문(詩文)이나 『초사(楚辭)』 등도 읽었다는 것을 그들이 지은 시제목이나 내용을 통하여 알 수 있다.

일곱째, 백화서원의 부속 건물인 청월루 시를 지은 시인과 시작품이 많지 않다는 점에서 다소 아쉬움이 있다. 이는 백화서원이 외진 곳에 자리 잡고 있어 사람들이 내왕하기가 불편하였기 때문이다. 따라서 백화서원을 간장하고 있는 장수 황씨 후손들이나 그 들과 인척관계에 있는 사람들만이 이곳에 와서 시를 지었다. 또 서원의 역사가 오래지 않아 배출한 인재가 아주 많지 않다는 점이 이 청월루 시의 한계이다. 서원에서 배출한 인재가 많으면 그만큼 작품이 많아진다. 작품이 많으면 시의 형식이나 내용이 풍부하게 된다. 청월루가 있는 백화서원의 입지 조건이 많은 시인들이 다양한 시를 창출하기에 어려웠다. 이 점이 아쉬움으로 남는다.

5. 맺음말

옥동서원은 1714년(숙종 40년) 사림들의 중론에 의해 서원으로 승격되었고: 1789년(정조 13년) 사액과 함께 현재의 이름으로 불리게 되었다. 1511년(중종 6)에 유촌(柳村) 황여헌(黃汝獻: 1486~?)이 사가독서(賜家讀書)를 명받아 백화당에서 독서하였다. 1515년(중종 10)에는 유촌의 아우인 축옹(畜翁) 황효헌(黃孝獻: 1490~1532)이 또 이 백화당에서 사가독서하게 되자 이 백화당이 백화횡당(白華黌堂)으로 이름이 났다. 1580년(선조 13년)에는 신덕(新德)에 방촌(厖村) 황희(黃喜)의 영정(影幀)을 모신 백옥동영당(白玉洞影堂)을 새롭게 건립하였다.

1593년 임진왜란 때 백옥동영당 건물이 모두 타 버려 반간(槃澗) 황뉴(黃紐: 1578~1626)가 영당(影堂)을 중건하여 춘추향사를 봉행하였다. 입재(立齋) 정종로(鄭宗魯: 1738~1816)는 옥동서원에 배향하고 있는 분들과 사액하게 된 유래를 밝히고 각 건물의 이름을 붙였다.

옥동서원이라는 이름이 있기 전 백화서원을 제재로 하여 시를 지은 분은 유촌(柳村) 황여헌(黃汝獻: 1486~1566)과 대산(大山) 이상정(李象靖)이다. 유촌의 「백화서원(白華書院)」시는 그가 신덕정사(新德精舍) 주변의 경치 좋은 8곳을 읊은 「신덕팔영(新德八詠)」 가운데 첫 번째에 들어 있다. 그의 시는 백화서원에서 자신의 희망을 묘사하고 있다. 그가 이 서원과 서원 유생들에게 바라는 큰 기대감을 이 시 안에 함축하고 있다.

대산은 「백화서재에 붙임(題白華書齋)」과 「황영공 익재의 백화재에서 묵으면서 오언 근체시를 지어 삼가 바침(宿黃令公翼再 白華齋得五言近體奉呈)」이라는 시를 지었다. 그는 이 두 수의 시에서 자신이 중모(中牟)의 황씨(黃氏)와 인연이 깊은 것을 강조하였다. 대산은 두 수의 시에서 그 자신의 정감(情感)을 묘사하고 있다. 그가 자신의 시에서 학문에 관한 자신의 견해는 밝히지 않았다. 그러나 그 자신이 한결 같은 마음을 가진 선비라는 것을 은근히 드러내고 있다.

입재(立齋) 정종로(鄭宗魯: 1738~1816)는 병인년(1806, 순조 6)에 「옥동제영(玉洞題詠)」 19수(首)를 지었다. 입재는 청월루 뿐만 아니라 옥동서원의 강당(講堂)과 서재(書齋) 이름을 붙였다. 그의 「옥동서원 강당과 서재 및 수석 명명기(玉洞書院堂齋及水石命名記)」에서 명명(命名)한 건물의 의미를 설명하고 있다. 그의 「청월루(淸越樓)」 시를 통하여 청월루에서 공부하는 사람들은 인격과 학문이 완성되기를 바라고 있다. 청월(淸越)을 금성옥진(金聲玉振)에 비유하여 청월루에 많은 의미를 부여하였다. 그가 이 「청월루」 시를 통하여 청월루에서 공부하는 사람들은 인격과 학문이 완성되기를 바라고 있다.

백하(白下) 황반로(黃磻老: 1766~1840)도 스승인 입재 정종로에 이어 「옥동서원에 붙여 읊음(玉洞書院題詠)」으로 19수(首)를 지었다. 그의 「옥동서원 제영」 가운데 4번째인 「청월루(淸越樓)」가 들어 있다. 입재(立齋)와 백하(白下)는 청월루에서 그냥 시를 읊은 것이 아니라 청월루에 의미를 부여하였고, 또 그 의미에 맞는 인재가 배출되기를 바라고 있다. 이는 입재가 직접 청월루라 명명하였고, 백하가 그 뒤를 이었다. 그만큼 이 두 사람은 청월루에 애착이 많았다.

장원(藏園) 황원선(黃源善: 1798~1873)이 자신의 시 「집 근처 경치 좋은 열 곳을 읊음(詠家近十景)」 가운데 옥동서원의 청월루를 읊은 시가 있다. 그도 입재나 백하와 같이 청월루 시에 많은 의미를 부여하고 있다. 단순히 그의 눈에 보이는 경물(景物)을 묘사한 것이 아니라 경물을 통하여 자아의 희망을 읊고 있다.

녹차(綠此) 황오(黃五: 1816~?)가 「중산 노래(中山行)」 36연 72구와 「청월루에서 낭사 시려와 함께(淸越樓同浪士是廬)」라는 오언율시를 지었다. 그의 「청월루」 시는 시려(是廬) 황난선(黃蘭善)과 수창한 작품이다. 이 두 사람 사이에는 시가 곧 대화였다. 시려(是廬)가 다음의 만날 날을 기약한 데 비하여, 녹차(綠此)는 다음의 일은 미리 예측할 수 없다고 하였다. 한 사람은 긍정적이었고 다른 한 사람은 부정적이었다. 열림과 닫힘 속에 청월루에서의 두 사람의 만남은 더욱 값진 것이 되었다. 시려와 녹차가 묘사한 청월루는 창작의 공간이면서 접빈(接賓)의 공간이었다.

시려(是廬) 황난선(黃蘭善: 1825~1908)은 녹차 황오와 수창한 시를 비롯하여 청월루를 제재로 하여 17제 25수의 시를 지었다. 그는 시만 지은 것이 아니라 「청월루에 공부하는 여러 생도들에게 방문(榜文)을 붙여 보임(榜示淸越樓居接諸生)」을 지어 청월루에 공부하는 유생들에게 경계하도록 하였다. 그가 남달리 청월루에 대하여 깊은 애정을 가지고 있었다. 그가 청월루를 제재로 하여 지은 시는 청월루가 창작의 공간, 접빈(接賓)의 공간으로 나타난다. 이는 강학(講學)할 때는 시를 짓지 않은 탓이다. 그에게 청월루는 충전의 공간이 되었다.

청월루 시의 의의는 다음과 같다. 첫째 청월루 뿐만 아니라 옥동서원의 여러 건축물을 제재로 하여 지은 시인들은 당대의 학문과 덕행으로 유명하였던 선비라는 점이다. 둘째 이 시인들을 통하여 당시 학맥과 혼인 관계를 알 수 있다는 점이다. 셋째 이 청월루 시를 통하여 장수황씨 후손들의 선조에 대한 추앙(推仰)과 일가에 대한 애정을 알 수 있다는 점이다. 넷째 이 청월루 시를 통하여 당대의 시풍(詩風)의 단면을 알 수 있다는 점이다. 다섯째 이 청월루 시를 통하여 그들의 현실인식과 시인들의 지향의식을 알 수 있다는 점이다. 여섯째 청월루 음영 시를 통하여 이를 제재로 하여 지은 시인들의 학문 경향을 알 수 있다는 점이다. 일곱째 백화서원의 부속 건물인 청월루 시를 지은 시인과 시작품이 많지 않다는 점에서 다소 아쉬움이 있다.

이상으로 본고를 마치기로 한다. 청월루 뿐만 아니라 옥동서원을 제재로 하여 읊은 시나 시들에 대한 연구는 앞으로의 과제로 남겨 둔다.

상주 옥동서원의 건축과 청월루(淸越樓)[*]

조 재 모 (경북대학교)

1. 서 론

2019년 7월, '한국의 서원'이 유네스코 세계유산으로 등재되었다. 우리나라로서는 14번째 세계유산이다. 지금까지 등재된 유산들을 살펴보면 해인사 장경판전, 종묘, 석굴암과 불국사, 창덕궁, 수원화성, 고창 화순 강화의 고인돌, 경주 역사지구, 제주 화산섬과 용암동굴, 조선왕릉, 한국의 역사마을 하회와 양동, 남한산성, 백제 역사지구, 산사 그리고 서원이 목록에 올라있다.[1] 다수의 유산이 조선시대의 것이고, 이들의 등재가치로 성리학이 왕왕 거론되었음에도 불구하고 다시 서원이 성리학적 가치를 앞세워 유산 목록에 등재된 것은 주목할만한 지점

---

* 이 글은 제4회 옥동서원학술대회(2020. 07. 11, 상주시 옥동서원)에서 발표한 논문이다.
1) 세계유산 등재목록은 세계유산센터의 홈페이지에서 확인할 수 있다. http://whc.unesco.org

이다.[2] 즉, 조선이 가장 뚜렷한 성리학적 사회가 되는데 서원이 크게 기여하였음을 인정받은 것이다.[3] 세계유산에 등재된 9개 서원[4]은 모두 16세기 중반에서 17세기 중반에 이르는, 한국 서원의 역사 중에서 초기의 약 100년간 설립된 사례들이다. 서원의 역사는 계속 이어졌음에도 불구하고 시기를 한정한 것은 교육 및 운영방식, 사회적 역할, 건축적 구성 등 여러 면에서 이 시기의 서원들이 조선 서원의 줄기를 만들어낸 일련의 과정으로 이해되었기 때문이다.

옥동서원은 이번에 등재된 9개의 서원보다 늦은 시기인 18세기에 설립된 서원이다. '백옥동서원(白玉洞書院)'이라는 이름을 가진 것이 1714년이고 '옥동(玉洞)'이라는 사액은 1789년의 일이다.[5] 서원사에서 숙종대는 흔히 '서원 남설기'로 평가되며 학파 서원보다는 문중 서원이 주류를 이루었던 시기로 보고 있다. 즉 초기의 서원들이 고민하였던 것과는 다른 점들이 존재하였고 이는 서원의 건축에도 일정한 영향을 미쳤다고 보여진다. 2015년 11월, 옥동서원이 사적으로 지정[6]될 때의 지

---

2) 서원은 등재기준 iii)에 대해 아래와 같이 인정되었다. " The Seowon, Korean Neo-Confucian Academies are exceptional testimony to cultural traditions associated with Neo-Confucianism in Korea, in the form of educational and social practices, many of which continue. The seowon illustrate an historical process in which Neo-Confucianism from China was tailored to Korean local conditions resulting in academies which are exceptional testimony of this transformative and localising process in terms of function, planning and architecture." (출처 : 세계유산센터 홈페이지)
3) 등재신청 당시에는 이상의 등재기준 iii)과 함께 등재기준 iv)를 통해 뚜렷한 건축적 유형으로서의 서원의 가치에 대해서도 제시되었으나, 아쉽게 이 지점은 인정되지 못하였다.
4) 소수서원, 남계서원, 옥산서원, 도산서원, 필암서원, 도동서원, 병산서원, 무성서원, 돈암서원.
5) 『玉洞書院誌』 옥동서원 약사 pp.43~54 참조. 구체적인 서원의 역사에 대해서는 2장에서 상술.
6) 사적 제532호. 1984년 12월부터 경상북도 지방문화재 기념물로 지정되어 있다가 이때 국가사적으로 승격되었으며, 지방문화재는 지정 해제되었다.

정보고서에는 옥동서원의 건축에 대해 "17~18세기 서원 건축의 변화상을 잘 간직하고 있는 서원"으로 평가한 바 있다. 구체적으로는 "옥동서원의 배치형식은 서원 배치 유형 중에서 향사 기능이 점차 강화되던 17, 18세기에 속하는 모습으로 동서재가 없고 지원시설들이 비교적 적다. 따라서 18세기에 건립된 옥동서원의 배치형식은 당시의 시대적 성격을 반영한 전형적인 유형 중 하나로 옛 모습을 잘 보존하고 있다"고 하였다.[7]

본고는 옥동서원의 건축[8] 중에서 특히 청월루와 회보문에 집중하여 그 건축적 가치를 해석하는 것을 목적으로 한다. 청월루는 서원 경내의 건조물 중에서도 건립 시기는 조금 늦은 편이지만 그 구성이 독특하여 주목되어온 건물이다. 서원 누마루 중에서 온돌을 들인 흔치 않은 사례라는 점과 아궁이가 회보문 바깥으로 설치되어 있는 것이 특징적이다. 이러한 건축적 특징이 어떤 의미를 갖고 있는지 추론해 보고자 한다.

2. 옥동서원의 건립과 변화

옥동서원의 건립은 복잡한 과정을 통해 이루어졌다. 1714년에 백옥

---

7) 문화재청, 『국가지정문화재(사적) 지정보고서(2013~2017년)』, 2017. pp.116~129. 당시 지자체 조사위원으로는 이수환, 곽동엽, 김찬영 등이, 문화재청 현지조사에는 이해준, 정명섭, 김철주 등이 참여하였다. 심의위원회에는 최성락, 고혜령, 김서현, 류제헌, 심정보, 이만형, 이재범, 한필원, 허창수 위원이 참석하였다.
8) 옥동서원은 경상북도 상주시 모동면 수봉리 546번지에 위치하고 있으며 지정면적과 대지면적은 공히 4,545㎡이다.

동서원이라는 이름으로 승원하였지만 그 이전의 과정을 살펴볼 필요가 있다. 이는 국가사적 지정보고서를 비롯한 각종 자료에서 옥동서원의 건립시기가 18세기라는 점을 근거로 하여 강학기능은 쇠퇴하고 향사기능만 강조되는 시기의 모습으로서 이 서원을 이해하여온 바를 재검토하기 위함이다.

정순목은 한국 서원의 발달 단계를 3개의 시기로 구분하여, 16세기 중엽부터를 장수(藏修)를 우위로 하는 제1기, 17~18세기의 향사(享祀) 우위의 시기를 제2기, 19세기의 서원 정비의 과정을 제3기로 구분하고 있다.[9] 민병하는 시창기(중종~명종), 발전기(선조~숙종), 정리기(경종~고종초)의 3개 시기로 구분하였다.[10] 용어와 인식이 동일하지 않지만, 학계의 인식은 17~18세기에 대해 서원 발전단계 중의 특정되는 시기로 구분하고 있다고 할 수 있다. 집계에 따라 약간의 숫자 차이는 있지만 숙종대에 166개소의 서원과 174개소의 사우가 건립[11]되는 양상을 통해 '서원 남설기'라 할만큼의 폭발적인 양상을 통해 수적으로는 발전기로, 건원의 성격으로는 향사를 중심으로 하는 문중서원의 전개시기로 볼 수 있다. 이는 큰 이견이 없는 보편적인 인식이다.

그렇다고 하여 이 시기의 모든 서원이 동일한 동기로 건원된 것은 아닐 것이다. 물론 사적 지정보고서에서 적시하고 있듯이, 동서재 건물이 없는 옥동서원의 건축구성 상 강학 기능이 충분히 수용되지 못하였을

---

9)   정순목, 『한국 서원교육제도 연구』, 영남대 민족문화연구소, 1980.
10)   민병하, 「조선시대의 서원 정책고」, 대동문화연구 제15호, 1970.
11)   정만조, 『조선시대 서원 연구』, 집문당, 1997. p.190 「표2」 참조. (『한국사학』 10호 (1989)의 원고를 묶은 것임)

가능성이 높다는 점은 이 서원이 속해 있는 시기적인 카테고리(17~18세기)에 의한 인식을 강화하는 측면이 있는 것이 사실이다.[12] 그럼에도 불구하고, 옥동서원의 경우 단순히 문중의 창양을 위한 향사중심의 서원으로만 건원되었다고 보기에는 어려운 지점이 있다.

1) 소윤공파의 상주 정착과 백화횡당

장수 황씨 소윤공파는 남양 홍씨와의 혼인을 계기로 상주에 정착하게 되었다. 소윤공 황보신(1401~1456)과 남양 홍씨 여강의 따님(1399~1479)의 혼인은 1416~1417년 간이었을 것으로 추정되고 있으며, 소윤공이 이곳에 정착한 것은 1454년으로 알려져 있다.[13] 방촌의 영정[14]은 이 즈음, 혹은 황맹헌, 효헌 형제에 의해 이보다 늦게 상주로 옮겨진 것으로 생각된다. 『옥동서원지』에는 영정이 상주로 옮겨진 시기에 대해 엇갈린 견해를 함께 수록하고 있다. 권태을은 소윤공의 정착시점 즈음으로, 강경모는 소윤공의 증손인 맹헌, 효헌에 의한 것으로 보았다. 그 두 시점은 약 60년의 간극이 있다.[15] 아무튼, 이 영정은 그

---

12) 이수환은 "문루를 갖춘 보기 드문 서원으로 건축적으로 볼 때, 전학후묘형 배치 형식을 따르고 있음. 건물 구성에서 향사 기능은 강화되지만 강학기능이 축소되어 동서재 건물이 생략되는 17~18세기 서원 건축의 변화상을 잘 반영하고 있음"이라 평가하였다. 문화재청, 앞의 책(2018), p.124 참조.

13) 『옥동서원지』 pp.34~35.

14) 방촌 영정은 1424년, 방촌의 62세 되는 해에 그려진 것으로 알려져 있고, 모사본을 포함하여 11본이 남아 있다. 원본은 옥동서원에 모셔져 있다가 국립중앙박물관을 경유하여 지금은 상주박물관에 소장되어 있다. 현재 옥동서원에는 1775년, 1884년, 1867년에 각각 그려진 모사본이 보관되어 있다. 『옥동서원지』 pp.882~890 참조.

15) 『옥동서원지』 권태을, p.36 및 강경모, p.109 참조. 권태을은 "소윤공이 상주 중모로 은거할 때(1454년 2월 8일. 직후) 남하하여 (방촌 영정) 두 본 중의 한 본을 모시고 왔다 함은 정황상으로도 설득력이 높다 하겠다"고 하였다.

자체로도 매우 중요한 유물이지만, 이후 영당 건립으로 이어지는 기초를 형성하였다는 점에서 의미가 크다.

또 하나의 기초는 백화횡당(白華黌堂)16)의 건립이다. 백화횡당은 1518년에 만들어졌다. 『옥동서원요람』(1977), "중종 무인년(1518년)에 한성부윤 황맹헌, 홍문수찬 황효헌 등이 사가독서함에 방촌 영정을 봉안하고 기타 제현으로 강마하니 횡당이라 하였으며 이것이 본 서원의 효시다." 권태을은 이에 대해 비약이 있음을 지적하였다. 구체적으로는 황맹헌, 효헌 형제의 사가독서(1511, 1517년)기를 어머니 강씨를 봉양하려 귀향했던 1518년에 잘못 맞추었다는 점과 횡당이라는 말은 보통명사이니 백화횡당이라고 했어야 한다는 점, 그리고 신잠 목사의 백화서당(혹은 백화서원)과 동일시한 점을 들어, 아래와 같이 수정하였다.

"소윤공 이래의 백화당은 학교, 글방의 구실을 충실히 이행하여 1511년에는 여헌의 사가독서당이 되고 1515년에는 다시 효헌의 사가독서당이 되어 이곳은 일약 국가가 인정한 유능한 인재의 독서당이 되었고, 1518년에는 기묘사화의 참변을 피하여 어머니 봉양을 핑계로 맹헌, 효헌 5형제가 어머니의 헌수를 축원하며 강마함으로써 백화횡당이란 이름이 널리 알려졌고, 이때 (1518년) 방촌 영정을 이곳에 봉안함으로써 서원의 선현 제향과 학문 연구란 기능을 최소한 갖추게 되어 옥동서원의 효시라 한 점은 타당성이 있다."17)

---

16) 黌堂은 공부를 하거나 글을 배우는 집을 뜻하는 단어로, 黌숨로도 쓰인다. 표준국어대사전.
17) 이상 『옥동서원지』, p.48.

한편, 신잠[18] 목사가 건립한 백화서당과 옥동서원의 관계에 대해서는 논란이 있다. 신잠이 상주 목사직에 있으면서 건립한 18개의 서당은 霞谷, 道谷, 石門, 首陽, 魯東, 修善, 龍門, 潁濱, 梅嶽, 梧山, 孤峰, 鳳城, 白華, 鳳巖, 松巖, 智川, 竹林 및 명칭불명 1개 등인데, 이 중 백화라는 이름과 백화당, 백화횡당 등의 이름이 같은 점을 들어 옥동서원의 전신으로 알려져 있기도 하였다.

『상산지』에는 백화서당에 대해 "상주 서쪽 45리 중모현 서쪽편 서귀동 아래에 있다. 예전에 신덕리에 있었는데 중년에 무등리와 서귀동의 두 곳에 있었으며, 숙종대왕 28년(1701년)에 이를 지금의 자리로 옮겼다"고 하였다. 또한 1701년의 「백화서당중건시돈사록서(白華書堂重建時敦事錄序)」에 따르면 백화서당은 원래 백화산 아래에 있었던 서당은 임진왜란에 소실되어 처음의 자리를 고증할 길이 없고 다시 샛별봉 아래에 지었는데 규모가 너무 작고 또 재화를 당하여 현종 연간에 무등골 중간에 학당을 지었다가 협소하여 25년 후에 조금 아래에 다시 지었다. 그로부터 다시 7년뒤 조아골 남쪽으로 옮겼는데 이 공사를 당시 상주목사가 적극 지원하였다고 하였다.[19]

백화라는 이름은 애초에 소윤공파가 상주에 세거하기 시작할 때부터 사용한 '백화당(白華堂)'이라는 당호 및 '백화횡당(白華黌堂)'과 같

---

18) 신잠(申潛, 1491~1554)은 기묘사화 이후 1543년에 전라도 태인현감으로 발령받았다. 태인에서 고을의 예리를 일으키고 풍속을 고치며 학교에서 인재를 기르는 것에 주력하여 6년간 현감직을 지냈다. 泰仁縣監善政碑(전라북도 문화재자료 제105호)가 있으며, 최치원을 주벽으로 하는 무성서원에 정극인, 송세림, 정언충, 김약묵, 김관 등과 함께 배향되었다. 1552년에는 경상도 상주목사에 임명되었고 2년 후 세상을 떴다.
19) 『상산지』 및 황종진, 「白華書堂重建時敦事錄序」. (『옥동서원지』 p.112에서 재인용)

기 때문에 옥동서원의 건립 이전 역사에 편입되어 있었던 것이다. 또한 이 점에 대해 『옥동서원지』에서는 신잠 목사가 18개 서당을 창설할 때 다른 경우와 달리 장수 황씨 소윤공파가 사용하고 있던 백화당이라는 당호를 사용하였기에 생긴 착오로 보고 있다. 또한 「백화서당중건시돈 사록서」가 현존하는 가장 오래된 백화서당 관련 기록인데 이 기록 등 에서 옥동서원과 관련지을만한 것이 없다는 점을 지적하였다.[20] 시기 적으로 보면 이 문서가 작성된 1701년은 백옥동서원으로 건원된 1714 년 이전이기 때문에 여기에 옥동서원과 연결될 단서가 포함되지 않은 것은 옳다. 또한 백화서당이 존재하였던 백화산, 중모 등은 역시 옥동 서원 인근의 지명으로서 지리적 연관이 없다고는 할 수 없다. 다만, 이 러한 논란에 대해서는 우선 『옥동서원지』의 견해를 따르고자 하며, 본 고에서는 따로 논의하지 않는다.

2) 영당으로의 성격 전환

옥동서원은 백화횡당(白華黌堂)과 더불어 백옥동영당(白玉洞影 堂)을 그 기반으로 하고 있다. 영당은 방촌 선생의 5세손인 돈(惇) 등 이 주축이 되어 1580년 윤 4월 초2일에 모동 천하촌에 건립하였다.[21] 1454년경 혹은 그 이후에 방촌의 영정이 상주에 모셔졌는데, 어느 시 점에 옮겨졌건 간에 1518년 횡당을 건립하면서 정식으로 봉안된 것은 분명하다. 황난선(1825~1908)은 "우리 선조 익성공 묘우는 상주 치소

---

20) 이상 『옥동서원지』 중 권태을, pp.49~50 및 강경모, pp.111~113 참조.
21) 장수황씨세첩. (『옥동서원지』 p.109에서 재인용)

60리 중모현에 있다. 만력 경진(1580년)에 우리 선대의 제 명공이 선조가 일찍이 이에서 소요하였으며 유산이 숙연하고 청분이 아직도 그치지 않아 이를 위하여 사당을 지어 제사를 받들었다."고 하였다.[22] 횡당 봉안 시점으로부터 영당 건립까지의 시간차로 보면 62년간 강학 중심의 시설에 모셔져 있던 것이 향사 중심의 시설로 바뀐 것으로 볼 수 있다.[23][24]

1580년이라는 시기는 서원보급운동이 무르익어가는 시기이다. 소수서원의 설립에 이어 남계서원을 통해 이미 서원 건축의 배치법에 대해서도 정형화되기 시작하였으며,[25] 옥산서원, 도산서원 등의 설립과 사액까지 진행되어 있는 상태였다. 퇴계문인 등의 서원보급운동을 통해 영남지역을 중심으로 각지에 서원이 창설되었다. 이러한 시대적 분위기 속에서 백옥동영당의 건립은 어떻게 평가되어야 할까? 이미 횡당으로서 강학 중심의 건축적 여건이 존재하고 있는 상황에서 영당으로의 전환은 숙종대의 향사 중심의 서원 남설과는 그 성격이 다른 것이라 할 수 있다. 오히려 강학 기능에 향사 기능을 본격적으로 결합함으로써 비록 서원이라는 명칭을 사용하지는 않았지만 당시 건립되고 있던 초기 서원과 같은 기능적 성격을 확보하는 과정으로 볼 수 있지 않을까 조심스럽게 추측한다.[26]

---

22) 황난선, 『시려선생문집』(권 5). (『옥동서원지』 p.52에서 재인용)
23) 이점에 대해서는 권태을 역시 "앞의 백화횡당이 학문에 무게가 주어진 것에 비해 선현 향사에 무게가 주어졌다 할 수 있다"고 평하였다. 『옥동서원지』 p.51.
24) 영당은 임진란을 거치면서 병화로 소실되었다가 후손 황뉴(1578~1626)에 의해 1620년경 중건되었고 당시에도 영정은 무사하였다.
25) 조재모, 「한국서원건축의 유형정립과정」, 한중서원학회 국제학술대회, 2017.10.28.
26) 다만, 횡당이나 영당 시절의 건축 구성에 대해서는 알수 없다.

3) 백옥동서원 승원과 건축적 정비

영당이 서원으로 승원된 것은 이로부터 130여년이 흐른 1714년의 일이었다.[27] "백옥동서원은 중모 고을의 백옥봉 아래에 있는데, 숙종대왕 갑오년(1714년)에 방촌 황선생을 봉향하고 사서 전선생을 배향하였다. 예전부터 있던 방촌 선생의 영당을 서원으로 승원하였는데, 뒤에 옛터에 있던 영당은 선비들이 공부하기에 부적합하여 옛터로부터 북쪽으로 수백보 옮겨 지었다."는 것이 『상산지』(청대본)의 기술이다. 이는 다른 기록의 기술과 크게 다르지 않다. 처음 서원으로 설립된 위치는 지금의 자리가 아니었으나 바로 이듬해에 자리를 옮겼으니 서원의 입지는 초기부터 자리잡힌 것이었다고 할 수 있다. 「건원통문(建院通文)」에서는 서원으로 승원되면서 제사의 전범과 격식, 강당의 건립과 묘우의 건립 등이 해결되었다고 밝히고 있는데, 이로 미루어 이 시기에 단지 이름을 서원으로 바꾼 것이 아니라 강당과 묘우 등 서원이 갖추어야 할 기본적인 건축 요소가 완비되었다.[28]

묘우 경덕사 상량문에서는 "좋은 자리 한 자락에 학궁을 옮겨 세우니 예전의 규모에 맞추어 조금 크게 지으니", "사당은 영당으로 지내던 옛 제도 그대로", "두리기둥에 두공을 한 건물로 오가옥이나 그리 넓지는 않아 새로이 건물을 신축하기를 원하여 옥봉 앞의 소대 언덕에 좋은 판재와 재목으로 지으니", "사당의 자리로서의 형상과 규모가 법도

---

27) 『상산지』, 『상주목읍지』 등에서 확인된다.
28) 「建院通文」에 따르면 서원 건립의 발의부터 12년이 흐른 시점에 승원된 것으로 보인다. 또한 상량문 등의 자료에서는 100여년의 시간이 흘렀다고도 하나 수사적 표현으로 생각된다.

에 맞으니" 등으로 기록하였다.[29] 이를 통해 이전 영당에 비해 규모상 약간 늘려 지었다는 점, 신위 제사로 바꾸지 않고 영당의 제도를 유지한 점 등을 파악할 수 있다. 특히 영당을 폐하고 사당의 제도를 주장하였던 『주자가례(朱子家禮)』의 의견과 달리 영당의 제도를 그대로 유지한 것은 방촌 영정이 가지고 있는 위상을 보여준다. 강당 온휘당 상량문에서는 "현인의 옛 전례를 따라 바로 서원의 격식을 구비하니 삼백자 쯤 옮겨서 터를 닦았고 두 채를 목표로 설계하였다"고 하였으니,[30] 이들 상량문이 영당 자리에서 승원한 이후 자리를 옮겨 지을 때 작성된 것임이 분명하다. 서원의 격식을 구비하였다는 것과 두 채를 목표로 하였다는 것은 묘우와 강당을 염두에 둔 것으로 보인다. 그렇다면 애초에 동서재 등 부속사에 대해서는 고려치 않았다고 할 수 있다. 아무튼, 백옥동서원으로의 승원을 계기로 자리를 이건하면서 아마도 터를 넓게 잡았고 묘우와 강당을 완비한 서원의 모습을 확보하였다.

4) 옥동서원 사액과 청월루

백옥동서원 승원 32년 후인 1746년에는 황효헌과 황뉴 두 분을 추배하여 모두 4위를 모시게 되었다. 또한 1789년에 사액을 받아 '옥동시원(玉洞書院)'으로 이름하였다. 사액을 통해 서원의 위격은 분명하게 확보되었으며, 6년 후에 건립된 청월루와 기타 부속건물을 이러한 위격에 맞추어 건축적으로 보완한 것으로 보인다. 누마루는 서원에서

---

29) 李增曄, 묘우상량문, 번역은 『옥동서원지』를 따랐다.
30) 蔡彭胤, 강당상량문, 번역은 『옥동서원지』를 따랐다.

필수적인 시설은 아니지만 회합과 유식의 공간으로 긴요한 측면이 있다. 청월루 건축에서 가장 중요한 역할을 한 인물은 정종로이다. 그는 서원의 동주(洞主)로서 여러 건물의 건립과 명명 등에 관여하여 현재 옥동서원의 면모를 갖추는데 기여하였다.

청월루는 사액으로부터 3년 뒤, 1792년에 준공되었다.[31] 상량문[32]에 따르면 "서원의 정문은 이전의 문을 다시 더 크게 하고, 그 위에 누를 새로이 올리니 학문을 하기에 더욱 좋구나", "용마루가 첩첩이 이어 높이 솟아 강당의 정면에 자리하여 학당의 장엄함을 장식한 것만은 아니다. 멀리서 바라보니 휘감아 도는 담장 위로 솟은 층루의 난간머리는 높고도 넓은 영대(靈臺)로, 이는 진실로 아무 거칠 것이 없어 필경에는 어찌 이루어지지 않겠는가"라 하였다. 이를 통해 청월루 이전에 별도의 문이 있었던 것을 개변하여 누각문으로 정비한 것으로 볼 수 있으며, 누각 또한 학문을 위한 한 요소로 인식하고 있었다고 하겠다.

이어 "~마침내 대궐에서 특별히 사액의 은전을 내려 주시었네. 강당과 재 등을 둘러보니 비록 규모를 갖추었으나, 문루를 올려 세워 운영하는 일이 이루어지지 않았다. 여러 선비들이 서원에서 거처하며 공부할 장소가 없는 것은 아니지만, 정의가 일어 이를 여가로 멀리 풍경을 바라보며 생각할 자리가 군색하니 이를 표현하고자 하여도 가슴이 답답하고 광경을 보면서 생각을 펼치지 못한다. 바깥의 상쾌한 풍경과 언덕을 보며 높고도 밝은 생각을 만드는 구역에서 눈이 가는대로 저 멀

---

31) 『옥동서원지』 내에서도 청월루 건립시점에 대해 1792년과 1795년이 섞여 기술되어 있는데, 1792년의 건축공사 준공, 1795년의 전각이름 명명으로 보는 것이 맞다.

32) 鄭宗魯, 청월루상량문, 번역은 『옥동서원지』를 따랐다.

리까지 보면 모든 생각과 시상 등이 일어날 것이다"라고 쓴 것은 서원 누각에 대한 정종로와 당시의 인식을 명확하게 보여주는 대목이다. 서원의 누각은 여러 용도로 사용될 수 있지만 그 중에서도 특히 소위 '유식(遊息)'을 강조한 것이다.

"일층은 12개의 기둥[33]을 세우고, 천장의 주변은 전부 열어 처마가 사방에 통하도록 하였으며 좌우에는 방을 넣고 중간의 삼문을 받치게 하였으며", "여덟개 창문의 영롱함은 저녁노을을 보내고 아침 햇살을 맞이하네", "이는 선인이 거처하는 좋은 누재(樓齋)와 견줄만하니"라고 한 대목에서는 건축의 형상을 확인할 수 있다. 하층에 12개의 기둥이라 적었지만 청월루 하부 기둥은 18개이다. 단, 중앙부 3칸 누마루의 하부만으로 한정하면 12개의 기둥이 맞다. 원문에서 먼저 사방을 통하도록 하였다는 마루 부분을 기술하고 이어 좌우에 방을 넣었다고 하였으니, 아마도 청월루의 누마루 부분과 양측 온돌방 부분을 별기한 것으로 생각된다.[34] 12개의 기둥이라는 규모는 헌과 삼문, 좌우의 방 등을 모두 포함하는 구성으로는 불가능하기 때문이다.

즉, 원래 그 자리에 있던 문을 개변하여 건립한 청월루는 건립 당초에도 지금의 모습과 같은 골격을 가진 건물이었을 것으로 추측되며, 기능에 대해서는 무엇보다도 유식을 중시하였다고 할 수 있다. 더불어, 정종로는 원장으로서 각 건물에 대한 이름에 대해서도 기술하였다. 서원으로의 승원이 1714년, 현재 자리의 정착이 1715년이고 묘우와 강

---

33) 원문에는 '十二楹'이라 기재되었다. 여기서 楹은 말 그대로 기둥으로 해석된다. 때로는 기둥 사이의 '間'으로 해석될 때가 있어 주의를 요한다.
34) 원문에는 '軒', '室', '三問' 등으로 각부를 지칭하였다.

당의 건립에 대해 이증엽, 채팽윤의 상량문이 있으나, 나머지 부속건물까지 완성되는 이 시점에 이르러서 서원의 완전한 면모를 갖추게 되었다. 이 시점에 이르러 당호와 재실의 이름에 대해 정돈하였다. 누각의 이름을 청월루라 하고 그 좌우의 방을 진밀료, 윤택료라 하였다.[35]

5) 이후의 수보

이후 19세기 말에 이르러 민종렬[36] 목사가 상주목사로 부임하여 옥동서원을 중수하였다. 정종로로부터 약 100년이 지난 시점이다. 당시의 중수기[37]에 따르면, "병술년(고종23, 1886년)에 외람되이 (민종렬이) 서원의 수임이 되어 방촌 선생의 영정을 봉심하니 그정 명할 따름이다. 그 얼굴에 타이르는 듯 경계하여 실천하신 덕행이 다시 돌아오지 않으니 세월의 흐름을 느낄 뿐이다. 왕성하였던 창건 당시의 서원도 세월이 오래되어 기울어지고 허물어지게 되어 생각하니 무너질까 두려울 뿐이다. 물러나와 동서재의 유생들과 새로운 계획을 세우고 재원을 마련하여 공사를 시작하니 봄이 지나 여름인 넉 달만에 공사를 마치니 기둥과 들보가 이미 완성되고 단청이 새로우니 향화가 그치지 않는 서원으로 어찌 큰 다행이라 하지 않으리오."라고 하였다.

1889년의 중수가 어느 정도의 규모였는지는 기록상 명확하지 않다.

---

35) 건물의 이름에 대해서는 후술함.
36) 민종렬(1831~1899)은 驪興閔氏 恭穆公派 25세손이며, 세거지는 稷山이다. 1865년(고종 2)에 식년 생원시에 급제해서 관직이 나아갔고, 노성현감, 현풍현감, 양산군수, 밀양부사 등을 거쳐 1885년(고종 22) 3월에 상주목사로 부임하였으며 직을 수행한 이후 남원부사, 나주목사, 담양군수 등 각 지방직을 거쳤다. 상주목사로 재임한 기간은 약 5년 2개월로서 이것은 19세기 상주목사의 평균재임기간과 비교해 볼 때 상당히 긴 기간이었다. 이상 김철수 참조.
37) 閔種烈, 玉洞書院重修記, 번역은 『옥동서원지』를 따랐다.

중수기가 말한대로 "기울어지고 허물어지게 되어 무너질까 두려울" 정도였다는 것은 중수의 당위성을 부여하기 위한 수사로 보이므로 의심할 필요는 있다. 4개월간의 공사기간 역시 공사 규모를 판단하는 명확한 기준은 아니다.

다만 "청월루 퇴량두에 용두 조각 등 건물의 공포 및 지붕가구, 창호 세부기법 및 구조에서 19세기 건축적 특성을 밝힐 주요한 자료"라는 등의 조사 의견[38]을 참조할 필요는 있다. 예컨대 용두 등의 장식 특성이 19세기 말의 것이라면 1889년의 중수가 상당히 대규모의 공사였다고 할 수 있다. 하지만 이 모습이 18세기 말 청월루 건립 당시의 것이라면 그 해석은 또 달라질 것이다.[39]

아래는 『옥동서원지』에 정리된 서원의 연혁을 건축 중심을 요약한 것이다.[40]

6) 옥동서원의 건립 및 건축물 연혁

- 1454년 　황보신이 중모 천하촌으로 정착. 당호를 백화당. 장수 황씨의 가학전승장.
- 1511년 　황여헌이 사가독서로 백화당에 기거.
- 1515년 　황효헌이 사가독서로 백화당에 기거.
- 1518년 　황맹헌, 여헌, 효헌 등이 어머니의 헌수를 축원하며 백화당에서 장마. 백화횡당 명칭.

---

38) 정명섭, 김찬영 등.
39) 우선은 가능성을 열어놓고 다시 살펴보고자 한다.
40) 아래는 『옥동서원지』 pp.72~82, 금중현, '제2장 옥동서원의 연혁'을 정리한 것임. 방촌 영정의 기탁시점에 대해서는 같은 책, p.886을 참조하여 추가. (해당 부분 집필 강용철). 기타 일부 수정.

- 1580년   백옥동영당 건립.
- 1593년   백옥동영당 소실.
- 1620년   경영당 재건.
- 1660년   묘우 단청후 신위 환안.
- 1714년   백옥동서원으로 승원.
- 1715년   묘우를 인근 헌수봉 아래로 옮김. 당호 경덕사. 상량문 이증엽.
- 1716년   강당 준공. 상량문 채팽윤.
- 1784년   후원단체 난국계 결성(추정).
- 1789년   서원 사액. 옥동서원.
- 1790년   방촌 영정 이봉 고유.
- 1792년   문루 준공.
- 1795년   청월루. 회보문. 진밀료, 윤택료 등 명명. 상량문 정종로.
- 1804년   묘우 중수 이안고유 및 환안고유.
- 1815년   전사청 건립.
- 1864년   서원 원우 중수.
- 1867년   방촌 영정 이모시고유 및 환안고유.
- 1871년   서원철폐령에도 불구하고 존치서원으로 보존.
- 1886년   옥동서원선액시치제문 기판 게첨.
- 1889년   서원 중수.
- 1967년   묘우 당루 원장 중수.
- 1968년   백옥정 중수. (초건연대 미상, 서원건립시로 추정)
- 1976년   묘우 기단 석축 공사.
- 1981년   옥내 담장 해체 보수공사.
- 1984년   묘우 지붕 보수공사. 경상북도 지방문화재로 지정(지방기념
         물 제52호)
- 1985년   담장 전면보수공사.

- 1987년　문루 연목 해체보수 및 담장 일부 보수공사.
- 1991년　묘우 및 강당 지붕 번화 및 일부 연목 교체. 전사청, 묘우, 강당의 기단 보수. 내삼문과 사주문 해체보수공사.
- 1993년　묘우 단청 및 석축 배수로 설치.
- 1995년　강당 보수공사.
- 1996년　관리사 개축. 담장 설치.
- 2000년　화장실 개축 및 담장 보수.
- 2001년　강당 해체 번와 보수.
- 2004년　문루 정비 보수공사.
- 2007년　전사청 전면 보수공사.
- 2008년　방촌 영정 국립중앙박물관에 기탁.
- 2011년　백옥정 전면 보수.
- 2015년　국가지정문화재 사적으로 지정(사적 제532호)
- 2016년　국립중앙박물관에 소장되어 있던 방촌 영정 환수.
- 2017년　묘우 및 내삼문 수선공사.

3. 청월루의 건축과 가치

1) 옥동서원 건축의 형태적 특징

　　1714년에 서원으로 승원된 것을 계기로 이듬해의 묘우 이건 등을 거쳐 묘우와 강당이 준공되었다. 묘우 경덕사는 정면 3칸, 측면 1칸반의 전형적인 서원 사당의 규모이다. 특징적인 것은 전면부 퇴칸에 마루를 설치하였다는 점이다. 툇마루 전면의 기둥 4개는 모두 원주로 하여 다른 기둥과 차별적인 정면성을 구현하였다. 강당 '온휘당'은 정면 5

칸, 측면 2칸의 구성으로서, 중앙부 3칸은 대청으로 하고 좌우에 온돌방을 각 1칸씩 놓았다. 이 역시 통상적인 강당 구성에서 크게 벗어나지 않는다.[41]

대청 전면의 원주는 초익공을 올렸고 나머지는 민도리로 간략하게 구성하였다. 강당 온돌방은 '착로재', '탁장재'라는 이름을 붙였다. 방의 뒤쪽에는 벽감을 두었고, 주변으로 쪽마루를 둘러 계자각 난간으로 장식했다. "강당 주위에 이처럼 쪽마루를 설치하여 동선상의 편의를 도모한 모습은 19세기 이후 건물에서 주로 나타나고 있다"[42]고 평가되었는데, 실은 통행 동선상의 편의보다는 건물의 외관을 장식하는 효과가 더 큰 것으로 이해하는 것이 옳다. 대청 후면의 창호에 '영쌍창'을 쓴 것은 시기를 조금 올려볼 수 있는 요소이기는 하나, 대청 후면에 문을 내어 출입이 가능하도록 한 것은 "19세기 이후의 건물에서 찾아볼 수 있는 것"[43]으로 보이기도 한다. 또한 대청과 양측 온돌방 사이의 창호를 3분합 맹장지 '들어열개문'으로 한 것도 19세기 이후의 건물에서 주로 나타나는 경향이 있다.

평면 유형으로 보면, 김은중은 조선시대 서원에 대한 조사연구에서 서원의 강당은 좌우에 온돌방은 둔 유형, 한쪽에만 온돌방을 둔 유형 및 전체가 방이나 온돌로 된 유형 등을 구분한 바 있다. 그 중 가장 많은 수가 첫 번째 유형에 속하며, 특히 영남권에서는 좌우에 온돌방을

---

41) 조재모, 조선중기 서원의 태동과 건축유형 정립, 한국건축역사학회 2017 추계학술발표대회, 2017.11. 참조.
42) 『옥동서원지』, p.904.
43) 위의 책.

두되 전면에 퇴칸 없이 대청 전면과 일치되게 배치하고, 대청 전면에는 별도의 창호를 설치하지 않는 형태가 집중적으로 나타나는 것으로 파악하였다.[44]

옥동서원 온휘당은 3칸 대청을 가진 가장 보편적인 유형에 속한다. 또한 사당은 대부분이 정면 3칸으로서 바닥에 마루를 설치하는 경우가 대종을 차지하는데, 경덕사 역시 이러한 유형에 속한다. 즉 강당과 사당의 평면 구성에 있어서 옥동서원은 보편적인 유형을 크게 벗어나지 않는다고 할 수 있다. 다만 사당 전면의 툇칸에 마루를 설치한 것은 주목할 특징이다.[45]

1792년에 준공된 청월루는 상하층을 가진 중층 누각의 형태이다. 2개의 층이지만 경사 지붕은 상층에만 한번 사용하였으므로 구조적으로 복잡한 방식은 아니라고 할 수 있다. 정면 5칸, 측면 2칸의 총 10칸 규모이며, 하층은 3칸의 회보문을 중앙에 설치하고 좌우로 상층 온돌방을 위한 아궁이가 시설되어 있는 칸이 각 1칸씩 놓였다. 상층은 중앙부에 정면 3칸 규모의 대청을 두었고 좌우에 온돌방을 각 1칸씩 두었다. 상층부 전체는 쪽마루가 확장되어 계자각 난간을 둘러 장식적인 효과를 내었다. 양측 방의 전면으로 툇마루[46]를 들였는데, 구조적으로 보

---

44) 김은중, 한국의 서원건축, 문운당, 1994, pp.237-246 참조. 한편 이러한 유형에서 대청마루의 정면 칸수는 3칸이 대부분이나 2칸 규모를 갖는 것도 상당수 존재하고 있다.

45) 여기에 대해 곽동엽은 "묘우(경덕사)의 전면퇴칸형식은 상주지역에서는 드문 형식으로 강학쇠퇴-향사강화의 17~18세기 조선시대 서원의 특징을 보여주는 사례"라고 평한 바 있다.

46) 툇마루라는 표현은 정명섭의 기술을 따랐다. "옥동서원의 문루는 정면 5칸·측면 2칸 규모의 2층 누각 건물이다. 아래층에는 중앙 3칸에 서원 출입문을 내고 그 좌·우측에 함실 아궁이를 시설했다. 위층은 중앙에 3칸 대청을 두고 그 좌·우측에 각기 1칸씩의 온돌방을 놓고, 전면에 반 칸 크기의 툇마루를 들였다. 건물의 네면 모두에 헌함을 설치하고 계자각 난간으로 장식하였다."

면 정식의 툇마루는 아니고 측면 2칸의 양통 주열 중 앞쪽칸 중앙지점에서 샛기둥을 두어 분할한 것을 볼 수 있다.

이 툇마루의 하부는 아궁이에 해당하고 안쪽 1칸 반의 방 하부에는 온돌 고래가 설치되어 있다. 누 상부의 출입은 회보문 안쪽으로 들어와 좌측에 설치된 계단을 이용하게 되어 있다. 지붕은 팔작으로 올렸고 홑처마이다. 상부는 5량가로 구성하고[47] 양측면 중앙 기둥에서 충량을 대들보를 향해 걸어올렸는데, 대청 좌우벽에 노출된 충량의 머리에 용두를 조각한 점이 이채롭다.

2) 서원과 청월루에 대한 기존 평가와 문제제기

이러한 건축적 형태를 갖고 있는 옥동서원의 건축적 가치에 대해서는 1984년 경상북도 지방문화재로 지정되던 시기, 그리고 2015년 국가사적으로 승격되던 시기에 조사 의견이 제출되어 있기 때문에 이를 참고하여 기존의 평가를 살필 수 있다. 특히 2015년 사적지정 당시의 조사 의견이 가장 최근의 평가를 반영하고 있으므로 이를 주로 참고하였다.[48]

곽동엽은 "창건 이후 경영 과정과 건립 시기가 비교적 명확한 훼철되

---

47) 「淸越樓歌」에는 "五架結構何岌嶪"라는 표현이 있다. 오가결구는 오량가, 즉 도리를 5개 사용하는 보통의 상부가구 형식을 지칭하기도 하나, 깊게는 이러한 구성을 기본으로 하는 고대 중국의 정침 구성법을 대표하는 의미를 담기도 한다. "五架屋(制)"라는 표현으로 사용된다. 이에 대해서는 이강민, 도리구조와 서까래구조, 스페이스타임, 2013. 참조.

48) 사적 승격을 위해 경상북도에서 조사한 바와 문화재청 문화재위원회 차원에서 조사한 바를 함께 보았다. 지자체 조사에서는 이수환, 곽동엽, 김찬영이, 문화재청 위원회의 현지조사에는 이해준, 정명섭, 김철주가 참석하였다. 문화재청, 『국가지정문화재(사적) 지정보고서(2013~2017년)』, 2017. pp.116~129.

지 않은 47개 서원 중 하나"라는 점과 "묘우(경덕사), 내삼문, 강당(온휘당), 청월루가 일직선상에 위차한 전학후묘 배치형식으로 동서재가 생략되는 대신 청월루 양단에 온돌방을 두어 그 기능을 대신하는 등 조선후기 강학기능이 쇠퇴되어 가는 과정을 단면적으로 보여주는 특징적인 형식의 서원"이며 "강당(온휘당)의 배면 창호 및 3분합 맹장지 들어열개로 구성된 청방간 창호형식 등은 조선 후기 형식의 전형성을 보여주는 사례", "묘우(경덕사)의 전면퇴칸형식은 상주지역에서는 드문 형식으로 강학쇠퇴-향사강화의 17~18세기 조선시대 서원의 특징을 보여주는 사례"라는 점을 들었다.

김찬영은 "1949년 대규모 보수 이후, 최근까지 수차례 보수정비가 이루어져 보존관리가 양호하다"는 점과 함께 뛰어난 입지환경 및 그와 관련하여 백화동 10경과 8탄 중에 옥동서원이 포함되어 있음을 지적하였다. 또한 "문루인 청월루와 강당인 온휘당의 강학 공간을 전면에, 솟을삼문인 내삼문과 묘우인 경덕사의 제향공간을 한 단 높은 후면에 주축선으로 배열시킨 전학후묘형"이면서도 "제향 관련 건물인 전사청을 두 공간 사이에 직각 배치시킨 점, 강학 관련 건물인 동서재가 없는 점"을 함께 지적하며 이를 "우리나라 서원의 후기형식적 특징"이라 하였다. 청월루에 대해서는 "1층 어,협칸에 문루, 그 외 양퇴칸에는 아궁이를 설치하고 2층 양퇴칸에 온돌방을 둔 점"과 "청월루 퇴량두에 용두 조각 등 건물의 공포 및 지붕가구, 창호 세부기법 및 구조에서 19세기 건축적 특성을 밝힐 주요한 자료"라는 점을 별기하였다.[49]

---

49) 이상 지자체 조사위원 의견은 문화재청, 앞의 책(2018), pp.124~126 참조.

정명섭은 옥동서원에 대해 "옥동서원은

가) 서원의 기본적 입지조건인 경관이 뛰어난 장소에 자리 잡고 있으며,

나) 문루·강당·내삼문·사당을 일축선상에 배치한 "전학후묘(前學後廟)"로 강학기능이 쇠퇴하던 시대적 배경에 따라 동·서재를 비롯한 장판각 등의 중요한 지원시설들이 제외되었던 17·18세기 서원제도의 경향을 읽게 하며,

다) 사당의 툇마루, 문루의 영쌍창, 강당과 문루의 배면 및 청방간 창호, 강당과 문루의 공포 및 세부양식 등은 보기 드문 고식과 시대적 변화에 따른 건축적 특징을 잘 보여주고 있다. 경북의 비 훼철 서원 9개소 중 하나인 옥동서원은 건립 당시의 모습을 비교적 잘 간직하고 있는 상주시의 대표적인 역사문화유산으로 서원의 향사기능이 강화되기 시작한 18세기 전후의 양식 변화를 살펴 볼 수 있는 편년자료로서의 건축역사와 학술적 중요성을 지니고 있으므로 사적으로 지정할 가치가 있다."고 평하였다.

세부적으로 청월루에 대해서는 "~양측의 온돌방은 동·서재를 대신 사용한 공간으로 서원의 문루에서 거의 찾아 볼 수 없는[50] 형식이다. 이는 강학기능이 점차 쇠퇴되던 때 동·서재를 설치하지 않고 그 대신 문루에 온돌방을 두고 대용한 과도기적 변화상을 살펴 볼 수 있는 귀한 예라 생각된다"는 점을 특기하였다.

또한 "대청의 정면과 배면은 누 상부는 물론 강당에서도 서원 앞쪽

---

50) (원문주석) 경북에는 유일하게 동·서재가 있는 옥산서원(1572년, 사적 제154호, 경북 경주시 안강읍 옥산리)에만 온돌방이 있음.

에 펼쳐진 경관을 감상 할 수 있도록 개방되어 있다. 양측 온돌방 정면의 창은 고식의 영쌍창으로 건립 당시의 모습을 잘 간직하고 있음을 알 수 있다.

대청과 온돌방 사이는 툇마루를 들인 나머지 반 칸에는 외짝 굽널 띠살 문을 달고 그 옆 1칸에는 3분합 굽널 띠살 문을 내었다. 청방간의 이런 창호 형식은 강당의 것과 거의 같은 시기인 19세기 이후에 주로 나타나고 있다"고 하여 시기적인 특징을 살피고 있다. 종합적으로는 "옥동서원의 문루 역시 강당처럼 19세기 이후의 모습을 보이고 있어 이 청월루도 건립 이후 부분적 변화가 있었던 것으로 판단되며, 전체적으로는 서원 문루 건축의 보편적인 양상을 띠고 있는 것으로 판단된다"고 평하였다.

종합하여 보면, 앞선 연구는 옥동서원의 건축물에 대해 창건 당시의 모습을 유지하는 속에서 많은 부분이 19세기 말에 개변된 것으로 보고 있다.[51] 동서재를 갖고 있지 않은 서원의 배치형식은 18세기적 모습으로 이해하면서 옥동서원 창건 당시부터의 모습으로 보았고, 온휘당, 경덕사가 이 시기부터 존재하였고, 이후 18세기 말에 청월루가 부가되었다가 민종렬 부사의 개변시에 지금의 건물 모습을 가진 것으로 본 것이다. 이는 온휘당과 청월루의 청방간 창호부 구성, 청월루의 용두충량머리 장식, 강당 쪽마루 및 계자각 구성 등을 19세기적 특징으로 이해한 것에 따른 판단이다.

---

51) 조사의견 중에는 1913년의 개변으로 기재한 곳이 있으나, 그에 대한 설명으로 민종렬 부사의 개변을 거론한 것으로 보아 단순한 오기인 것으로 파악된다.

하지만, 민종렬 부사의 중수기처럼, "왕성하였던 창건 당시의 서원도 세월이 오래되어 기울어지고 허물어지게 되어 생각하니 무너질까 두려울 뿐"이라는 수준이기 위해서는 청월루 건립 이후 각 건물에 대한 정종로의 명명이 있었던 1795년부터 1889년까지 서원이 방치되다시피 했어야 한다. 1804년의 묘우 중수, 1815년의 전사청 건립, 1864년의 원우 중수 등의 흔적으로 보면, 옥동서원은 비교적 잘 관리되어왔다고 보아야 할 것이다. 또한 1871년 대원군에 의한 대대적인 서원 훼철 속에서도 이 서원이 존치된 것을 보면 적어도 중수기 표현처럼 무너질 정도의 상황은 아니었다고 판단하는 것이 합리적이다. 그럼에도 불구하고 이 시기의 공사가 작은 규모가 아니었다는 점은 중수기의 표현에서 짐작되는 바이지만, 현재 건물의 명확한 시점에 대해서는 단정하기 어렵다.

3) 서원 누각의 계보와 청월루

이상과 같은 건축적 특징과 기존 평가에 대한 문제제기를 바탕으로 청월루에 대해 몇 가지 지점을 다시 살펴보고자 한다.[52] 첫 번째로 살펴보고자 하는 것은 청월루의 건축적 형식이다. 누차 지적되어 왔던 바와 마찬가지로, 청월루의 가장 중요한 특징은 좌우에 온돌방을 가진 형식이라는 점이다. 단적으로 말하자면 일찍이 이 형식은 경주 옥산서원에서 등장한 바 있으나 극히 드문 형식이다.

서원의 누각은 '유식과 회합'의 공간으로 인식되어 있다. 서원의 공

---

52) 결정적인 반증 자료가 별로 없기 때문에 결과적으로는 많은 부분 기존 연구의 성과를 이어가는 내용일 수밖에 없다는 점을 미리 밝힌다.

부가 선현에 대한 제향을 통해 학문의 목표점을 제시하고, 경전에 대해 강학으로 학문을 체계화하며, 자연, 인문 환경 속에서 서로 감응하고 학문적으로 교류하며 지식을 실천하는 중첩적인 체계로 이루어지고 있다고 할 때, 이들은 각각 사당, 강당, 누각이라는 건축적 장치에 의해 구현된다. 다만 사당이나 강당과 달리 누각은 서원에 '반드시 필요한 건축'은 아니었다. 이는 누각을 갖춘 서원이 생각보다 한정적이라는 점에서 확인된다.

최초의 서원인 소수서원의 경우 서원의 배치법, 건축적 형식에 대해 구체적으로 논정된 바 없이 건립되었다. 단지 제향을 위한 사당과 강학을 위한 강당이라는 요소를 서원의 기능공간으로 설정한 것이었다.[53]

누각이 서원에 처음 등장한 것은 옥산서원에서의 일이다.[54] 옥산서원 무변루는 그 안쪽의 동서재와 강당과 함께 마당을 완벽하게 위요하는 누각이다. 특징적인 것은 이후 등장하는 서원 누각이 대부분 정면 3칸 내지 5칸의 개방된 통 칸으로 구성되는 것과 달리 중앙부의 3칸 대청을 두고 양쪽에 각 1칸의 방을 두었다는 점이다. 대청의 전면부로는 판문을 달아 외부로의 시선을 개폐할 수 있다.

무변루의 형식은 어디에서 유래한 것일까? 단서는 향교에서 찾아볼 수 있다. 서원보다 일찍 건립되기 시작한 향교는 이 시기에는 이미 일정한 형식적 완성을 이루어가고 있었다. 1403년의 이천향교 기문이나

---

53) 건축적으로 특별한 형식으로 정립되지 않았다는 것이며, 소수서원에서 서원의 기능을 설정한 것은 한국 서원사의 전개에 있어서 손꼽을 만큼 중요한 순간이다.
54) 옥산서원보다 먼저 창설된 남계서원의 풍영루는 19세기에 부가된 건물이다. 남계서원의 유식공간에 대해서는 후술.

1429년의 음죽현 향교의 기문 등에 따르면 조선의 초기 향교에는 누각을 가진 예가 많았던 것을 알 수 있다. 이천향교에는 대성전과 동서무 옆으로 누각이 배치되어 있었고, 음죽현 향교에서는 남루(南樓)라 하여 대성전, 동서무와 함께 남루로 마당을 위요하고 있었던 것으로 추측된다.[55]

그런데 이들 향교에는 별도의 명륜당이 없었던 것이 주목된다. 즉, 대성전을 중심으로 하는 문묘에 누각이 부가되어 강학의 기능을 수용하고 있었다고 할 수 있다.

이는 강릉향교 등의 명륜당에서 유사한 모습을 볼 수 있다. 1493년의 강릉향교 기문에 따르면 홍귀달이 1485년 강릉에 왔을 때 대성전과 동서무, 재사가 있었고 1487~1488년간에 동서재와 강청, 전사청, 제기고, 교수아, 유사방 및 남루와 전랑을 건립하여 70여칸을 완성하였다고 하였다. 또한 1536년 제주향교 명륜당을 수리한 기록에서도 명륜당 동서익실의 용도를 '재숙지소(齋宿之所)'로 밝히고 있는 점도 주목된다.

조상순이 정리한 조선 초기 향교의 건축물 구성 일람을 보면 명륜당과 누각이 함께 있는 경우도 있지만 많은 경우 문루가 이를 대신하고 있음을 알 수 있다. 그는 "이상의 기문 자료를 보면 명륜당이 처음부터 모든 향교에 존재하지는 않았으며, 문루가 초기 향교에서부터 나타나고 있음을 알 수 있다.

또한 명륜당이 건립됨에 따라 조선 초기에서 중기로, 시간이 흐를수

---

55) 초창기 향교의 건축적 전개에 대해서는 조상순, 조선 중기 이전 향교건축의 형성과 전개-관련 문헌 자료를 중심으로, 성균관대학교 박사학위논문, 2013을 주로 참고하였다.

록 향교 건축의 배치에는 전후 혹은 좌우와 같은 배치 유형이 나타나기 시작하였고, 각 향교별로 필요나 주변 여건에 따라 다양한 부속 건물들이 생겨나면서, 향교의 공간은 복잡한 양상을 띠게 되었다"고 하였다.[56]

이러한 상황을 보면, 무변루의 등장은 이 시기 향교건축의 누각에서 차용된 바 있음이 짐작된다. 그렇게 때문에 이후 누각처럼 개방된 형태가 아니라 명륜당, 즉 강당의 형태와 유사하게 대청과 방으로 복합적으로 구성된 모습으로 건립된 것은 아닐까 한다.

이보다 앞선 남계서원의 경우, 현재 서원의 전면에 배치된 풍영루는 19세기에 부가되기 전까지 동서재의 헌(軒)이 유식의 기능을 갖고 있었던 것으로 생각된다. 남계서원의 동재는 양정재, 서재는 보인재라는 이름을 갖고 있다. 규모는 아주 작아서 방 1칸과 누마루 1칸으로만 각각 구성된 대칭적인 구성인데, 양정재와 보인재라는 이름은 방의 이름이고 누마루에는 별도의 이름이 붙어 있다. 동재의 누헌은 애련헌, 서재는 영매헌이라는 편액이 걸려 있다. 또한 이 누마루 앞에는 각각 방당이 붙어 있어서 누헌과 함께 유식 공간을 구성하고 있다.[57] 이는 서원에 누각이 형성되기 이전 고안된 유식 공간의 사례로 볼 수 있다.

이후의 서원 누각이 개방형으로 발전한 것은 강당과 강당형식을 차용한 누각이라는 옥산서원의 뒤섞인 상황을 해소하여 강당은 강당대

---

56) 이상 조상순, 앞의 논문, pp.100~106 참조.
57) 동재 누헌의 애련헌이라는 이름은 周敦頤의 愛蓮說에 영향을 받은 것으로 볼 수 있다. 이러한 구성은 덕천서원에도 영향을 주었다. 지금은 덕천서원에서 방당을 볼 수 없지만 문헌에 의하면 덕천서원 역시 남계서원처럼 동서재의 앞쪽에 방당을 두어 유식의 공간으로 삼았다. 조재모, 덕천서원의 건축_두 개의 시간대에 걸친 역사의 흔적, 『덕천서원』, 한국학중앙연구원출판부, 2018.

로, 누각은 누각대로 그 건축적 성격을 명확하게 규정한 것이다.[58]

그렇다면, 이미 누각의 전형이 개방된 마루로 정착된 상황에서 옥동서원의 청월루가 온돌방을 가진 형식으로 등장한 것은 어떻게 이해해야 할까? 이에 대해서는 아래에서 살펴볼 것이다. 분명한 것은 청월루의 구성은 멀리 옥산서원의 무변루에 유사한 사례를 볼 수 있기는 하나, 서원 누각의 형식으로는 매우 이례적인 것이라는 점이다.

4) 진밀료와 윤택료

전통시대의 건축에서 건물이나 개실의 이름은 건축공간의 성격을 단적으로 드러내는 요소이다. 유사한 형태의 건물이라도 어떤 이름을 갖는가에 따라 그 공간의 의미가 달리 정의될 수 있다. 그런 점에서 청월루의 두 온돌방, 진밀료와 윤택료의 이름에 대한 검토를 통해 이 공간의 성격을 살펴볼 필요가 있다. 『옥동서원지』로 망라되어 있는 지금까지의 연구들은 이 두 방에 대해 재실의 역할을 대신하고 있는 것으로 파악하고 있다. 이러한 견해는 옥동서원에 동서재가 존재하지 않는다는 점에 근거하여 추론된 것이다.[59]

우선 1795년 당시 정종로의 각 전각 명명에 대해 기록된 "옥동서원 명당재기(玉洞書院名堂齋記)"를 살펴보자. 정종로의 기문은 "~서원의 유생들이 이르기를 당과 재 그리고 문루와 마을 뒤의 수석들이 아

---

58) 무변루와 유사한 규모의 대형 누각으로는 병산서원의 만대루를 들 수 있는데 이 역시 전체가 개방된 마루로만 구성되어 있다.

59) 『옥동서원지』, 문화재위원회 조사보고서 및 관련 연구는 대부분 이러한 견해를 피력하고 있다. 다만 이에 대한 뚜렷한 근거가 제시된 것은 아니다.

무런 명칭이 없으니 나에게 그 이름을 지으라 하여, 사양하였으나 이루지 못하고, 신중하게 하여 그 뜻이 좋으면서도 오래도록 남을 수 있게 하였다. 서원과 마을은 이미 거의 전부를 옥(玉)으로 이름하였다. 그러한 즉 나 역시 이 뜻을 따라 이름을 짓고자 한다"라는 말로 시작하였다. 이어, "강당의 이름을 '온휘(蘊輝)'로 하니 이는 옥온산휘(玉蘊山輝)라는 의미이다. 강당의 동쪽에 있는 방은 '착로(斲露)'로 하여 그 뜻은 '착석노옥(斲石露玉)'의 뜻으로 이는 돌을 천만번 갈아 옥을 나타낸다는 뜻이며, 서쪽의 방은 '탁장(琢章)'으로 이는 '추탁기장(追琢其章)'의 뜻으로서 민옥(玟玉)을 갈아 상품의 옥(학문)이 되게 한다는 뜻으로 한다"라 하여 강당 및 강당의 좌우 온돌방에 대해 명명하였다. 강학하는 강당에 적합한 뜻을 부여하였다.

이어, "서원의 정문은 '회보(懷寶)'로 하며 그 의미는 '장기이대(藏器以待)'로 재능과 도량을 길러 이를 쓸 시기를 기다린다는 뜻이다. 2층의 누마루는 '청월(淸越)'로 하였으며 그 뜻은 '옥성청월장지(玉聲淸越長之)'의 의미로 학문의 소리가 멀리, 그리고 오래도록 퍼져나간다는 의미이다. 누마루 좌측 방은 진밀료(縝密寮), 우측 방을 윤택료(潤澤寮)로 한다. 이는 모두 다 옥을 그 뜻으로 취함으로 진밀은 학문의 정미를, 윤택은 학문이 아름답고 여유로움을 말함이다."라 하였다.[60]

위의 기록에 따르면 정종로는 서원과 마을이 모두 옥(玉)이라는 글자를 가지고 있는 점에 착안하여 그와 관련된 고사를 인용하여 각 전각의 이름을 정하였다. 강당과 각 방의 이름인 온휘, 착로, 탁장이 특히

---

60) 鄭宗魯, 玉洞書院名堂齋記 번역은 『옥동서원지』를 따랐다.

그러하다. 또한 청월, 진밀, 윤택로 이와 연관되는 것이었다. 다만 진밀과 윤택이라는 이름에 대해서는 기문에 그 전거를 명확하게 드러내지는 않았다. 진밀과 윤택은 『예기(禮記)』의 빙의(聘義)에서 찾을 수 있다.

> 자공이 공자에게 묻기를, "군자가 옥을 귀하게 여기고 돌을 천하게 여기는 까닭은 무엇입니까? 옥은 희소하고 돌은 많은 까닭입니까?" 하니, 이에 공자가 답하기를, "돌이 많아서 천하게 여기는 것은 아니며 옥이 희소하다고 해서 귀하게 여겨지는 것이 아니다. 단지 군자의 덕을 옥에 비유하기 때문이다. 溫潤而澤(온량하고 윤택함)함은 어짐(仁)이고, 縝密以栗(곱고 촘촘하기가 밤의 무늬같음)함은 지(知)이며, 廉而不劌(곧게 뻗어나가되 상처나 이그러진 데가 없음)은 의로움(義)이고, 垂之如墜(떨어질 것처럼 늘어진 모습)는 예(禮)이고 孚尹旁達(참다운 믿음과 성의로움이 사방에 미치는 기상)은 믿음(信)이라 했다. 氣如白虹(기가 흰무지개와 같음)이니 하늘(天)이며, 精神見於山川(정신이 산천을 바라봄)이니 땅(地)이고, 圭璋特達(규장 한 가지만으로 예를 이루고 다른 폐백을 쓰지 않는 것)하니 덕(德)이며, 천하에 귀하지 않은 것이 없으니 도(道)니라. 시경에 이르기를 '군자를 생각하여 말하면, 그 모습이 옥처럼 온화하다'고 했으니 그러므로 군자가 귀한 것이니라."[61]

즉, 윤택, 진밀은 곧 인(仁)과 지(知)로 연결되어 군자의 덕을 옥에 비

---

61) 『禮記』 聘義. "子貢問於孔子曰 敢問君子貴玉而賤珉者何也 爲玉之寡而珉之多與 孔子曰 非爲珉之多故賤之也 玉之寡故貴之也 夫昔者君子比德於玉焉 溫潤而澤 仁也 縝密以栗 知也 廉而不劌 義也 垂之如隊 禮也 叩之其聲淸越以長 其終詘然 樂也 瑕不掩瑜 瑜不掩瑕 忠也 孚尹旁達 信也 氣如白虹 天也 精神見於山川 地也 圭璋特達 德也 天下莫不貴者 道也 詩云 言念君子 溫其如玉 故君子貴之也"

유한 것이다. 물론 여러 서원의 각 건물이나 방의 이름은 대체로 군자와 학문에 대한 것이다. 다만 전면의 누각에 대해서는 자연 흠상의 시적 감성을 인용한 것들이 많다. 예를 들어 병산서원의 만대루는 두보(杜甫)의 백제성루(白帝城樓)에서 따왔다.[62] 푸른 병풍을 두른 듯한 산은 마땅히 저녁 늦도록 마주해야 할 만하다는 '취병의만대(翠屏宜晚對)'에서 그 이름을 빌려왔다. 옥산서원의 무변루 역시 끝이 없이 펼쳐진 누각이라는 의미로서 현판에 부기된 '미흠미여 망종망시 광여제여 유우태허(靡欠靡餘 罔終罔始 光歟霽歟 遊于太虛)'라는 의미와 연결된다. 남계서원의 풍영루 또한 증점이 무우에서 바람을 쐬고 노래하며 돌아오겠다는 고사와 관련된다. 말하자면, 서원 누각은 그 유식이라는 기능과 부합되는, 책을 통한 학문에의 집중에서 조금 벗어나 자연을 흠상하고 풍류를 즐기기도 하는 전인적인 교육의 태도와 관련되어 있는 이름을 자주 사용한다고 할 수 있다.[63]

그렇게 보면, 청월, 진밀, 윤택이라는 이름은 통상의 서원 누각의 이름짓기와 조금은 다른 태도를 가지고 있다고 볼 수 있다. 또한 '료(寮)'라는 유형으로 두 방을 정의한 것도 유념할 필요가 있다. 한국 건축에서 전(殿), 당(堂), 재(齋), 헌(軒), 각(閣), 합(閤), 루(樓), 정(亭) 등의 글자가 그대로 건축의 형식과 일대일로 대응하지는 않으나, 어느 정도 범위 내에서 통용되는 경향이 있다. 료(寮)는 자주 쓰이는 집의 이름자는 아니지만 거처하는 집이라는 의미가 강하다. 즉, 청월루의 두 방은

---

62) 杜甫, 白帝城樓, "江度寒山閣 / 城高絕塞樓 / 翠屏宜晚對 / 白谷會深遊 / 急急能鳴雁 / 輕輕不下鷗 / 彝陵春色起 / 漸擬放扁舟"
63) 물론 廓然大公을 집자한 필암서원의 확연루와 같이, 보다 학문적인 성격을 갖는 경우도 있다.

자연 흠상의 유식과는 약간의 거리가 있는 공간이라는 해석이 가능하다. 이를 조금 더 확대하여 추론하자면, 애초에 횡당(黌堂)으로부터 연원한 옥동서원은 18세기 서원의 성격인 제향 중심의 서원으로만 좁게 해석할 수 없었던 측면과 함께, 약하더라도 강학의 기능을 보완하고자 하는 의도를 지속하고 있었다고 볼 수도 있다.

옥동서원 청월루와 가장 유사한 사례로 볼 수 있는 옥산서원의 무변루의 두 방은 별도의 편액을 갖고 있지 않다. 추론컨대, 무변루의 방은 서원 누각의 건축적 유형이 정립되지 않은 상태에서 강당 등 중당협실형의 보편적 구성을 그대로 받아들였던 것이라면, 누각의 방에도 뚜렷한 기능적 의미를 부여하지 않았던 것으로 생각된다. 그래서 별도의 이름을 붙여놓지 않은 것이 아닐까. 이와 유사한 사례로는 경북 영덕의 화수루[64]를 볼 수 있다. 이 역시 강당을 겸하는 누각건물의 형식으로서 이례적인 사례이다.[65]

많지는 않으나, 강당의 유형을 빌려온, 혹은 강당의 기능을 겸하는 누각이 존재하고 있다면, 청월루가 강학 기능을 함께 겸하는 창의적인 형식이라는 가설에도 힘이 실린다. 경덕사와 온휘당으로 서원의 가장 기본적인 기능은 건축화되었지만 아직 채워지지 않은 재실과 누각의 기능을 한꺼번에 해결하는 방법으로 방을 가진 누각을 만들었을 것이라는 그간의 추정에 동의되는 바이다.

---

64) 화수루는 17세기에 건축된 것으로 알려져 있다. 중층 누각건물로서 정면 5칸의 팔작지붕을 올린 문루이다.
65) 또한 서원 누각은 아니지만, 영천의 모고헌은 당초 마루방으로 구성되었던 부분을 방으로 바꾸고 하부에 아궁이를 시설한 흔적을 찾을 수 있다. (조규화, 정정남, 2017) 이는 조선후기로 가면서 전반적으로 온돌의 사용면적의 비율이 커지는 양상과도 관련된다. (박혜정, 조재모, 2018)

5) 고설식 온돌의 설치와 지형의 활용

진밀료와 윤택료를 거처하는 방으로 만들기 위해서는 온돌 시설이 필요하다. 문제는 이들 방이 지층이 아니라 상층부 공간에 위치하고 있다는 점이다. 통상적으로 한국의 건축사에서 중층 건축이 크게 발달하지 않았던 이유로 상층 공간에 온돌 설치가 쉽지 않다는 점을 꼽는다. 반대로 말하자면 온돌 난방이 보편화되지 않았던 시기에는 2층 이상의 건축이 보다 적극적으로 건축되었을 가능성이 존재한다.[66] 이런 건물들에서는 화로 등을 이용한 간이 난방에 의존하였다.

옥동서원의 청월루는 18세기 말이라는 시기적 양상으로 보면 이미 단층 주택의 전통이 전국적으로 안착되어 있는 시기의 소작인 것은 분명하다. 그렇에도 불구하고 상층부에 온돌을 설치한 독특한 구성인 것은 청월루 건축의 가장 특징적인 부분이다. 이러한 상층 온돌방식에 대해서 기존의 연구에서는 '고설식 온돌'이라는 명칭을 사용하고 있다. 여기서도 이 명칭을 그대로 이용하고자 한다.[67]

고설식으로 온돌을 설치하는 것은 기술적으로 까다롭기도 하거니와 하층부 공간을 이용할 수 없다는 점 때문에 보편적인 모습은 아니지만, 대신 바닥면을 높인 누각 등 고상식의 건축에서는 오히려 상층 공

---

66) 중층의 높이를 갖는 건축 유형에 대해서는 이종서의 연구를 주목할 필요가 있다. 조선전기의 주거용 층루 건축 전통(역사민속학, 2006), 고려~조선전기 상류주택의 방한 설비와 취사도구(역사민속학, 2007), 홍성 노은리 고택의 건축시기와 가구의 원형 고찰(건축역사연구, 2016), 안동 임청각의 건축 이력과 원형가구 추정(건축역사연구, 2016), 조선전기 향단형 주택의 건축과 공간구획의 특징(대한건축학회논문집, 2016) 등 다수.

67) 류근주, 김경표, 고설식 온돌집의 구성형식에 관한 연구, 대한건축학회논문집, 13권 9호, 1997. 류근주, 김경표, 고설식 온돌집의 조영특성에 관한 연구, 대한건축학회논문집, 13권 11호, 1997. 조규화, 정정남, 조선후기 고설식 온돌구조의 효용성에 관한 고찰, 한국건축역사학회 2017 추계학술발표대회 논문집, 2017.11. 등을 주로 참조하였다.

간의 활용도를 크게 높일 수 있다는 장점이 있다. 대개는 이들 장단점 중에서 단점에 주목하여 단층으로 집을 만들어왔다.

그런데, 고설식 온돌이 사용된 건축물이 지역적으로 편중되어 발견되는 양상은 흥미롭다. 기존 연구를 참고하면, 주로 경상북도와 충청북도, 그 중에서도 두 지역의 접경에 가까운 지역에 대부분의 고설식 온돌 사례가 집중되어 있다.[68] 용도상, 권위건축으로는 향교로 회인향교, 강릉향교, 옥천향교, 삼척향교 등이, 서원으로 옥산, 대봉, 도정, 옥동서원 등이,[69] 관아로는 광한루, 응청각, 청령헌 등이 있고, 사설 강학처, 재실, 누정, 주택 등에 다수의 사례가 분포되었다.[70] 시기적으로는 17~19세기에 걸쳐 분포되어 있다. 양란 이전의 사례도 다수 존재하고 있는 것으로 보아,[71] 꽤 넓은 시기적 분포를 갖는다고 하겠다.

이상으로 보면 고설식의 온돌 설치는 경상북도와 충청북도의 접경인 소백산맥 일대를 중심으로 비교적 긴 시기에 걸쳐 특정 건축유형에 국한되지 않고 유행하였던 방식이라고 평할 수 있다. 즉 시대나 유형적 성격보다는 지역적인 건축 특성이다.

그렇게 보면 상주 지역에 대산루, 양진당, 오작당 등 높은 바닥을 갖

---

68) 류근주, 김경표, 고설식 온돌집의 구성형식에 관한 연구, 대한건축학회논문집, 13권 9호, 1997. 참조. 조규화, 정정남은 고설식이라는 명칭을 그대로 사용하되 그 적용 범위를 좀 더 넓혀서 살펴본 까닭으로 궁궐 등에서 보이는 높은 기단으로 인한 일종의 고설식 온돌을 포함하였다. 즉 정의에 따라서 분포 지역을 달라질 수 있으나, 경북. 충북 지역에서의 집중적 분포는 분명한 사실이다.

69) 도정서원, 소양서원의 고설식 온돌은 강당 형식의 건물에 설치된 것으로서, 옥산서원, 옥동서원의 누각 고설식 온돌과는 모습이 상이한 부분이 있다.

70) 류근주 외, 앞의 논문. 표2 참조.

71) 양란 이전의 건축물이 남아 있는 수량이, 즉 모집단이 매우 적다는 점을 고려하면 이 시기의 사례가 존재한다는 점은 곧 어느 정도 일반적인 유형일 가능성이 있다.

는 건물이 다수 모여 있는 특징적인 현상도 이와 관련된 모습으로 이해된다. 옥동서원 청월루의 고설식 온돌은 이러한 지역적 맥락 속에 존재한다. 형식을 세분하여 보면 대부분의 고설식 온돌이 중층형의 바닥채움 형식으로 구성되었다. 청월루 역시 이러한 구성이다. 건물의 하부에 석축을 쌓아 토대를 만들고 그 위에 구들을 들였으며, 아궁이는 지면에서 높이 들어올려 두었다.[72] 세부적인 유형으로도 대산루와 동일한 방식이라 이것이 상주의 지역적 유행으로 볼 수 있다.

청월루의 온돌 아궁이는 건물의 전면, 즉 서원의 바깥에 위치한다. 서원의 정면 인상을 특징지을 정도로 아궁이의 위치는 도드라진 자리이다. 대신 건물 좌우의 높은 담장이 더 앞으로 돌출되어 있어서 아궁이를 비롯한 누각 전체가 조금 뒤로 물러선 모습으로 완성되어 있어서 정면성과 기능성의 측면에서 합리적인 선택으로 보인다. 바깥에서 봤을 때 담장이 지면으로부터 약 2.6m 높이로 솟아 있기 때문에 서원의 안을 들여다볼 수 없다. 또한 이 높이는 청월루 상층 바닥의 높이와 거의 같다. 담장이 이렇게 높은 것은 서원 내부의 지형 조정과 관련된다. 회보문을 들어서서 4단의 계단을 오르면 강당 앞의 마당이 되는데, 그 사이에는 약 1m의 높이 차이가 있다. 또한 청월루의 측면으로는 다시 경사를 따라 지면이 약 0.6m 올라가서, 청월루로 오르는 돌계단이 놓인 우측 전퇴부에서는 지면과 마루바닥의 높이 차이가 1m 이내가 되

---

72) 특별히 '뜬올돌'로 지칭할 수 있는 형식은 충북의 회인향교, 옥천향교 명륜당에서 발견되는 것으로 보아 보은, 옥천 일대의 특징적인 지역성으로 이해된다. 류근주는 고설식 온돌의 유형을 크게 상아궁이형과 하아궁이형으로 분류하고 세부적으로는 옥천향교 명륜당 형식, 응청각 형식, 선지당 형식, 도정서원 강당 형식, 사로당 형식, 몽화각 형식 등으로 대표적인 사례의 이름을 구분하였다. 이 분류에 따르면 청월루는 상아궁이형의 응청각 형식에 속한다.

도록 조정되어 있다. 바깥에서 2.6m에 이르렀던 담장의 높이는 안쪽에서는 약 1m로 낮아져서 내부에서 밖을 내다보는데 충분하다.[73] 또한 진입부에서의 높이 차이를 줄여 두었기 때문에 강당 앞 마당으로부터 누각으로의 진입에 큰 장애가 없다는 점이 주목된다. 진입의 지점이 마당 방향이 아닌 것은 전면의 툇마루로 올라 진밀, 윤택료와 청월루의 누마루를 이용하도록 계획되어 있기 때문이다.[74]

6) 척도와 장식

여전히 남아 있는 질문은 청월루의 건축적 특징이 어느 시기를 반영하고 있는가의 문제이다. 청월루의 건립은 1792년이라는 점이 유일하게 명확한 사실일 뿐, 용두 장식, 청방간 창호 형식 등에서 19세기적 모습을 보인다는 견해와 1889년의 민종렬 부사 시기 중수의 실체 등은 애매한 부분이 많다. 또한 건물이라는 물리적 대상의 속성상 모든 부분이 하나의 시대성을 갖지 않는다는 점도 판단을 어렵게 만든다.

우선 각 건물의 용척을 확인해 보자.[75] 청월루 평면의 간살은 정면 어칸이 2,400㎜, 협칸이 1,800㎜, 그리고 퇴칸이 2,100㎜이다. 측면

---

73) 류근주는 지형과 고설식 온돌 건물의 단면 관계를 몇가지 유형으로 분류하였는데, 크게 경사지형과 평지형으로 분류하고 세분하여 옥천향교 명륜당 형식, 탁청정 형식, 월록서당 형식, 겸암정 형식, 무변루 형식, 사로당 형식 등으로 나누었다. 이 분류에 따르면 청월루는 전체적인 경사지형 속에서 평지부에 건물이 놓인 형식 중 무변루형식에 속한다. 이에 속하는 건물로는 군자정, 후조당, 강릉향교 명륜당, 서지재사, 회안향교 명륜당, 옥산서원 무변루, 옥동서원 청월루 등이 있다.

74) 굴뚝은 건물의 좌우측에 조금 떨어져 설치되었다.

75) 도면은 『옥동서원지』에 첨부된 것을 기준으로 하였다. 이 도면의 수치가 얼마나 정확하게 실측된 것인지는 확신할 수 없으나, 별도의 정실측을 진행하지 않는 이상로 이 수치를 이용할 수 밖에 없었다. 대신 여러 부분의 치수를 다각도로 살펴 판단의 오차를 줄이고자 하였다.

은 양통이 각각 2,520㎜여서 정면과 측면이 각각 300㎜ 혹은 315㎜의 배수체계이다. 쪽마루는 외진기둥 중심부터 치마널까지 575㎜ 돌출되었다. 외진기둥만으로 보면 정면 전체가 10,200㎜, 측면 전체가 5,040㎜이다. 기단부와 관계된 수치도 300㎜의 배수가 자주 사용되었다. 세부 부재의 치수도 30㎜의 배수로 잡힌 것들이 많은데 약측되었을 가능성이 높다. 온휘당의 경우에는 정면 15,150㎜, 측면 6,420㎜로서 303㎜ 혹은 321㎜의 배수체계를 갖고 있다. 경덕사는 309㎜ 및 360㎜ 등으로 서로 조금씩 다르다.

실측치의 신뢰도가 낮아 명확하지는 않지만, 온휘당, 경덕사 및 청월루는 각각 조금씩 다른 용척이 사용되었던 것으로 보인다. 이는 이들 건물이 적어도 동시에 계획되어 건축된 것은 아니라는 사실 정도를 방증할 수 있다. 앞서 1715년 이전에 있던 영당을 지금 자리로 이건하였고, 1716년에 강당을 건축하였으며, 1792년에 청월루를 만든 역사적 기록에 부합한다. 그렇다면 1889년의 중수는 건물 전체를 새로 세울 정도의 공사는 아니었다고 할 수 있다. 만약 중수기의 기록을 곧이 곧대로 받아들여 "기울어지고 허물어지게 되어 무너질까 두려울" 정도였다고 하더라도 기울어진 부분을 바로 세우고 허물어진 곳을 보수한 정도의 공사 범위에 해당한다고 하겠다.

창호는 건물 전체를 건드리지 않고 교체할 수 있는 부분이다. 따라서 지금의 창호가 좀 더 후대의 것일 가능성은 있다. 충량 머리의 용두 장식의 시기를 청월루 건립시기와 다른 시점으로 본다면, 그것은 1889년일 수밖에 없다. 하지만 이 시기에 용두 장식이 붙은 새로운 충량이 개입되려면 건물을 대대적으로 해체했어야 하는 상황이다. 과연 그만큼의 공사였을까.

이러한 의문은 여전히 해결되지 않았다. 또한 창호의 형식, 용두 장식 등 세부 양식의 전개라는 것이 끊어내듯이 시기적 변이를 가져오는 것이 아니며, 청월루의 건립 시점이 18세기가 거의 끝나가는 시점이기에 과연 양식적으로 100년 정도 떨어진 두 시점 중 어디에 속하는 양식적 유행인지 확언할 수 있는가에 대해서도 부정적일 수밖에 없다. 다만 짧은 논의를 통해 기존의 견해에 약간의 단서를 더하는 성과는 있으리라 생각한다.

4. 맺음말

이상과 같이 옥동서원의 건립으로부터 지금에 이르는 건축적 연혁과 남아 있는 건물, 문헌사료를 통해 서원과 청월루의 건축에 대해 살펴보았다. 옥동서원은 1714년 백옥동 서원으로의 승원을 통해 비로소 서원의 위상을 갖게 되었다. 그래서 이 서원을 18세기의 서원 유형을 보여주는 사례로 그 가치를 설정하여 왔다.

그러나 그 이전 황씨 가문의 입향 이래 백화당 사가독서의 맥을 이은 횡당(黌堂), 그리고 횡당의 영당(影堂)으로의 전환을 거쳐 온 역사를 돌이켜보면 단지 18세기의 유행을 따라 제향 중심의 서원을 건립하였다고 단순히 평가하기에는 아쉬운 점이 없지 않다. 오히려 사가독서와 횡당의 연원으로부터, 18세기의 분위기 속에서도 강학에도 좀 더 주목한 사례로 보는 것이 합리적이지 않을까 한다.

이는 청월루가 진밀, 윤택료라는 두 개의 방을 가지고 있다는 점을 통해 좀 더 보강되는 측면이다. 소위 전형적인 서원의 구성으로 인식되는 사당, 강당, 동서재, 누각을 고루 갖춘 서원은 아니지만, 1792년의 청월루 건설을 통해 강학과 유식을 겸하는 독창적인 건물을 고안해 내었다. 이 건물은 두 개의 온돌방을 구성하기 위해 상주를 비롯한 소백산맥 주변의 경상북도, 충청북도 지역에서 맥을 이어오고 있었던 고설식 온돌을 활용하였다. 세부적인 온돌 유형으로도 같은 지역의 대산루와 같은 범주에 들어 있어 지역적인 건축 기법을 잘 활용하여 새로운 형식의 서원 누각을 완성하였다.

청월루는 그보다 앞선 사례로 옥산서원의 무변루와 비견될 수 있다. 중앙에 3칸의 누마루를 두고 양쪽에 고설식 온돌을 설치한 서원 누각이라는 공통점이 있지만, 서원 누각의 전형이 성립되지 못한 시기에 강당의 형식을 차용하여 만든 무변루, 이미 개방형 서원 누각 전형이 존재하여온 상황에서 이와 다른 방식을 선택하여 적극적으로 학문의 의미를 부여한 청월루는 분명히 다른 가치를 표상하고 있다.

여전히 불분명한 부분이 남아 있지만 이 원고가 청월루의 역사와 가치를 다듬어가는데 조금이라도 기여하는 바가 있기를 바란다.

제3부

방촌황희 향사서원의 역사와
그 문화재적 가치(2)

<완주군 용진서원 전경>

화산서원(華山書院)의 역사와 문화적 가치[*]

윤상원(전북대학교)

1. 화산서원의 연혁
2. 화산서원의 배향인물
3. 화산서원의 역사와 문화적 가치
4. 화산서원의 현대적 의의

1. 화산서원의 연혁

　전라북도 진안군(鎭安郡) 안천면(顔川面) 동쪽에 자리잡고 있는 백화리(白華里)는 조선 말 용담군(龍潭郡) 이북면(二北面)에 속했던 지역인데 1914년 행정구역 통폐합에 따라 중화리(中華里), 이현리(梨峴里)와 전라북도 무주군(茂朱郡) 부남면(富南面) 교동(校洞) 일부를 병합하여 진안군 안천면 백화리가 되었다. 백화리는 마을 북쪽에 위치한 지선봉(持仙峰) 연못가에 배나무가 울창하여 배실이라고 불렸는데, 배꽃이 희므로 '화(花)'와 통하는 '화(華)'를 이용해 백화리(白華里)라 하였다고 한다. 한편 장수황씨의 세거지였던 경상도 상주(尚州)에 백화산(白華山)이 있는데, 임진왜란 때 피난온 장수황씨 후손들이 상주 옛 고향을 그리워하면서 백화산에서 따와 백화리라고 했다는 이야기도 있다.

---

[*] 　이 글은 제6회 방촌정기학술대회(2020. 11. 07. 완주군청 문화예술회관)에서 발표한 논문이다.

백화리의 중리 마을에는 장수황씨의 동족 마을이 있다. 방촌(厖村) 황희(黃喜)의 5세손인 황징(黃澄)이 임진왜란 이후에 상주에서 안천면 백화리로 들어와 거주하면서 동족 마을이 형성되었다. 이 중리 마을에 방촌 황희와 그의 둘째 아들인 황보신(黃保身) 그리고 입향 시조인 황징을 모신 화산서원이 있다.

화산서원의 전신은 화산사(華山祠)이다. 화산사가 세워진 이유에 대해서는 화산서원 강당에 있는 현판인 「화산사창건기(華山祠創建記)」를 통해 알 수 있다. 「화산사창건기(華山祠創建記)」를 살펴보자.

夫人生 斯世 非學問 無以爲人 所謂 學問者 禮義 道德 慕聖 尊賢之道也.
翼成公 厖村 黃先生 諱 喜 道廣 無偏 德寬 有容闢異 扶正 百世師 宗矣.
伏以 儒賢 鄕祀 士林之公議 祠有典禮 古今之通義也.
丙寅 冬 龍潭 文廟 都有司 林炳棹 以此 發議 儒林諸位 同聲 相應 而其
後裔 黃璟燦 黃炳日 黃大鉉 黃在河 諸氏 尤極誠意 卜地於顔川面 白華
里 雙轎峯下 建立祠宇 春秋 俎豆 享祀耳.

대저, 사람으로 태어나서 이 세상에서 학문을 닦지 않으면 어찌 사람이라 하겠는가? 학문을 닦은 사람은 예의와 도리를 지키고, 성현을 숭모하고 존대함이 도리인 것이다.

익성공 방촌 황희 선생은 도량이 넓고, 파당에 기울지 않으며, 너그러이 덕을 베풀고, 편벽한 사람이나 다른 의견을 감싸 안아서 바르게 인도함으로써 백세의 스승 가운데 으뜸이시다.

살펴보건대, 유림에서 공의를 모아서 향토에 사우를 세우고, 이 사우에서 유림의 전례를 베푸는 일은 예로부터 전해오는 도리와 정의였다.

병인년 겨울에, 용담 문묘의 도유사 임병도씨가 이 안건을 발의하였고, 유림의 제위께서 같은 뜻으로 합심하여, 방촌공의 후예들인 경찬, 병일, 대현, 재하 등 여러 후손들이 적극 나서서 성의를 다 모아서, 안천면 백화리 쌍교봉에서 내려다보는 대추말 언덕에 사우를 건립하고, 봄가을로 머리를 조아리며 향사례를 베풀어 오고 있다.

즉, 유림에서는 향토에 사우(祠宇)를 세우고 여기에서 전례(典禮)를 베푸는 것이 도리와 정의이기 때문에 익성공 방촌 황희 선생을 기려 화산사를 건립하고 향사례를 베풀어 왔다는 것이다.

화산서원의 창건 연혁을 살펴보면, 1926년(丙寅) 용담향교 도유사 임병도가 화산사(華山祠) 건립을 발의하고, 지역유림과 방촌 황희 후손들이 협력하여 1927년(丁卯) 3월 1일에 상량(上樑)하였고, 1932년(壬申) 단청을 마치고 준공하였다. 그동안 수차에 걸쳐 중수와 보수가 이루어졌고 2015년 완전 해체하여 복원하였다.

화산서원의 창건 시기에 대해서는 문헌의 부족과 또 미비로 인하여 1922년설, 1927년설, 1932년설이 있었으나, 장수황씨 대종회가 간행한 『장수황씨사적(長水黃氏史蹟)』과 『귀후재(歸厚齋)』에 근거하여 1932년(壬申)으로 한다.

다만 <화산서원창건기(華山書院 創建記)> 끝에 '壬戌年 二月日 華山祠 祠長 丁任相 謹記'를 보면 화산서원의 창건시기를 1922년(壬戌)으로 볼 수도 있다. 그러나 고 황재승씨의 전언과 장수황씨 문중의 고증에 의하면 壬戌은 壬申의 착오로 추정된다. 따라서 화산서원의 창건 시

기는 1927년에 상량하고 단청을 거쳐 1932년에 준공한 것으로 본다.[1]

또한 뒤에 살펴볼 「황방촌 영정」은 1926년에 채용신(蔡龍臣)에 의해 모사되어 화산사에 봉안되었다. 방촌 황희 선생을 모신 사우(祠宇)를 영정도 모시지 않은 채 건립하고, 건립한 지 4년이 지난 뒤에야 모사하여 모셨다는 것은 이해가 되질 않는다. 황희 선생을 모실 사우를 건립하기로 결정한 후, 곧바로 상주의 옥동서원으로 가서 황희 선생의 영정을 모사하여 화산사(華山祠)가 건립되자 봉안했던 것으로 보는 것이 합리적이다.

화산서원은 평평한 대지 위에 긴 네모꼴의 담장으로 둘러싸여 있다. 담장 안은 남북 두 구역으로 나뉘어 있는데, 뒷담 쪽 중앙에 남향의 사당이 있고, 그 앞 왼쪽에 서향의 강당이 있다. 사당과 강당은 내삼문으로 연결되어 있다.

맞배지붕인 사당은 전면 3칸, 측면 2칸으로 되어 있는데, 정면 중앙에 현판이 걸려 있다. 사당 안에는 방촌 황희의 영정과 위패, 황보신(黃保身)과 황징(黃澄)의 위패가 모셔져 있다. 강당은 전면 3칸, 측면 2칸의 우진각 지붕으로 되어 있다.

사당에 모셔져 있는 「황방촌 영정」은 1987년 4월 28일 전라북도 유형문화재 제129호로 지정되었다.

---

1) 『歸厚齋』, 장수황씨소윤공파종친회 출간, 2020, 118쪽 참조.

\<화산서원 정문\>

\<화산서원 사당\>

2. 화산서원의 배향인물

화산서원에는 방촌 황희와 둘째 아들 중전(仲全) 황보신(黃保身) 그
리고 입향 시조인 정암(靜庵) 황징(黃澄)이 배향되어 있다. 화산서원에
서는 매년 9월 10일 유림향사(儒林享祀)로 제향을 올리고 있다.

방촌 황희에 대해서는 기존에 너무 잘 알려져 있기 때문에 따로 언
급할 필요가 없다고 생각된다. 다만 방촌 황희의 네 아들 중 황보신이
배향되어 있는 이유를 살펴볼 필요가 있다. 황희는 공조전서(工曹典

書) 양진(楊震)의 딸인 양씨(楊氏)와 사이에 4명의 아들을 두었는데, 장남인 황치신(黃致身)과 3남 황수신(黃守身)은 재상이 되었다.

　호가 중전(仲全)인 둘째 아들 황보신(黃保身)은 1401년(정종 3년) 한양(漢陽) 석정동(石井洞)에서 출생하였다. 과거에 합격한 기록이 없는 것으로 보아 음서를 통해 세종대에 관계에 진출한 것으로 보인다. 사헌부(司憲府) 감찰과 호조정랑(戶曹正郎)을 거쳤으며, 조선시대 종실(宗室)을 관장한 관청의 문서를 맡아보던 관직인 종친부전첨직(宗親府典籤職)을 역임하였다. 41세 되던 1441년(세종 23년) 병환으로 관직에서 물러나 경상도 상주(尙州) 중모현(中牟縣)으로 고기잡이와 나무짓기로 별업(別業)을 삼고, 독서에 힘쓰며 수신제가(修身齊家)와 자녀양육에 몰두하였다. 황보신은 성품이 인후하여 도량이 넓었고 효우(孝友) 또한 지극하였다고 한다. 1456년(세조 1년) 형제들을 만나기 위해 한양(漢陽)에 왔다가 동생 집에서 돌아가셨다. 이듬해인 1457년 호군(護軍)으로 좌익원종공신(佐翼原從功臣) 3등에 녹훈(錄勳)되었고, 한성소윤(漢城少尹)과 이조참의(吏曹參議)로 증직되었다. 장수황씨(長水黃氏) 소윤공파(少尹公派)의 시조가 되었으며, 보문각 직제학 홍여강(洪汝剛)의 딸인 남양홍씨(南陽洪氏)와의 사이에 4남 2녀를 두었다.

　방촌 황희의 5대손이고 백화리의 입향 시조인 황징(黃澄)의 자(字)는 치화(致化)이고, 자호(字號)는 정암(靜庵)이다. 1544년(중종 39년) 봉화군수였던 황아생(黃亞生)의 차남으로 태어났다. 임진왜란이 일어나자 종사랑(從仕郎)으로 참전하여 공을 세워 선무원종공신(宣武原從功臣) 이등(二等)에 녹훈(錄勳)되었고, 병조참의(兵曹參議)에 증직되었다. 임진왜란이 끝난 후 4대조 할아버지인 황보신에 의해 형성된 경상도 상주의 세거지를 떠나 처가가 있던 전라북도 진안의 용담현(龍潭縣)으로 이주하여 입향조가 되었다. 정숙부인(貞淑夫人) 광산김씨(光山金氏)와의 사이에 4남 3녀를 두었는데, 뒤에 설명할 「정려각(旌閭閣)」의 주인공인 옥천육씨(沃川陸氏)의 남편 황대성(黃大成)이 황징의 차남이다. 1605년(선조 38년) 향년 62세를 일기로 서거하였다. 묘소는 임실군(任實郡) 지사면(只沙面) 원산리(圓山里) 간좌원(艮坐原)이었는데, 용담댐 공사로 묘지가 수몰지역이 되어 1995년 화산서원 앞산 기슭으로 이장하였다.

3. 화산서원의 역사와 문화적 가치

화산서원 안에는 방촌 황희의 영정이 있다. 방촌 황희의 초상화는 선생이 62세 되던 해에 그린 것이라고 한다. 이를 모사한 그림이 5점 정도 있었는데, 전란 중에 소실되고 전라도 나주(羅州) 노덕서원(老德書院)과 파주영당(坡州影堂)에 모사본이 전해오고 있었다. 조선후기 문신인 홍여하(洪汝河)는 초상화를 보고 황희의 인품에 대해 "평소 집에 있을 때는 그저 온화하여 어린 종들이 몰려들어 수염을 잡아당기며 안아달라고 조르거나 먹을 것을 내라고 조르기를 마치 제 부모에게 하듯 해도 내버려두지만, 관복 차림에 홀(笏)을 꽂고 묘당(廟堂)에 나서면 조정이 숙연하였다. 비유컨대, 용이 못 속에 숨어 있을 때에는 자라나 도마뱀 따위의 업신여김을 받지만 한번 변화하면 비바람과 벼락을 일으켜 천지를 진동시키는 것과 같다."라고 글을 썼다.

지금까지 화산서원의 「황방촌 영정」은 "경상북도 상주군 모동면(牟東面) 위치한 옥동서원(玉洞書院)에 소장되어 있던 것을 상주의 황씨 종인(宗人)이 1844년(헌종 10년)에 옮겨 그린 것을 나누어 받아 화산서원 관리인이 보관해 오다가 1922년 화산서원이 건립되자 사당에 걸어놓은 것"[2]으로 알려져 왔다. 그러나 장수 황씨(長水黃氏) 소윤공파(少尹公派) 후손들에 따르면 화산서원에 봉안된 「황방촌 영정」은 1926년 조선 최고의 어진화가(御眞畵家)로 알려진 석지(石芝) 채용신(蔡龍臣)이 모사한 것이라고 한다.

고종의 어진(御眞)을 비롯하여 최익현(崔益鉉), 황현(黃玹), 전우(田愚) 등의 초상화를 그린 채용신은 1906년 사직하고 전라도 정읍(井邑)으로 낙향하였다. 앞서 살펴본 바와 같이 1926년 화산사(華山祠)를 건립하여 방촌 황희 선생을 배향하기로 한 장수황씨 문중은 황희의 영정을 모시기 위해 상주에 갔으나, 상주 종인(宗人)이 내어주지 않았다. 그래서 황병일, 황대현이 채용신을 모시고 상주로 가서 영정을 모사하여 화산사에 봉안하였다는 것이다.

가로 54㎝, 세로 80㎝ 비단에 진채로 채색된 「황방촌 영정」은 화면을 전체적으로 압도하도록 상반신을 배치하였으나, 인물이 화면의 우측으로 약간 비켜 배치한 구도를 지니고 있다. 얼굴은 정면을 향하나 관모의 방향, 관모의 기울기, 황희의 시선 등이 약간 정면을 피하고 있다.

「황방촌 영정」은 1987년 4월 28일에 전라북도 유형문화재 제129호

---

2) 『진안군지』(1959)와 『진안지-향토교육자료』(1978)은 물론 문화재청 홈페이지, 한국민족문화대백과사전에도 이렇게 서술되어 있다.

로 지정되었다. 또한 국가 표준영정으로 지정되었다. 그 후 2017년 화산서원의 「황방촌 영정」은 보존 처리되어 수장고에 보관되었고, 현재 화산서원에 봉안되어 있는 영정은 그때 만들어진 영인본이다.

<황방촌 영정>

한편 화산서원의 부근에는 장수 황씨(長水黃氏) 집안의 인물들인 황민찬(黃珉燦)과 육씨(陸氏) 부인의 정려각(旌閭閣)이 있다.

개항기 진안 출신의 효자인 황민찬은 어머니가 병이 났을 때 일부러 손가락을 다치게 하여 손가락 피를 어머니 입에 흘려 넣었고, 하늘이 감동하여 어머니가 병이 낳아서 소생하였다고 한다. 이에 용담향교(龍潭鄕校) 유림들이 청원하여 1905년(고종 9년) 정려(旌閭)가 내려지고 정려각이 세워졌다. 정려각의 현판에는 "효자 학생 증구품 후임부 중학교 교관 장수 황민찬의 정려(孝子學生贈九品後任部中學校敎官長水黃珉燦之閭)"라고 새겨져 있다.

임진왜란 당시 황징의 차남인 황대성(黃大成)은 의병을 일으켜 왜

병과 싸우다가 황간에서 일본의 포로가 되어 일본으로 끌려가 6년간을 보냈다. 그의 부인 옥천육씨(沃川陸氏)는 남편이 의병을 이끌고 싸우러 나간 뒤에 몸종 천개(千介)를 데리고 상배실 앞 구례말 남쪽 산불공 터에 움막을 짓고 숨었다. 그런데 왜적이 나타나 육씨 부인을 보고 강제로 폭행하려는 마음이 생겼는지 손을 붙들고 젖을 주무르는 만행을 저질렀다. 부인은 나무를 끌어안고 큰소리로 꾸짖으면서, 장도(長刀)를 꺼내어 젖과 팔을 잘라 돌아가시고 말았다. 몸종 천개도 부인을 따라서 죽었다. 황대성이 귀환한 후 이러한 사실이 알려지게 되자 조정에서 왕명을 내려 안천면 백화리 하리 동구에 정려를 건립하였다. 시간이 지나면서 몇 차례에 걸쳐 중수(重修)를 거듭하다가 1976년 현재위치인 백화리 중리마을 어구 화산서원 남쪽 언덕에 옮겨 세웠다. 육씨부인의 정려각에는 "열부 통정대부 황대성의 처 옥천 육씨의 정려(烈婦通政大夫黃大成之妻沃川陸氏之閭)"라고 새겨져 있다.

<황민찬 정려각>

<육씨 부인 정려각>

4. 화산서원의 현대적 의의

화산서원은 경상북도 상주에서 전라북도 진안으로 이주한 장수황씨(長水黃氏) 가문이 자신들의 입향 시조인 황징(黃澄)과 그의 4대조인 황보신(黃保身) 그리고 5대조인 방촌(厖村) 황희(黃喜)를 배향하여 제사를 지내고 진안 지방의 유생들을 교육하던 곳이었다. 향촌 질서를 유지하는데 매우 중요한 역할을 했으며, 특히 사당에 봉안되어 있는 「황방촌 영정」은 전라북도 유형문화재일 뿐만 아니라 황희 선생의 국가 표준영정으로 자리매김되었다.

또한 서원 바로 앞에 열녀 옥천 육씨와 효자 황민찬을 기리는 정려각이 있어, 충과 효 그리고 절개를 기리고 교육할 수 있는 문화적 가치를 지닌 곳이다.

용진서원(龍津書院)의 역사와 문화적 가치*

한문종(전북대)

1. 머리말

조선시대에는 전국적으로 많은 서원과 사우가 존재하였다. 이들 서원과 사우에는 선현(先賢)과 선유(先儒), 충절인(忠節人), 선조(先祖) 등 다양한 인물이 배향되어 있다. 그 중에는 조선전기의 문신인 방촌 황희도 있다. 그는 조선시대 가장 명망있는 재상으로 칭송받으며 청백리에 오르기도 하였다. 황희는 상주의 옥동서원(玉洞書院)을 비롯하여 완주의 용진서원, 진안의 화산서원(華山書院), 장수의 창계서원(滄溪書院), 남원의 풍계서원(楓溪書院) 등에 배향되었다. 그러나 지금까지 황희를 배향하고 있는 서원에 대한 종합적인 연구는 전혀 이루어지지 않았다.

---

* 이 글은 제6회 방촌정기학술대회(2020, 11, 07, 완주군청 문화예술회관)에서 발표한 논문이다.

오늘 발표에서는 황희와 황수신 등을 배향하고 있는 완주 용진서원의 역사와 문화적 가치에 대해서 살펴보려고 한다. 다만 현재 용진서원에는 서원지나 기타 관련 자료들이 거의 없는 실정이다. 이러한 자료상의 한계를 고려하면서 현존하는 각종 단편적인 자료를 토대로 발표하려고 한다. 여기에서는 먼저 조선시대 서원과 사우의 성립과 기능, 변천과정을 간략하게 검토하려고 한다. 이어서 현재 완주지방에 존재하고 있는 서원·사우를 건립시기와 건립집단, 배향인물 등으로 나누어서 살펴보려고 한다. 다음에는 용진서원의 연혁과 배향인물을 살펴보고, 용진서원의 부속 열성공부조묘와 부조묘 앞에 있는 안동김씨 정려각에 대해서 고찰하려고 한다. 이상의 연구를 통해서 용진서원이 완주지방 서원과 사우에서 차지하는 위상과 역할을 규명하고, 용진서원의 문화적 가치에 대해 살펴보려고 한다.

2. 서원·사우의 설립과 변천[1]

서원은 조선 중기 이후 학문 연구와 선현(先賢)의 제향(祭享)을 위해 사림(士林)에 의해 설립된 사설 교육기관이자 향촌자치 운영기구이다. 서원의 기원은 중국 당나라 말기이며, 우리나라는 1543년(중종 38) 풍기군수 주세붕이 경상도 순흥에 세운 백운동서원(白雲洞書院)이 그 효시이다. 백운동서원은 풍기군수 이황의 건의로 1550년 왕으로

---

1) 이 장은 한문종, 「전북지방 서원 사우에 대한 시고 −전북원우록을 중심으로−」(『전라문화논총』 3, 전북대 전라문화연구소, 1989)를 요약 정리하였다.

부터 소수서원(紹修書院)이라는 어필 현판과 서적·노비를 하사받은 최초의 사액서원(賜額書院)이다. 이황은 말년에 관직을 그만두고 고향인 안동으로 내려가 도산서원을 세우는 등 서원을 향촌사회에 보급하는 데 크게 기여하였다.

한편 사우(祠宇)는 선조(先祖) 또는 선현의 신주(神主)나 영정을 모셔놓고 제향을 드리는 장소이다. 사우의 건립은 삼국시대부터 나타나지만, 고려 말에 주자학이 전래되면서 일반화되었다. 특히 조선시대에 유교문화의 확산은 사우 건립의 커다란 자극제가 되었다. 따라서 향촌사회에서 기자(箕子), 단군(檀君)을 비롯하여 국가에 공이 있는 명현(名賢)들에 대한 추존 운동이 전개되면서 민간에 의한 사우의 건립이 확산되어 갔다.

서원과 사우는 원래 그 명칭과 기능, 설립목적, 배향인물 등에 따라 다음과 같이 구별되었다.

<표1> 서원·사우의 비교[2]

	명칭	목적	기능	제향인물	구조
서원	書院, 書齋, 精舍, 祠宇, 影堂	教育人才, 斯文振興(교화)	士子藏修, 講學, 祀賢	先賢, 先儒, 士林宗師	講堂(서재), 祠廟
사우	鄕賢祠, 別廟, 鄕祠, 世德祠, 遺愛祠, 里祠, 生祠堂	報本崇賢(교화)	祀賢	忠節人, 儒賢	祠廟

이러한 서원과 사우의 구별은 대체로 16세기 말까지 존재하였다. 그러나 17~18세기경에 이르면 양자의 차이가 거의 없어져 구별이 모호

---

2) 이 표는 정만조, 「17~18세기 서원·사우에 대한 시론」『한국사론』 2(국사편찬위원회, 1975) 219쪽에서 전재함.

해졌다. 그 이유는 첫째, 서원과 사우에 배향하는 인물에 대한 구별이 없어졌다는 점이다. 특히 원칙이 없이 혈연과 지연을 중심으로 한 배향 인물의 선정은 향사자(享祀者)의 자격과 질의 저하를 초래하였다. 둘째, 서원의 기능이 변화되었다는 점이다. 인재 양성과 강학(講學)이 1차적 기능이었던 서원이 17, 18세기에 들어 유현(儒賢)을 제향하는 곳으로 변화되어 갔다. 셋째, 각 지방에서 서원이 많이 남설(濫設)되었다는 점이다. 17~18세기경에 이르면 가문의 사회적 지위를 높이고 양반 신분을 유지하기 위한 목적과 선사(先師)의 학통을 계승하고 그의 도덕적 지위를 높이 드러낼 목적으로 그들의 후손이나 제자들에 의해 서원이 많이 건립되었다.[3] 특히 숙종 대에 이르러 서원의 건립이 급증하자 영조 초에는 '○○서원'이라는 명칭을 사용하는 서원의 건립을 금지하는 금령(禁令)이 반포되었다. 이 때문에 서원 대신에 사우의 건립이 급증하여 영조 초부터 17년 사이에 무려 137개소의 사우가 건립되었다. 그 결과 서원과 사우를 구별은 무의미해졌으며, 양자를 혼용해서 사용하게 되었다.

한편, 서원의 남설로 인해 서원은 교화 기관으로서의 기능보다도 오히려 정치와 연관된 당쟁의 근거지 내지는 수탈과 피역(避役)의 장소로서의 기능이 강해지면서 여러 가지 사회적 폐단을 야기하였다. 이 때문에 효종, 현종대부터 서원의 폐단을 논하는 상소가 간헐적으로 나타나기 시작하였다. 그 후 숙종은 서원 통제에 적극성을 띠고 직접 서원의 존폐를 결정하고 철폐하기도 하였다. 또한 영조는 서원이 당파간

---

3)   정만조, 「17~18세기 서원·사우에 대한 시론」『한국사론』 2, 국사편찬위원회, 1975. 232~255쪽 참조.

의 분쟁을 유발하고 정국을 혼란스럽게 하는 요인이 된다고 판단하여 1741년(영조 17)에 서원을 철폐하도록 명하였다. 이 서원철폐령으로 1714년(숙종 40) 이후에 건립된 서원과 사우·영당 등 173개소가 철폐되었다.[4] 또한 서원 금령의 강화로 지방관의 서원에 대한 물질적 지원이 거의 단절됨에 따라 서원의 재정도 악화되었다. 이어서 정조와 철종 대에도 서원의 정리를 도모하였으나 큰 성과를 거두지 못하였다.

19세기 이후 전국의 서원과 사우는 대부분 재정을 담당하는 후손들에 의해 건립되고 운영되는 경향이 나타났으며, 사림들의 백성들에 대한 착취와 서원의 부패로 인해 그 폐해는 더욱 심해졌다. 이에 흥선대원군은 실추된 왕실의 권위를 회복하고 국가체제를 정비하기 위해 서원(사우)의 정비에 착수하였다. 그리하여 1868년과 1870년에 사액되지 않은 서원과 사액서원 중 제향자의 후손들이 운영을 주도하면서 민폐를 끼치는 서원을 철폐하고 세금을 내게 하였다. 또한 1871년에는 사액서원 중 학문과 충절이 뛰어난 인물을 1인 1원(院)에 배향하게 하고, 그 외의 첩설(疊設) 서원을 모두 철폐하도록 명하였다. 그 결과 전국의 47개 서원과 사우를 제외하고 나머지는 모두 철폐되었다. 전북지방에서는 정읍의 무성서원 1개소만 남고 나머지는 모두 철폐되었다.

흥선대원군의 서원철폐령에 따라 철폐된 서원과 사우는 그가 정권에서 물러난 이후에 일부는 복설되었다. 또한 일제강점기에 일제가 지주층의 환심을 사고 식민통치에 대한 협조를 얻기 위해 일부 서원·사우를 중건하였다. 그러나 이들 서원·사우는 6·25 전쟁 때에 상당수가 불

---

4) 민병하, 「朝鮮時代의 書院政策考」『論文集』 15, 성균관대학교, 1970, 183쪽.

타 없어졌다. 1970년대 이후에는 주로 문중이 중심이 되어 서원·사우를 개축 또는 신축하는 사례가 증가하였다. 그러나 이때에 복설된 서원과 사우는 대부분 후손들을 중심으로 건립되고 운영되었으며, 서원의 교학 기능은 사라져버렸다. 그 대신 서원은 후손들에 의해 제향(祭享)을 지내거나 조상들의 유적을 순례하는 장소로 활용되어 오히려 종족의 결합을 공고하게 하거나 대외적으로 가문의 위세를 과시하는 역할만을 담당하였다.

3. 완주지방의 서원·사우의 분포와 특징[5)]

<별표 1>을 통해서 보면 2020년 6월까지 확인된 완주지방의 서원·사우는 모두 15개소이다. 이를 읍면별로 정리해보면 다음 <표 2>와 같다.

<표 2> 완주지방의 읍면별 서원·사우[6)]

읍면명	서원·사우명	비고
봉동읍	구호서원, 봉강서원	
삼례읍	호산서원	
용진읍	용진서원, 예산사	
경천면	운동사	
고산면	백현서원	
구이면	보광사, 학천서원	
비봉면	반곡서원, 봉양서원, 삼현사	
소양면	화산서원, 대승서원	
화산면	천곡서원	

---

5) 이 장은 『조선시대 전주지역의 향교와 서원』(이동희·한문종, 흐름출판사, 2019)을 요약 정리하였다.
6) 〈표 2〉와 〈표 3〉은 〈별표 1〉을 참조하여 작성하였다.

위의 <표 2>에서 보면 완주지방에는 모두 15개소의 서원·사우가 있었다. 그렇지만 완주지방의 서원·사우는 전북의 다른 시군에 비해 그리 많지 않았다.[7] 완주지방에서는 비봉면이 3개소로 가장 많았으며, 그 다음은 봉동읍·용진읍·구이면·소양면이 각각 2개소, 삼례읍과 경천면·고산면·화산면이 각각 1소개가 있었다. 그렇지만 이서면, 동상면, 운주면에는 1개소도 없었다.

다음 <표 3>은 완주지방 서원·사우의 건립 시기를 왕대별로 정리한 것이다.

<표 3> 전주·완주지방 서원·사우의 건립 시기

왕대 지역	선조	광해	인조	효종	현종	숙종	경종	영조	정조	순조	헌종	철종	1868 ~ 1945	1945 ~	미상	소계
완주	1	0	0	0	2	2	0	2	0	3	0	0	2	1	2	15

기록상으로 완주지방에서 가장 먼저 건립된 서원(사우)은 화산서원이다. 화산서원은 1578년(선조 11) 전주지방 유림에 의해 건립되었으며,[8] 이언적(李彦迪)과 송인수(宋麟壽)의 위패를 모셨다. 특히 이언적은 전주부윤으로서 도덕과 예절로 백성들의 교화에 힘썼으며, 송인수는 전라감사로서 청렴한 정치를 펼치는 등 이 지역과 인연이 깊었다. 화산서원은 본래 전주 중화산동에 건립되었으나 1869년 대원군의

---

7) 대원군의 서원 철폐령 이전까지 전북지방에 존재하였던 서원과 사우를 지역별로 보면, 남원(24개소)이 가장 많았으며, 그 다음은 고창(15), 임실(14), 김제(13), 정읍(12), 전주·완주(11), 진안, 무주, 부안, 순창, 장수, 익산, 군산·옥구 순이었다. 한문종, 「전북지방 서원·사우에 대한 시고 - 『전북원우록』을 중심으로-」『전라문화논총』 3, 전북대 전라문화연구소, 1989. 160~161쪽 참조.

8) 화산서원은 『전고대방』에 1578년(선조 11)에 창건되고, 1658년효종 9)에 사액을 받을 것으로 기록되어 있다. 반면에 『전북원우록(全北院宇錄)』에는 1624년(인조 2)에 창건되어 1662년(현종 3)에 사액을 받은 것으로 기록되어 있다.

서원철폐령으로 훼철되었다가 1994년 완주군 소양면 신원리에 중건한 것이다. 화산서원을 제외하면 완주지방에서는 반곡서원이 가장 이른 1668년(현종 9)에 건립되었다. 용진서원도 반곡서원보다 12년 후인 1680년(숙종 6)에 건립되었다.

완주지방의 서원·사우를 건립된 왕대별로 살펴보면, 선조대 1개소(화산서원)와 현종대 2개소(반곡서원, 백현서원), 숙종대 2개소(용진서원, 보광사), 영조대 2개소(구호서원, 봉강서원), 순조대 4개소(예산사, 학천서원)가 건립되었다. 그리고 대원군의 서원철폐령 이후 건립된 서원·사우가 5개소인데, 그 중 운동사는 1872년에, 천곡서원은 일제강점기에, 봉양서원은 1966년에, 그리고 대승서원과 삼현사는 건립 년대를 알 수 없다.

한편 완주지방의 서원과 사우 중에서 사액서원은 화산서원이 유일하다. 화산서원은 1662년(현종 3)에 사액되었다. 사액서원은 왕으로부터 서원의 이름을 새긴 편액(扁額)을 하사받은 공인된 서원이다. 이곳에는 일정량의 토지와 노비 그리고 국가에서 편찬한 서적 등이 지급되었으며, 면세와 면역의 특권이 주어졌다.[9] 국가로부터 공인을 받은 사액서원인 화산서원은 전주·완주지방의 사회와 문화에 상당한 영향을 끼쳤을 것으로 추정된다.

완주지방의 서원·사우를 건립한 주체는 지방의 유림(儒林)과 사손

---

9) 참고로 전북지방의 사액서원은 총 16개소이다. 그 중 정읍지방이 4개소로 가장 많았으며, 그 다음은 남원 3개소, 군산·옥구, 익산, 고창이 각각 2개소, 전주·완주, 임실, 진안이 각각 1개소였다. 그리고 사액서원은 주로 현종대(3개소)와 숙종대(6개소)에 사액되었다. 한문종, 앞의 논문, 162~163쪽 참조.

(嗣孫), 문인(門人)이었다. 그 중 향유림 또는 사손들이 건립한 서원과 사우가 다른 지방보다 많았다.[10] 먼저 지방의 유림에 의해 건립된 서원은 화산서원, 구호서원, 호산서원, 운동사 등 4개소이다. 반면에 사손이 협력하여 건립한 것은 백현서원, 용진서원, 보광사, 봉강서원, 예산사, 학천서원, 천곡서원, 봉양서원, 대승서원, 삼현사 등 10개소이다. 특히 이들 서원들은 사손이 단독으로 또는 2~4개의 가문이 연합하여 건립하였다. 한편 배향된 인물의 제자들에 의해서 건립된 서원은 반곡서원 1개소이다.

완주지방 서원·사우가 철폐된 시기와 복설된 시기를 살펴보면 다음과 같다. 완주지방의 서원·사우는 흥선대원군이 사액을 받지 못한 1천여 개의 서원을 철폐하도록 한 서원철폐령에 따라 1868년과 1869년에 모두 철폐되었다. 이때에 사액서원이었던 화산서원도 역시 철폐되었다. 철폐된 서원과 사우는 후에 설단의 형태로 유지되기도 하였지만, 철폐 이후부터 1910년 이전까지 4개소, 일제강점기에 4개소, 해방 이후에 4개소가 복설되었다. 그러나 운동사는 아직까지도 복설되지 않은 채 기록상으로만 남아있다.

완주지방의 서원·사우에 배향된 인물은 창건 당시에는 대체로 1명에서 4명을 배향한 곳이 많았다. 그러나 후에 서원·사우를 중건하고 이건하는 과정에서 배향인물이 늘어나는 경향을 보이고 있다. 현재 완주지

---

10) 전북지방 서원·사우의 건립집단별 분포를 보면, 233개소 중에서 사손에 의해서 건립된 것이 146개소(62.7%), 사손과 향유림에 의해서 건립된 것이 42개소(18%), 향유림에 의해서 건립된 것이 40개소(17.2%), 나머지는 門人과 지방관 등에 의해서 건립되었다. 한문종, 위의 논문, 163쪽 참조.

방의 서원·사우 중에는 1~9명까지 배향되어 있다. 그 중 가장 많이 배향한 곳은 구호서원으로 박상충을 비롯하여 9명을 배향하였으며, 5~6명을 배향한 곳이 용진서원을 비롯하여 4개소, 3~4명을 배향하고 있는 곳이 화산서원을 비롯하여 7개소로 가장 많았다. 그리고 백현서원과 천곡서원은 1명을 배향하고 있다. 한편 서원·사우에 주벽으로 배향된 인물을 보면 고려 말부터 조선 중기까지 활동했던 문신과 학자들이 매우 많았다.[11] 특히 용진서원은 조선초기 영의정을 지낸 황희와 황수신 부자를 배향한 곳이기도 하다.

4. 용진서원의 건립과 배향인물

용진서원(龍津書院)은 완주군 용진읍 구억리(원구억1길 41~33)에 위치하고 있으며, 1680년(숙종 6)에 사손의 발의로 건립되었다. 처음에는 황희(黃喜), 황수신(黃守身)을 배향하였으나 후에 김맹(金孟), 이익(李益), 강이온(姜利溫), 박금(朴嶔)을 추가로 배향하였다. 용진서원은 1868년(고종 5)에 흥선대원군의 서원철폐령으로 헐렸다. 1922년 지방 유림들과 후손들이 힘을 모아 원구억마을 입구에 복설하였다. 1983년에 중건하였으며, 2015년에 중수하였다. 경내에는 외삼문과 내삼문, 사당, 강당 등이 있다.

---

11) 완주지방 서원 사우에 배향된 고려말 조선초의 인물은 정몽주, 황희, 황수신, 이방간, 박상충, 이문정, 정수홍, 최유경 등이 있으며, 조선중기의 인물은 구영, 임윤성, 김집, 이언핍, 홍남립, 유몽인 등이 있다.

<용진서원 전경>

　서원의 외삼문에는 '용진서원'이라 쓴 현판이 걸려있으며, 이 외삼문
을 들어가면 용진서원이 있다. 용진서원은 정면 3칸, 측면 1칸으로 되
어 있다. 서원 내에는 이병하(李炳夏)가 지은 「용진서원기(龍津書院
記)」[12]와 「용진원제의수보실기(龍津院諸儀修補實記)」[13]를 비롯하여
「용진원임사간무실기(龍津院任事幹務實記)」[14], 「용진원중수기(龍津

---

12)　「용진서원기」는 정묘(1927년) 2월에 이병하가 지었다. 그 내용을 보면, 용지서원에는 황희,
　　황수신, 김맹, 이익, 강이온, 박금선생의 위패를 봉안한 곳이다. 이 보다 먼저 황희와 황수신은
　　장수 창계서원에 봉안되었으나 1868년 흥선대원군의 서원철폐령으로 위패를 용진원에
　　이안하여 봉안하였다. 그후 1924년에 김맹, 이익, 강이온, 박금을 추배하였는데, 그때 박금의
　　후손인 박기순(朴基順)이 크게 활약하였다. 1926년 원우의 조성을 마무리하고 그 사실을
　　기록하였다.
13)　「용진원제의수보실기(龍津院諸儀修補實記)」는 임신(1932년) 5월에 이병하가 지었다.
　　그 내용은 후손인 황춘연(黃春淵)과 장의(掌議) 李鶴善(이학선), 유사 심종문(沈鍾文)의
　　주선으로 1930년과 1931년에 감실을 새로 짓고 홍살문을 설치하고, 강당(堂廡)에 기와를
　　올리고, 단청(丹靑) 공사를 한 사실을 기록하였다
14)　「용진원임사간무실기(龍津院任事幹務實記)」는 계유(1933년(8월에 제작한 것으로,
　　여기에는 1930년과 1931년 2년 동안 홍살문을 건립하고, 정당과 강당은 기와를 올리고,
　　감실(龕室)을 새로 지었다. 이때 시임 장의 이학선과 시임 유사 심종문이 힘써 주선하여 사우의
　　모습을 갖추게 된 사실이 기록되어 있다.

院重修記)」[15], 「용진원중수기(龍津院重修記)」[16] 등 5개의 편액이 걸려 있다. 이 편액은 용진서원의 연혁과 배향인물, 서원의 중수 및 보수, 서원의 임원 등에 대한 내용을 파악할 수 있는 자료이다.

\<용진원제의수보실기\>

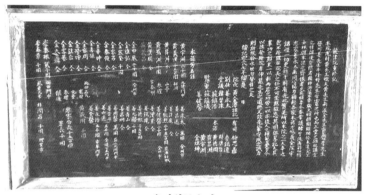

\<용진원중수기\>

---

15) 「용진원중수기(龍津院重修記)」는 1954년 봄에 장의 한증수(韓曾洙)와 별임 강영태(姜永太)가 협력하여 각 가문의 본손들에게 의연금을 모아 원우를 정비하였는데, 원장 황금택은 일의 전말을 간략히 기록하고, 또 한증수와 강영태의 공로를 드러내는 한편 후손들에게 모범을 보여주기 위해 현판을 제작하였다. 또한 이 현판에는 용진원의 원장 황금택(黃金澤)을 비롯하여 별임(別任), 장의(掌議), 감동(監董), 유사(有司), 본손(本孫) 등 용진원 임원들의 명단이 기록되어 있으며, 본손을 비롯한 방명록과 기부액수가 기록되어 있다.

16) 「용진원중수기(龍津院重修記)」는 기해(1959) 11월 조철형(趙喆衡)이 지었다. 여기에는 황희와 황수신 등 6위를 배향하고 있는 용진원이 물이 새고 담장이 무너져 쇠퇴하자 한증수(韓曾洙)가 본손들과 의논하여 중건한 내용이 기록되어 있다.

서원 뒤쪽의 내삼문을 지나면 용진사가 있는데, 용진사는 전면 3칸에 측면 1칸으로 되어 있다. 이곳의 중앙에는 황희 선생의 초상화가 모셔져 있으며, 그 좌측에 방촌황선생(厖村黃先生, 황희)와 우측에 나부황선생(懦夫黃先生, 황수신)의 위패를 비롯하여 남계김선생(南溪金先生, 金孟), 진주강선생(晉川姜先生, 姜利溫), 우봉박선생(牛峯朴先生, 朴嶔), 영재이선생(靈齋李先生, 李益)의 위패가 양쪽에 모셔져있다. 용진사의 상량문에는 병인년(1926) 9월에 상량한 것으로 기록되어 있다.

<용진사 전경>

주벽으로 모셔져 있는 황희(1363~1452)는 조선전기의 문신이다. 본관은 장수, 자는 구부(懼夫), 호는 방촌(厖村)이다. 개성 가조리(可助里)에서 태어났다. 1383년 사마시와 1385년 진사시에 합격하였으며, 1389년에 문과에 급제한 후 성균관 학록에 제수되었다. 1392년 고려가 망하자 두문동에 들어가 은거하였다. 그 후 태조 이성계의 간청으로 벼슬길

로 나와 성균관 학관 겸 세자 우정자, 감찰, 우사간대부, 형조판서, 이조 판서, 판한성부사 등을 역임하였다. 1418년 세자 폐출의 불가함을 간언 하다가 태종의 진노를 사서 교하(交河)로 유배되고 곧이어 남원부에 이 치(移置)되었다. 그 후 1422년(세종 4)에 복직되어 예조판서, 강원도관 찰사, 대사헌, 우의정을 역임하였다. 1430년 좌의정으로 감목(監牧)을 잘못한 태석균의 선처를 건의하였다가 탄핵을 받고 파직되어, 파주 반 구정(伴鷗亭)에 은거하였다. 그 이듬해에 다시 복직되어 영의정부사에 오른 뒤 1449년 치사(致仕)할 때까지 18년 동안 국정을 통괄하였다. 조 선시대 가장 명망 있는 재상으로 칭송받았으며, 청백리에 올랐다. 세종 의 묘정에 배향된 배향공신이다. 그는 상주의 옥동서원(玉洞書院)과 진 안의 화산서원(華山書院), 장수의 창계서원(滄溪書院), 남원의 풍계서 원(楓溪書院)에 배향되었다. 저서는 『방촌집』이 있다.

<용진사에모셔져 있는 황희 선생의 영정과 위패>

황수신(1407~1467)은 조선전기의 문신이다. 본관은 장수, 자는 수 효(秀孝, 또는 季孝), 호는 나부(懦夫)이다. 황희의 셋째 아들이다. 세

종대에 문음으로 관직에 나아가 종묘부승(宗廟副丞), 사헌부감찰, 지평, 호조정랑, 지사간원사, 지형조사, 한성부윤, 경상도관찰사 등을 역임하였다. 세조가 왕위에 오르는데 공을 세워 1455년(세조 1) 좌익공신에 녹훈되고 남원군에 봉해졌다. 그 후 좌참찬, 우찬성을 거쳐 1467년 영의정에 올랐다. 장수의 창계서원(滄溪書院)에 배향되었으며, 시호는 열성(烈成)이다.

김맹(1410~1483)은 조선전기의 공신이며, 문신이다. 본관은 김해, 자는 자진(子進)이다. 1441년(세종 23) 식년 문과에 병과로 급제하고 감찰, 예조좌랑, 평안도도사, 고령현감 등을 역임하였다. 1455년(세조 1) 세조 즉위에 공을 세워 좌익원종공신 3등에 녹훈되었다. 그 후 의금부 진무, 집의 등을 역임하였다.

강이온(생몰미상)은 조선중기의 문신이다. 본관은 진주이다. 1483년(성종 14) 계묘 식년시에 진사로 합격하였다. 그 후 경연참찬관, 도승지 등을 역임하였다. 1504년(연산 10) 갑자사화에 화를 당하였다. 중종이 즉위한 후 신원(伸冤)되어 순충보조공신 이조참판에 추증되고, 진천군(晉川君)에 추봉되었다.

박금(1583~?)은 조선후기의 문신이다. 본관은 충주이고 참판공파의 파조로, 자는 경망(景望), 호는 우봉(牛峰)이다. 1613년(광해군 5) 31세에 진사시에 합격하고, 1626년(인조 4)에 세자 입학을 경하하기 위해 치러진 병인별시에 병과 7위로 급제하였다. 그러나 과거를 주관하는 시관들이 부당한 방법으로 자신의 아들 및 조카들을 합격시킨 사실이 드러나 결국 시험은 파방(罷榜)되고 시관들은 모두 파직 당하였다.[17] 그 이듬해인 1627년(인조 5) 인조가 난을 강화도로 이어(移御)할 때 호송했던 무사들을 위로하고, 세자 입학을 경하하기 위해 실시한 정묘정시에 병과 2위로 급제하였다.[18] 그 후 박금은 만경현감, 임피현령을 역임하고 황해도도사, 예조정랑에 올랐다. 그러나 갑자기 부친 박대술(朴大述)이 노환으로 쓰러져 아버지의 병구완을 위해 관직에서 물러나 낙향했다. 그는 나이가 많았음에도 불구하고 아버지를 지극정성으로 보살폈다. 그럼에도 아버지의 병이 차도가 없자 자신의 허벅지살을 베어 그 피를 아버지의 입에 넣어 주었다고 한다. 이러한 효성이 알려져 왕이 그에게 효자 정려를 내리고 인근의 사방 10리 땅을 하사하였다고 한다. 3년상을 치른 후에 풍기군수를 지냈다. 정려는 현재 전북 익산시 용안면에 남아있다.

<효자 박금 정려(익산시 용안면 석동리 산7)>

---

17) 송준호·송만오 편, 『조선시대 문과백서(상)』, 삼우반, 2008, 446~448쪽 참조.
18) 이 정묘정시에서는 1626년(인조 4) 병인별시 급제자 16명 중 13명이 시험을 보아 7명을 선발(갑 1, 을 2, 병 4인)하였다. 박금은 병과 2위로 7명 중 5위로 급제하였다. 『국조문과방목(國朝文科榜目)』 (규장각한국학연구원[奎 106])

한편 용진읍 구억마을 안에는 용진서원 부속 열성공부조묘가 위치하고 있다. 황수신은 황희의 3남으로 세조가 왕위에 오르는데 공을 세워 1455년(세조 1) 좌익공신에 녹훈되고 남원군에 봉해졌으며, 1467년 영의정에 올랐다. 황수신이 좌익공신에 책봉되었기 때문에 후손들이 그의 부조묘를 구억리에 세웠다. 현재의 건물은 1907년에 건립하였다. 그 후 열성공부조묘는 1983년 6월에 공의 묘소가 있는 경기도 파주시 탄현면 금승리 선산 옆으로 옮겼다.[19] 그러나 수 백년 동안 제사를 모셔 온 부조묘가 이전한 것을 안타깝게 여겨 2013년 9월에 장수황씨 열성공파의 후손들이 이곳에 다시 열성공부조묘를 중수하였다. 열성공부조묘는 정면 3칸, 측면 1칸으로 되어있으며, 그곳에는 열성공의 초상화가 안치되어 있다. 2020년 6월부터 건물의 지붕을 수리하는 등 열성공부조묘의 보수정비사업을 진행하였다.

<열성공부조묘와 안동김씨 정려각>

---

19) 부조묘는 불천위(不遷位) 제사의 대상이 되는 신주를 모시는 사당이다. 본래 4대가 넘는 조상의 신주는 사당에서 꺼내 묻어야 하지만 나라에 공훈이 있는 사람의 신위는 왕의 허락으로 옮기지 않아도 되는 불천지위(不遷之位)가 된다. 따라서 불천지위가 된 대상은 사당에 계속 두면서 기제사를 지낼 수 있다. 부조묘는 중국의 한나라 때부터 시작되었으며, 우리나라에서 부조묘가 등장한 것은 고려 중엽 이후 사당을 짓게 되면서부터이다. 불천위가 된 신주는 처음에 묘 밑에 설치할 것을 원칙으로 하였으나 종가 근처에 사당을 지어둘 수 있게 됨으로써 부조묘가 등장하게 된 것이다. 부조묘는 본래 국가의 공인절차를 받아야 하나 후대로 오면서 지방 유림의 공의에 의해서도 정해졌다. 『한국민족문화대백과사전』(1991) 부조묘.

한편 부조묘 앞에는 정부인 안동김씨 정려각이 있다. 정려각 안에는 '유명조선충신증호성공신가선대부이조참판겸동지경연의금부춘추관성균관사홍문관제학예문관제학세자우부빈객행통정대부승정원승지수옹황공낙처열녀증정부인안동김씨지려(有明朝鮮忠臣贈扈聖功臣嘉善大夫吏曹參判兼同知經筵義禁府春秋館成均館事弘文館提學藝文館提學世子右副賓客行通政大夫承政院承旨睡翁黃公洛妻烈女贈貞夫人安東金氏之閭)'라고 새긴 현판이 걸려있다. 이 정려각은 1955년에 중건되었다.

안동김씨의 부군(夫君)인 황락(1553~1620)은 황희의 5대손으로, 자는 성원, 호는 수옹이다. 그는 1579년(선조 12) 생진시에 합격하고 1585년(선조 18) 식년시에 병과로 합격하였다. 그후 전적, 좌랑, 정언, 우헌납, 7군 목부사 등을 역임하였다. 임진왜란 때 선조를 호종한 공으로 "이조참판겸동지경연 의금부춘추관성균관사 홍문관제학예문관제학 세자우부빈객(吏曹參判兼同知經筵 義禁府春秋館成均館事 弘文館提學藝文館提學 世子右副賓客)"에 증직되었으며, 시호는 문절공이다.[20] 임진왜란 때에 부인 김씨가 왜군에게 손목을 잡히자 더러운 손으로 부인을 만졌다고 하여 큰 소리로 왜적을 꾸짖으며 품고 있던 장도로 손목을 자르고 자결하였다. 이에 조정에서는 정려문을 내리고 정부인으로 추증하였다. 정려문은 용진서원 근처에 있었으나 훼손되어 2013년 9월에 후손들이 현 위치에 정려각을 보수하고 '정부인열녀안동김씨지려(貞夫人烈女安東金氏之閭)'비를 세웠다.

---

20) 『장수황씨열성공파세보』 권1, 태신미디어, 2019.

<황락의 처 안동김씨 정려> 현판

참고로 황희를 비롯하여 황수신, 황락의 가계도를 작성해보면 다음 <표 4>와 같다.

<표 4> 장수 황씨 열성공파 계보도

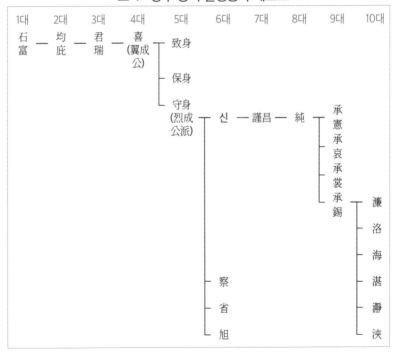

1대	2대	3대	4대	5대	6대	7대	8대	9대	10대
石富	均庇	君瑞	喜(翼成公)	致身					
				保身					
				守身(烈成公派)	신	謹昌	純	承憲 承哀 承裳 承錫	濂 洛 海 湛 潗 浹
					察				
					省				
					旭				

5. 용진서원의 문화적 가치 -맺음말을 대신하여-

완주지방에는 현재 15개소의 서원과 사우가 존재한다. 그 중 용진서원은 1680년(숙종 6)에 창건된 서원으로, 전주에서 이건한 화산서원을 제외하면 완주에서는 3번째로 이른 시기에 건립되었다. 용진서원에는 조선시대 명재상으로 칭송받은 황희와 그의 아들 황수신을 비롯하여 박금, 김맹 등 6인을 배향하고 있다. 특히 배향인물 중 황희와 황수신은 조선시대 최고의 관직이이라 할 수 있는 영의정을 역임하였다. 이러한 점에서 용진서원은 완주지방 서원을 대표하여 이 지방의 유학과 향풍의 진작에 기여를 하였을 가능성이 있다. 그렇지만 이와 관련된 자료들이 남아있지 않아 구체적인 실상을 파악하는데 한계가 있다.

따라서 용진서원이 완주지방 서원·사우에서 차지하는 위상과 문화재적 가치를 보다 명확하게 규명하기 위해서는 먼저 용진서원 뿐만이 아니라 완주지방 지방에 존재하고 있는 서원·사우의 자료를 수집하고 정리하여야 한다. 이와 함께 완주지방의 서원과 사우에 있는 현판을 조사 정리하여 서원·사우와 관련된 인물들의 인적 네트워크와 당호 및 건축물의 명칭과 의미 등을 종합적으로 규명할 필요가 있다.

한편 구억마을 안에는 용진서원 부속 열성공부조묘가 있다. 열성공부조묘는 황희의 아들인 황수신이 좌익공신에 책봉됨에 따라 설립된 불천지위(不遷之位)의 사당이다. 1983년 6월에 열성공부조묘는 경기도 파주시 탄현면 금승리 선산 옆으로 옮겨졌다. 그러나 열성공부조묘를 다시 원래의 자리인 용진 구억리로 옮겨와 부조묘로서의 지위를 되찾는 방안을 강구할 필요가 있다. 이와 더불어 열성공부조묘 앞에는 황희의 5대손인 문절공 황락의 부인 안동김씨 정녀각을 보수 정비할 필요가 있다.

이러한 작업이 행해지면, 용진서원과 열성공부조묘, 열녀문을 묶어서 초중고 학생들에게 충과 절을 교육할 수 있는 체험공간으로 활용할수 있을 것이다. 또한 용진서원은 소양의 화산서원, 봉동의 구호서원, 삼례의 호산서원 등과 연결하여 완주지방의 서원을 탐방하고 체험하는 프로그램으로 활용할 수 있을 것이다.

<별표 1> 완주지역의 서원·사우 일람표

번호	서원·사우명	창건년대	사액년대	건립집단	배향인물	소재지	훼철년대	복설년대
1	화산서원(華山書院)	1578(선조 11)	1658	향유림(鄕儒林)	이언적(李彦迪)* 송인수(宋麟壽) 육대춘(陸大春)+	완주군 소양면 신원리	1869	1994
2	반곡서원(泮谷書院)	1668(현종 9)		문인(門人)	국함(鞠涵) 국침(鞠沈) 국유(鞠襦)+국명(鞠溟)+	완주군 비봉면 수선리	1868	1904
3	백현서원(栢峴書院)	1668(현종 9)		사손(嗣孫)	구영(具瑩)	완주군 고산면 서봉리	1868	1903
4	용진서원(龍津書院)	1680(숙종 6)		사손(嗣孫)	황희(黃喜)* 황수신(黃守身) 김맹(金孟) 이익(李益) 강이온(姜利溫) 박금(朴嶔)	완주군 용진면 구억리	1868	1922
5	보광사(葆光祠)	1720(숙종 46)		사손(嗣孫)	이언핍(李彦愊)* 육대춘(陸大春) 이지성(李至誠) 이지도(李至道) 양몽열(梁夢說) 김준업(金峻業) 유정(柳頲) 이후태(李后泰)	완주군 구이면 평촌리	1869	1911
6	구호서원(龜湖書院)	1730(영조 6)		향유림(鄕儒林)	박상충(朴尙衷)* 이성중(李誠中) 박은(朴訔) 송유저(宋有著) 임사수(林士壽) 박소(朴紹) 박종열(朴宗說)+ 임치우(林致愚) + 유기섭(柳基燮)+	완주군 봉동읍 구미리	1869	1970
7	봉강서원(鳳岡書院)	1754(영조 30)		사손(嗣孫)	이방간(李芳幹)* 이헌구(李憲球)+ 서선(徐選)+	완주군 봉동읍 구만리	1869	1899
8	호산서원(湖山書院)	1805(순조 5)		향유림(鄕儒林)	정몽주(鄭夢周)* 송시열(宋時烈) 김수항(金壽恒) 김동준(金東準) + 정숙주(鄭叔周)+	완주군 삼례읍 후정리	1868	일제시대

9	예산사 (禮山祠)	1832 (순조 32)		사손 (嗣孫)	최유경(崔有慶)* 최숙문(崔淑文) 유신로(柳莘老) 이돈형(李惇亨)	완주군 용진면 상삼리	1868	2006
10	학천서원 (鶴川書院)	순조대		사손 (嗣孫)	정수홍(鄭守弘) 정곤(鄭坤) 정달서(鄭達恕) 정임(鄭任) 정사협(鄭斯鋏)	완주군 구이면 원기리	1868	1896
11	운동사 (雲東祠)	1872 (고종 9)		향유림 (鄕儒林)	주희(朱熹) 송치규(宋穉圭) 홍직필(洪直弼) 김기(金墍) 김재희(金在羲)	완주군 경천면 경천리		미복 설
12	천곡서원 (泉谷書院)	1941		사손 (嗣孫)	임윤성(任尹聖)	완주군 화산면 종리		
13	봉양서원 (鳳陽書院)	1966		사손 (嗣孫)	김집(金集)* 최서림(崔瑞琳) 유종흥(柳宗興)	완주군 비봉면 내월리		
14	대승서원 (大勝書院)	미상		사손 (嗣孫)	홍남립(洪南立)* 유화(柳俰) 홍이장(洪以樟)	완주군 소양면 신원리	1868	1926
15	삼현사 (三賢祠)	미상		사손 (嗣孫)	유몽인(柳夢寅) 유숙(柳潚) 유중교(柳重敎)	완주군 비봉면 내월리		1958

1) 이 표는『조선시대 전주지역의 향교와 서원』(이동희·한문종, 흐름출판사, 2019) 126~128쪽의 〈전주·완주지역 서원·사우 일람표〉를 참고하여 재작성 하였음.

2) *는 주벽, +는 추배된 인물임.

남원 풍계서원(楓溪書院)의 역사와 문화적 가치[*]

이 선 아 (전북대학교)

1. 머리말

조선의 명재상(名宰相) 황희(1363~1452)를 배향하는 서원(書院)과
사우(祠宇)는 상주의 옥동서원(玉洞書院), 완주의 용진서원(龍津書
院), 장수의 창계서원(滄溪書院), 남원의 풍계서원(楓溪書院), 진안의
화산서원(華山書院)과 삼척의 소동사(召東祠; 山陽書院), 문경의 숙
청사(肅淸祠)등이 있다. 황희를 배향하는 '방촌 서원' 가운데 가장 대
표적인 서원은 상주의 옥동서원으로, 황희의 아들 황보신이 1518년(중
종 13)에 지은 백화당(白華堂)과 1580년(선조 13)에 건립한 영당(影

---

*　이 글은 제6회 방촌정기학술대회(2020. 11. 07. 완주군청 문화예술회관)에서 발표하였고,
『동양한문학연구』 제58집, 동양한문학회, 2021.02.에 「영호남의 방촌 배향 서원과 남원의
풍계서원」의 제목으로 게재한 논문이다.

堂)에 연원을 둔 남인계 서원이다.

옥동서원은 1714년(숙종 40)에 사림의 공의와 조정의 승인을 받아 백옥동서원(白玉洞書院)으로 승격되었고 1789년(정조 13)에 사액서원(賜額書院)이 되었다. 반면에 호남에 있는 '방촌 서원'은 주로 숙종대 이후에 건립되었다. 현재 전라북도 완주군에 위치한 용진서원[龍津院]은 1680년(숙종 6년)에 창건되었고, 장수의 창계서원은 1695년(숙종 21)에 창건되었다. 남원의 풍계서원은 1788년(정조 12)에 건립되었다.[1)]

남원의 풍계서원은 옥동서원과 창계서원의 청액이 진행되던 1788년(정조 12)에 건립되었다.[2)] 풍계서원에는 황희와 두암(杜巖) 오상덕(吳尙德)[3)]과 당촌(塘村) 황위(黃暐)가 배향되었다. 오상덕은 황희의 매형이자 고려의 망복(罔僕)으로 남원에 은거하였고, 황위는 무민공(武愍公) 황진(黃進)의 손자이다. 황진과 황위의 행적 등으로 미루어 보아 풍계서원은 호남의 서인 사족이 주도하여 건립한 서원이라고 할 수 있다. 더욱이 영남의 옥동서원 사액이 추진되고 호남의 창계서원 사액은 무산되는 시기에 풍계서원이 건립되었다는 점에서 창계서원 사액을 위해 결집하였던 호남 사족의 염원과 노력으로 건립되었을 것으로 추정된다.

이러한 호남 사족의 노력은 1868년(고종 5) 흥선대원군의 서원훼철

---

1) 전라북도의 서원 현황에 대해서는 한문종, 「전북지방의 서원·사우에 대한 시고 -『전북 원우록(院宇錄)』을 중심으로-」, 『전라문화논총』 3, 전북대학교 전라문화연구소, 1989 참고.
2) 풍계서원의 건립 시기에 대해서, 『풍계서원지』 서문에는 '정묘(正廟) 14년 무신(戊申)에 부서(府西) 대강면(帶江面) 풍계산 아래로 이건하였다.'고 기록되어 있다. 연혁에는 '단기(檀紀) 4121년(정묘 12) 무신년에 이거하였다고 기록되어 있다. 정조 14년은 경술년이므로 오기로 추정된다.
3) 오상덕은 吳祥德과 吳尙德으로 표기되는데, 함양오씨 대종회에서 제공하는 족보에 吳尙德으로 기록되어 있다.

령에 의해 훼철된 서원이 복설되는 과정에서도 확인된다. 서원훼철령의 1인(人) 1원(院) 원칙에 따라 옥동서원을 제외한 '방촌 서원'은 훼철되었다. 그런데 풍계사는 남원과 임실, 순창 지역의 유림이 조직한 복설계(復設契)를 중심으로 1908년(순종 2)에 복설되었다. 대체로 훼철된 서원이 해방 이후에 복설된 것에 비하면 풍계서원의 복설은 상당히 빠른 편이라고 할 수 있다.

이러한 점에 착안하여 본고에서는 호남과 영남에 건립된 '방촌 서원'에 대해 살펴보고, 남원의 사족의 주도로 건립된 풍계서원과 그 배향 인물에 대해 정리하고자 한다. 아울러 풍계서원이 복설되는 과정과 복설을 위해 조직된 '창덕계'를 검토하여 풍계서원의 지역사적 의미와 가치에 대해 살펴보고자 한다.

2. 황희의 가계와 방촌 서원

조선의 명재상으로 칭송되는 황희(1363~1452)의 본관은 장수(長水)이고, 초명은 수로(壽老), 자는 구부(懼夫), 호는 방촌(厖村)이다. 황석부(黃石富)의 증손으로, 할아버지는 황균비(黃均庇), 아버지는 황군서(黃君瑞)이며, 어머니는 김우(金祐)의 딸이다. 개성 가조리(可助里)에서 출생하였다.

황희는 나이 14세인 1376년(우왕 2)에 음보로 복안궁 녹사(福安宮錄事)가 되었다. 녹사는 2품 이상의 실권이 있고 업무가 많은 관부(官府)나 대신들에게 배정되는데, 관부에 배정되는 수청녹사(隨廳錄事)

와 대신에게 배정된 전속녹사(專屬錄事)로 구분된다. 수청녹사는 관부에서 문서의 취급과 기록 및 연락 업무를 담당하였고, 전속녹사는 주로 대신의 명을 받아 공문서의 전달이나 구두 연락의 업무 및 기타 잡무를 담당하였다. 음보로 관직에 나갔던 황희는 22세가 되는 1383년(우왕 9)에 생원시와 1385년(우왕 11)에 진사시에 입격하고. 1389년(창왕 원년)에 문과에 급제하였다. 이듬해 1390년(창왕 2)에 성균학관(成均學官)에 보임되었다.

1392년(공양왕 4) 7월 공양왕이 이성계에게 왕위를 물려주는 역성혁명(易姓革命)이 일어나고 새로운 왕조가 개창되었다. 이러한 역성혁명의 소용돌이 속에서 황희는 처음에는 고려의 신하로서 길을 선택하였다. 전해지는 일화에 의하면, 황희는 평소 정의(情誼)가 두터웠던 이화정(梨花亭) 이공(李公)이 금강산에 은거하자 찾아가 함께 은거하고자 하였다. 그런데 이공이 '그대가 나를 따른다면 억조창생(億兆蒼生)을 어이 하겠는가'라고 만류하였고, 이후에 태조의 부름에 응하였다고 한다. 다른 일화에 의하면 매형 오상덕(吳尙德)과 함께 두문동(杜門洞)에 들어갔는데, '창생의 촉망을 부탁하여' 뜻을 접었다고 한다. 역성혁명으로 왕조가 바뀌는 현실 앞에서 황희는 고려의 유신(遺臣)의 길이 아닌 위민(爲民)과 애민(愛民)을 실천하는 선택을 하였던 것이다.

태종(1367~1422)이 즉위한 이후 황희는 1401년(태종 1)에 지신사(知申事) 박석명(朴錫命)의 천거로 도평의사사경력(都評議使司經歷)에 발탁되었다. 그 뒤에 형조판서를 거쳐 대사헌, 병조판서, 예조판서와 이조판서를 두루 역임하였다. 이와 같이 황희는 자신의 자질과 능력을 아끼는 태종의 신임을 받으며 조선의 관리로 현달(顯達)하였다. 그러다가 1416년(태종 16)에 세자 양녕대군의 실행(失行)을 옹호하여 파직되었고, 1418년(태종 18)에 양녕대군을 폐위하고 충녕대군을 책봉하는 태종의 결정에 반대하며 세자를 폐출(廢黜)해서는 안 된다고 간언하였다가 교하(交河)로 유배되었다. 태종의 정치적 배려로 교하에 유배되었던 황희는 형조와 대간의 상소하여 남원부에 이치(移置)되었다.[4]

세종이 즉위하고 나서 1422년(세종 4)에 황희는 남원에서 소환되었고 직첩과 과전을 환급받고 참찬으로 복직되었다. '성군(聖君)' 세종의 총애 속에 황희는 조선의 '현상(賢相)'으로 1449년(세종 31)에 87세의 나이로 치사(致仕)하기까지 국정(國政)을 통괄하였다. 1450년(세종 32)에 세종대왕이 승하하였고, 1452년(문종 2) 황희도 90세의 나이로 생을 마쳤다. 조선왕조의 명재상으로 칭송되는 황희는 1452년(문종 2)에 세종의 묘정(廟庭)에 배향되었다.

황희의 학행과 명성은 그의 후손에 의해 계승되었다. 황희는 첫 번째 부인 판사복시사 최안(崔安)의 딸 사이에 교동 현감 서달(徐達)에게 시집 간 딸을 두었고, 두 번째 부인 공조 전서 양진(楊震)의 딸에게서 3남 1녀를 두었다. 장남은 황치신(黃致身), 차남은 황보신(黃保身), 삼남은 황수신(黃守身)이다.[5]

방촌 서원 가운데 가장 먼저 건립된 상주의 옥동서원에는 황희와 그의 현손(玄孫) 황맹헌(黃孟獻; 1472~?)과 황효헌(黃孝獻; 1491~1532)이 배향되어 있다. 상주의 장수황씨는 황보신이 상주에 입향한 이후 영

---

4)   『태종실록』 18년 5월 28일 정축.
5)   황희의 후손의 행적에 대해서는 이성무,『방촌 황희 평전』, 민음사, 2014, 343~455쪽에
      개괄적으로 소개되어 있다.

남의 대표적인 사족으로 성장하였다. 황보신의 자는 중전(仲全)이다. 음사(蔭仕)로 관직에 나가 사헌부 감찰, 호조 정랑, 종친부 전첨(典籤)을 역임하였다. 황보신은 중년 이후에 병을 얻어 별업(別業)이 있던 상주에 내려가 은거하였다. 죽기 전에 상경하였다가 낙향하지 못하고 서울에서 사망하였다.

1695년(숙종 21)에 장수 황씨의 본향인 장수에 건립된 창계서원에는 황희·황수신(黃守身)·유호인(兪好仁)·장응두(張應斗)가 배향되어 있다. 창계서원에 배향된 황수신은 황희의 셋째 아들로, 그의 자는 계효(季孝)이며, 호는 나부(懦夫)이고, 시호는 열성(烈成)이다.[6] 1418년(태종 18)에 황희가 남원부(南原府)에 유배되었을 때, 황수신은 어린 나이에 황희를 모시고 내려와 봉양하였다.

과거에 급제하지 않았지만 황수신의 재주를 아낀 세종이 특별히 종묘서 부승(宗廟署副丞)을 제수하였고, 이후에 종부시 직장, 사헌부 감찰을 거쳐 사도시 서령(司䆃寺署令), 사헌부 지평과 장령 등에 제수되었다. 1446년(세종 28)에 사섬시윤(司贍寺尹)에 제수되었다. 이 무렵 함길도(咸吉道)의 5진(鎭)에 삼남지역의 호우(豪右)와 향리(鄕吏)를 이거하게 하려고 하였는데, 황수신이 전라도의 경차관(敬差官)으로 파견되어 처리하였다. 1443년(세종 25)에 우부승지에 임명된 이후 여러 차례 승진해 도승지를 역임하였다. 1450년(문종 즉위년)에 다시 관직에 나가 동지중추원사(同知中樞院事)에 임명되었다가 부의 상을 치르

6) 황수신의 생애에 대해서는 『삼탄집(三灘集)』 제13권조선국 추충좌익공신 대광보국숭록대부 의정부영의정남원부원군 열성공의 묘비명 병서(朝鮮推忠佐翊功臣 大匡輔國崇祿大夫議政府領議政南原府院君烈成公墓碑銘 幷序)를 참고하였다.

고 1454년(단종 2)에 한성부윤(漢城府尹)에 제수되었다. 이와 같이 세종과 문종, 단종 연간에 관직을 두루 역임하였다.

그러다가 수양대군이 정변을 일으켜 왕위에 오른 뒤, 1455년(세조 1)에 의정부 우참찬에 제수되었으며, 좌익공신(佐翼功臣)에 책봉되었고, 남원군(南原君)에 봉해졌다. 세조 연간에 여러 관직을 거쳤는데 1466년(세조 12)에 좌의정에 임명되었다. 1467년(세조 13) 4월에 영의정에 임명되었으나 병석에서 일어나지 못하고 5월에 향년 61세의 나이로 사망하였다.

1788년(정조 12)에 건립된 남원의 풍계서원에는 황희와 황희의 매형 오상덕, 그리고 황희의 맏아들 황치신(黃致身)의 후손 황위(黃暐; 1605~1654)가 배향되었다. 황치신의 자는 맹충(孟忠)이다. 어릴 때 매우 영특하여 태종이 동중서(董仲舒)의 문하생이라 할 만하다고 하여 동(董)이라는 이름을 하사하고 공안부 부승(恭安府副丞)으로 특진시켰다고 한다. 나중에 이름이 형제의 항렬과 같지 않아서 태종이 이름을 고쳐 하사하였다. 이후 사섬서 주부(司贍署注簿), 사헌부 감찰, 호조 좌랑, 사온서 영(司醞署令)을 역임하였다.

수양대군의 계유정변을 일으킨 이후, 1457년(세조 3)에 충청도 병마절도사(忠淸道兵馬節度使)에 임명되고, 인순부윤(仁順府尹)을 거쳐 1461년(세조 7)에 판중추원사(判中樞院事)가 되었다가 얼마 안 되어 관직에서 물러났다. 이후 세조는 그를 소명(召命)하였으나 황치신이 70세가 되어 치사(致仕)하기를 요청하였다. 그러나 세조가 윤허하지 않고, 1468년(세조 14)에 숭록대부(崇祿大夫)에 올랐다. 성종이 즉위한 이후에 사직을 요청하였으나 윤허하지 않았다. 1480년(성종 11) 황치신이 사직을 요청하자, 성종은 경연(經筵)의 사관(史官)을 보내어 친절하게 타일러서 관직에 나아가도록 하였다. 1484년(성종 15)에 88세의 나이로 병사(病死)하였다.

3. 남원의 사족과 풍계사 배향 인물

1788년(정조 12)에 지방유림의 공의로 황희(黃喜)·오상덕(吳尙德)·황위(黃暐)의 학문과 덕행을 추모하기 위해 창건하여 위패를 모셨다. 풍계사는 황희를 주향(主享)하고, 오상덕을 연향(聯享)하고 황위를 배향(配享)하였다. 황희와 황위는 장수 황씨이며 오상덕은 함양 오씨로 황희의 매형이었다.

<사진 1. 풍계서원 전경>

1) 두암 오상덕과 남원의 함양오씨

풍계서원에 황희와 함께 배향된 오상덕의 자는 유호(攸好), 호는 두암

(杜庵)이다. 본관은 함양(咸陽)이다.[7] 19세조 오수권(吳守權)이 함양군에 분봉(分封)되어 함양을 본관을 삼았다. 할아버지는 오현비(吳玄庇)로 호부상서(戶部尙書)를 지냈고, 아버지 오방식(吳邦植)은 소감(小監)을 지냈다. 오상덕은 1359년(공민왕 8)에 태어났다. 그는 어려서 이미 영민(穎敏)하고 장중(莊重)하여 평범한 아이와 달랐는데, 성장해서는 학문에 뜻을 두었는데 그 학문이 정밀하고 순수하였고, 지식은 박학하고 고매하였다. 포은 정몽주, 목은 이색, 도은 이숭인과 교유하였다.

당시 주희의 사서집주(四書集註)가 전래되어 오상덕이 여러 제현과 더불어 변설(辨說)하고 집주(集註)하였는데 의견이 다양하였다. 오상덕은 『운봉호씨주소(雲峯胡氏註疏)』[8]를 연구하여 논설하였는데, 후에 전래된 주소와 부합되는 내용이 많아서 사람들이 그의 해석을 따랐으며 대유(大儒)로 인정되었다고 한다. 1361년(공민왕 10) 홍건적의 침입으로 무너진 학교를 고쳐야 한다고 상소하였다. 불교를 배척한 오상덕은 이단혹세(異端惑世)의 폐단에 대해서 논진(論陳)하는 등 성리학의 연원을 밝히고 유학을 숭상하였다. 당시 고려의 풍속에 부모의 장례를 치르면서 상복(喪服)을 100일 입는 것이 상례(常例)이었다. 그런데 오상덕은 고례(古禮)를 존중하여 부모의 장례에 6년 동안 시묘(侍墓)하였다.

---

7) 오상덕의 행적에 대해서는 『풍계서원지』에 수록된 두암오선생사적(杜庵吳先生事蹟)을 참고하여 정리하였다.

8) 운봉호씨: 송(宋)나라와 원(元)나라 때의 경학가(經學家)인 호병문(胡炳文)으로, 자는 중호(仲虎), 호는 운봉(雲峯)이다. 무원(婺源) 사람으로, 주희의 학문에 마음을 쏟으면서 주희가 주석한 사서(四書)에 대해서 더욱더 깊이 연구하였다. 쌍봉 요씨(雙峯饒氏)의 학설이 주희의 학설과 배치되었는데, 호병문이 《사서통(四書通)》을 지어서 그 잘못된 것을 바로잡았다. 저서에 《역본의통석(易本義通釋)》, 《서집전(書集傳)》, 《오경회의(五經會議)》 등이 있다.

공민왕의 뒤를 이어 우왕이 즉위하자 문을 닫고 출사하지 않아 두암(杜庵)이라고 불렀다. 1388년(우왕 14) 요동정벌이 단행되자, 오상덕은 사직(社稷)과 생민(生民)에게 미칠 재앙을 우려하였는데, 이성계가 위화도에서 회군하여 우왕을 폐위하였다는 소식을 듣고 정원군(定原君)의 아들 왕요(王瑤)를 추대하는데 찬동하였다. 1389년(공양왕 1)에 오상덕은 상소를 올려 지윤(池奫) 등이 왕씨의 후사[國嗣]를 끊은 죄를 다스릴 것을 요청하였으나 받아들여지지 않았다. 그는 고려 왕실의 보존을 기대하였으나 공양왕이 지혜롭지 못하고 대세(大勢)가 기울었다고 여기고 세상에서 물러나 오로지 유학을 자기의 임무를 삼고 경서(經書)와 전적(典籍)에 깊이 침잠하여 성현(聖賢)의 깊은 뜻을 탐구하였고, 숙사(塾舍)를 설치하여 후학을 가르쳤다. 끝내 고려가 망하자 고려의 신하로서 삶을 선택하고 수은(樹隱) 김충한(金沖漢)[9]과 더불어 함께 남원에 내려와 은둔하여 죽을 때까지 나오지 않았다가 1420년(세종 2)에 62세의 나이로 사망하였다.

오상덕은 자신은 고려의 신하로 남았지만 황희의 천거로 맏아들 오치선(吳致善)이 학관(學官)에 임명되자, '나는 고려의 신하로 두문하여 자정(自靖)하였으나 너는 출사하여 두 마음을 품지 않기를 나와 같이 하라.'고 격려하였다. 1413년(태종 13)에 오치선은 봉례랑(奉禮郎)에

---

9) 김충한: 고려 말기의 문신이다. 자는 통경(通卿)이며, 호는 수은(樹隱)이다. 본관은 경주(慶州)이다. 사대부로서 학문에 밝았으며, 봉익대부 예의판서를 역임했다. 고려가 끝내 멸망하고 조선이 건국되자 만수산의 두문동(杜門洞)에 은거하여 불사이군(不事二君)의 충절을 지켰다. 목은 이색, 포은 정몽주, 도은 이숭인, 야은 길재, 농은 민안부와 더불어 육은(六隱)으로 일컬어졌다. 태종 원년에 이조판서에 추증하고 문민(文敏)의 시호를 내렸으나, 자손들이 유훈을 받들어 관직과 시호를 받지 않았다. 두남사(杜南祠), 두곡서원(杜谷書院), 표절사(表節祠), 칠현사(七賢祠), 금남사(錦南祠), 학산사(鶴山祠) 등에 제향되었다.

임명되었다. 오치선은 고(故) 장군(將軍) 김덕생(金德生)의 사위였는 데, 김덕생이 일찍이 태종의 잠저(潛邸) 시절에 수종하여 호랑이를 잡는 공로가 있었기 때문에 오치선을 등용하였다고 한다.[10]

황희의 천거와 김덕생의 공로로 관직에 나간 오치선은, 황희가 '폐세자' 문제로 정치적으로 어려운 상황에 처하였을 때 태종과의 사이에 가교(架橋) 역할을 하였다. 태종은 양녕대군을 세자에서 폐위하고 황희도 서인(庶人)으로 삼고 교하에 폄출(貶黜)시켰다. 황희가 교하에 있다가 남원부로 안치되었을 때, 태종은 사헌부 감찰 오치선을 보내어 황희에게 선지(宣旨)하면서, 다음과 같이 말하였다.

> "나는 네가 전일에 근신(近臣)이므로 친애하던 정(情)을 써서 가까운 땅 교하에 내쳐서 안치하였는데, 이제 대간에서 말하기를 그치지 않으니 남원에 옮긴다. 그러나, 사람을 보내어 압령(押領)하여 가지는 않을 것이니, 노모(老母)를 거느리고 스스로 돌아가는 것이 가하다."[11]

오치선은 세종 연간에 수차(水車) 보급과 관련하여 상당한 기여를 한 것으로 추정된다. 1431년(세종 13)에 한재(旱災)에 대비하기 위해 설치한 수차가 무용지물(無用之物)이 되고 있다는 보고를 받은 세종은 '위로는 중국으로부터 아래로는 왜국(倭國)에까지 모두 수차의 이익을 받는데, 어찌 우리나라에서만 행하지 못한단 말인가. 내가 여기에 마음을 두고 잊지 못하는 것은 급하게 백성들에게 이익을 보게 하려고

---

10) 『태종실록』 13년 11월 10일 병술.
11) 『태종실록』 18년 5월 28일 정축; 『문종실록』 2년 2월 8일 임신.

함이 아니다. 나는 반드시 성공시키고야 말 것이니 꼭 이일을 맡을 만한 사람을 골라서 각도에 나누어 보내도록 하라.'고 명령하였는데, 이때 맡길 만한 사람으로 오치선이 충청도와 전라도에 파견되었다.[12] 오치선이 수차를 관리할 경차관으로 임명된 것은 수차를 제작하는 등 적임자였던 것으로 추정된다. 판서 안순(安純)이 오치선이 제작한 수차에 대해 다음과 같이 아뢰었다.

> "지금 왜수차(倭水車)와 오치선이 만든 수차를 물에 부딪쳐서 시험해 보니, 왜수차는 논에 물을 대는 데 쓸 수 있고, 치선이 만든 수차는 우물 물을 끌어 올리는 데는 쓸 수 있어도 논에 물을 대는 데는 쓸 수 없습니다. 왜수차는 농사짓는 데 매우 편리하고 유익하니, 청하건대, 공장(工匠)을 여러 도에 나누어 보내어서 만들어 쓰게 하소서."[13]

왜수차와 '오치선 수차'를 비교하여 왜수차를 제작해야 한다는 안순의 요청에 대해 세종은 '한 사람이 수차를 만들어서야 명년 농사 때까지 미칠 수 있겠는가. 여러 도(道)에서 모형을 보고서 만들게 함이 옳을 것이다.'라고 하면서 오치선의 수차를 여러 사람이 함께 모형을 만들어 활용하도록 하라는 명령을 내렸다. 이후에도 계속 오치선은 수차 제작에 관여하였던 것으로 추정되는데, 1437년(세종 19)에 세종은 오치선에게 자격수차(自激水車)를 근교(近郊)에 설치하여 시험하도록

---

12) 『세종실록』 13년 5월 17일 경진.
13) 『세종실록』 13년 10월 30일 신유.

하였다.[14)

오치선은 고부군수로 부임하였을 때 인구는 증가하는데 군액(軍額)
이 늘지 않는 문제에 대한 해결책으로, 떠돌아다니는 사람을 은닉할
경우 여연(閻延)으로 입거(入居)시키자고 제안하였다. 여연은 사군육
진(四郡六鎮)의 하나로 설치된 군으로 본래 함길도 갑산군의 여연촌
(閻延村)이었다. 1416년(태종 16) 갑산군의 소훈두(小薰豆) 서쪽을 떼
어 여연촌을 중심으로 여연군을 설치하였으며 평안도에서 관할하였다.
세종은 오치선의 제안을 곧장 수용하지 않았지만 더 논의하라고 명령
하였다.[15) 오치선은 세조가 즉위한 후 원종공신 3등에 녹봉되었다.[16)

오상덕과 오치신의 명망은 오상덕의 손자이자 오치신의 조카 오응
(吳凝)에게 이어졌다.[17) 오응의 자는 명수(冥受), 호는 금남(錦南)이
다. 그의 아버지는 오치행(吳致行)이다. 오응은 1421년(세종 3)에 함
양 화장산 아래 옛 집에서 태어났다. 어려서 '효제충신(孝弟忠信)', 이
네 글자에 사람됨의 근본이 있다고 생각하고 좌우에 써 두었다. 약
관의 나이에 이르러 김종직(金宗直;1431~1492)과 남효온(南孝溫,
1454~1492) 등과 교유하였다. 그는 1447년(세종 29) 생원시에 입격하
고, 1457년(세조 3) 별시 문과에 장원으로 급제하였다.[18)

1466년(세조 12)에 함길도 관찰사에 임명되었고, 평안도와 경상도
관찰사를 역임하였다. 1467년(세종 13) 함길도 관찰사로 재직할 때에

---

14) 『세종실록』 19년 2월 24일 갑신.
15) 『세종실록』 22년 3월 18일 경신.
16) 『세조실록』 1년 12월 27일 무진.
17) 오응에 대해서는 『錦谷先生文集』 권13, 監司贈兵曹判書吳公凝 神道碑銘 참고.
18) 『연려실기술』 별집 제9권, 관직전고.

이시애의 난이 일어났다. 이시애는 길주사람으로 벼슬이 회령 부사(會寧府使)를 지내고 상사를 당하여 집에 있으면서 배반할 마음을 두어서 그 일당들을 시켜 삼도(三道)의 군사가 바다와 육지를 통하여 진격한다는 유언비어를 퍼뜨렸는데, 관찰사 오응이 '해구(海寇)가 이른다'고 성언(聲言)하고, 연해(沿海)의 거주민으로 하여금 가족을 거느리고 산에 오르게 하니, 인심(人心)이 소동(騷動)하였다고 한다.[19]

오응은 이 일로 전라도의 임실현 구고리(九皐里)에 안치되었는데, 임실은 그의 처향(妻鄕; 쯜鄕)이었다.[20] 임실에 복거(卜居)할 때 할아버지 두암 오상덕의 유지(遺趾)가 있던 남원의 술산(述山)에 별장(別庄)을 짓고 '금남재(錦南齋)'라고 이름을 지었다. 1468년(예종 즉위년) 세조의 산릉(山陵) 조성에 참여하였고[21] 1469년(예종 1)에는 한성부 좌윤(漢城府左尹)에 임명되었다.[22] 1470년(성종 1) 2월에 전라도 관찰사에 부임하였는데 3월에 세상을 뜨고 말았다.[23] 임실 상운면 입암리에 묻혔다.

2) 당촌 황위와 남원의 장수 황씨

황희의 맏아들 황치신은 첫 번째 부인 종부 판사(宗簿判事) 김기(金淇)의 딸과 두 번째 부인 황상(黃象)의 딸 사이에서 아들 9인과 딸 5

19) 『연려실기술』 제5권, 세조조 고사본말(世祖朝故事本末) 이시애(李施愛)의 반란.
20) 『세조실록』 13년 9월 2일 갑자.
21) 『예종실록』 즉위년 11월 29일 을유.
22) 『예종실록』 원년 9월 18일 무술.
23) 『성종실록』 원년 1월 15일 갑오 ; 『조선시대 전라도의 감사·수령 명단』, 이동희 편, 전북대학교 전라문화연구소, 5쪽, 1995.

인을 두었다. 김씨 부인의 소생은 마전군수(麻田郡守)를 지낸 사친(事親), 무과(武科)에 급제하여 첨지중추부사가 된 사장(事長), 중부녹사(中部錄事)를 지낸 사현(事賢), 무과에 급제하여 사헌부 감찰이 된 사형(事兄)이다. 황씨 부인의 소생은 진위 현령(振威縣令)을 지낸 사충(事忠), 문과에 급제하여 병조 정랑이 된 사효(事孝), 무과에 급제하여 공조 참의에 오른 사공(事恭), 요절한 사의(事義), 그리고 내금위(內禁衛)에 있는 사경(事敬)이다.[24]

9명의 아들 가운데 다섯째 황사효의 자는 백원(百源)으로 1477년(성종 8) 문과에 급제하였고, 1482년(성종 13) 지평·장령을 거쳐 1490년(성종 21)에 집의에 올랐다. 1492년(성종 23) 진주목사에 임명되었다가 의주목사로 전임되었는데, 노모(老母) 등을 이유로 상소를 올리고 부임하지 않았다. 이듬해 승정원 승지를 역임하고 황해도관찰사에 제수되었고 1495년(성종 25)에 대사헌이 되었다. 1495년(연산군 즉위년)에 선위사(宣慰使)로 황주에 파견되었다가 사망하였다.

황사효의 가통(家統)은 그의 증손 황진(黃進; 1550~1593)에게 이어졌다. 황진의 자는 명보(明甫)로, 할아버지는 부사직 황개(黃塏)이고, 아버지는 증좌의정 황윤공(黃允恭)이며, 어머니는 봉사 방응성(房應星)의 딸이다. 1576년(선조 9) 무과에 급제해 선전관(宣傳官), 거산 도찰방 등에 임명되었다. 선전관으로 통신사 황윤길(黃允吉) 일행을 따라 일본에 다녀왔는데, 일본이 전쟁을 일으킬 것이라고 예측하고 준

---

24) 황치신의 생애에 대해서는 『점필재집(佔畢齋集)』 제2권 조선고황호안공신도비명(朝鮮故黃胡安公神道碑銘)을 참고하였다.

비를 하였다고 한다.

1592년(선조 25) 임진왜란이 일어나자, 전라도관찰사 이광(李洸)을 따라 군대를 이끌고 용인에서 왜군과 대적했으나 패하였다. 이후 진안에 침입한 왜적 선봉장을 사살하고 이어 안덕원에 침입한 적을 격퇴하였으며, 훈련원 판관으로 이치전투에 참가해 왜적을 격퇴하는 공을 세웠다. 1593년(선조 26) 6월 왜군이 진주성을 공격하자 창의사(倡義使) 김천일(金千鎰), 병마절도사 최경회(崔慶會)와 함께 진주성으로 들어가 왜적에 맞서 싸우다가 전사하였다.[25] 황진의 무공(武功)과 행적을 기려 좌찬성에 추증되고, 진주의 창렬사(彰烈祠), 남원의 민충사(愍忠祠)와 정충사(旌忠祠)에 제향되었다. 시호는 무민(武愍)이다.

황진의 학행과 절의는 그의 손자 황위(黃暐; 1605~1623)에게 이어졌다. 황위의 자는 자휘(子輝), 호는 당촌(塘村)이다. 아버지는 황정열(黃廷說)이며, 어머니는 김극수(金克修)의 딸이다. 1633년(인조 11) 사마시에 합격하여 생원이 되고, 1636년(인조 14) 병자호란 때 남원에서 창의하여 의병을 이끌고 남한산성으로 향하였으나 청나라와 화친이 체결되자 의병을 해산하고 귀향하였다. 1638년(인조 16) 정시문과에 장원으로 급제하여 정언(正言)에 제수되었다.[26] 척화(斥和)에 앞장섰던 김상헌(金尙憲)을 옹호하는 상소를 올렸다가, 교동 현감으로 부임하였던 부친 황정열이 능창대군의 죽음에 연루되었다는 사실을 빌미로 도리어 탄핵되어 폐고 되었다. 1649년 효종이 즉위하면서 다시 함

---

25) 임진왜란 당시의 황진의 행적에 대해서는 하태규, 「임진왜란 초 호남지방의 실정과 관군의 동원실태」, 『지방사와 지방문화』 제16권 2호, 역사문화학회, 2013 참고.

26) 『인조실록』 16년 3월 28일 신묘; 『승정원일기』 인조 16년 11월 1일 기미.

경도도사·평양서윤 등을 역임하였다. 평양서윤으로 부임할 당시에 병을 얻어 남원으로 귀향하였다가 1654년(효종 5년) 4월 13일에 사망하였다.[27] 남원에 세거한 장수황씨는 황희 – 황치신 – 황사효 – 황진 – 황위로 그 명망을 이어갔는데, 1788년(정조 12) 풍계사를 건립할 때에는 황희와 황위가 배향되었던 것이다. 풍계서원에 배향된 황위(黃暐)의 자는 자휘(子輝), 호는 당촌(塘村)이다. 무민공(武愍公) 황진의 손자이며 현령(縣令) 황정열의 아들이다. 황위는 1605년(선조 38) 7월 4일 남원 주포(周浦)에서 태어났다. 1615년(광해군 7) 8월에 부친 황정열이 교동 현감으로 부임하였는데, 그해 11월에 신경희 옥사에 연루되어 위리안치(圍籬安置)되었던 능창군이 자결하는 일이 발생하였다. 황정열은 이에 대한 책임으로 국문(鞫問)을 당하였고, 1623년(인조 원년)에 결국 유배되었다가 1624년(인조 2)에 석방되었다. 능창군의 죽음에 연루된 황정열의 행적은 이후에 황위의 관로에 영향을 미쳤다.

황위는 김집(金集; 1574~1656)을 사사하였으며 조평(趙平; 1569~1647)의 문하에서 수학하였으며, 조익(趙翼; 1579~1655), 안방준(安邦俊; 1573~1654)과 정홍명(鄭弘溟; 1592~1650) 등과 교유하며 훈도를 받았다.[28] 1636년(인조 14) 병자호란이 일어났을 때, 백부 황정직(黃廷稷)과 창의격문(倡義檄文)을 돌리고 의병을 모아 1637년(인조 15) 1월 공주에 도착하여 소모사(召募使) 정홍명의 별장(別將)이 되어 과천까지 올라가 청나라 군사와 전투하였다.

---

27) 『승정원일기』 효종 5년 4월 25일 갑신.
28) 황의열, 「당촌 황위와 『塘村閑話』」, 『한국학논총』 50, 590쪽.

1638년(인조 16) 3월에 정시(庭試)에 장원으로 급제하여 사간원 정언에 임명되었는데, 김상헌(金尙憲)이 척화(斥和)를 하였다고 배척되자 김상헌을 옹호하는 상소를 올렸다가, 도리어 부친 황정열이 능창군의 죽음에 연루되었다는 사실을 빌미로 도리어 탄핵되어 폐고되었다. 1649년(효종 즉위년)에 함경도 도사에 임명되었을 때 부친을 위해 진변서무소(陳辨先誣疏)를 지어 올렸다. 1652년(효종 3)에 평양서윤(平壤庶尹)에 부임하던 시기에 병을 얻어 남원으로 귀향하였다가 1654년(효종 5년) 4월 13일에 사망하였다.[29]

4. 풍계서원 복설과 남원의 유림

풍계사는 1868년(고종 5)에 대원군의 서원훼철령에 의거하여 훼철되었다가 장수 황씨와 지역 유림의 논의가 모아져서 1908년(순종 2)에 복설되었다. 풍계서원의 복설은 상당히 빨리 진행되었다고 할 수 있다.

<사진 2. 풍계서원 강당>

---

29) 『승정원일기』 효종 5년 4월 25일 갑신.

<사진 3. 풍계서원 사우>

1908년 풍계사를 복설할 때 조직된 계원의 지역 분포를 살펴보면, 전체 157명 가운데 남원 100명, 순창 29명, 임실 23명, 전주 4명, 광주 1명이다. 남원과 순창, 임실의 유림이 주도하여 복설되었다고 할 수 있다. 복설 계원의 본관 분포를 정리하면, 장수 황씨가 54명으로 가장 많고, 남원 양씨와 경주 김씨가 12명, 남원 방씨와 경주 이씨가 7명, 함양 오씨와 청주 한씨가 6명으로 전체 57.32%를 차지한다. 즉 남원과 순창, 임실에 살고 있는 장수 황씨와 남원 양씨, 경주 김씨, 남원 방씨, 경주 이씨, 함양 오씨와 청주 한씨의 주도로 풍계사가 복설되었다고 하겠다. '임순남' 지역 유림의 노력으로 풍계사의 복설을 이루기는 하였지만, '왜정(倭政)'의 침략을 당해 강상(綱常)이 땅에서 씻겨나가고 선비가 원기(元氣)를 잃어 목숨을 보전하기도 어려워져 제사를 절차에 맞게 받들지 못하였다고 한다.[30]

---

30) 『풍계서원지』, 창덕계안서(彰德契案序), 89쪽.

<사진 4. 풍계서원 동재>

그 후 1964년(단기 4297)에 서원을 보수하는 과정에서 '풍계서원'이라고 쓰여진 옛 현판을 발견하게 되었다. 종래에 '풍계사'라고 호칭하였는데, '풍계서원'이라고 쓴 현판이 발견되었기 때문에 명칭을 둘러싼 이론(異論)이 분분하였고, 유회(儒會)를 소집하고 논의하게 이르렀다. 논의 끝에 사우와 서원은 뜻은 같지만 '이름'이 다른 것이므로, 훼철되기 이전에 서원으로 게액(揭額)한 것으로 인정하고 이에 따라 이름을 '풍계서원'으로 정하였다.[31]

그리고 열악한 서원의 재정을 확충하기 위해 계를 조직하자는 의견이 모아지고 '사림명가(士林名家)'의 호응에 힘입어 풍계서원의 운영을 위한 유계(儒契)를 조직하였다. 그 이름을 '창덕계(彰德契)'라고 짓고 '창덕계안(彰德契案)'을 작성하였다. 원근에 있는 1,700여 명이 뜻을 같이 하여 제전(祭田)과 제수(祭需)를 희사하였다. 이때 동재(東齋)를 건립하는 등 서원으로서 규모를 갖추었던 것으로 추정된다. 『풍계서원

---

31) 『풍계서원지』, 연혁(沿革), 9쪽.

지』에 수록된 풍계서원은 사우 3칸, 신문 3칸, 강당 5칸, 동재 4칸, 외문 3칸, 고직사(庫直舍) 4칸, 행랑(行廊) 3칸으로 구성된 건물이다.

『풍계서원지』에는 원임과 서원지 편찬위원의 명단이 다음과 같이 수록되어 있다.

▶ 풍계서원 원임명단

원장: 李相儀

장의: 黃貴顯, 梁相旭

색장: 黃萬周, 吳恭燮, 許賢旭

총무: 黃鶴周

감사: 盧源泰, 崔斗鎬

평의원: 黃義錫, 吳奉錫, 李金器, 元鍾淏, 吳基煥, 黃海周, 黃留周

▶『풍계서원지』 편찬위원 임원 명단

고문: 金種嘉, 元貞喜, 盧丞源, 金準植, 權彛尹, 申鍾浩, 黃冕周

회장: 李相儀

부회장: 盧思源, 安承學

교정교열: 虛柸, 黃龜顯

감사: 盧寃泰, 崔斗鎬

감인: 元鍾淏, 梁相旭

총무: 黃義錫

재무: 黃鶴周

서기: 黃甲顯

평의원: 蘇在述, 黃正顯, 林鍾煥, 姜甲秀, 金永喆, 白亨具, 蘇銖燮, 陳載億, 李金器, 吳基煥, 邢成旭, 朴煥克, 黃海周, 邢愚植, 黃留周, 黃焉周, 吳炳吉

간사: 黃萬周, 金玉坤, 黃永周, 吳恭燮, 姜奇男, 許賢旭, 房仕源

협찬원: 吳秉箕, 朴滿秀, 尹福漢, 韓暢圭, 廉東漢, 朴允植, 李一根, 梁基洙

　　그런데 풍계서원으로 복설하고 서원지 편찬에 참여한 인사 가운데 남원과 순창, 임실에서 활동한 '간재 문인(艮齋門人)'이 포함되어 있다. 호남의 대유(大儒)로 평가되는 간재 전우(田愚; 1841~1922)는 2,000여 명의 문인을 배출하였다. 간재의 문인들은 1962년 『화도연원록(華嶋淵源錄)』을 편찬하여 간재의 문인으로서 동질성과 정체성을 유지하고자 노력하였다. 『화도연원록』에는 『관선록(觀善錄)』(1,575명)과 『급문(及門)』(186명), 『존모록(尊慕錄)』(2,338명)으로 간재의 문인이 분류되어 있다. 해방 이후 간재의 문인들은 유도(儒道)를 회복하기 위해 서원지를 비롯한 지방지 등을 편찬하는 일에 힘썼는데[32] 풍계서원의 복설과 서원지 편찬과 관련하여 그 행적이 확인된다.

---

32) 이선아, 「『高山誌』(1964) 편찬과 고산지역 艮齋門人의 역할」, 『한국사학사학보』 32, 한국사학사학회, 2015 참고.

풍계서원으로 명칭을 변경하고 조직한 창덕계의 계원 명단을 지역별로 정리하면, 전체 1674명 가운데 남원 874명, 순창 191명, 임실 79명으로 의 68.33%를 차지한다. 진안 55명과 장수 36명을 포함하면 73.77%에 이른다. 1908년에 풍계사를 복설할 때 계원은 대부분 '임순남'에 거주하는 유림이었는데, 1964년에 복설할 때에는 무주를 제외한 전라북도 전 지역에서 뜻을 같이 하였다. 곡성, 순천, 함안, 광주 등 전라남도 지역의 유림뿐만 아니라 함양과 밀양, 하동 등 경상도 지역에서 참여하였다.

5. 맺음말

조선의 명재상(名宰相) 황희(1363~1452)를 배향하는 방촌 서원 가운데 가장 대표적인 서원은 상주의 옥동서원으로, 황희의 둘째 아들 황보신이 1518년(중종 13)에 지은 백화당(白華堂)과 1580년(선조 13)에 건립한 영당(影堂)에 연원을 둔 남인계 서원이다. 호남에 있는 방촌 서원은 주로 숙종대 이후에 건립되었다. 1695년(숙종 21)에 창건된 장수의 창계서원은 황희의 셋째 아들 황수신이 배향된 서원이다. 남원의 풍계서원은 1788년(정조 12)에 건립되었는데, 황희와 맏아들 황치신의 후손 황위가 배향되었다. 영남과 호남에 세거하는 장수황씨가 건립한 방촌 서원에는 황희와 함께 그의 세 아들의 후손이 배향되어 있다.

방촌 서원 가운데 사액서원(賜額書院)은 상주의 옥동서원이다. 옥동서원은 1714년(숙종 40)에 사림의 공의와 조정의 승인을 받아 백옥동서원(白玉洞書院)으로 승격되었고 1786년(정조 10)에 황맹헌과 황효헌이 추향되었다. 1788년(정조 12)에 사액을 요청하여 1789년(정조 13)에 사액사원이 되었다. 그런데 옥동서원과 거의 동시에 호남의 창계서원도 청액을 위한 활동을 하였다. 당시 조정에서는 서원의 첩설(疊設)과 남설(濫設)을 금지하고 있었기 때문에 상주의 옥동서원과 장수의 창계서원이 두 곳 모두 사액되는 것은 불가능하였다. 옥동서원과 창계서원이 쌍립한 상황에서 장수황씨 사족은 방촌 서원의 사액을 위해 힘을 모았다. 영남과 호남에 세거한 장수황씨는 당색을 떠나 방촌 서원의 사액을 위해 결집하였던 것이다.

방촌 서원의 사액을 위해 결집하였던 호남의 사족은 비록 창계서원 사액은 포기하였지만 황희를 배향하는 사우(祠宇)를 건립하는데 뜻과 힘을 모았고, 1788년(정조 12)에 남원에 풍계서원이 건립되었다. 풍계서원에는 황희와 두암(杜巖) 오상덕(吳尙德)과 당촌(塘村) 황위(黃暐)가 배향되었다. 오상덕은 황희의 매형이자 고려의 망복(罔僕)으로 남원에 은거하였고, 황위는 황진의 손자이다. 풍계서원은 남원 지역의 장수황씨와 함양 오씨를 비롯한 호남 사족의 노력으로 건립된 서원이라고 할 수 있는데, 황진과 황위 등 장수 황씨의 사적(事蹟)으로 미루어 보아 호남의 서인 사족이 결집하여 건립되었던 것으로 생각한다.

이러한 호남 사족의 노력과 결집은 풍계서원의 복설로 이어졌다. 1868년(고종 5)에 시행된 서원 훼철령의 1인(人) 1원(院) 원칙에 따라 옥동서원을 제외한 방촌 서원은 훼철되었다. 훼철된 서원 가운데 풍계서원은 1908년(순종 2)에 복설되었다. 이후 '왜정시대'를 거치면서 쇠락하였는데 1964년 남원, 임실, 순창에 거주하는 유림(儒林)이 풍계서원을 복설하고, 서원지를 편찬하기 위해 창덕계(彰德契)를 설립하였으며, 원근에 있는 1,700여 명이 뜻을 같이 서원의 규모를 갖추었다. 그런데 흥미롭게도 풍계서원의 원임과 서원지 편찬위원 가운데 간재의 문인들이 참여하고 있다는 점이 확인되었다. 이외에 1908년 풍계사 복설에 참여한 157명과 1964년에 조직한 창덕계원을 분석하면, 남원의 풍계서원을 중심으로 '임순남'등 호남 지역의 유림의 활동 양상과 그 의미를 밝힐 수 있을 것으로 기대된다.

\<표1\> 1908년 풍계사 복설 참여 명단

시군명	면동명	행정리	성명	한자	본향	생년	자	호
대산면		대곡리	황일현	黃逸炫	장수	1848		敬菴
			황기	黃基	장수	1852	永淑	
			황호현	黃皓炫	장수	1854		竹隱
			황공현	黃共顯	장수	1878	允信	
			황우현	黃禹顯	장수	1881		農隱
			황문주	黃文周	장수	1865		楓南
			황길주	黃吉周	장수	1891		
			황극현	黃極顯	장수	1891		耕谷
			황상현	黃尙顯	장수	1860	仁國	
			최정엽	崔鼎燁	화순	1872		菊圃
			최평	崔坪	화순	1874		再松
			최희섭	崔禧燮	화순	1857		路隱
			진달섭	陳達燮	나주	1861	公三	
			진병철	陳秉撤	나주	1859		
			양한권	梁漢權	남원	1859		竹軒
			조헌식	趙憲植	함안	1875		竹坡
		운교리	양진모	梁王+辰謨	남원	1865		錦湖
		수덕리	양학묵	梁學黙	남원	1857		晩惺
대강면		풍산리	황준	黃埈	장수	1857		楓軒
			황낙규	黃洛圭	장수	1862		松岡
			황의식	黃義植	장수	1872		菊隱
			박긍열	朴肯烈	밀양	1860		愚堂
			장제국	張濟國	흥성	1858		菊史
			김사열	金思說	연안	1879		月湖
		수홍리	오재철	吳在哲	함양	1884	琪甫	
			오재호	吳在虎	함양	1895		竹圃
			오재진	吳在進	함양	1844		
			이상열	李相烈	경주	1868		華西

시군명	면동명	행정리	성명	한자	본향	생년	자	호
			이주형	李周炯	경주	1876		汀蘭
			이우형	李宇炯	경주	1878		德湖
		옥택리	신철수	申澈秀	평산	1857		農隱
			소기섭	蘇奇燮	진주	1882		■■
		강석리	차재열	車在悅	연안	1865		竹軒
		송대리	황걸현	黃杰顯	장수	1848	洛汝	
			황기주	黃기周	장수	1882	善明	
			이철제	李轍濟	전주	1857	順文	
		방산리	윤병기	尹秉璣	남원	1855	性中	
	문생면	상동리	양신모	梁信謨	남원	1854		小石
			양정모	梁定謨	남원	1862		松庵
			허병	許柄	양천	1860		石濃
		지당리	진경하	晉慶夏	남원	1873		南塘
			진규하	晉奎夏	남원	1890		松庵
			진동하	晉桐夏	남원	1898		德峰
			윤병식	尹秉湜	남원	1846	益三	
			윤경섭	尹敬燮	남원			■■
			윤병직	尹秉直	남원	1860		二南
			이병원	李秉源	광주	1857	道心	
		영천리	방익규	房益圭	남양	1852		二松
			방환표	房煥杓	남양	1862		竹史
			방진회	房鎭會	남양	1896		石汀
			방진	房珍	남양	1904		華在
		제천리	박해영	朴海榮	밀양	1871		松川
		도산리	방진섭	房鎭燮	남양	1857		竹泉
			방극남	房極南	남양	1897		杏亭
			황용현	黃龍顯	장수	1878	成汕	
			황기현	黃기顯	장수	1886	南淑	
	금지면	임암리	안종모	安宗模	순흥	1871		竹波
		택내리	안정섭	安禎燮	순흥	1867		春岡
			안종풍	安宗豊	순흥	1867	平淑	
	송동면	두신리	김방희	金榜喜	경주	1885		隱松
			김봉희	金琫喜	경주	1894		正齋
		장포리	하규용	河圭容	진주	1859		愚山
		세전리	양석권	梁錫權	남원	1858		陽谷
	수지면	호곡리	박해한	朴海翰	죽산	1855	君益	
			박정현	朴鼎鉉	죽산	1867		石汀
	주천면	주천리	소주영	蘇周永	진주	1865		靜齋
			소광호	蘇廣鎬	진주	1887		梧連
	남원읍	광석리	이동우	李棟宇	전주	1868		
		내척리	소재택	蘇在澤	진주	1893		竹圃
		하정리	황견	黃堅	장수	1852		
		노암리	오익한	吳益漢	함양	1869	漢明	
		조유리	황재청	黃在淸	장수	1884		華溪

시군명	면동명	행정리	성명	한자	본향	생년	자	호
	사매면	월평리	황석	黃■	장수	1848		石庭
			황류	黃■	장수	1852		醒軒
			황기	黃基	장수	1854	弼中	
			황유	黃瑜	장수	1859		止石
			황선	黃璇	장수	1865	君七	
			황도현	黃道顯	장수	1867		愚堂
			황학현	黃學顯	장수	1869		菊泉
			황상묵	黃相黙	장수	1875	士眞	
			황길	黃吉	장수	1890	汝中	
			황정현	黃正顯	장수	1893		■■
			황오현	黃五顯	장수	1895		梅沙
			황일현	黃鎰顯	장수	1895		
		오신리	황영현	黃榮顯	장수	1862	士賢	
		계수리	최우승	崔遇昇	삭녕	1855	季一	
			최우필	崔遇弼	삭녕	1859	燦甫	
			최형구	崔亨九	삭녕	1873		愚石
			최진구	崔震九	삭녕	1877	東汝	
			최동구	崔東九	삭녕	1888		思忍
			채동식	蔡東植	평강	1875		桂山
		대율리	김량수	金良洙	광산	1883		小蕉
	덕과면	사율리	황종현	黃宗顯	장수	1884	和益	
		진기리	한관석	韓瓘錫	청주	1888		月湖
	보절면	신파리	안종욱	安宗昱	순흥	1864	貫道	
		금다리	황■주	黃■周	장수	1865	士玉	
			황현주	黃炫周	장수	1878	明安	
			황경주	黃璟周	장수	1881		溪隱
			황혁주	黃爀周	장수	1865	明直	
		성시리	이병순	李秉巡	광주	1876		雲皐
임실	삼계면	후천리	노재현	盧在鉉	풍천	1866	德明	
			노원상	盧源相	풍천	1866		溪雲
			김교진	金敎震	경주	1860	致玉	
		삼계리	김교덕	金敎德	경주	1864		石友
			김교술	金敎述	경주	1871	聖祖	
			김정진	金正振	경주	1876	明魯	
			김형식	金亨植	경주	1855	亨載	
			김정주	金正柱	경주	1855		小谷
		산수리	한윤석	韓胤錫	청주	1866	孝伯	
			김교신	金敎愼	경주	1878		湖松
		세심리	황운주	黃雲周	장수	1880	判九	
			김교인	金敎仁	경주	1866	平汝	
			한규원	韓圭元	청주	1885	道卿	
		봉현리	한광식	韓光植	청주	1868	允明	
			한주식	韓珠植	청주	1875		石溪
			오양한	吳陽漢	함양	1897		阿隱

시군명	면동명	행정리	성명	한자	본향	생년	자	호
	둔남면	둔덕리	김문재	金文在	순천	1885		東窩
		대정리	오영극	吳永極	해주	1860		樵父
			오윤병	吳閏秉	해주	1869		
			오병용	吳秉鎔	해주	1881		井愚
			오병기	吳秉箕	해주	1895		江石
	강진면	부흥리	황규	黃奎	장수	1852	允兼	
	임실면	갈마리	오병학	吳秉學	함양	1871	善俊	
순창	동계면	현포리	황창현	黃昌顯	장수	1866	夏一	
			황한규	黃漢奎	장수	1877		玄山
			황만원	黃萬元	장수	1902	萬錄	
		서호리	이병섭	李秉燮	광주	1864	乃珍	
			정천수	鄭千壽	광주	1882	德寬	
		수색리	이병문	李秉汶	광주	1885		溪南
			황송규	黃宋奎	장수	1881	成五	
		내영리	진종연	陳琮淵	나주	1890		醉軒
			복태진	卜泰珍	면천	1895		雲圃
		단월리	김교현	金敎現	경주	1863	平國	
			한용석	漢容錫	청주	1865	文凡	
			이상수	李祥壽	전주	1894	聖學	
		수정리	김교현	金敎鉉	경주	1848	洛玄	
		신흥리	김정희	金正熺	경주	1858	敬友	
			허봉	許棒	양천	1866		
			정동묵	正東黙	하동	1887		
	적성면	관평리	최복현	崔福鉉	전주	1881		龍齋
			최순경	崔淳慶	전주	1884		霞醒
			최순성	崔淳晟	전주	1892		晩汀
			권병규	權丙奎	안동	1878		■齋
		우계리	양재모	楊在謨	남원	1850		
			양병성	楊秉成	남원	1872		
		운림리	황재성	黃再成	장수	1868	化輪	
		율지리	방환기	榜煥冀	남양	1850		栗亭
	인계면	중산리	황한주	黃漢周	장수	1855		德溪
			황의준	黃義駿	장수	1888		春坡
	율등면	책암리	채길묵	蔡吉黙	평강	1855	士仲	
			채일묵	蔡逸黙	평강	1883	春載	
		유촌리	서봉조	徐鳳祚	화천	1887		鶴山
전주시	중앙동		황유	黃■	장수	1862	正華	
			황윤현	黃允顯	장수	1891		
	서홍동		황교현	黃交顯	장수	1871		敬支
	금암동		박해룡	朴海龍	죽산	1869		雨田
광주시	효행동		장석균	張釋均	흥성	1882		松齋

창계서원(滄溪書院)의 역사와 현황[*]

하 태 규 (전북대학교)

1. 머 리 말
2. 창계서원의 설립과 향사 인물
3. 창계서원의 철폐와 복설
4. 창계서원의 현황
5. 맺음말

1. 머리말

창계서원은 전북 장수군 장수읍 선창리 566-1번지에 위치한 서원으로, 1695년(숙종 21) 4월에 창건하여 익성공(翼成公) 방촌(厖村) 황희(黃喜)를 주벽으로 하여 열성공(烈成公) 나부(懦夫) 황수신(黃守身), 뇌계(뇌溪) 유호인(兪好仁), 송탄(松灘) 장응두(張應斗) 등 4현을 모시었다. 1868년(고종 5) 11월에 훼철되었다가, 해방 후 1958년에 복설하고 그 후 1968년에 무명재(無名齋) 강백진(康伯珍)을 추향하여 5현을 모시고 있다.

창계서원은 장수지방에서는 가장 먼저 설립된 것으로 알려진 지역의 대표적인 서원으로 지역사회의 유림의 존재 양상이나 동향을 알려주는 중요한 문화유적이다. 그러나 현재 창계서원의 건립 경위나 역사

---

* 이 글은 제6회 방촌정기학술대회(2020, 11, 07, 완주군청 문화예술회관)에서 발표한 논문이다.

창계서원(滄溪書院)의 역사와 현황 | 349

를 알려주는 자료는 거의 없는 실정이며, 서원지 또한 발간되지 않았던 것으로 보인다. 그 설립 주체나 유림들이 어떠한 역할을 하였는지 알기 어렵다.

다만, 최근 장수군에 서원을 정리한 자료 중에서 창계서원 부분을 별쇄한 자료가 있을 뿐이나, 이 또한, 내용이 소략하고 배향인물을 중심으로 서술되어 있는데, 그 자체의 오류가 많아서 창계서원에 대한 이해를 어렵게 하고 있다.

본고에서『방촌문집』,『장수군지』등의 자료를 검토하여 배향인물과 장수의 관련성을 중심으로 창계서원의 설립 경위와 연혁를 정리해 보고, 창계서원의 현황에 대하여 살펴보고자 한다.

2. 창계서원의 설립과 향사 인물

1) 설립 경위와 변천

창계서원의 창건 시기에 대하여는 대체로 숙종 21년(을해)인 1695년에 건립된 것으로 나타난다. 당시는 정권이 남인이 실각하고 서인의 노론에게 귀속되고, 아울러 충의와 절의 관념이 고조되던 시대였다.『호남읍지』나『장수읍지』등 지역사 자료에는 창계서원의 대체적인 연혁이 수록되어 있는데, 여기에 을해년(숙종 21)에 건립된 것으로 기록되어 있으며, 창계서원 내에 있는 창계서원 중건기, 창계서원묘정비 등에도 모두 숙종 21년 을해년(1695)에 창건된 것으로 기록되어 있다. 다만. 이긍익의『연려실기술』에는 기축년(1649, 1709, 1769) 으로 되어 있다.

그런데, 『방촌문집』이나 『나부집』 등 황씨 문중 자료에는 창계서원의 설립 연대가 그보다 2년 앞선 숙종 19년(1693)으로 기록되어 있다. 『방촌문집』의 연보 해설에는 숙종 19년(1693) 장수현감 민진숭(閔鎭崇)이 본 현 사림과 더불어 현의 북쪽에 서원을 세워 창계원(滄溪院)이라 하였다고 기록하고 있는데, 그 전거가 무엇인지는 밝히지 않았다.[1] 여기에 의하면, 장수현감 민진숭과 장수 사림에 의해서 숙종 19년(1693)에 창건된 것으로 나타난다.

또한 1983년 간행된 『나부집』에는 좀 더 자세한 내용이 수록되어 있다. 여기에 수록된 창계서원 조에 의하면 '장수는 황씨 성의 관향이라서 익성공과 열성공 두 분의 유풍여운이 아직까지 남아 있으며 자손이 더러 살고 있다'고 기록하고, 나아가 창계서원은 숙종조 계유년에 사론이 일제 합의가 되어 봉안할 장소를 건축하였는데, 이 역사에는 장수의 선비 김석보(金碩輔), 현감 민진숭, 윤이징(尹以徵) 등의 힘이 많았다고 한다. 위판의 수위는 익성공이 수위이고, 다음이 열성공이며, 그 후에 뇌계 유호인, 송탄 장응두를 추향했는데 이들은 본 현(장수)사람이다' 라고 기록하고 있다.[2]

또, 『나부집』에 수록된 「창계원답환추후완문」에도 '생 등의 선조 방촌, 나부 양 선생의 서원을 지난 숙종조 계유년에 장수현에 세워 원호를 창계서원이라 하여 어필 현판과 선생의 영정을 봉안하고 제사를 지내왔습니다.'라 하여 숙종 19년에 세워진 것으로 나타난다.[3]

---

1) 『厖村黃喜先生文集』, 838쪽, 다)항 참조
2) 『懦夫黃先生文集』, 259~261쪽
3) 『懦夫黃先生文集』, 259~261쪽

그런데, 서원 건립에 앞장섰던 장수 선비 김석보(金碩輔)가 어떠한 사람인지는 사료에 나타나지 않는다. 장수현감 민진숭은 『승정원일기』 등을 통해서 살펴보면 숙종 16년 10월 이후 장수현감에 부임한 것으로 보이며[4], 숙종 18년 7월 8일 파직된 것으로 나타난다. 이후 김세평이 숙종 18년 8월 장수현감으로 부임되었다가 숙종 20년 운봉현감으로 전임된다. 그리고 같은 해 윤 5월 25일에 윤이징이 장수현감으로 임명되었다가 숙종 24년 5월 파직되었다.[5]

이를 종합하여 본다면, 현감 민진숭 이래 장수 유림들과 서원 건립을 논의하다가 숙종 19년(1693) 건립이 확정되고, 윤이징이 현감으로 있을 때 인 숙종 21년(1695)에 준공한 것이 아닌가 한다.

또 만약에 황희와 황수신을 먼저 모시고, 뒤에 유호인과 장응두를 추배하였다고 한다면, 숙종 19년 황희와 황수신을 모시는 사당을 건립하였다가 숙종 21년 유호인과 장응두 2인을 추향하면서 서원으로 발전된 것이라고 추측해 볼 수도 있지 않을까 한다.

다만, 창계서원에 어필 현판과 영정을 봉안하고 제사를 지내왔다고 하지만, 뒤에 설명하는 바와 같이 창계서원은 사액을 받지 못하였기 때문에 어필 현판이 봉안되어 있었다는 것은 믿기 어려운 사실이다.

창계서원이 설립될 당시의 명칭이 창계사였는지, 창계서원 이었는지는 확실하지 않다. 다만 정조 19년(1789)에 익성공 황희를 모신 백옥동 서원에 대한 사액과정에서 예조가 아뢴 것을 보면 당시 '황희의 서원

---

4) 『承政院日記』, 349책, 숙종 18년 7월 8일
5) 『承政院日記』, 358책 숙종 20년 윤 5월 25일; 동 378책 숙종 24년 5월 25일

은 상주 백옥동에 있는 것과, 장수의 창계사가 있을 뿐인데, 모두 사액하지 않았다'라고 기록되어 있다.[6] 이로 보면 이때에는 창계사라는 사우로 운영되었을 것으로 생각된다. 하지만, 이후로는 창계서원이란 명칭이 주로 사용된 것으로 보이는데, 숙종 이후 서원이 남설되는 과정에서 서원과 사우가 혼용되어 불러지고 있다는 것을 유의할 필요가 있다. 다만, 이긍익의 『연려실기술』에는 창계서원으로 되어 있는 것으로 보아 이때 이미 서원으로 위상을 갖고 있었을 것으로 생각된다.

숙종 21년 창건된 창계서원은 그 뒤 현달한 황희의 후손과 유림에 의해서 유지되어 왔다. 앞에 언급한 「창계원답환추후완문」에 의하면 전라도 관찰사 황이장(黃爾章), 경상도 관찰사 황선(黃璿), 장수현감 황호원(黃灝源)이 각각 돈을 희사하여 위토를 사서 제수에 사용하였다고 기록하고 있다. 황이장은 경종 2년 7월 21일 전라도관찰사에 제수되었고,[7] 경종 4년 정월에 대사간으로 임명되었다. 중간에 경종 2년 3월 승지로 삼았다는 기록이 있지만, 경종 2년 7월과 11월에 전라감사로 재임하고 있었던 사실이 확인된다.[8] 황선은 영조 3년 5월 29일 경상도 관찰사에 임명되었으며, 영조 4년 14일 경상도 관찰사 재임 중에 사망하였다.[9] 황호원은 영조 18년(1742) 10월 8일 장수현감에 제수되었으며, 영조 21년 7월 24에 한산군수로 전임하였다.[10]

전하는 바에 의하면, 장수지방에서도 10여 차례 창계서원의 사액

---

6) 『日省錄』, 정조 13년, 1월 22일
7) 『承政院日記』, 544책, 경종 2년 9월 9일
8) 『景宗實錄』, 14권 경종 4년 갑진, 1월 28일
9) 『英祖實錄』11권 영조 3년 5월 29일 ; 17권 영조 4년 4월 14일
10) 『承政院日記』, 950책 영조 18년 10월 8일 ; 동 988책 영조 21년 7월 24일

을 요청하였지만 받아들여지지 않았다고 한다. 하지만, 이때 어떠한 인물들이 중심이 되어 사액을 요청하였는지는 알 수 없다. 이후 고종 5년 (무진, 1868) 서원 철폐령에 의하여 훼철될 때까지의 역사를 알려주는 자료는 보이지 않는다.

참고로, 장수향교에서 발간한 『창계서원』에는 '을해년에 창건되어 무진년에 훼철되었다'는 『호남읍지』 기사와, '본현의 창계서원에 배향하였으나 지금은 훼철되어 없다.'라는 『여지도서』 장수읍 인물조 황희, 황수신 등의 기사에 근거하여, 창계서원이 창계사로 창건되었다가 『여지도서』가 만들어진 영조 36년(1760) 이전에 이미 훼철되었고, 다시 순조 15년 이전에 창계서원으로 확대 복설하였다가 고종 8년(1868)에 훼철되었다고 설명하고 있다.[11]

하지만, 『여지도서』에는 창계서원이 훼철되어 없다는 기사가 없다. 그것은 장수문화원에서 발간한 『장수의 옛 읍지』에 잘못 수록된 것을 인용하여 내린 결론이라고 보이는데, 해당 서적에 수록된 번역문은 『여지도서』의 내용이 아니다.[12] 따라서 이에 근거하여 추론한 창계서원의 연혁은 잘못된 것이라는 것을 밝혀 둔다.

2) 창계서원에 모셔진 인물

(1) 창계서원의 주벽 방촌 황희

대체로 서원은 선현의 연고가 있는 곳을 택하여 봉사하는 사당과 자

---

11) 『滄溪書院』, 장수향교, 2쪽
12) 『장수의 옛 읍지』, 장수문화원, 2000, 41쪽

제를 교육하는 서재를 갖추어 설립하는 것이 일반적이다. 장수유림이 황희를 모신 서원을 창건하게 된 것은 황희가 장수와 연고가 있다고 생각했기 때문이라고 보인다.

황희가 창계서원에 향사될 수 있는 장수와의 연고는 대체로 세 가지 측면에서 살펴볼 수 있다. 첫째로 장수가 황희의 본관이라는 점이다. 황씨의 계보에 의하면 서역에서 온 황락의 둘째 아들이 장수에 거주하면서 장수 황씨의 뿌리가 되었다고 한다. 이것은 황씨 가문이 가야계로서 장수지역에 정착한 것이 아닌가 한다. 『세종실록』 지리지에 의하면 황씨는 장수의 속성으로 기록되어 있다.[13] 이것은 황씨가 장수 지방에 원래부터 살아왔던 토착성씨가 아니었음을 말해주는 것이다.

하지만. 황희의 선대가 장수 출신이라는 것은 황희의 아들인 황수신의 「광한루기」에 잘 나타나 있다.

> 먼 대의 할아버지 휘 공유는 본래 장수현 사람으로 고려 명종을 섬겨 벼슬이 전중감에 이르렀다 그러나 평소 이의방과의 혐의가 있는 터이라 의방이 집권한 뒤에 모해하려는 기미가 보이므로 벼슬을 버리고 고향인 장수현으로 돌아왔다. 한데 수령이 역시 의방의 비위를 맞추기 위하여 몰래 체포하려 하므로 가족을 데리고 남원으로 옮겨 대대로 살게 되었다. 그 뒤에 후손 휘 감평은 태학관에 유학하여 재주가 높다는 소문이 사자하였다. 그러니 두 차례 과거 응시에 모두 낙제하자 번연히 낙천지명의 뜻을 품고 고향으로 돌아와 서실을 짓고 호를 일재라 한 뒤에 책을 가져 스스로 즐겨함으로 배우는

---

13) 『世宗實錄』, 권151, 지리지, 전라도, 장수 "土姓이 3이니, 李·井·高요, 亡姓이 1, 吳요, 續姓이 1이니, 黃이다"

이들이 많이 사사하였다. 그 뒤에 5대손 휘 군서는 학문에 힘써 벼슬길에 오른 뒤 우리 태조를 섬겨 정헌대부로 강릉부사가 되어 정사에 너그럽고 간이함을 위주함으로 관리는 두려워하고 백성은 사모하였다. 우리 가문이 이 고을에 거주한지가 백여년이 흘렀고, 묘소와 친속 권속이 모두 이곳에 있어 영세 고향이 되었다.[14]

이러한 내용은 황씨 가문의 가계의 일반적인 내용으로 『방촌문집』의 연보에도 수록되어 있다. 이에 의하면, '선생의 선대 시중공으로부터 본관을 장수로 하고 전중감으로부터 남원에 거주하였으며. 중세에 토산으로 이거하였다가 찬성공이 다시 남원으로 돌아왔다'고 기록하고 있다.

장수에 뿌리를 두었던 황희 선계는 이의방 대에 남원으로 이주 장착한 것으로 보인다. 황공유가 이의방의 세력을 피하여 고향인 장수로 낙향하였다가 다시 남원으로 옮겨 대대로 살아왔다는 것이다. 물론 황공유가 남원으로 이주한 뒤 장수에도 황씨가 거주했을 것으로 보이지만, 황공유 이하 황희 가문은 장수를 떠나 남원을 향관으로 삼았을 것으로 보인다. 결국 1170년대 이후 조선 초기까지 황씨들이 새로이 정착한 곳은 남원으로, 남원에서는 토착 성씨화 되었던 것으로 보이는데 황씨는 『세종실록』 지리지에 남원의 11개의 토성 중의 하나로 기록되어 있다.[15]

고려시대 본관제도는 우리가 아는 본관과는 차이가 있다. 즉, 고려

---

14) 『厖村黃喜先生文集』, 1380~1382 ; 『懦夫黃先生文集』, 75~87쪽 ; 용성지 참조
15) 『世宗實錄』, 권151, 지리지 전라도, 남원

시대 본관은 그 가문의 출신지가 아니라 호적이 등록되어 있는 군현을 말한다. 이러한 본관제하에서는 황희의 가문은 장수를 본관으로 한 황씨 중에서 다시 남원을 본관을 옮긴 것으로 이해할 수 있다. 물론 이때의 본관은 우리가 말하는 씨족, 시조의 출신지를 의미하는 것이 아니고, 호적이 등록된 군현을 말하는 것이다. 하지만, 조선시대 이후 씨족 제도가 강화되면서 씨족의 출신지를 의미하는 본관을 내세우면서 장수로 다시 통합된 것으로 이해할 수 있다.

그런데 조선시대의 인명을 기록하는 관례는 그 사람의 출신지를 밝히는 것이 아니고, 그 사람의 본관을 기록하는 것이 일반적인 현상이 었다.[16] 이에 따라 황희를 장수인이라고 부르는 것은 장수 출신이어서가 아니라, 장수를 본향으로 하는 사람이라는 뜻이다. 어떻든 역대 사서에 황희를 장수인이라고 기록하고 있는 점에서 장수의 인물로 인식하였을 가능성이 충분히 있다.

결국 장수의 선비들이 장수를 본관으로 하였던 황희를 숭상하여 그를 모시는 사당인 창계사를 건립하였던 것으로 보인다. 이에 대하여 『나부집』의 '장수는 황씨 성의 관향이라서 익성공과 열성공 두 분의 유풍여운이 아직까지 남아 있으며 자손이 더러 살고 있다.'라는 기사를 통해서도 알 수 있다.

둘째로 조선후기 장수의 유림들은 황희가 장수에서 태어났다고 알고 있었다는 점이다. 황희의 출생지에 대해서는, 황희의 아들 황치신, 황수신이 신숙주에게 부탁하여 지은 선생의 묘지명에 "지정 23년 2월

---

16) 송준호, 「한국의 씨족제에 있어서 본관 및 시조의 문제」, 『역사학보』 109, 1986 (91~99쪽 참조)

10일 사시에 공을 송경의 가조리에서 낳았다."라고 분명하게 기록되어
있다.[17] 이 후『방촌집』을 비롯해서 황씨 문중에서 발간한 각종 자료에
는 황희가 태어난 곳을 개성의 가조리라고 기록하고 있다.

그러나 장수 지방에서는 오래전부터 황희가 장수에서 태어났다는
전승이 이어져 왔다. 대체로 '선생 선대의 집터가 읍이다.'던지, '읍내
에 선생의 출생지가 있다'든가, '선생이 선창리에서 출생하여 송경에서
장성하였다'라고 전하고 있다. 이러한 내용은『장수군지』,『장수읍지』,
『장수지』,『벽계승람』,「응벽정중수기」,「정신재비문」 등 다양한 자료에
나타나고 있다.[18]

최근 발간된『장수군지』에 이러한 내용이 여러 곳에 수록되어 있는
데, 종합적으로는 제8편, 인물, 제2장 3절 "유사이래의 명재상 황희"라
는 제목으로 정리되어 있다. 그 중에 황희의 출생에 관한 전설을 소개
하면 다음과 같다.

> 방촌선생의 아버지 군서공은 벼슬길에 오르면서 여러 가지 직위를 거쳐 장
> 수현감으로 임명되어 장수땅에 부임하였다. 군서공은 장안산에서 팔공산으
> 로 이어지는 중간봉우리 밑에 산제단(山祭壇)을 만들고 천지신명에게 '치국
> 평천하 할 수 있는 큰 아들을 태어나게 하여 주십시오' 하고 기도를 올렸다.
> 그 후 이산의 이름을 황정산(黃政山)이라 부르고 산제단을 만든 골짜기를
> 황정골(黃政谷)이라 부른다. 군서공의 부인김씨는 어느 날 꿈을 꾸었다. 명
> 산 장안산에 찾아가서 줄기차게 솟아나는 샘물을 물줄기가 마르도록 마셔

---

17)『厖村黃喜先生文集』, 1362쪽
18)『厖村黃喜先生文集』, 연보,839-840 쪽 참조

버리는 꿈이었다. 그 꿈을 꾸고 나서 태기가 있었는데 또한 소동이 일어났다. 장안산을 근원으로 하는 모든 시냇물이 말라 버렸으나 원인을 아는 사람이 없었다. 김씨부인이 방촌선생을 해산하고 난 다음에는 물이 예전과 다름없이 흘러내렸다는 불가사의한 전설이 전하여 오는 것이다.[19]

이에 의하면, 황희의 부친인 황군서가 벼슬길에 올라 여러 벼슬을 거쳐 장수현감으로 부임하여 장수현 수내면 선창리 당동에 있던 내아에서 1363년 황희를 낳았다는 것이다.

사실 장수현은 남원의 속현으로 고려시대 상당 기간 수령이 파견되지 않았다. 고려 후기 속현에 감무가 파견되어 주현화 되는 경향이 많았는데, 장수현에 언제부터 감무가 파견되었는지는 확실치 않다. 따라서 황군서가 공민왕대 장수현감을 지냈는지는 확인이 필요하지만, 만약 황군서가 장수 현감(감무)을 지냈다고 한다면 황희가 장수에서 태어났을 가능성도 없지 않다. 그러나 황씨 문중에서는 황희가 장수 출생하였다는 설을 강하게 부정하고 비판하고 있다. 사실이야 어떻든 장수지방에서는 최근까지도 황희가 장수 출신이라고 생각한다는 것이다.

조선시대 장수 유림들이 황희가 장수에서 출생한 사람으로서 큰 인물이었고 그 유풍이 남아 있었다고 인식한 것으로 보이며, 이러한 이유로 숙종대 장수의 유림 선비들이 황희를 이 고장 출신으로 알고 그를 모시는 서원을 건립하였을 가능성도 없지 않다고 보여 진다.

셋째로는 장수사람들은 황희가 조선 태종 세종 연간에 장수로 귀양

---

19) 『장수군지』(2010), 제8편, 인물, 제2장 3절 유사이래의 명재상 황희, 543쪽

와 살다가 돌아가 그 유풍이 장수에 남게 되었다고 생각하고 있었다는 점이다. 현재에도 장수 사람들은 황희가 태종 18년 남원으로 유배되었던 것을 남원이 아닌 장수라고 주장한다.

『태종실록』 등 문헌 기록에 의하면, 황희는 태종 18년 남원으로 유배되었다. 이전 폐세자 문제로 태종과 의견이 맞지 않았던 황희는 이조판서, 공조판서를 거쳐 평안도관찰사로 나가게 되었고, 다시 형조판서에 임명하였다가 다시 판한성부사로 벼슬을 옮기게 되었다. 그러다가 태종 18년(1418) 5월 태종의 명으로 전리로 물러나 뜻대로 살면서 노모를 모시도록 하라는 명을 받고 교하로 물러났다. 그러나 형조와 대간에서 계속해서 황희의 죄를 줄 것을 요청하자 태종은 부득이 황희를 5월 28일 남원부로 안치하도록 하였다.

> 황희(黃喜)를 남원부(南原府)에 옮겨 안치(安置)하였다. 형조와 대간(臺諫)에서 상소하기를, " (중략) " 하였으므로 이러한 명령이 있었다. 이어서 사헌감찰(司憲監察) 오치선(吳致善)을 보내어 황희에게 선지(宣旨)하기를, "나는 네가 전일에 근신(近臣)이므로 친애(親愛)하던 정(情)을 써서 가까운 땅 교하(交河)에 내쳐서 안치(安置)하였는데, 이제 대간(臺諫)에서 말하기를 그치지 않으니 남원(南原)에 옮긴다. 그러나, 사람을 보내어 압령(押領)하여 가지는 않을 것이니, 노모(老母)를 거느리고 스스로 돌아가는 것이 가하다." 하였다. 오치선은 황희의 누이의 아들이었다.[20]

---

20) 『太宗實錄』 35권, 태종 18년 5월 11일 경신 4번째기사 1418년 명 영락(永樂) 16년 판한성부사 황희에게 명하여 전리로 돌아가게 하다

이 때 황희가 남원의 어디에 내려와 어떻게 살았는지 알려주는 문건은 없다. 다만, 문종 2년 2월 8일 영의정 황희의 졸기에 의하면 "황희가 남원(南原)에 이르러서는 문을 닫고 빈객(賓客)을 사절(謝絶)하니 비록 동년(同年) 친구일지라도 그 얼굴을 보기가 드물었다."라고 기록하고 있는 것으로 보아 매우 근신하며 살았던 것으로 나타난다.[21] 남원에 유배 와서 살던 황희는 세종 4년(1422) 2월에 왕명으로 부름을 받아 유배가 풀리고 서울에 돌아가게 하였다.

이에 의하면 황희는 1418년으로부터 1422년까지 약 4년 동안 남원에서 유배생활을 하였던 것을 알 수 있다. 남원은 황수신이 지은 「광한루기」에서 본 바와 같이 황희의 선대가 대대로 살아왔던 곳임을 알 수 있으며, 또한 조부모의 묘소가 남원에 있다는 점에서 황희가 남원으로 내려와 살았던 것은 거의 확실하다고 할 것이다. 이것은 뒤에 황희의 증손 황개가 남원 서쪽 주포방으로 낙향하여 살았던 점과 연결해서 살펴볼 수 있다. 현재 황치신의 후손들 특히 무민공 종중이 주생 대산에 세거해 오는 점도 참고 된다.

그런데, 장수 지방에서는 황희가 이때 남원이 아닌 본관인 장수로 유배 와서 살았다고 알려져 있다. 황희가 장수에 유배 와서 살았다는 것은, 조선 후기 홍직필이 찬한 「정신재 백장선생 신도비문」에서 나타나고 있다.[22]

---

21) 『文宗實錄』 12권, 문종 2년 2월 8일 임신 1번째기사
22) 『장수군지』(2010), 제8편, 인물, 제2장 제2절 고려조의 수절신 백장 선생, 537쪽

마침내 유배지를 장수 땅으로 옮겼다. 그때 방촌 황희상공 역시 이 땅에 귀양살이를 하고 있어 서로 더불어 아침저녁으로 만나 즐겼다.[23]

백장은 고려 수절신으로 장수의 호덕동으로 유배 와서 살았다고 한다. 황희가 장계면 월강리 도장마을에 유배 와서, 이곳에서 멀지 않은 호덕동에서 귀양살이를 하던 정신재 백장 선생과 교유하며 지냈다는 것이다.[24] 이를 근거로 하여 『장수군지』에서는 황희가 귀양살이 하던 곳은 바로 장계면 월강리 도장마을이며 따라서 3대를 그 자리에서 살다가 손자 황상(黃翔) 대에 이르러 외손 도암(陶岩) 이경광(李경光)에게 넘겨주고 이 고장을 떠났다고 기록하고 있다.

장수가 황희의 유배지였다는 주장에 대하여 장수 황씨 문중에서도 견해를 같이 하는 사람들도 있는 것으로 보인다. 다만 황희의 우거지를 도지촌이 아닌 장수의 선창리라고 주장하고 있다.[25] 그 근거로 태종이 황희를 유배 보낼 때 '그대의 향관인 남원으로 옮기라'고 했다는 점을 제시하고 있다. 여기에서 황희의 유배지를 남원부 내로 착각하여 남원으로 유배된 것으로 착각할 수 있으나, 실상은 남원부의 속현이었던 장수읍의 선창리가 그 유배지였다 것이다. 즉 태종이 향관 남원이라고 한 뜻은 황희의 향관이 장수이고, 장수는 당시 남원부에 속한 땅이므로 '관할지역인 남원'이라고 보편적 개념으로 표현하였다는 것이다.

물론 조선 초기 장수는 남원도호부 계수관하에 속한 군현이었다. 따

---

23) 『장수군지』(2010), 제8편, 인물, 제2장 제2절 고려조의 수절신 백장 선생, 536쪽
24) 『장수군지』(2010), 제8편, 인물, 제2장 3절 유사이래의 명재상 황희, 545~546쪽
25) 『厖村黃喜先生文集』, 838쪽

라서 '남원부장수현'이라는 표현이 있었다. 하지만, 장수는 남원의 속현이 아니고 이미 주현으로서 남원과는 별도의 행정구역을 이루고 있어서 장수를 남원이라고 부르는 경우는 없었다. 뿐만 아니라 앞에서 이미 살펴보았지만, 조선초기에는 고려시대의 본관 제도하의 향관과 씨족제도상의 본관이 혼용하고 있던 시기이기 때문에 선대가 남원에서 세거해온 황희의 향관을 남원으로 지칭할 수 있다고 보여 진다. 이 점은 황희 자신이 남원이 자신의 향관이라고 밝힌 글을 통해서도 알 수 있다.[26] 따라서 태종이 지칭한 향관 남원이 장수를 지칭한다고 볼 수는 없다고 생각된다.

그러나 또한 사실이야 어떻든 간에 장수 사람들은 태종 18년 황희가 선창리에 유배 와서 우거했고, 그로 인하여 선창리 앞의 들을 '황정들', 혹은 '방촌들'이라고 불려오고 있다고 믿고 있었다는 것이다. 그에 따라 황희가 장수를 떠난 후 장수 사람들이 선생의 숭덕과 유풍을 노래해오던 중, 마침내 숙종 19년(계유)에 장수현감 민진숭(閔鎭崇)이 사림과 더불어 선생이 우거하던 선창리에 서원을 세워 창계원(滄溪院)이라 하고 선생을 주사로 조두를 드려오고 있다는 것이다.[27]

결국 장수지방 유림들은 그것이 호덕동이든, 선창리이든 간에 방촌 황희가 유배 와서 우거하던 곳으로 인식하고, 그의 유풍과 덕을 흠모하여 기리기 위하여 창계서원을 설립하였다는 것이다.

이상에서 살펴본 바와 같이 장수는 방촌 황희의 본관이라는 것뿐만

---

26) 『世宗實錄』 124권, 세종 31년 6월 5일 癸丑 1번째기사
27) 『厖村黃喜先生文集』, 838쪽

아니라, 황희가 장수에서 태어난 것이라든가, 장수에 유배 와서 우거하였다고 인식하고, 황희가 장수와 깊은 연고가 있는 훌륭한 인물이라고 인식하였던 것이다. 그러므로 조선 후기 장수의 유림들은 이러한 방촌 황희 덕업을 흠모하고 기리기 위해서 그를 주벽으로 하여 창계서원을 설립한 것이라고 생각된다.

다음은 창계서원에 황희와 함께 배향된 인물을 장수와의 연고를 중심으로 살펴보고자 한다. 창계서원에는 황희의 신주 좌우편에 열성공 나부 황수신(黃守身), 문희공 뇌계 유호인, 송탄 장응두, 무명재 강백진 등 4인의 신주가 모셔져 있다. 황수신, 유호인, 장응두 3인은 설립 당시부터 배향되었던 인물이고, 강백진은 해방 후 창계서원이 복설된 이후 추배된 인물이다.

(2) 황수신(黃守身, 1407~1467)

황수신은 황희의 셋째 아들로 어머니는 양진의 딸이다.[28] 태종 7년(1407)년 출생하여 1423년(세종 5) 사마시에 응시했다가, 학문이 부진하다고 시관에게 욕을 당하고 발분해 학문에 진력하였다고 한다.

문음으로 종묘 부승, 종부시직장, 사헌부감찰 등을 역임하였다. 여러 벼슬을 역임하여 도승지까지 올라갔다가 어떤 사건으로 인하여 파직되기도 하였다. 형조 참판을 거쳐 경상도 도관찰사가 되어 나갔다가 의정부 우참찬에 제수되었고, 좌익공신에 참여하여 남원군에 봉해지고, 좌

---

28) 이하 黃守身에 대한 내용은 『慵夫黃先生文集』 및 『장수군지』(2010), 제8편, 인물, 제3장 제2절 창계서원에 모신 선현, 나부 황수신 선생, 624~625쪽 참조

참찬에 올랐다가 좌찬성에 승진되고, 다시 우의정에 제수되었다가 마침내 영의정에 올랐는데, 세조 13년(1467) 5월 21에 졸하였다. 부음이 들리자 조회와 저자를 3일 동안 폐하고, 시호를 열성이라 하였으니, 덕성을 잡고 업을 숭상하는 것을 '열(烈)'이라 하고, 상신을 보좌하여 잘 마친 것을 '성(成)'이라 한다.[29]

황수신 역시 장수를 본관으로 하는 황희 아들로 공신의 반열에 올라 봉군을 받았을 뿐만 아니라, 최고의 벼슬인 영의정에 올라 장수 사람들로부터 존경을 받을 만하였다. 그리고 황수신은 황희가 남원으로 유배되어 내려왔을 때 밤낮으로 그 곁을 떠나지 않고 있는 힘을 다하여 봉양하였다가, 유배가 풀리자 서울로 돌아왔다고 한다. 또한 화산거사 김영호가 낙향하여 장수에 자락정을 지었는데, 황수신이 「자락정기」를 지었다는 것이다.[30] 이러한 측면에서 장수지역에 황수신의 유풍이 남아 있었음을 짐작할 수 있다.

(3) 유호인(俞好仁, 1445~1494)

창계서원에 배향된 유호인은 본관이 기계이며 자는 극기(克己), 호는 임계(林溪)·뇌계(㵢溪)라 하였다.[31] 그의 선대는 유의지, 유척, 유경의 삼세 진사를 배출하여 삼세상사라는 칭송을 받던 가문이었다고 한다. 아버지는 유음(俞蔭)이며 어머니는 함양의 장사랑 이절의 딸로 세

---

29) 『世祖實錄』 42권, 세조 13년 5월 21일
30) 『懦夫黃先生文集』, 87~91쪽
31) 이하 俞好仁에 관련 내용은 『장수군지』(2010), 제8편, 인물, 문장삼절로 이름 떨친 유호인, 564~569쪽 참조

종 27년(1445) 장수현 임남면 조곡리에서 태어났다고 한다. 어릴 때부터 신동의 소리를 들었고, 이조판서를 지내다 사퇴하고 조곡에 가까운 방아재 마을에 낙향한 퇴휴재 송보산을 찾아가 배웠다. 김종직이 함양 군수로 부임하자, 외가가 있는 함양으로 나아가 김종직에게 사사하면서 김굉필, 정여창, 조위, 남효온, 김일손 등과 교유하였다.

1462년(세조 8)에 생원이 되고, 1474년(성종 5)에 식년문과에 병과로 급제하였다. 봉상시 부봉사를 거쳐, 1478년 호당학사로 뽑혀 사가독서한 뒤 1480년에 거창현감으로 부임하였다. 그 뒤 공조좌랑을 지내고, 1486년에 검토관을 거쳐 이듬해『동국여지승람』의 편찬에 참여하였다. 홍문관교리로 있다가 1488년 의성현령으로 나갔다. 1490년『유호인시고』를 편찬하여 왕으로부터 표리를 하사받았다. 본래 글을 좋아하는 성종의 지극한 총애를 받았다. 1494년 장령을 거쳐 합천군수로 재직 중 불과 50세의 나이로 병사하였다.

그가 죽은 뒤 4년 뒤 1498년(연산 4년) 무오사화가 일어나 김종직이 부관 참시되고, 그 제자들이 죽임을 당하거나 유배를 가는 화를 당하였는데, 그는 이미 죽어서 화를 면하게 되었다. 장수유림들이 사림의 사표가 되는 그의 덕망을 기리기 위해서 창계서원에 배향한 것이다.

(4) 장응두(張應斗)

장응두는 본관이 목천으로 순천교수를 지낸 장자강(張自綱)의 둘째 아들로 1488년(성종 19) 1월 29일 태어났다. 장수군 천천면 춘송리 송탄마을에서 출생하여 성장하여 이 마을의 이름을 따서 호를 송탄(松

灘)이라 하였다.[32]

　장응두는 정암 조광조에게 사사하여 사림의 중추적인 인물이 되었다. 그는 학문에 열중하여 중종 조에 사마시에 합격하였으며, 김종직, 김굉필, 조광조로 이어오는 정통적인 성리학 교육과 사림파의 도의(道義)와 예도(禮道)에 의한 왕도정치를 구현하고자 하는 사림파의 중추적인 인물이 되었다. 1519년(중종 14년) 기묘사화가 일어나 조광조가 능주에 유배되었다가 사사되고, 아울러 많은 사림이 죽거나 유배되는 화를 입게 되었다. 이 때 장응두는 승주군 쌍암면에 유배되어 1566년(명종 21) 3월 29일 적소에서 향년 79세로 별세하였다. 그의 죽음을 전해들은 장수 유림들은 유해를 운구하여 장수군 천천면 남양리 후록인 독장산록에 장사지냈다고 한다. 결국 장수 유림들이 사림으로서 명망이 높고, 절의를 지킨 장응두를 숭모하여 창계서원에 배향한 것이다.

3. 창계서원의 철폐와 복설

1) 창계서원의 철폐와 정리

　창계서원은 숙종 21년 설립되어 역사를 유지해 왔지만, 사액을 받지 못하고 장수지방의 유림에 의하여 운영되어 오다가, 고종 5년(1868) 대원군의 서원 철폐령으로 인하여 철폐되었다. 당시 전국 600여개의 서원 사우 중에서 1인 1사우의 원칙에 따라 전국의 47개소를 제외한 조

---

32) 張應斗 관련 내용은 『장수군지』(2010), 제8편, 인물, 제3장 제2절 창계서원에 모신 선현, 송탄 장응두 선생, 629~631쪽 참조

선후기에 세워졌던 대부분의 서원이 철폐되었는데, 전라도 지방에는 정읍의 무성서원, 장성의 필암서원, 광주의 포충사 3곳만이 훼철을 면하였다. 이 때 철폐된 서원중에는 바로 복설된 경우도 있지만, 대부분의 경우 일제강점기 또는해방 후에 복설되기도 하였지만, 아직도 복설되지 못한 경우도 많다.

『나부집』에 의하면, 창계서원이 철폐될 때 위판은 배향인물 각각의 본손이 받들어 돌아갔는데, 익성공 영정과 위판, 열성공 위판은 전주의 용진에 봉안하였는데, 영정은 별묘에 봉안하고, 위판은 성치내의 입암 위에 묻고 단을 쌓았다고 한다.[33]

창계서원은 훼철된 지 24년이 되는 1892년, 몰수되었던 서원 유지와 원답은 돌려 받은 후에 본현(장수)의 사림들이 설단하여 제사를 이어갔다. 이에 대하여는 『나부집』에 수록된 「창계원답 환추후완문」(癸巳 10月 日 巡使閔正植)을 통해서 알 수 있다. 이를 옮겨보면 다음과 같다.

> 창계서원 원답 환추후 완문
> 위 완문을 영구히 준행할 일
> 전주사인 황의찬, 황태인과 사인 황의환 등이 보낸 정의에 정한 즉 그 내용에 "생등의 선조 방촌 나부 양 선생의 서원을 지난 숙종조 계유년에 장수현에 세워 원호를 창계서원이라 하여 어필 현판과 선생의 영정을 봉안하고 제사를 지내왔습니다. 생등의 선조 전라도 관찰사 이장(黃爾章), 경상도 관찰사 선(黃璿), 장수현감 호원(黃灝源)은 각각 돈을 희사하여 위토를 사서 자성에 사용하였습니다. 고종 무진년에 각 서원을 존폐할 때 창계서원도 철

---

33) 『懦夫黃先生文集』, 262~263쪽

폐의 대상이 되었습니다. 그러므로 생등의 선조 영정 및 어필을 전주에 있는 부조묘에 옮겨 자손이 봉안하였고, 본원의 원당은 잘못되어 본현 포군양료로 귀속되었습니다. 그런고로 생등은 억울함을 이기지 못하여 본읍 및 의정부, 순영문, 수의에 정소하여 아뢴 것이 우금 24년 안에 보장을 써내기를 100여 차례나 되었습니다. 다행하게도 영읍에서 양유를 숭현하는 때를 만나 지난 임진년 9월 일에 본관(전주)이 사림과 회의하여 이향포료는 조치한 계획에 따르고 동원답 합계 7석 6두 7승락 내에 삼석 8두락은 부조묘에 할당하고, 2석 19두락은 설단소에 할당하고, 3두락은 원촌에 돌려 주어 인부를 사역하는데 쓰게 하였습니다. 전해오던 구답안은 반을 쪼개어 반은 향중에 유지하고, 반은 생등의 문중에 옮겨왔습니다. 선성답안 3건 중에 1건은 설단소에 유치하고, 1건은 생등의 문중에 옮겨오고, 1건은 장, 유 문중에 급부하였으므로 일은 이미 바른 곳으로 귀속하였습니다. 그러나 아직까지 순영문의 완문을 받지 못하였사오니 특별히 완문을 발급하여 주시기 바랍니다"라고 하였다.

선생의 서원 원답으로써 선생의 사당 제향에 쓰는 일은 도리어 당연하다. 몇 해 사이에 포료로 귀속되었음은 이 무슨 일이냐? 금번의 조치는 실로 마땅한 일이다. 본읍의 분답을 성책하였다 이미 상세히 구비되어 있는 것을 여기에 의하여 완문을 작성한다. 부조묘와 설단소의 위토 수세 절차는 후록에 의하여 영구히 준행하고 폐하는 일이 없도록 함이 마땅한 것이다.

1. 설단소 위토는 본 고을 사림 중에서 연연 수세하여 봉향하고, 설단소, 경모재의 신축은 본 고을 사림중에서 이미 공론이 있었으니 한결 이에 따라 시행하고 절대로 단위토, 위조에는 부정지출하지 말라

2. 자손 중에 비록 공전을 횡령하고 도망하여 족징할 사정에 이르러도 제족이 분배하여 바칠 것이며 절대로 단의 위토와 위곡에는 범해서는 안된다.

3. 묘답, 단답을 논할 것 없이 매년 세를 거둘 때 혹시 체납하는 일이 있으면

본관이 옥에 가두고 독촉하여 수납한다.[34]

이에 의하면 원답을 돌려받은 것은 임진년이고, 완문은 계사년에 전라감사 민정이 써 준 것임을 알 수 있다. 민정식은 고종 29년을 전후하여 전라도 관찰사로 재임하고 있었던 것이 나타난다.[35] 따라서 창계서원의 원답을 돌려받은 것은 1892년(임진)의 일이고, 관찰사 민정식이 완문을 작성해 준 것은 1893년(계사)이었다.

이와 같이 창계서원은 1892년 원답의 일부를 돌려받아 박토 3마지기를 보유하여 겨우 설단하고 근근히 제사를 이어왔지만, 단토가 무너져 황량해져 장수 유림만이 아니라 일반인까지도 안타깝게 여기게 되었다고 한다.

2) 창계서원의 복설과 강백진의 추배
(1) 강당 상현재의 건립

해방 후에도 창계서원의 복설을 할 수 없게 되자, 장수 유림들은 이를 안타깝게 생각하여 1948년 향교 재원을 출연하여 서원의 옛터에 창계서원유지비를 세웠지만, 사적을 새기지 못하고 상석도 갖추지 못하는 형편이었다.

마침내 창계서원이 복설을 시작하게 되는 것은 1957년이었다. 전국 각처에서 서원이 복설되는 분위기에 따라 장수에서도 사림의 의론이

---

34) 『懦夫黃先生文集』, 창계원답 환추후완문, 298~304쪽
35) 『各司謄錄』, 전라병영계록, 고종29년 7월 초2일

활발하게 일어나서 1957년 가을에 상현계를 만들어 정성을 모아 제전 5두락을 매입하여 전의를 보태고, 다음해인 1958년 비로소 강당 3칸을 지었다. 하지만 아직 사우는 복설이 되지 못하여 완전한 복설이 되지 못하였다. 6년 뒤인 계묘년(1963)에 비석과 단갈을 4위 앞에 세워 단도를 둘러서 비록 사우가 중건되지 못하였지만 제사를 받드는 의식 절차가 궤범에서 벗어나지 않게 되었다고 한다.

(2) 강백진(康伯珍)의 추배

1968년에는 앞에서 설명한 바와 같이 무명재(無名齋) 강백진(康伯珍)을 추배하였다.[36] 무명재 강백진은 해방 후 창계서원이 복설된 뒤, 1968년 추배된 인물이다. 강백진은 본관이 신천(信川)으로 아버지는 강척(康惕)이고, 어머니는 김종직의 누이가 되는 김숙자의 딸이다. 강백진은 세종 31년(1449) 경상도 밀양군 분처촌에서 태어났다.

어려서부터 외삼촌 되는 점필재(佔畢齋) 김종직(金宗直)에게 성리학을 사사하였으며 학문을 크게 떨쳤다. 1472년(성종 3년)에 사마시에 합격, 생원이 되어 성균관 학사로서 입재하여 수학하고, 1477년(성종 8년) 문과 제3위에 합격하여 명성을 떨치었다. 성종17년(1486) 예조정랑을 거쳐 사헌부장령, 홍문관수찬, 의정부사인, 사간원 사간을 거쳐 홍해군수로 외직에 나갔다.

무오사화 때에 김종직의 제자로 붕당을 만들어 사초에 조의제문 삽

---

36) 康伯珍에 관련된 내용은 『장수군지』(2010), 제8편, 인물, 제3장 제2절 창계서원에 모신 선현, 무명재 강백진 선생, 629~631쪽 참조

입을 방조하였다는 죄목으로 이종준, 최부, 이원, 이주, 김굉필, 박한주 등과 함께 1498년 7월에 함경도 삭주로 유배되었다가, 다시 1504년(연산 10년) 갑자사화 때 김굉필과 같은 날 처형당하였다. 그 뒤 중종반정으로 연산군이 폐위되고 중종이 왕위에 올라 무오사화에서 화를 당한 인물을 신원하였는데, 중종 21년(1526) 사간원 대사간에 추증되었다.

장수 유림들이 사림파 학자로서 덕망과 학식을 갖춘 강백진을 기리기 위하여 창계서원에 추배하였다. 그 경위에 대하여는 「창계사중건기」에 자세히 수록되어 있다. 이에 의하면, 1967년 추향 때에 장수 유림들이 문간공 무명재 강백진을 창계서원에 배향하기로 결정하고 각 읍에 통문을 보내 찬동의 답을 얻은 다음, 다음해인 1968년 추향 때에 강백진을 4열에 봉안하였다. 이때 강씨 종중에서 전 4두락을 헌납하여 제전 보탰고, 동시에 백미 10석을 희사하여 비용에 충당하였다.

(3) 사우(창계사)의 복설과 부속시설의 정비

1978 마침내 창계서원의 사우인 창계사 건물 3간 및 신문을 건립하여 담장을 두르고 5현의 위패를 봉안하였다. 그리하여 그동안 단에서 받들던 제사를 사우에서 위패를 모시고 받들게 되었다. 하지만, 아직 외삼문과 담장은 갖추어지지 못했다. 그후 1990년 정부지원 3천만원을 보조받아 삼문과 고사 1동을 건축하고 주위에 담장을 세움으로써 마침내 서원의 복설이 완성되어 그에 따라 창계서원이 오늘의 모습을 갖추게 되었다. 이러한 내력을 새겨 1990년 묘정비를 세우게 되었다. 창계서원은 그 문화재적 가치를 인정받아 1984년 4. 1일자로 전라북도 문화재자료 제36호로 지정받아 보호되고 있다.

4. 창계서원의 현황

1) 건축물

창계서원은 사우로서 창계사 3간이 건립되어 주벽에 익성공 방촌 황희의 신주가 모셔져 있고, 그 좌편의 벽에는 열성공 황수신, 문희공 유호인, 그리고 우편의 벽에 송탄 장응두, 무명재 강백진 선생의 신주가 모셔져 있다. 그리고 사우의 우측편 담장 옆에는 창계서원유지비가 세워져 있다.

사우 앞으로 숭앙문이라는 편액이 걸린 신문과 담장이 둘러져 있으며. 그 앞쪽에 상현재라는 편액이 걸린 강당 3간 건물이 위치하고 있다.

강당 마당의 우편에는 창계서원 묘정비가 세워져 있으며 그 옆 담장으로 협문이 설치되어 있어서 외부와 연결이 된다. 강당 정면에 외삼문과 담장이 설치되어 있어 서원의 외부와 경계를 이루고 있다. 외삼문과 묘정비 옆으로 담장에 붙여서 화장실이 위치하고 있다.

따라서 경앙문이라는 편액이 걸려 있는 외삼문으로 들어가면, 정면으로 강당 상현재가 위치하고 있으며, 그 좌편에 묘정비가 세워져 있다. 강당의 뒤편으로 신문인 숭앙문이 있고, 이를 지나면 사우인 창계사가 위치하고 있다. 창계서원에는 서원의 일반적인 건축물인 동재와 서재가 없어서 완전한 형태의 서원 형식이라고 보기는 어렵다. 현재의 창계서원의 건축물의 사진을 제시하면 다음과 같다.

<그림 1 창계서원 외삼문>

<그림 2 창계서원 외삼문 편액>

<그림 3 창계서원 묘정비 및 협문>

<그림 4 창계서원 강당>

<그림 5 창계서원 강당 편액>

<그림 6 창계사 중건기 편액>

<그림 7 창계서원 신문>

<그림 8 창계서원 신문 편액>

<그림 9 창계서원 사우> <그림 10 창계서원 사우 편액>

익성공 위패   열성공 위패   문희공 위패   송탄 위패   무명재 위패

<그림 11 창계서원 향사인물 위패>

2) 창계서원 유지비

滄溪書院遺址碑

夫此院之翼成公厖村翼成公黃先生烈

成公懦夫黃先生潘溪兪先生松灘張先

生俎豆之致廢近百年于茲矣 復院無

期 衆所慨恨 茲致設壇餕享 以寓羹墻

之慕云爾

檀紀四二八一年戊子(1948)九月上浣

長水儒林

<그림12 滄溪書院遺址碑>

3) 창계서원중건기와 묘정비

(1) 창계사중건비(滄溪祠重建記)

惟此滄溪祠 翼成公厖村黃先生烈成公懦夫黃先生澘溪兪先生松灘張先生妥靈之所也四賢之勳業偉德載諸史策不要煩提然士林之欽仰而肅廟乙亥建祠具備之齊整儀式之淸肅彬彬可觀矣 高廟戊辰遭撤以後薄土三斗只僅僅保有而設壇菲尊仍存無闕然一杯壇土崩圮荒涼猶爲樵牧之所點目咨嗟況冠儒服儒者之心果倘何如哉以之而乙酉光復後捐校財立遺墟碑然其攷歷事蹟未及顯刻而床石亦粗率矣又十有餘年丁酉秋士論齊起設契聚精買祭田五斗落增補奠義仍築講堂三間又六年後癸卯以拮据餘額治短碣床石竪四位前庸衛壇道雖未及於祠宇之重建然俎豆儀式之節次不失軌範矣越四年丁未秋享時僉曰文簡公無名齋康先生以佔畢齋金先生之高弟學邃德崇 成宗朝文科擢司諫與挹溪兪先生從遊燕山戊午與寒蠹兩先生同時被禍而士林之所瞻仰者也是配享於四先生之列而曾未俎豆之典實是士林之所齎恨請速發議亟擧縟禮焉逐爲發通各邑爰得贊同而翌年戊申秋享時奉安康先生於四列焉於是自康氏宗中畓四斗落獻納而添設殷奠同時白米十石喜捨以是拮据越十年戊午建祠宇三間曁神門以墻垣奉安五賢位牌又五年後癸亥以院裔獻誠更添丹艧山川增彩瑞氣갈갈五賢精靈洋洋乎如在矣又有欠焉者外三門及墻垣之未備蘋藻之精潔儀式之淸肅不下於創院當時也則當此吾道日喪之秋不幸有幸而一線陽脈猶有存在者於斯可睹矣惟願後之君子仰體五先生之心法而講於斯學於斯薰陶來學而永守勿替則洛閩大道賴此而不墜也烏不休盛哉余以淺學菲才猥荷院任雖尸位愈切後學之感

故謹叙梗槩顚末如右云爾

光復後甲子(1984)二月上澣後學淸州人韓東錫謹識

院裔 信川人康鳳準謹書

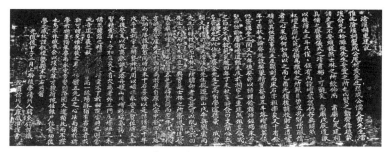
<그림 13, 滄溪祠重建記>

(2) 창계서원묘정비(滄溪書院廟庭碑)

長水治北一里許 船昌里에 有滄溪書院하니 肅廟乙亥에 創建而祀以
四賢하고 光復後戊申에 追配無名齋 康先生하니 實五賢也라 恭惟
厖村黃先生喜는 長水人이니 以星嶽鍾氣之姿로 生于麗季而入仕 本
朝하야 歷事四朝에 官至領議政이요 赫赫勳業은 爲國朝 名臣之 首
하며 排佛敎하고 尊尙儒術하야 有羽翼斯文之功이요 懦夫黃先生守
身은 翼成公之子로 器是瑚璉이요 見推華使라 樂有賢父하며 務循
光轍하야 排斥異端惑世之弊하고 申明吾道淵源之緖하며 鎭物大體
爲國柱石하니 世稱賢相이요 潘溪兪先生好仁은 杞溪人이니 文行冠
世하고 忠孝出天하며 成宗戊午文科하야 官至弘文校理라 乞養義城
縣監하니 登鳥嶺詩曰 北望君臣隔이요 南來母子同이라 上이 聞而
稱嘆曰 忠孝俱備라 하다 後守陜川而卒하니 自上으로 特使別賻하

고 玉堂諸賢이 皆復總祭文에 曰玉堂巨擘이요 儒林宗匠이라하고 無

名齋康先生伯珍은 信川人이니 修學于舅氏佔畢齋先生門下하야 學

問이 大進하고 見義甚精하야 得其授受之奧旨하고 成宗丁酉에 登

甲科하야 榮親善山할새 畢齋以本倅로 出宴鄕老하니 一世榮之러라

燕山甲子同被極刑하고 丙寅靖國에 首雪其寃하야 贈大司諫이요 松

灘張先生應斗는 木川人이니 中宗朝에 生員文科하고 從趙靜庵門하

야 修道義契라 及己卯禍作에 亦被延累而乃歸臥林泉하야 杜門樂

道하며 以子洌衛聖勳으로 封木原君하다 於戲 此五賢之道德文章

과 忠孝節義가 與日月로 幷耀而足爲師表於當世요 矜式於後世也

故로 吾鄕先章甫建院俎豆하야 以爲依歸之地矣러니 高宗戊辰에

以朝令毁撤하고 又被島夷之猖獗하여 未卽復設이나 設壇豎碑而香

燭이 不絶하니 此豈非吾鄕士林好賢之誠乎아 幸見乙酉光復에 士氣

重熙하야 各處書院이 星星復起라 歲戊戌에 士論이 齊發하야 設尙

賢契而鳩財하고 無名齋先生後孫이 辦出巨金而建祠宇築講堂하야

粗具儀節이니 三門庫舍則力未建也라 院長梁炳朝再任之間에 以是

深憂하야 累次顧告에 幸得三千萬원

政府補助하야 建三門築雇舍하고 周

墻豎庭碑하니 今於此役에 本倅李海

相之功이 實多라 於是에 院貌益肅하

고 山川이 增輝하며 五賢精靈이 怳然

如臨하야 吾道復興之兆를 庶復覩矣

라 烏不休哉리오 其落也에 僉章甫相

與爲賀하고 囑不侫而記實하니 余雖

<그림 14 滄溪書院廟庭碑>

讚劣이나 秉彝則同也라 豈無景仰先賢之心乎아 不揆猥越하고 敢
書顚末如右하야 勸勉乎來世 後學勿替之誠焉하노라

檀紀四千三百二十三年(1990)庚午榴夏節

後學安鍾黙謹撰

後學南原梁基洪謹書

5. 맺음말

창계서원은 장수군 장수읍 선창리에 위치한 서원으로 장수를 본관
으로 하는 방촌 황희와 황수신, 장수에서 태어난 유호인, 장응두 등을
모셨다. 해방 후 강백진을 추배하였다. 창계서원의 설립 시기는 숙종
19년, 숙종 21년, 기축년 등, 다양한 기록이 전하지만, 숙종 19년부터
설립이 추진되어 숙종 21년에 완성된 것으로 보인다.

창계서원에 주벽으로 모신 황희는 아들 황수신과 함께 장수가 본관
이기도 하지만, 황희가 장수에서 태났다고 믿거나, 장수에 유배와 살았
다고 믿었던 것으로 보인다. 그러한 연고로 유림들이 장수에 황희 유풍
이 남아 있다고 생각하여 창계서원을 설립하고 그를 모셨던 것으로 보
인다. 황희의 아들인 황수신 또한 현달하여 재보에 오르고 봉군을 받
았기 때문에 황희와 함께 창계서원에 배향된 것으로 보인다.

창계서원에 배향된 유호인과 장응두 역시 장수에 태어난 인물이었
다. 유호인은 장수에서 태어나 이름을 날린 조선 전기의 문신이자 문
장이고, 장응두는 조선 전기 문신으로 장수에서 태어나 효제충신으로

이름이 높았고, 을묘사화에 연루되어 화를 당했던 인물로 지역 유림의 추앙을 받았던 인물이다. 해방 후 추배되는 강백진은 비록 장수 출신은 아니나, 김종직의 생질이자 문인으로 무오사화에서 화를 입어 능치처참을 당한 사림파의 중심인물이거니와 그 후손들의 노력으로 창계서원에 배향된 것으로 보인다.

창계서원은 장수유림과 당시 장수현감의 노력으로 설립되었고, 이후 황희 후손들의 각별한 정성으로 유지되어 오면서 10여 차례에 걸쳐 사액을 요구하는 상소를 올렸지만, 받아 들여지지 않았다. 이후 1868년(고종 3년) 창계서원이 철폐될 때까지의 역사는 자료가 없어서 확인하기 어렵다. 최근 일부 자료에 마치 조선후기 영조 대에 일시 철폐되었다가 순조 15년 이전 다시 복설된 것으로 기술한 것은 잘못된 자료를 이용한 오류라는 점을 밝혀 둔다.

창계서원은 고종 5년(1868) 대원군의 서원 철폐령에 의하여 훼철되고, 영정과 위패 등은 용진으로 옮겨져 영정은 별묘에 봉안하고, 위판은 성치 내의 입암 위에 묻고 단을 쌓았다고 한다. 그 후 고종 29년(1892) 9월에 철폐될 때 몰수되었던 원답을 서원, 용진서원, 그리고 문중이 나누어 돌려받게 되었었는데, 이 때 창계서원은 답 3두락을 돌려받아 제사를 이어갈 수 있었다.

창계서원의 철폐 이후의 역사는 「창계서원중수기」와 「창계서원묘정비」를 통해서 알 수 있다. 고종 때 훼철 뒤 3마지기로 설단 제사를 받들어 왔지만, 단토가 무너져 황량하게 되었다. 해방 후 장수 유림들이 서원이 복설되지 못하자 서원의 옛터에 창계서원 유지비를 세웠다. 이후 장수 유림들은 1957년 상현계를 만들어 다음해인 1958년 강당 3칸

을 지어 강당을 복설하였지만, 아직 사당은 복설되지 못하고 다음에 단
갈을 세우고 제사를 모시는 형편이었다.

그뒤 1968년 강백진을 추배하고 강씨 문중의 후원을 받아 서원의
위토와 추향 경비에 보탰으며, 마침내 1978년 사우 3간과 신문을 건립
하여 담장을 둘러 5현의 위패를 봉안함으로써 비로소 서원의 모습을
갖추었다. 그뒤 정부지원을 받아 외삼문과 고사 신축 당장을 세우고 묘
정비를 세워 오늘날의 모습을 보이고 있다.

현재 창계서원 경내에는 사우 창계사와 신문, 강당 상현재와 외삼문
등 건축물이 복설되어 있다. 또한 창계서원 안에는 창계서원유지비, 창
계서원묘정비 등의 비석이 세워져 있다. 창계서원은 1984년 전라북도
문화재자료 제36호로 지정받아 보호되고 있다.

산양서원(山陽書院)의 역사와 문화적 가치[*]

최 호 (율곡연구원)

1. 머리말

조선시대에 처음으로 설치된 서원은 1543년(중종 38) 풍기군수 주세붕(周世鵬)이 경상북도 영풍군 순흥면 내죽리에 건립한 백운동서원(白雲洞書院)이다. 백운동서원이 건립된 이후 1871년 대원군의 서원철폐령에 의하여 전국의 서원이 폐지될 때까지 전국적으로 417곳의 서원이 있었고, 사우(祠宇)는 492곳에 달하고 있었다.

강원도에 처음으로 건립된 서원은 1556년(명종 11)에 강원도 강릉군 성산면 오봉리에 건립된 오봉서원(五峰書院)이다¹⁾. 이후 강원도에는 1871년까지 원주의 칠봉서원(七峰書院)을 비롯하여 춘천의 문암서

---

*   이 글은 제6회 방촌정기학술대회(2020. 11. 07. 완주군청 문화예술회관)에서 발표한 논문이다.
1)   강원도, 『강원도 향교·서원·사찰지』, 1992.

원(文岩書院), 강릉의 송담서원(松潭書院) 등 16곳의 서원이 건립되었다. 그런데 16곳의 서원 중에는 교육의 기능은 없고 제향(祭享)의 기능만 있는 사우도 포함되어 있다.

이 16곳의 서원 중 강릉군 연곡면 퇴곡리에 있었던 사당(祠堂)으로 추정되는 신석서원(申石書院)과 퇴곡서원(退谷書院), 행정구역의 변경으로 경상북도로 소속된 평해의 명계서원(明溪書院), 울진의 고산서원(孤山書院)과 귀암서원(龜岩書院), 그리고 현재 북한에 위치한 이천(伊川)의 화산서원(花山書院) 등 6곳의 서원을 제외하면 현재 강원도 지역의 서원은 모두 10곳이다. 이를 행정구역별로 보면 대도호부였던 강릉지방에 오봉서원(1556년 건립)과 송담서원(1624년 건립), 양양부에 동명서원(東溟書院: 1628년 건립), 삼척부에 경행서원(景行書院: 1639년 건립)·용산서원(龍山書院: 1705년 건립)·산양서원(山陽書院: 1857년 건립), 원주목에 칠봉서원(1612년 건립)·도천서원(陶川書院: 1693년 건립), 춘천부에 문암서원(1610년 건립)·도포서원(道浦書院: 1650년 건립) 등 10곳의 서원이 있었다. 조선시대 강원지방에 있었던 10곳의 서원 중 5곳의 서원은 현재 재건되어 선현을 제향하고 있는데, 강릉의 오봉서원과 송담서원, 양양의 동명서원, 삼척의 용산서원과 산양서원이 그것이다.

본 논문은 지금까지 남아있는 강원도의 5곳 서원 가운데 하나이자, 강원도관찰사로 부임하여 기근을 효과적으로 진휼한 방촌(厖村) 황희(黃喜)의 선정을 기리기 위해 세운 소공대(召公臺)가 후일 발전하여 그를 존향하는 서원이 된 산양서원의 역사와 문화적 가치를 살펴보기 위한 것이다.

이를 위해 우선 세종 5년(1423년)의 기근 극복 과정과 소공대 건립, 산양서원의 건립 및 운영 상황, 대원군의 서원철폐령 이후 1913년 일본 헌병에 의해 건물이 소실되고 다시 복원되기까지의 과정을 살펴보고자 한다. 아울러 이를 통해 지방관으로서의 황희의 치적과 산양서원의 문화적 가치를 가늠해 볼 수 있을 것으로 생각된다.

2. 1423년(세종 5) 기근과 소공대의 건립

농업이 주산업이던 전근대 사회에서 사회경제 전반에 심각한 영향을 끼쳤던 자연재해는 끊임없이 찾아들었다. 봄에 가뭄이 들었다가 여름이면 장마 지고 늦여름에 태풍과 수재가 드는 것은 일상적인 일이었다.[2] 국가경제의 중심이 농업에 있었던 전근대 사회에서 이러한 자연재해는 흉년과 기근으로 이어지는 것이 일반적인 현상이었다. 기근(饑饉)이란 말은 '곡물이 익지 않는 것을 기(饑)라 하고, 채소가 익지 않는 것을 근(饉)이라 한다[穀不熟爲饑 蔬不熟爲饉]'[3]라고 한 바와 같이 '흉년으로 인하여 곡식이 부족함' 또는 '먹을 양식이 없어 백성들이 굶주림'을 의미한다.

자연재해가 발생하면 그로 인한 피해도 컸지만 그것보다 기근과 연결됨으로써 파생되는 정치, 사회, 경제적 손실과 영향이 훨씬 컸다. 우선 경제적인 면에서 볼 때 재해로 인해 기근이 심해지면 농촌에서는

---

2)   정형지, 「조선시대 기근과 정부의 대책」(『이화사학연구』 30권, 이화사학연구소, 2003), 232쪽.
3)   『爾雅』 석천(釋天).

아사자가 속출하였고 먹을 것을 찾아 농촌을 떠나는 유랑걸인이 증대하였다. 그 결과 농촌 인구는 감소되었고, 국가의 조세수취 대상자인 농민의 감소는 조세수입 감축, 나아가 국가의 재정부족으로 이어졌다. 게다가 기근에 시달리던 농민들이 농기구는 물론 가축, 토지 등 생산수단을 매각하는 경우가 많아 이들의 농업 재생산 가능성은 극도로 축소되었다.

사회적인 측면에서 보면 기근은 각종 사회불안을 야기하는 근원이었다. 농민들은 흉년으로 농사를 망친 상황 속에서도 부과되는 각종 조세와 역(役)에서 벗어나기 위해, 또 기근에 대한 자구책으로 유리 도망하는 경우가 많아 10집 가운데 8, 9집이 비는 공동화 현상이 일어났다. 여기에다 먹을 것을 찾아 구걸의 길에 나선 유랑걸인들이 굶주림에 지쳐 길가에 처자를 버리거나 남에게 팔기도 하고 심지어 사람을 잡아먹기도 하는 극한 상황이 벌어지기도 했다. 길가에는 버려진 시체가 나뒹굴고 전염병이 만연하여 도적이 성행하는 등 사회 전반에 공포와 위기의식이 조성되었다.

마지막으로 정치적인 측면에서 보면 이와 같은 재해의 발생과 그로 인한 경제적, 사회적 피해는 민심의 동요와 이반을 가져왔다. 천재지변이 군주의 통치력에 대한 하늘의 심판 또는 경계로 인식되던 당시 재해가 발생했다는 사실 자체가 정치적 위기상황의 전조였다. 그러므로 이와 같은 총체적인 위기 국면에 직면한 통치자가 해야 할 가장 시급한 과제는 기근에 빠진 백성을 구제하는 일이었다.[4]

---

4) 정형지, 앞의 논문(2003) 231~232쪽.

세종 5년(1423년) 4월 25일 세종 임금은 기근을 당하여 다음과 같이 구언(求言)하는 교지를 내렸다.

임금이 가뭄을 걱정하여 하교하기를, "내 들으니 '임금이 덕이 없고, 정사가 고르지 못하면, 하늘이 재앙을 보여 잘 다스리지 못함을 경계한다.' 하는데, 내가 변변하지 못한 몸으로 신민(臣民)의 위에 있으면서 밝음을 비추어 주지 못하고, 덕은 능히 편안하게 하여 주지 못하여, 수재와 한재로 흉년이 해마다 그치지 아니하여, 백성들은 근심과 고통으로 호구(戶口)가 유리(遊離)되고, 창고도 텅 비어서 구제할 수 없다. 이제 정양(正陽:음력 4월)의 달[月]을 당하여 다시 한건(暵乾)한 재앙을 만나게 되었다. 조용히 허물된 까닭을 살펴보니, 죄는 실로 나에게 있다. 마음이 아프고 낯이 없어서 이렇게 할 줄을 알지 못하겠다. 행여 충직한 말을 들어서 행실을 닦아 화기(和氣)를 부를까 하노니, 대소 신료들은 제각기 힘써 하늘의 경계를 생각하여, 위로 과궁(寡躬)의 잘못과 정령(政令)의 그릇된 것과, 아래로 전리(田里)의 휴척(休戚)과 백성들의 이롭고 병되는 것을 거리낌 없이 마음껏 직언하여, 나의 하늘을 두려워하고 백성을 걱정하는 지극한 생각에 부응되게 하라."[5]

『증보문헌비고』의 「상위고(象緯考)」에 의하면 세종대의 기근 기록은 세종 18년(1436년)의 기근과 세종 27년(1445년) 경기도와 강원도의 대기근[6] 밖에는 없지만 『세종실록』 기사를 검색해 보면 세종 즉위 이후 거의 해마다 크고 작은 기근 기록을 찾아볼 수 있다. 황희가 강원도관찰사로 부임한 세종 5년 이전에도 즉위년(1418년) 9월에 강원도

---

5) 『세종실록』 세종 5년 4월 25일(을해).
6) 『增補文獻備考』 권11, 「象緯考」 11, 物異3: 世宗十八年饑 二十七年京畿江原道大饑

평해군에 기근이 들었다는 기사[7]를 비롯하여, 세종 1년(1419년) 강원도의 기근[8], 세종 4년(1422년) 황해도·경기도·강원도의 기근[9] 등의 기사가 나타난다. 특히 강원도와 평안도의 기근이 더욱 심하여 굶어죽는 사람이 있을 정도였다.[10]

이러한 상황은 이듬해(1423년)에도 계속 이어져 2월에는 경기감사가 "도내의 굶주린 백성이 모두 1만 4천 47명이나 되고, 다른 도에서 옮겨 온 굶주린 백성이 1천 1백 14명이나 된다."[11]고 보고하였고, 각도의 기근 소식이 차례로 이어지는 가운데 4월 25일에는 위에서 본대로 세종의 가뭄을 자책하는 구언교지가 내려지게 되었다. 5월에는 '도내의 기민(飢民)과 타도에서 유리하여 들어온 기민이 총 7천 2백 62명'[12]이라는 함길도 감사의 보고가 있었고, 한성부에서도 '각도에서 옮겨 온 기민의 총수가 2백 70명'[13]이라고 보고하였다.

7월 16일에는 기민의 구제를 제대로 하지 못하여 도내의 인민들을 많이 굶어 죽게 하였다는 죄를 물어, 황해도 감사 성달생(成達生)과

---

7) 『세종실록』 세종 즉위년 9월 15일조: 江原道平海郡飢 發倉賑之

8) 『세종실록』 세종 1년 12월 19일조: 江原道饑 命發倉賑之

9) 『세종실록』 세종 4년 4월 1일조: 黃海道饑 命發倉賑之
『세종실록』 세종 4년 4월 4일조: 京畿饑 命發倉賑之
『세종실록』 세종 4년 7월 9일조: 諸道飢 江原道尤甚 倉庾幾竭 不能賑給 流移者亦不能禁
上軫慮 分遣敬差官

10) 『세종실록』 세종 4년 10월 3일조: 左議政李原啓曰 江原平安二道饑饉尤甚 或有餓死者
不可不慮

11) 『세종실록』 세종 5년 2월 22일조: 京畿監司啓 道內除海豊喬桐外
其餘各官境內飢民總一萬四千四十七名 他道移來飢民一千一百十四名

12) 『세종실록』 세종 5년 5월 18일조: 戶曹據咸吉道監司關啓 道內飢民及他道流移飢民
總七千二百六十二名 請支賑濟米豆四百石 從之

13) 『세종실록』 세종 5년 5월 25일조: 戶曹據漢城府關啓 城底十里至接各道移來飢民
總二百七十名

경력(經歷) 김간(金艮), 강원도 감사 이명덕(李明德)과 경력 고약해(高若海)를 파면하였다.[14] 이어 같은 날 황희(黃喜)를 강원도 도관찰사, 김자지(金自知)를 평안도 도관찰사로 임명하였다.[15]

황희는 강원도 도관찰사로 부임한 이후 기민의 구제에 전력을 기울이는 한편, '전세(田稅)를 감면하여 각 고을의 창고에 수납토록 하여 명년의 종자와 양식에 대비토록 할 것'[16]을 건의하여, 임금의 허락을 받는 등 농민의 자활과 재생산에도 힘썼다. 이듬해에도 황희는 기민의 구제와 농업의 재생산을 위해 의창(義倉)의 환상곡 가운데 6만 2천 4백여 석을 먼저 기민에게 제공하여, 구황(救荒)과 농사의 권면을 같이 할 것을 임금께 아뢰어 허락을 받았다.[17]

또한 기근으로 인한 당시의 강원도 상황을 보고하면서 '도내 영서(嶺西) 각 고을의 민호(民戶) 원수(元數) 9천 5백 9호가 근래의 기근으로 인해 유리(流離)하여 없어진 호수가 2천 5백 67호에 달해 거주 호수가 6천 9백 43호에 지나지 않고', 이로 인해 경작하는 토지 역시 '원전(元田) 6만 1천 7백 90결에서 황폐된 것이 3만 4천 4백 30결'에 이른다

---

14) 『세종실록』 세종 5년 7월 16일조: 義禁府啓 黃海平安江原三道監司 不能奉行敎旨 使道內人民多至餓莩 均是近民之職 而守令則論罪 監司則不坐 實爲未便 命平安監司成達生經歷金艮 江原道監司李明德經歷高若海等幷罷職 以私馬上京

15) 『세종실록』 세종 5년 7월 16일조: 以黃喜江原道都觀察使 金自知平安都觀察使

16) 『세종실록』 세종 5년 9월 5일조: 江原道監司啓 道內去春救荒穀食以十五萬四千五百餘石 尙未周足 未免飢饉 今年則失農尤甚 而各官倉庫所儲不敷 可慮 請今年田稅 亦依前年例 除京中上納 各於州倉收納 以備明年種子口糧 又蕎麥黍稷 其糠粃亦可食 田稅除作米 竝以穀收納救荒 從之

17) 『세종실록』 세종 6년 2월 6일조: 江原道監司黃喜啓 道內民總一萬六千餘戶內 其不受還上自存者無幾 全賴草食 僅存其命 今若盡斂一道人民男女名目 移關戶曹 待報而後賑恤 則非徒救荒事緩 民命可慮 穀種還上 未能趁節分給 則必致農事失時 請將義倉還上內六萬二千四百餘石 先於飢乏民戶 量給口糧種子 及時救荒勸農 從之

고 지적하였다. 그러면서 인구도 줄고 경작지도 줄어든 상황에서도 국가에 바치는 공물(貢物)의 양은 줄어들지 않아 농민들이 이를 감당할 수 없으니 이를 감면해주도록 요청하여 20여 종류의 공물을 제감하도록 하였다.[18]

이처럼 황희는 강원도관찰사로 부임한 이래 성심성의껏 기민을 구제하고 흉년으로 농사를 짓기 어려운 농민들의 세금과 공물을 감면하는 등 선정을 베풀었고, 이 때문에 가뭄이 심했던 영동 지방에서는 굶주려 죽는 자가 없었다. 세종은 이러한 황희의 치적을 가상히 여겨 일품조복(一品朝服)을 하사하였고 판우군도총제부사(判右軍都摠制府使)로 승차되었다.[19] 황희는 강원도관찰사로 많은 치적을 남기고 세종 6년(1424년) 6월 25일 한유문(韓有紋)과 개차되어 돌아왔다.[20]

관찰사 황희의 이러한 선정에 대하여 모든 사람들이 칭송하였는데, 특히 삼척부(三陟府) 원덕면(遠德面) 사람들은 그 은덕에 감읍하여 관찰사가 왕래하면서 쉬었던 삼척부 소재 와현(瓦峴) 정상에 돌을 쌓아 대(臺)를 만들고, 관찰사의 덕을 사모하여 그 대의 이름을 '소공대

---

18) 『세종실록』 세종 6년 3월 28일조: 江原道監司黃喜啓 道內嶺西各官 在前民戶元數九千五百九戶 近因飢饉 流亡二千五百六十七戶 時居止六千九百四十三戶 因此 元田六萬一千七百九十結內 陳荒至三萬四千四百三十結 其人物阜盛之時所定貢物之數 至今仍舊 飢饉强存之戶 自家貢物尙未能支 更將流亡人戶貢物 疊數科斂 爲弊莫甚 曾將此意 具辭以聞 已蒙蠲減 然其所減只十分之一 而又皆易備之物 其最難備者竝皆仍存 徒有減貢之名 惠不及民 請淮陽府及任內七縣金城金化狼川平康爲先 他道不産不得已國用之物外 雜凡貢物 更加磨勘蠲除 以厚民生 命戶曹更減各司所納脯脩油蜜等物二十餘件

19) 『신증동국여지승람』 44권, 삼척도호부 누정조 소공대
『세종실록』 세종 5년 12월 11일조

20) 『세종실록』 세종 6년 6월 25일조.

(召公臺)'[21]라고 하였다. 소공대가 위치한 와현은 삼척부에서 남쪽으로 약 70리 되는 곳이며 관찰사가 이 고개를 넘어서 왕래하였다.

그 뒤로부터 약 55년 뒤인 1479년(성종 10) 황희의 증손인 황장원 (黃長原)이 강원도관찰사로 부임하여 관내를 순시하다가, 삼척부에 선조를 칭송하는 소공대가 있다는 소식을 듣고 삼척에 도착하여 와현에 올랐다. 그는 소공대가 무너져서 평지와 같이 된 것을 보고 안타깝게 여기고, 흩어진 돌을 모아 무너진 소공대를 다시 수축하였다.[22]

그 뒤 1516년(중종 11)에 영의정 남곤(南袞)이 비문을 찬하여 비석을 세웠으나, 61년 후인 1577년(선조 10) 강풍으로 인하여 비가 쓰러져 파괴되었다. 그 다음해(戊寅年:1578년)에 황희의 6대손인 황정식 (黃廷式)이 삼척부사로 부임하여 선조의 송덕비가 파괴되었다는 소식을 듣고, 같은 해 6월 8일 다시 건립하여 관찰사 황희의 공덕을 길이길이 남기도록 하였다.[23] 이 소공대 송덕비는 그 역사적 가치가 인정되어 1988년 강원도지방문화재 제107호로 지정되었다.

---

21) 소공(召公)은 주 무왕(周武王)의 아우로 주공(周公)과 함께 성왕(成王)을 보좌하여 주실(周室)을 태평하게 한 현상(賢相)이다. 그가 삼공(三公)이 되어 섬(陝) 서쪽을 다스릴 때 후백(侯伯)에서부터 서민에 이르기까지 실직자가 없었다. 그가 죽은 뒤에 백성들은 그의 정치를 사모하여, 그가 순행할 때에 쉬던 감당(甘棠) 나무를 치지 않고, 감당시(甘棠詩)를 지어 영가(詠歌)하였다. 여기서는 황희의 혜정(惠政)을 주(周)의 소공에 비해 대(臺)를 쌓아 사모한 것이다.
22) 『신증동국여지승람』 44권, 삼척도호부 누정조 소공대, 「召公臺碑文」 참조.
23) 위의 글 참조.

3. 산양서원의 건립 및 운영

관찰사 황희에 대한 숭모의 정이 두터웠던 이 고장 사람들은 송덕비를 세워 그 공덕을 기리는 것으로는 만족하지 못하고, 사당(祠堂)을 지어 그를 제향하기에 이르렀다. 황희가 강원도관찰사의 자리에서 물러난 지 꼭 400년이 되는 1824년(순조 24) 홍면섭(洪勉燮)·이우석(李禹錫)·민기용(閔夔鏞) 등 사림들이 주동이 되어 사당 건립을 추진하였다. 이러한 사당 건립은 거군적인 호응을 얻어 삼척군 원덕면 유산리[山陽洞] 844번지에 사당을 건립하고, 그 이름을 '소동사(召東祠)'라고 하였다.

소동사의 건립 과정은 「산양서원 묘정비 병서(山陽書院廟庭碑幷序)」에 다음과 같이 기록되어 있다.

> 영락(永樂) 계묘(癸卯:1423년)에는 관동지방에 큰 흉년이 들었다. 공(황희)
> 이 임금의 특별한 부탁을 받고 나갔다가 삼척부 남쪽 70리 지점에 있는 와
> 현에 올라 쉬곤 하였는데, 그 뒤에 그 고장 사람들이 공을 사모하고 은혜를
> 잊지 못하여 돌을 쌓아 대(臺)를 만들고 이름을 '소공대(召公臺)'라 하였다.
> 공이 간지 400여 년이 되는 순조 24년(1824년)에 소공대 남쪽(산양동)에
> 소동사를 짓고 공의 제사를 모셨다. 그 고장은 동쪽 중에도 가장 동쪽으로
> 풍속의 순후함이 저절로 발로된 바이기도 하지만 특히 공에 대한 애모가 가
> 면 갈수록 더욱 깊었으니 이것만 보아도 공이 어떤 사람인지 알 수 있다.[24]

---

24) 「山陽書院廟庭碑幷序」: 永樂癸卯 關東大餓 公特承重寄 而駐節於三陟府南七十里瓦峴
後人築石以識曰 召公臺 距公四百餘載 丁巳建祠宇臺之南 爲公俎豆之所 玆土來東之東
雖其秉仁之性 自有不期然而然者 而特於公愛之慕之 愈遠而愈深 則期可以知公矣

소동사를 건립하여 봄가을로 황희의 신위(神位)를 모시고 제향을 봉행하던 이 고장 사람들은 이에 그치지 않고, 이곳을 서원으로 발전시켜 1857년(철종 8)에는 '산양서원(山陽書院)'으로 개칭하여 제향과 강학을 같이 하도록 하였다. 그리고 산양서원으로 개칭한지 4년 후인 1861년(철종 12) 4월에는 산양서원 묘정비를 건립하였는데, 비문은 고종 때 영의정을 지내고 충렬서원 원장을 지낸 이경재(李景在)가 지었고, 글씨는 독특한 서체로 유명한 서화가 이종우(李鍾愚)가 썼다.[25]

산양서원을 운영하였던 원장(院長)과 장의(掌儀), 유사(有司)를 1858년부터 서원이 철폐된 1868년까지 10년간의 상황을 살펴보면 다음 표와 같다.[26]

<표 1> 산양서원의 임원(1858~1868)

년도	院長	掌儀	齊有司
1858. 5	幼學 黃歲永	幼學 洪可燮	幼學 金雲洛
.8	行府使 李彙溥	幼學 李禹錫	幼學 洪亨燮 幼學 鄭日永
1859. 2	幼學 洪鎭民	幼學 崔炳桓	幼學 閔泳贊
.8	幼學 洪勉燮	幼學 洪亨燮	幼學 李廷根
1860. 2	幼學 洪秉舜	幼學 洪亨燮	幼學 李廷根
.2	行府使 朴璜進	幼學 洪亨燮	幼學 李廷根
.4	行府使 朴璜進	幼學 鄭九鉉	幼學 朴龍根
.6	幼學 洪秉韶	幼學 李夏根	幼學 李德祚
.8	幼學 洪秉賁	幼學 李永根	幼學 閔泳稅
1861. 2	幼學 洪秉賁	幼學 鄭大鉉	幼學 李炳秀
1862. 2	幼學 洪志燮	幼學 鄭大鉉	幼學 李炳秀
.8	幼學 李禹錫	幼學 宋仁勉	幼學 洪在澤

---

25) 「山陽書院廟庭碑幷序」
26) 「山陽書院任員錄」(삼척시 원덕읍 호산3리 張憲敬씨 소장 자료)
　　원영환, 「소공대와 산양서원고」, 『강원문화사연구』 제1집, 강원향토문화연구회, 1996, 6쪽에서 재인용.

1863. 2	幼學 李禹錫	幼學 宋仁勉	幼學 閔夔鏞
. 8	幼學 閔夔鏞	幼學 洪景燮	幼學 李孟根
1864. 3	幼學 洪秉心	幼學 洪圭祕	幼學 閔熙鏞
. 7	幼學 朴弼奎	幼學 洪圭祕	幼學 閔弼鏞
. 8	幼學 閔致禎	幼學 洪圭祕	幼學 洪圭信
1865. 2	幼學 閔致洪	幼學 洪兢燮	幼學 閔泳魯
. 8		幼學 朴遠浩	幼學 南致殷
1865.		幼學 李德祚	幼學 閔泳夏
1866. 2		幼學 閔致白	幼學 洪圭寅
. 8		幼學 閔義鏞	幼學 崔烔國
1867. 2		幼學 李聖根	幼學 閔泳祖

　　산양서원은 서원으로 개칭된 1857년 이후 서원의 안정적인 운영을 위해 삼척부사 이휘부(李彙溥)와 박황진(朴璜進)이 잠시 원장을 맡은 것 외에는 줄곧 이 지역의 유력한 사림 인사가 맡아서 운영을 해왔다.

　　한편 산양서원의 또 다른 특징은 서원을 건립할 때 재력 있는 몇 명의 사림들만이 자금을 내어 건립한 것이 아니라는 점이다. 서원의 건립을 위한 기금 모금에는 부(府)내의 향교·서원·사우 등을 비롯하여 삼척부 14개 면 전체가 동(洞)별로 참여하고 있었다. 이러한 사정은 기금 모금에 참여한 내역을 상세히 기록한 「산양서원 각면 수전기(山陽書院各面收錢記)」를 통해 확인할 수 있다. 그 내용을 표로 정리해보면 다음과 같다.[27]

---

27) 「山陽書院各面收錢記」(삼척시 원덕읍 호산3리 張憲敬씨 소장 자료)

\<표 2\> 산양서원 건립 기금 모금

면	명칭	금액	비고	면	명칭	금액	비고
鄉校本所		3兩		府內面	作廳	10兩	
〃	養賢所	1兩			將官廳	5錢	
龍山書院		2兩			邑洞	3錢	
〃	養賢所	1兩			邑上洞	3錢	
景行祠		2兩			塘底洞	5錢	-2兩3錢 有司 路費 지급. -12兩8錢 납입
龜湖祠		2兩			校洞	5錢	
계		11兩			汀羅洞	5錢	
近德面	慕賢洞	1兩	-1兩5錢 路費 지급. -5兩3錢9分 회의비 지급. -10兩1錢1分 납입		鳥飛洞	5錢	
	孟隣洞	1兩			積露洞	5錢	
	大坪洞	1兩			五分洞	5錢	
	葛田洞	1兩			史直洞	5錢	
	陽地洞	5錢			南陽洞	5錢	
	東幕洞	2兩5錢		계		15兩1錢	
	富南洞	1兩		末谷面	紫芝洞	5錢	
	德山洞	1兩			乾芝洞	5錢	
	橋谷洞	1兩			五十里洞	5錢	
	校柯洞	2兩			馬坪洞	5錢	
	校柯作房	2兩			都境洞	5錢	
	南應植	2兩			登鳳洞	5錢	
	李麟儀	1兩			麻達洞	5錢	
계		17兩			甑山洞	5錢	
見朴面	大口田洞	1兩		계		4兩	
	虎峴洞	7錢		蘆谷面	邑洞	1兩	
	內洞	5錢			舟旨洞	1兩	
	鳳亭洞	1兩			屯田洞	5錢	
	丹谷洞	5錢			軍川洞	1兩	
	九尾洞	5錢			乙山洞	1兩	
	龜湖洞	1兩			古自洞	1兩	-1兩 有司 路費. -8兩5錢 납입.
	利洞洞	1兩			班川洞	1兩	
계		6兩2錢			川基洞	5錢	
道上面	灑雲洞	1兩			汝尋洞	5錢	
	泥老洞	1兩			飛鷄洞	1兩	
	三和洞	1兩			禹發洞	5錢	
	捿寫洞	5錢	不納		朴善眞	5錢	
계		3兩		계		9兩5錢	
道下面	松亭洞	1兩	-2兩 有司 路費 -2兩 납입	未老面	土屯洞	1兩	
	龍亭洞	1兩			巨老洞	1兩	-1兩 有司 路費. -4兩 납부
	泉谷洞	1兩			昇洞洞	5錢	
	孝街洞	1兩			川基洞	5錢	
계		4兩			三巨洞	4錢	

面	洞/人	금액	비고
所達面		0	
上里面		10兩	
下里面		6兩	
	李孝炳	1兩	- 2兩 路費.
	任昇鎬	1兩	- 18兩5錢 납입.
	李潤宅	5錢	
	吳應龍	1兩	
	李裕善	1兩	
計		20兩5錢	
下長面	葛田洞	2兩	
	中峰洞	1兩5錢	
	免山洞	2兩5錢	
	公田洞	1兩	
	楸洞洞	1兩	
	二里八洞	6兩	- 3兩 路費.
	三莫兩洞	2兩	- 16兩 납입
	助吞洞	1兩	
	宿岩洞	1兩	
	古穴洞	5錢	
	長田洞	5錢	
計		19兩	
上長面	蒼竹洞	2兩	
	敦涌洞	2兩	
	禾田洞	2兩	
	黃池洞	2兩	
	馬河里	2兩	
	所道洞	2兩	
	穴洞洞	1兩	- 1兩 有司
	文曲洞	1兩	路費.
	黔川洞	1兩	- 20兩 납입
	長生洞	2兩	
	鐵岩洞	1兩	
	通洞洞	1兩5錢	
	白山洞	5錢	
	沈遠赫	1兩	
計		21兩	

面	洞/人	금액	비고	
	花川洞	2錢		
	未老洞	1兩		
	活計洞	4錢		
計		5兩		
遠德面	氷洞洞	5兩		- 불납 8兩 제외.
	梧木洞	2兩		- 3兩7錢 有司 路費.
	梧底洞	5兩		- 51兩3錢 납입
	湯谷洞	5兩		
	祀谷洞	3兩		
	魯期洞	1兩		
	月川洞	5兩		
	富新洞	3兩		
	沃原洞	3兩		
	麻川洞	5兩		
	臨院洞	4兩		
	烏岑洞	1兩		
	草谷洞	2兩		
	東活里洞	2兩		
	長湖洞	2兩	불납	
	魯谷洞	2兩	불납	
	李元仁	2兩		
	金永龜	5兩	불납	
計		63兩		

예약금 총계	198兩 8錢
미수금	8兩 5錢
路費	17兩 5錢
회의비	5兩 3錢 9分
수입 총계	167兩 4錢 1分

위의 표에서 볼 수 있듯이 산양서원의 건립에는 삼척향교와 용산서원 및 부속 양현소, 그리고 14개 면 중 소달면을 제외한 13개 면 103개 동에서 기금 모금에 참여하였다. 삼척부민이 내기로 약정한 총 금액

은 198량 8전이었고, 이 중에서 미수금 8량 5전, 수금을 위한 유사의 여비 17량 5전과 회의비 5량 3전 9분을 제외하면 모두 167량 4전 1분의 산양서원 건립 재원이 마련되었다. 여기에는 개인적으로 기금을 낸 11명(1명은 불납으로 제외)의 11량 5전도 포함되었다.

여기서 우선 주목되는 것은 산양서원의 건립에 삼척부 전체 주민이 참여하였던 점이다. 일반적으로 조선시대 서원 건립의 유형은 크게 두 가지로 나누어 볼 수 있다. 하나는 국가나 지방관이 주동이 된 관설(官設) 내지 반관반민적(半官半民的)인 경우와, 다른 하나는 이른바 사림이라는 이름하에 피봉사자(被奉祀者)의 후손, 문인 또는 향인(鄕人)들의 손으로 이루어진 사설(私設)의 경우이다.[28] 그리고 사설의 경우 삼척부의 용산서원과 같이 몇 명의 지방유림이 주동이 되어 재원을 마련하여 건립하는 경우와 산양서원과 같이 여러 사람에게 기부금을 받아서 건립하는 경우가 있다.

그런데 기부금을 받아서 건립하는 경우 기부금은 대개 낼 수 있는 사람들이 자원해서 내는 것이 일반적인데, 그런 점에서 산양서원은 매우 특이한 경우라 할 수 있다. 삼척부 13개 면 103개 동이 참여하여 기부금을 냈으니, 이는 삼척부민 전체가 총동원되었다고 할 수 있다. 이는 그만큼 관찰사 황희에 대한 감사와 존경의 뜻을 표하고자 하는 삼척부민이 많았고 그러한 사람들의 정성을 모아 산양서원을 건립하였다고 볼 수 있을 것이다.

---

28) 정만조, 「17~18세기의 서원·사우에 대한 시론−특히 사림의 건립활동을 중심으로−」(『한국사론』 2권, 서울대 국사학과, 1975, 233쪽.)

4. 산양서원의 철폐(撤廢)와 소실(消失)

당초 서원은 선현에 대한 제향과 지방의 인재 양성을 위한 일종의 사설 교육기관 역할을 했지만, 갈수록 당쟁의 소굴이 되고 지방민을 침탈하는 폐단을 낳았다. 서원은 특히 많은 토지와 노비를 보유하면서도 면세와 면역 등 경제적인 혜택으로 국가 재정을 약화시켰으며, 당론을 명분삼아 왕권을 견제하고 백성들을 억압하면서 조정의 권위와 지방에 대한 통제력을 떨어뜨렸다. 군역을 면제받기 위해 서원의 학생으로 등록하는 양반들도 많았고, 이는 곧 농민들의 납세 부담을 키우는 결과를 초래했다.

이에 대원군은 1864년(고종 1) 7월, 전국 서원의 실태를 조사하도록 하면서 서원의 폐단과 존폐 문제를 공식으로 제기한 데 이어, 이듬해 3월에는 유생들의 격렬한 반대 속에 충북 괴산의 화양동에 있는 만동묘(萬東廟)를 철폐했다. 만동묘는 노론 영수인 우암 송시열의 뜻에 따라 임진왜란 당시 지원군을 보내 조선을 도운 명나라 신종(神宗)과 마지막 황제 의종(毅宗)을 기리기 위해 세운 것으로, 노론의 정신적 지주 역할을 하던 곳이었다.

만동묘의 철폐에 이어 대원군은 1868년(고종 5) 사액서원을 제외한 전국의 서원 1,000여 곳을 정리했다. 사액서원이란 국왕으로부터 편액(扁額)과 토지, 노비 등을 하사받은 서원을 일컫는다. 대원군은 또 1871년(고종 8)에 대대적인 서원 철폐령을 내려 사액서원에 대해서도 1인1원(一人一院)을 원칙으로, 선유(先儒) 한 사람에 대해 한 곳의 서원만 두고 나머지는 정리하도록 했으며, 아울러 도학과 절의가 뛰어나 후세에 사표가 될 만한 선유에 한해서만 그를 기리는 서원을 계속 운영할 수 있도록 했다. 그 결과 전국의 서원 가운데 오직 47곳만 남게 되고, 600여 곳이 정리됐다. 1871년 신미년(辛未年)의 서원 철폐령 이후 살아남은 이 서원을 가리켜 '신미 존치 47서원'이라고 부른다.

이때 강원도에는 영월의 창절서원(彰節書院), 김화의 충렬서원(忠烈書院), 철원의 표충사(表忠祠) 등, 2개의 서원과 1개의 사우만 남기고 모든 서원과 사우가 폐지되었다. 산양서원도 이 당시에 폐지되었고, 전답을 비롯한 모든 재산은 삼척향교로 이관되었다.

대원군의 서원 철폐 정책은 이전 사례들과는 비교할 수 없을 정도로 엄격하고 단호했다. 그러나 이는 유생들로부터 불신과 반감을 사는 계기가 됐으며, 결과적으로 대원군이 정권에서 물러나는 요인으로 작용하였다. 또한 대원군이 철폐시킨 서원 가운데 절반 이상이 대원군 집권기가 끝난 이후 다시 회복됐다. 산양서원의 경우에도 폐지된 이후에도 건물과 묘정비가 그대로 있었고, 유림들이 이곳을 근거로 모이기도 하여 산양서원은 여전히 원덕면 유림들의 중심지 역할을 하였다.

일제는 1910년 우리나라를 강제 병합한 이후, 근대적인 토지 소유 관계를 확립한다는 명분 아래 토지 소유권과 그 가격을 조사하고 땅을 측량하는 사업을 전개하였다. 사업은 신고주의 방식으로 진행됐다. 일본은 이를 통해 지세(地稅)를 안정적으로 거둘 수 있는 기반을 마련해 식민 통치 자금의 상당 부분을 충당하고자 했다. 또한 많은 토지를 '소유자가 불확실하다'는 명목으로 일본이 직접 소유하는 것도 노림수 중 하나였다.

이러한 일제의 토지조사 사업에 대하여 한국인 대지주들 상당수는 일본에 적극 협력함으로써 배타적 소유권을 인정받을 수 있었지만, 농민들은 대부분 경작권을 인정받지 못했다. 이 때문에 많은 농민이 토지조사사업을 약탈로 간주하고, 조사원을 습격하거나 측량을 방해했다.

이러한 일은 삼척에서도 발생하였다. 1913년 4월 원덕면 임원리의 국유림과 사유림을 측량하면서 사유림을 부당하게 국유림에 편입시키는 일이 많았다. 이에 원덕 면민들은 이에 항거하기 위하여 임원리 김치경(金致敬)을 비롯하여 천 여 명이 임원리에 운집하였고 이들은 재측량을 요구하면서 궐기대회를 하였다.[29] 이때 삼척군수 심의승(沈宜昇)과 원덕면장 김동호(金東浩)가 일본인 화장(花藏)을 대동하고 군중을 회유하기 위하여 임원리에 왔었는데, 일본인 화장(花藏)이 뒷산에 올라가서 군중들의 사진을 촬영하자 군중들이 일본인을 타살한 사건이 발생하였다. 그러자 일본인 헌병 20여 명이 무장을 하고 출동하여 무차별 발포하여 많은 사상자를 냈다. 이 사건으로 3명이 죽고 부상한 사람은 부지기수였으며, 또한 주동자 김치경을 비롯하여 70여 명이 체포되어 옥고를 치렀다.[30]

이와 같은 사건이 있은 후 원덕면 유림들은 잔악한 일제의 만행을 맹렬히 비난하였다. 이에 원덕주민들의 대규모 봉기를 우려한 일본 헌병대는 헌병을 동원하여 1913년 5월 유림의 본거지인 산양서원을 방화(放火)하여 소각하여 버렸다. 이때 산양서원의 모든 건물은 불타 없어지고 묘정비만 남게 되었다.

---

29) 원영환, 앞의 논문(1996), 12쪽 참조.
30) 원영환, 앞의 논문(1996), 13쪽 참조.

그 후 산양서원을 복원하려는 이 지역 주민의 염원을 담아 1971년 묘정비각 복원을 시작으로 1998년에는 산양서원 복원추진위원회가 결성되었다. 같은 해 묘정비가 지방문화재 123호로 지정되었고, 2001년에는 서원의 사당이 복원되었다. 그리고 2003년에는 동재와 서재가 복원되었고, 2006년에는 서원 처무실(處務室)과 측문 복원에 이어, 2008년에는 서원 수직사(守直舍)와 삼문이 복원되면서 산양서원의 복원을 완료하였다.

5. 맺는 말

강원도에 처음으로 건립된 서원은 1556년(명종 11) 강원도 강릉군 성산면 오봉리에 건립된 오봉서원(五峯書院)이다. 이후 강원도에는 모두 16곳의 서원이 건립되었는데, 이중에는 제향(祭享)의 기능만 있는 사우도 포함되어 있다. 이 16곳의 서원 중 사당(祠堂)으로 추정되는 신석서원(申石書院)과 퇴곡서원(退谷書院), 행정구역 변경으로 경상북도에 소속된 명계서원(明溪書院)·고산서원(孤山書院)·귀암서원(龜岩書院), 그리고 현재 북한에 위치한 화산서원(花山書院) 등 6개의 서원을 제외하면 현재 강원도 지역의 서원은 모두 10곳이다.

조선시대 강원지방에 있었던 10곳의 서원 중 5곳의 서원은 현재 재건되어 선현을 제향하고 있는데, 강릉의 오봉서원과 송담서원, 양양의 동명서원, 삼척의 용산서원과 산양서원이 그것이다. 본 논문은 지금까지 남아있는 강원도의 5곳 서원 중의 하나이자, 강원도관찰사로 부임하여 기근을 효과적으로 진휼한 방촌 황희의 선정을 기리기 위해 세운 소공대가 후일 발전하여 그를 존향하는 서원이 된 산양서원의 역사와 문화적 가치를 살펴보기 위해 작성되었다.

농업이 주산업이었던 전근대 사회에서 사회경제 전반에 심각한 영향을 끼쳤던 자연재해는 끊임없이 찾아들었다. 자연재해가 발생하면 그로 인한 피해도 컸지만 그것보다 기근과 연결됨으로써 파생되는 정치, 사회, 경제적 손실과 영향이 훨씬 컸다.

경제적인 면에서 볼 때 기근이 심해지면 농촌에서는 아사자가 속출하고 유랑걸인이 증대함으로써 농촌 인구의 감소와 그로 인한 조세수입 감축, 나아가 국가의 재정부족으로 이어졌다. 사회적인 측면에서 보면 기근은 각종 사회불안을 야기하는 근원이었다. 농민들은 흉년으로 농사를 망친 상황 속에서도 부과되는 각종 조세와 역(役)에서 벗어나기 위해 유리 도망하는 경우가 많았고, 먹을 것을 찾아 구걸의 길에 나선 유랑걸인들이 굶주림에 지쳐 처자를 버리거나 남에게 팔기도 하고 심지어 사람을 잡아먹기도 하는 극한 상황이 벌어지기도 했다.

정치적인 측면에서 보면 이와 같은 재해의 발생과 그로인한 경제적, 사회적 피해는 민심의 동요와 이반을 가져왔다. 천재지변이 군주의 통치력에 대한 하늘의 심판 또는 경계로 인식되던 당시 재해가 발생했다는 사실 자체가 정치적 위기상황의 전조였으므로 통치자가 해야 할 가장 시급한 과제는 기근에 빠진 백성을 구제하는 일이었다.

세종대 초기의 자연재해 상황을 『세종실록』을 통해 검색해 보면, 세종 즉위 이후 거의 해마다 크고 작은 기근 기록을 찾아볼 수 있다. 세종 5년(1423) 7월 16일에 황희를 강원도 도관찰사로 임명한 것도, 기민의 구제를 제대로 하지 못하여 도내의 인민들을 많이 굶어 죽게 하였다는 죄를 물어 황해도 감사 성달생과 강원도 감사 이명덕을 파면한 데에 따른 것이었다.

황희는 강원도 관찰사로 부임한 이후 기민의 구제에 전력을 기울이는 한편, 전세(田稅)를 감면하여 각 고을의 창고에 수납토록 하여 이듬해의 종자와 양식에 대비토록 할 것을 건의하여 임금의 허락을 받는 등, 농민의 자활과 재생산에도 힘썼다. 또한 의창(義倉)의 환상곡을 기민에게 제공하여 구황(救荒)토록 하고, 공물(貢物)의 양도 감면해 줄 것을 건의하여 20여 종의 공물을 제감하도록 하였다.

이처럼 황희는 강원도관찰사로 부임한 이래 성심성의껏 기민을 구제하고 흉년으로 농사를 짓기 어려운 농민들의 세금과 공물을 감면하는 등 선정을 베풀었고, 이 때문에 가뭄이 심했던 영동 지방에서는 굶주려 죽는 자가 없었다. 세종은 이러한 황희의 치적을 가상히 여겨 일품조복(一品朝服)을 하사하였고, 판우군도총제부사(判右軍都摠制府使)로 승차되었다.

황희의 이러한 선정에 대하여 모든 사람들이 칭송하였는데, 특히 삼척부 원덕면 사람들은 그 은덕에 감읍하여 관찰사가 왕래하면서 쉬었던 삼척부 소재 와현(瓦峴) 정상에 돌을 쌓아 대(臺)를 만들고, 관찰사의 덕을 사모하여 그 대의 이름을 '소공대(召公臺)'라고 하였다. 그 뒤 1479년(성종 10) 황희의 증손인 황장원이 강원도관찰사로 부임하여 무너진 소공대를 다시 수축하였고, 1516년(중종 11)에 영의정 남곤이 비문을 찬하여 비석을 세웠다. 1577년(선조 10) 강풍으로 비가 쓰러져 파괴된 것을 다음해에 황희의 6대손인 황정식이 다시 건립하여 관찰사 황희의 공덕을 길이길이 남기도록 하였다. 현재 소공대 송덕비는 그 역사적 가치가 인정되어 1988년 강원도지방문화재 제107호로 지정되었다.

황희에 대한 숭모의 정이 깊었던 이 고장 사람들은 황희가 강원도관찰사의 자리에서 물러난 지 꼭 400년이 되는 1824년(순조 24)에, '소동사(召東祠)'라는 사당을 건립하였다. 그리고 이곳을 서원으로 발전시켜 1857년(철종 8) '산양서원(山陽書院)'으로 개칭하여 제향과 강학을 같이 하도록 하였다.

산양서원의 건립에서 특히 주목되는 것은 서원 건립을 위한 기금 모금에 삼척부(三陟府)내의 향교·서원·사우 등을 비롯하여 삼척부 14개 면(面) 전체가 동(洞)별로 참여하고 있었던 점이다. 삼척부민 전체가 서원의 건립에 동참하였다는 것은 그만큼 관찰사 황희에 대한 감사와 존경의 뜻을 표하고자 하는 삼척부민이 많았고, 그러한 사람들의 정성을 모아 산양서원을 건립하였다고 볼 수 있을 것이다.

이러한 산양서원은 1868년(고종 5) 대원군의 서원철폐에 따라 폐지되고 전답을 비롯한 모든 재산은 삼척향교로 이관되었다. 그러나 서원이 폐지된 이후에도 건물과 묘정비는 그대로 있었고, 유림들이 이곳을 근거로 모이기도 하여 산양서원은 여전히 원덕면 유림들의 중심지 역할을 하였다.

일제는 1910년 우리나라를 강제 병합한 이후, 근대적인 토지 소유관계를 확립한다는 명분 아래 토지 소유권과 그 가격을 조사하고 땅을 측량하는 토지조사사업을 전개하였다. 이러한 일제의 토지조사사업에 대하여 한국인 대지주들 상당수는 일본에 적극 협력함으로써 소유권을 인정받을 수 있었지만, 농민들은 대부분 경작권을 인정받지 못했다.

이 때문에 많은 농민이 토지조사사업을 약탈로 간주하고, 조사원을 습격하거나 측량을 방해했다.

1913년 4월 원덕면민 천 여 명이 임원리에 운집하여 이러한 토지조사사업을 반대하고 재측량을 요구하면서 궐기대회를 개최하였다. 이때 삼척군수 심의승과 원덕면장 김동호가 일본인 화장(花藏)을 대동하고 군중을 회유하기 위하여 임원리에 왔었는데, 군중의 사진을 찍던 일본인이 군중들에 의해 타살된 사건이 발생하였다. 그러자 일본인 헌병 20여 명이 무장을 하고 출동을 하여 무차별 발포를 하여 많은 사상자를 냈다.

이와 같은 사건이 있은 후 원덕면 유림들은 잔악한 일제의 만행을 맹렬히 비난하였고, 원덕주민들의 대규모 봉기를 우려한 일본 헌병대는 헌병을 동원하여 1913년 5월 유림의 본거지인 산양서원을 방화하여 소각하여 버렸다. 이때 산양서원의 모든 건물은 불타 없어지고 묘정비만 남았다. 그 후 산양서원을 복원하려는 이 지역 주민의 염원을 담아 1971년 묘정비각 복원을 시작으로 순차적으로 복원이 이루어져 2008년에 완료되었다.

부록 1. 방촌황희선생 연보(年譜)

1363년(공민왕 12)
2월 10일 송경(松京) 가조리에서 황군서의 아들로 탄생하다.

1376년(우왕 2년, 14세)
음서로 복안궁(福安宮) 녹사(錄事)에 제수되다.

1379년(우왕 5년, 17세)
판사복시사 최안(崔安)의 딸과 혼인하다.

1383년(우왕 9년, 22세)
사마시에 합격하다.

1385년(우왕 11년, 24세)
진사시에 합격하다.

1386년(우왕 12년, 25세)
최씨 부인이 세상을 떠나다.

1388년(우왕 14년, 27세)
공조 전서 양진의 딸 청주 양씨와 재혼하다.

1389년(공양왕 원년, 28세)
문과 제14인으로 급제하다.

1390년(공양왕 2년, 29세)
성균관 학관에 보임되다.

1392년(태조 1년, 31세)
태조가 경명행수지사(經明行修之士)로서 세자우정자에 임명하다.

1395년(태조 4년, 34세)
직예문 춘추관에서 사헌 감찰, 우습유로 옮겨 가다.

1397년(태조 6년, 36세)

장자 황치신이 태어나다.

11월 29일, 선공감 정란(鄭蘭)의 기복첩에 서경(署經)하지 않다가 습유직을 파면당하다.

1398년(태조 7년, 37세)

3월 7일 정자 우습유(正字 右拾遺)로서 강은(姜隱)과 민안인(閔安仁)을 탄핵해, 이로 인해 7월 5일 경원 교수관으로 좌천되다.

1399년(정종 1년, 38세)

1월 10일, 습유로 불려 올라왔으나 언사(言事)로 우보궐(右補闕)로 옮기다.

1401년(태종 1년, 39세)

차자 황보신이 출생하다.

1402년(태종 2년, 40세)

아버지 판강릉대도호부사 황군서 졸하다. 기복(起復)되어 대호군(大護軍)에 임명되다.

1404년(태종 4년, 42세)

우사간대부, 좌부대언을 역임하다.

1405년(태종 5년, 43세)

승정원 도승지가 됨

12월 6일, 박석명의 추천으로 지신사가 되다.

1406년(태종 6년, 44세)

5월 27일, 내불당 짓는 것을 반대하다.

1407년(태종 7년, 45세)

1월 19일, 삼남 황수신 출생하다.

9월 25일, 밀지를 받아 이숙번·이응·조영무·유량 등과 함께 민무구·민무질을 제거하다.

11월 11일, 하륜에게 전지(傳旨)해 민씨들 직첩을 거두고 목숨만 부지케 하다.

1408년(태종 8년, 46세)

1월 29일, 생원시관(生員試官)이 되다.

12월 5일, 조대림 사건에 걸린 조용을 구제하다.

12월 11일, 대사헌 맹사성, 우정언 박안신을 구원하다.

1409년(태종 9년, 47세)

8월 10일, 참지의정부사가 되다.

12월 6일, 형조판서가 되다.

1410년(태종 10년, 48세)

2월 13일, 지의정(知義政) 겸 대사헌이 되다.

4월 18일, 이천우, 조영무 등과 더불어 오랑캐 침입에 대한 대책을 논의하다.

10월 26일, 종상법(種桑法)을 장려할 것을 청하다.

1411년(태종 11년, 49세)

7월 20일, 병조판서가 되다. 예조판서 역임.

8월 19일, 사은사(謝恩使)로 명나라에 가다.

1412년(태종 12년, 50세)

4월 14일, 『경제육전』을 개정해 올리다.

9월 24일, 태종이 황치신의 이름을 동(董)으로 지어 주다.

1413년(태종 13년, 51세)

3월 22일, 『고려실록』을 개수할 것을 청하다.

4월 7일, 예조판서가 되다.

1414년(태종 14년, 52세)

2월 13일, 병으로 예조판서직을 사직하다.

3월 6일, 황희의 병을 고쳐 준 내의 양홍달. 조청에게 임금이 저화 각 100장씩을 주다.

5월 18일, 의정부 찬성사가 되다.

6월 12일, 다시 예조판서가 되다.

8월 7일, 왜를 막을 방책을 의논하다.

1415년(태종 15년, 53세)
5월 17일, 이조판서가 되다.
6월 19일, 이조판서 황희와 호조판서 심온의 벼슬을 파면하다.
11월 7일, 의정부 참찬이 되다.
12월 28일, 호조판서가 되다.

1416년(태종 16년, 54세)
3월 16일, 다시 이조판서가 되다.
11월 2일, 세자의 실덕(失德)을 변호하다가 공조판서로 좌천되다.

1417년(태종 17년, 55세)
2월 22일, 평안도 도순문사 겸 평양윤으로 나가다.
6월 29일, 명사 황엄에게 평양 빈관에서 잔치를 베풀다.
12월 3일, 형조판서로 재임용되다.

1418년(태종 18년, 56세)
1월 11일, 판한성부사가 되다.
5월 10일, 송도 행재소에 붙들려 가서 국문을 받다.
5월 11일, 폐서인 되어 교하로 귀양 가다.
5월 27일, 남원부로 귀양 가다.

1422년(세종 4년, 60세)
2월 19일, 남원에서 서울로 돌아와 직첩을 돌려받다.
3월 18일, 과전을 돌려받다.
10월, 13일, 경시서 제조가 되다.
10월 28일, 의정부 참찬이 되다.

1423년(세종 5년, 61세)
3월 8일, 명나라 사신 유경과 양선을 맞이하는 원접사가 되다.
5월 27일, 다시 예조판서가 되다.
7월 16일, 강원도 도관찰사가 되어 굶주림을 해결해 줘 백성들이 소공대를 쌓았다.

1424년(세종 6년, 62세)
6월 12일, 한양으로 들어와 찬성이 되다.

1425년(세종 7년, 63세)
5월 21일, 의정부 찬성사가 되다.

1426년(세종 8년, 64세)
2월 10일, 다시 이조판서가 되다.
5월 13일, 우의정으로 승진하다.

1427년(세종 9년, 65세)
1월 25일, 좌의정으로 승진하다.
5월 11일, 양녕대군을 불러 보지 말라고 청하다.
6월 17일, 사위 서달이 신창 아전을 죽인 옥사에 연루되다.
6월 21일, 좌의정직에서 파면되다.
7월 4일, 다시 좌의정에 임명되다.
7월 15일, 어머니가 졸하다.
10월 7일, 세자가 명나라에 가는 것을 보좌하기 위해 좌의정으로 기복출사 하다.
10월 28일, 세자가 명나라에 가지 않게 되다.

1428년(세종 10년, 66세)
10월 23일, 평안도 도체찰사가 되어 성보(城堡)를 순심(巡審)하다.
11월 29일, 『육전등록(六典謄錄)』을 찬진하다.

1429년(세종 11년, 67세)
9월 11일, 『선원록』을 편찬하도록 왕명을 받다.
9월 24일, 동맹가첩목아가 입조하는 것에 대한 대책을 논의하다.

1430년(세종 12년, 68세)
4월 10일, 조준(趙俊)의 『방언육전(方言六典)』을 택해 쓰도록 건의하다.
4월 25일, 『태종실록』을 감수하다.
8월 10일, 공법에 대한 여론 조사를 실시하다. 가(可) 7만 4149인. 불가 (不可) 9만 8657인.
11월 3일, 제주 감목관 태석균이 말을 많이 죽였는데, 황희가 봐주라고 했다고 사헌부에서 파직하라는 상소가 올라왔다. 그러나 세종은 대신을 경솔히 대할 수 없다고 불문에 부쳤다.

11월 24일, 사헌부의 탄핵이 계속되어 좌의정에서 물러나 파주 반구정에서 휴양하다.

1431년(세종 13년, 69세)
9월 3일, 다시 복직되어 영의정으로 승진하다.

1432년(세종 14년, 70세)
3월 6일, 경원성(慶源城)을 옮겨서 설치하는 문제를 의논하다.
4월 12일, 경원, 용성 등에 성 쌓는 일을 건의하다.
4월 25일, 궤장을 받다.
9월 7일, 영의정부사로 승진하다.
9월 17일, 동맹가첩목아 등을 이거하는 문제를 논의하다.
12월 22일, 야인 방어책을 논의하다.

1433년(세종 15년, 71세)
1월 11일, 서북 야인방어책을 논의하다.
1월 15일, 화포 사용법을 건의하다.
7월 12일, 풍수학 도제조를 겸임하다.
9월 16일, 장영실에게 벼슬을 제수하는 일을 의정하다.
함경도도체찰사로서 영변의 약산산성축조를 감독하고 영변대도호부를 설치하게 하다.

1434년(세종 16년, 72세)
1월 6일, 영북진 통치책을 의진(議陳:의논)하다.
6월 1일, 만포성을 쌓는 일과 삭주, 창성의 관을 바꾸는 일을 아뢰다.
8월 5일, 영북, 회령을 서로 바꾸는 계책을 아뢰다. 내이포 거류 왜인 처치책을 상신하다.
8월 26일, 최윤덕을 파송하는 일과 명나라 사람에게 수응하는 계책을 건의하다.
9월 11일, 염초를 무역하는 계책을 계진하다.
12월 15일, 삼수 무로구자에 읍을 설치하고 수령을 두는 문제를 건의하다.

1435년(세종 17년, 73세)
7월 25일, 야인 방어책을 건의하다.

8월 10일, 왜인 만도노 등을 나누어 두는 계책을 건의하다.
11월 19일, 상정소(詳定所)를 없애다.

1436년(세종 18년, 74세)
5월 21일, 공법 실행책을 아뢰다.
7월 21일, 구황평조법을 건의하다.
10월 26일, 세자빈 폐출을 진대하다.

1437년(세종 19년, 75세)
1월 14일, 새 왕세자빈을 책봉하는 의주를 올리다.
4월 1일, 세자 섭정을 반대하다.
4월 13일, 사민의 판적에 대해 의논하다. 종성을 옮겨 설치하지 말기를 아뢰다.
5월 16일, 이만주 토벌책을 건의하다.

1438년(세종 20년, 76세)
3월 2일, 세종이 『태종실록』을 보려고 하는 것을 말리다.
4월 24일, 과거은사(科擧恩賜) 제도를 혁파하다.
9월 12일, 대마도 왜인의 접대 사목을 정하다.

1439년(세종 21년, 77세)
2월 12일, 각 도의 군기를 엄하게 해 왜변을 막을 것을 주장하다.
2월 28일, 향화 야인, 왜인 급료를 주는 대책을 건의하다.
3월 3일, 초헌(軺軒)을 하사받다.
6월 1일, 함길도 도절제사로 김종서 대신 김세형을 추천하다.
벼슬을 사양하고 물러남.

1441년(세종 23년, 79세)
3월 10일, 전지매매법을 계진하다.
5월 18일, 하삼도민 1600호를 함길도로 사민하기를 청하다.

1442년(세종 24년, 80세)
1월 14일, 함길도에 입주한 사람이 도망치는 것을 방지하는 계책을 올리다.
2월 6일, 각 도민 3000호를 평안도로 뽑아 보내 변경을 튼튼히 하자고
건의하다.

5월 3일, 세자가 섭정하지 말기를 청하다.
6월 5일, 야인 망가를 처치하는 방도를 아뢰다.

1445년(세종 27년, 83세)
2월 8일, 대마도 종정성의 무역선 수를 정하기를 청하다.
3월 13일, 압록강 가운데 있는 섬을 경작하는 것을 금하지 말자고 하다.
4월 11일, 왜인과 서로 교역하는 대책을 의논하다.
5월 12일, 승정원이 동궁에 신달(申達)하는 제도를 아뢰다.

1446년(세종 28년, 84세)
3월 30일, 귀화한 왜인을 외방에 분치하기를 청하다.
5월 5일, 영릉(英陵) 수호군을 별도로 두다.

1448년(세종 30년, 86세)
3월 28일, 정경부인 양씨(楊氏)가 졸하다.
7월 22일, 내불당을 세우는 일을 그만두라고 상소하다.

1449년(세종 31년, 87세)
10월 5일, 영의정부사를 내놓고 치사(나이가 많아 벼슬을 사양하고 물러나는 것)하다. 종신토록 2품록을 주다.

1450년(세종 32년, 88세)
2월 세종대왕이 영응대군 집에서 승하하다.
2월 2일, 중자 황보신의 직첩을 돌려받고, 고신도 돌려주다.

1451년(문종 1년, 89세)
2월 7일, 기로소 녹사로 하여금 치사한 대신이 출입할 때 조예(皂隸)를 주라고 전지하다.

1452년(문종 2년, 90세)
2월 8일, 졸하다.
2월 12일, 세종 묘정에 배향하고, 시호를 익성(翼成)으로 정했으며, 승지 강맹경(姜孟卿)을 보내 사당에 제사를 지내다.

부록 2. 열성공 황수신 지석(誌石)

<경기도 박물관 소장자료>

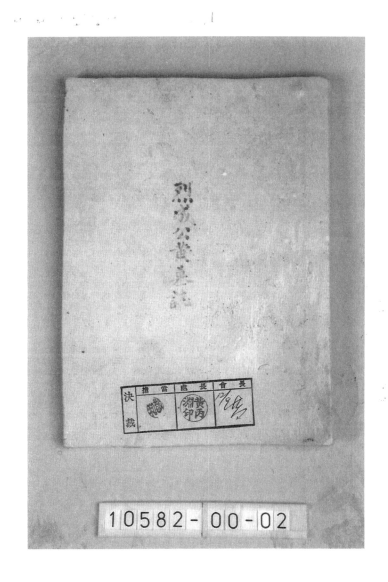

10582 - 00 - 02

10582 - 00 - 01

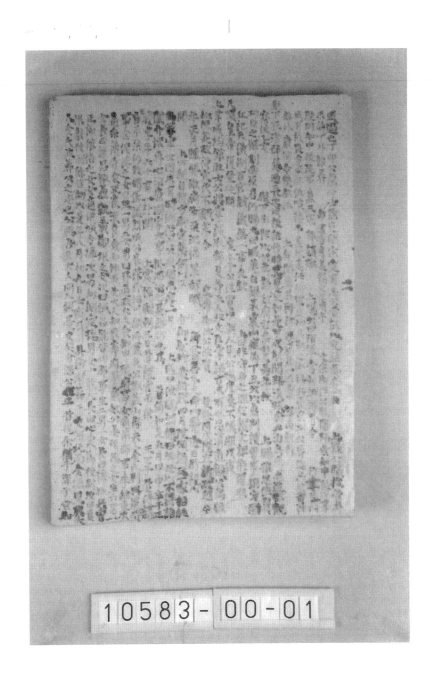

10583-00-01

10584-00-01

10585-00-00

有明朝鮮國推忠佐翼功臣大匡輔國崇祿大夫議政府領議政兼藝文館春秋館弘文館觀象
監
　　領事　　世子侍講院事南原君贈諡成公黃守身墓誌銘并敍

　　　　崇政大夫行禮曹判書兼成均館知事　　　世子侍講院左賓客五衛都摠府都摠管姜希
孟撰

　　公姓黃諱守身字季孝號懶夫其先南原府長水縣人也贈正憲議政府參贊諱均庇於公爲大
父參
　　贊生資憲判江陵府事贈議政府左議政諱君瑞議政生大匡輔國領議政府事翼成公諱喜爲
相二十七年
碩德茂烈爲吾東方相業稱首以公故贈純忠補祚功臣之號封南原府院君卽公考也娶工曹典
　　書淸州楊震之女生公公稟性寬厚器宇魁偉年五六歲與群兒遊憇有一兒墮井群兒駭走公
　　獨平拯之其父母來謝翼成聞之曰吾家亦有宰相盖知有濟人之量而多之也稍長就學約儕
　　輩數十人受業於興天寺住釋時我　　世廟在潛邸適至方丈試誦四韻詩一首較先後公最
　　先焉甚奇之仍訊其門地翼成出爲平安道都巡問使兼尹平壤府時　　中朝使太監黃儼
　　宴筵賓館公往側稱人中儼目之曰這箇誰兒公對以實儼語黃成曰生子當如是可善敎
　　之遂命坐鎭酒饌因留玉頂兒及珍寶數件爲別行到黃州又送食物曰囊見黃相之子可
　　愛難忘儼其善相者歟歲戊戌翼成謫南原公隨歸侍側奉養之孝滫瀡甘旨之具或有闕者
　　公必求隣里鄉黨以自給翼成憐之曰兒何自若乃學爽卯公赴司馬試試官有辱公者公憤
　　不作文書一絕以自見其志曰澤民濟世非科第不恨平生作腐儒自是不肯擧子業然照
　　膺庭訓專志經史百家學問大進鬱有令譽　　世廟謂銓曹曰黃喜諸子仕者幾人對以
　　二人散一人少　　上曰少者莫是興天寺誦詩兒耶特除　　宗廟副丞階通仕歷宗簿直
　　長屢遷爲司憲監察歷導官軍令遷司憲持平由持平爲戶曹正郎陞司宰副正階
　　朝奉屢遷爲司憲掌令時巫妖多聚都中眩以禍福士女發波公盡黜之都外識者快
　　之移內贍寺尹替中訓轉知司諫院事會　　朝啓參判高若海請罷尹令六則請頗罪旨
上怒卽令憲府覆之將抵罪公諫曰若海本以布衣躬耕草野不求聞達宰相遷之遂遇知
聖上知無不言乃其職也今若以言坐罪其如外間物議何恐爲言事者戒以累
聖明上爲之霽怒只罷其職庚申除忠武衛上護軍案知刑曹事裁決盤錯庭無留訟由
　　知刑曹遷知兵曹事俄入爲承政院右副承旨丙寅陞爲都承旨舊制例授儒臣以公學
　　優才瞻故特膺是選而潤色　　絲綸得古制詰體頗傳譎人口雖號爲大手莫之
　　或過也丁卯公薦才士除吏職宗室有忌公昔訊以交結爲黨伍　　上罷公職■告身
　　未幾丁外艱尋　　命還告身盖慰之也庚午　　文宗卽阼公服闕拜僉知中樞院事
　　陞同知中樞院事兼三軍都鎭撫　　上囑公曰治軍當如莉鄉營今　　行幸陣內
　　或有被盜者或部伍喧擾行甚恨焉任卿軍政卿其勉之卽■兵曹參判公專摠兵政番陣
　　郊外嚴號令整部伍　　上親閱■其師律賜廐馬一匹當公丁內艱■
殿下在潛邸屢過喪次或誶詰移時其兒童如是甲戌服闕拜漢城府尹出爲慶尙道都觀

察使乙亥　　　殿下卽阼以公爲議政府右參贊是年秋　　　上賜推忠佐翼
功臣之號封南原君仍賜土田臧穫白銀■■內廐馬丁丑公以兼判禮曹事撰定圜
丘祀天儀制百官隸儀無一事欠缺　　　上曰非守身之深於禮文詎能爾耶
天順皇帝復登極■　　皇太子公往賀中朝人見公風度莫不嘆服戊寅
上幸成均館取士公與掌試取都夏等五人非文臣掌試古末有也忠清道饑公爲賑
恤使荒政得宜民不饒孚令　　　皇帝卽位公往賀　　登極丙戌陞左議政越今
年正月驟嬰微痾漸至沈綿累辭職　　盟嘗呑不允命內醫逐日診視以
聞　　上必親自搜方酌定藥餌以■　　分御■珍羞絡繹四月陞領議政一家相繼
爲冢宰世固未有時論榮之公■猶未瘳一日　　上送中使賜酒饌曰卿母以不得詣
■介懷專心治療國家大事臥而治之甚無妨也其　　眷荷如是五月甲申卒于正
寢享年六十有一訃聞　　上震悼輟朝三日遣禮官弔祭　　王世子遣侍講
官弔祭仍致賻儀諡烈成公哀榮終始可謂兩盡矣公娶盆山郡夫人金氏判典農寺
事金俊德之女也生一男二女男曰睿政大夫僉知中樞府事女適前郡事李繼重次
適宗簿寺僉正崔漢良僉知娶我先大人知敦寧府事戴敏公姜碩德之女生六男一
女長曰■昌娶兼執義鄭垠之女次曰誠昌餘皆幼郡事生二男一女長曰樟■兵曹
正郎權恪之女女適伊城令墀次男幼側室擁男女十餘人長曰心秉節校尉次曰眞
果毅校尉餘皆幼以是年八月初九日壬寅有司具儀衛葬于交河北面金堀里與夫
人金氏並葬公之志也公與吾先大人同入銀臺交契分深公■乎昔視余猶子胤子僉知
又姻于吾門則知公終始莫吾若也而僉知愿有銘義不敢辭遂作銘曰
執爲德門惟南原兮世積其慶有顯聞兮赫矣我公把餘芬兮少年有大忠旣學文兮
角藝詞場恥受屈兮陞視天網奮鵬程兮九萬扶搖程篇極兮掌
帝絲綸斯潤色兮　　眷注其隆日三接兮薦庭士類反見忌兮良驥歷蹴竟千里
兮于南宣化憇棠樹兮入登鈞軸嚴贍具兮山河鐵券藏盟府兮旣撰祭儀又掌
試兮　　帝庭再朝稱使乎兮逐表百寮箕裘業兮鬱鬱雙槐蔭門閥兮胡
爲不弔天遽■兮殄瘁之嘆泪泉■兮彼美佳城靑烏卜兮公歸無所此■
宅兮書銘薦辭自珉刻兮維德維績所立卓兮

　　　成化三年八月　日

황수신 묘지명(黃守身墓誌銘)

유명조선국(有明朝鮮國) 추충좌익공신(推忠佐翼功臣) 대광보국숭록대부(大匡輔國崇祿大夫) 의정부영의정(議政府領議政) 겸(兼) 예문관(藝文館) 춘추관(春秋館) 홍문관(弘文館) 관상감영사(觀象監領事) 세자시강원사(世子侍講院事) 남원군(南原君) 증시(贈諡) 열성공(烈成公) 황수신(黃守身) 묘지명(墓誌銘) 병서(并敍)

숭정대부(崇政大夫) 행(行) 예조판서(禮曹判書) 겸(兼) 성균관지사(成均館知事) 세자시강원(世子侍講院) 좌빈객(左賓客) 오위도총부(五衛都摠府) 도총관(都摠管) 강희맹(姜希孟) 지음

공(公)의 성(姓)은 황(黃)이요 휘(諱)는 수신(守身)으로 자(字)는 계효(季孝), 호(號)는 나부(懶夫)이며 그 선계(先系)는 남원부(南原府)의 장수현(長水縣) 사람이다. 정헌(正憲, 정헌대부) 의정부참찬(議政府參贊)에 증직(贈職)된 휘 균비(均庇)는 공(公)에게 대부(大父, 증조부)가 되고, 참찬공(參贊公, 均庇)은 자헌(資憲, 자헌대부) 판강릉부사(判江陵府事)를 지내고 의정부 좌의정에 증직된 휘 군서(君瑞)를 낳았으며, 의정공(議政公, 君瑞)은 대광보국(大匡輔國) 영의정부사(領議政府事) 익성공(翼成公) 휘 희(喜)를 낳으니 재상(宰相)으로 있는 27동안 석덕(碩德, 높은 덕)과 무열(茂烈)이 있어 공(公)을 우리나라의 재상 역할에서 으뜸으로 칭송하였는데, 돌아가심에 순충보조공신(純忠補祚功臣)의 호(號)를 추증(追贈)하고 남원부원군(南原府院君)에 봉(封)하니 곧 공(公)의 아버지이다. 공조전서(工曹典書)를 지낸 청주(淸州) 양진(楊震)의 따님과 결혼하여 공(公)을 낳았다.
공(公)의 품성(稟性)은 관후(寬厚)하고 기우(器宇, 기량)는 괴위(魁偉, 뛰어남)하였다. 5~6세 때 여러 아이들과 함께 놀기를 즐기다가 한 아이가 우물 속으로 떨어져 다른 아이들이 모두 놀라 달아났지만, 공은 홀로 평정심을 가지고 이를 구하여 그 부모가 와서 감사를 표시하였다. 익성공(翼成公)이 이를 듣고 말씀하시기를 "우리 집안에 또 재상이 있었구나"라고 하였으니 대개 사람을 구제하는 기량이 많음을 알고 계신 것이었다. 점차 성장하여 취학(就學)해서는 동료 수십여명이 흥천사(興天寺)에 주석(住釋)하며 수업하기로 약속하였는데, 이때는 우리 세묘(世廟, 세조)께서 잠저(潛邸, 왕위에 오르기 전)에 계실 때로 서로 만나 방장(方丈)에게 가서 사운시(四韻詩) 1수를 암송하는 것으로 시험하여 그 선후(先後)를 비교함에 공이 가장 뛰어나 이를 매우 기특하게 여겨 그 문지(門地, 門閥·가문)를 거듭 알렸다. 익성공께서 외직(外職)인 평안도도순문사(平安道都巡問使)로 나가 평양부윤(平壤府尹)을 겸직하게 되었는데, 이때 중조(中朝, 명나라)의 사신인 태감(太監) 황엄(黃儼, ?~1423)을 위한 잔치가 빈관(賓館)에서 열렸다. 공(公)이 가서 조인(稠人, 여러 사람)과 함께 곁에서 수발을 하게 됨에 황엄이 이를 보고 말하기를 "이는 누구의 아이인가"라고

하여 공(公)이 사실대로 말하자 황엄이 익성공에게 말하기를 "자식을 이와 같으니 정말 잘 가르쳤다"고 하고 마침내 자리에 앉아 주찬(酒饌)을 먹도록 하였으며, 빈관에 머무르게 하여 옥정자(玉頂子, 갓 꼭대기에 옥으로 만들어 단 장식)와 진귀한 보물 여러 개를 선물로 주며 별행(別行)을 삼았다. 황주(黃州)에 도착하여 또 먹을 것을 보내며 말하기를 "이 자루를 황상(黃相)의 아들에게 보이도록 하라"고 하니 황엄이 훌륭한 재상을 잊기 어려워 애틋함을 보여준 것이로다.

무술년(戊戌年, 1418년 태종18)에 익성공께서 남원(南原)으로 유배되자 공(公)은 모시고 돌아와 시측(侍側)하며 부드럽고 맛난 음식으로 봉양의 효성을 다하였다. 혹 빠지는 것이 있으면 공은 반드시 인근 마을이나 향당(鄕黨)에서 구하여 자급(自給)하였다. 익성공께서 이를 가련하게 여기며 말씀하시기를 "아이가 어찌 그리 태연하던지"라고 하였다. 계묘년(癸卯年, 1423년 세종5)에 공은 사마시(司馬試)에 응시하였는데, 시관(試官)이 공을 욕보이는 일이 있자 공은 분하게 여기며 문장을 짓지 않고 시 한 구절로 그 뜻을 나타내기를 "백성들을 윤택하게 하고 세상을 다스리는 것이 과거의 등제만이 아니니 평생 썩은 선비로 살며 한스럽지 않게 하리요[澤民濟世 非科第 不恨平生作腐儒]"라고 하며 이때부터 과거공부를 본받지 않았다. 그러나 집안의 가르침에 조응(照應)하여 오로지 그 뜻을 경사백가(經史百家)에 두니 울울(鬱鬱)한 것 같이 학문에 크게 진전을 보여 명성을 얻었다. 세묘(世廟)께서 전조(銓曹, 이조)에 이르기를 "황희(黃喜)의 여러 아들 중에 벼슬을 하는 사람이 몇사람인가"라고 하여 두 사람은 산관(散官)이고 한 사람은 어리다고 대답하니 왕께서 말씀하시기를 "어린 아이가 흥천사(興天寺)에서 시를 읊은 아이가 아닌가"라고 하시며 특별히 종묘부승(宗廟副丞)을 제수하였으니 품계는 통사(通仕)였다. 종묘직장(宗廟直長)을 역임하고 여러 차례 옮겼다가 사헌감찰(司憲監察)이 되었고, 도관서령(導官署令)을 역임하고 사헌지평(司憲持平)으로 옮겼으며, 지평에서 호조정랑(戶曹正郎)이 되었고 사재부정(司宰副正)으로 승진하였으니 품계는 조봉(朝奉)이었다.

여러 곳을 옮겼다가 사헌장령(司憲掌令)이 되었는데, 이때 요사스러운 무당이 많아 도성(都城) 안으로 몰려다니며 화복(禍福)으로 선비와 부녀자들을 현혹시켜 의외의 곡절을 일으켜서 공이 이들의 거의 모두를 도성 밖으로 쫓아내니 식자(識者)들이 이를 통쾌하게 여겼다. 내섬시윤(內贍寺尹)으로 옮겼다가 중훈(中訓, 중훈대부)로 바뀌었다. 지사간원사(知司諫院事)로 전보되어서는 조회(朝會) 때 참판 고약해(高若海)가 수령의 6가지 준칙(準則)을 어겼다고 하여 파직을 청하는 건의가 있자 자못 죄를 물으려는 왕의 뜻이 있어 왕께서 화를 내시며 사헌부에게 이를 다시 조사하라는 명을 내렸다. 공이 간쟁(諫諍)하여 말하기를 "약해(若海)는 본래 포의(布衣)로 초야(草野)에서 몸소 농사를 지으며 명성이 세상에 널리 알려지기를 구하지 않았는데, 재상이 이를 천거하여 마침내 지우(知遇)를 얻게 되었으니 성상(聖上)께 아는 것은 말하지 않음이 없어 곧 이 직(職)이 있게 되었습니다. 이제 만약 소문으로 죄를 묻는다면 밖에서의 물의(物議, 어떤 사람 또는 단체의 처사에 대하여 많은 사람이 이러쿵저러쿵 논평하는 상태)가 이와 같으니 어찌 언사(言事)하는 것을 두려워하겠습니까"라고 하며 누차에 걸쳐 성명(聖明)을 삼가도록 하였다. 이에 왕께서 노여움을 푸시고 단지 파직하는데 그쳤다.

경신년(庚申年, 1440년 세종22)에 충무위상호군(忠武衛上護軍)을 제수하고 지형조사(知刑曹事)를 겸직하였는데 반착(盤錯, 매우 처리하기 어려운 사건)을 재결(裁決, 옳고 그름을 판단함)하니 조정에 지체되는 송사(訟事)가 없었다. 지형조(知刑曹)를 거쳐 지병조사(知兵曹事)로 옮겼는데, 갑자기 옮겨 승정원우부승지(承政院右副承旨)가 되었다. 병인년(丙寅年, 1446년, 세종28)에 승진하여 도승지(都承旨)가 되었는데, 옛 제도[舊制]에는 유신(儒臣)에게 제수하는 것이 상례였지만 공(公)의 학문이 우수하고 재주가 뛰어난 까닭에 이 같은 선발이 있었던 것이다. 사륜(絲綸, 詔勅)을 윤색(潤色)하는데 고제(古制)를 얻었고 고체(誥體)가 자못 사람들에게 전송(傳誦)되어 비록 명성은 대문장가에 비견되었지만 혹 지나침도 있었다. 정묘년(丁卯年, 1447년)에 공은 재주가 있는 선비를 천거하면서 이직(吏職)을 제외하였는데, 종실(宗室)은 공을 시기하며 예전부터의 교결(交結, 서로 사귐)로 당오(黨伍)를 결성하였다고 비난하여 왕께서는 공의 벼슬을 파직하고 고신(告身)을 거두어 들였다. 얼마 지나지 않아 외간(外艱, 부친상)을 당하였고 다시 고신을 돌려주라는 왕명이 있었으니 대개 위로의 뜻이었다.

경오년(庚午年, 1450년 세종32) 문종이 즉위하시면서 공은 상을 마치고 첨지중추원사(僉知中樞院事)를 제수하였고 동지중추원사(同知中樞院事)로 승진하여 삼군도진무(三軍都鎮撫)를 겸직하였다. 왕께서 공에게 당부하여 이르시기를 "군사를 다스리는 데는 지방의 영문(營門)까지 세세하게 파악해야 한다. 지금 진영(陣營)의 안까지 행행(行幸)하려는데 혹 도둑을 맞은 사람이 있거나 혹 부오(部伍, 軍陣의 隊伍)에서 훤요(喧擾, 시끄럽게 떠들어 댐)하는 사람이 있을까 내가 매우 유감스럽게 여긴다. 경(卿)이 군정(軍政)을 맡았으니 그대는 이에 힘써주기 바란다"고 하였다. 이에 곧 병조참판(兵曹參判)으로 옮겨 공은 오로지 병정(兵政)을 총괄하게 되어 교외의 진영을 순시하면서 호령(號令)을 엄하게 하고 부오(部伍)를 정비하였다. 왕께서 친히 그 사율(師律)을 시찰하시고 구마(廐馬) 1필을 하사하셨다. 공이 내간(內艱, 모친상)을 당했을 때는 전하(殿下, 세조)께서 잠저(潛邸)에 계실 때로 여러 차례에 걸쳐 상가(喪家)에 오셔서 혹 상구힐의(詳究詰議, 자세히 따지고 물어 논의함)하였는데, 행차할 때 아이 때와 같은 모습이 보이기가 이와 같았다. 갑술년(甲戌年, 1454년, 단종2)에 복(服)을 벗고 한성부윤(漢城府尹)을 배수하였다가 외직인 경상도도관찰사(慶尙道都觀察使)로 나갔다.

을해년(乙亥年, 1455년, 세조1)에 전하(殿下, 세조)께서 즉위하시자 공을 의정부우참찬(議政府右參贊)으로 삼고 이해 가을에 왕께서 추충좌익공신(推忠佐翼功臣)의 호(號)를 하사하시고 남원군(南原君)에 봉하는 한편, 토전(土田, 전답)과 장획(藏穫, 노비)·백은(白銀)~2자(字) 결(缺)~내구마(內廐馬)를 하사하였다. 정축년(丁丑年, 1457년, 세조3) 공은 판예조사(判禮曹事)를 겸직하면서 원구단(圜丘壇)에서 하늘에 제사지내는 의례와 제도[圜丘祀天儀制]를 찬정(撰定)하였는데, 백관(百官)들이 그 의절의 살펴보니 한 가지라도 흠결(欠缺, 일정한 수효에서 부족이 생김)이 없었다. 왕께서 말씀하시기를 "수신(守身)이 예문(禮文)에 깊지 않았더라면 어찌 능히 이룰 수 있었겠는가"라고 하셨다. 천순황제(天順皇帝)가 다시 등극하여 황태자(皇太子)가 정해져서 ~1자(字) 결(缺)~ 공은 이를 축하하기 위해 중조(中朝, 명나라)에 가게 되었는데, 사람들이 공의 풍도(風度)를 보고 탄복하지 않음이 없었다. 무인년(戊寅年, 1458년)에 왕께서 성균관(成均館)에 납시어 인재를 선발하자 공은 함께 시험을 주관하여 도하(都夏) 등 5명을 뽑았는데 문신(文臣)이 시험을 주관하지 않은 사례는 예부터 있지 않았다. 충청도(忠淸道)에 기근이 들자 공은 진휼사(賑恤使)가 되어 황정(荒政)을 다스리는데 마땅함을 얻어 백성들이 굶어죽지 않았으며, 황제가 즉위했다는 소식이 알려지자 공은 등극을 축하하기 위한 사신으로 명나라에 다녀왔다.

병술년(丙戌年, 1466년, 세조12)에 좌의정(左議政)으로 승진하였고 금년(今年, 1467년) 정월 갑작스럽게 체력이 떨어져 미아(微痾, 가벼운 병)가 점차 심해지고 오래도록 끊어지지 않아 사직(辭職)을 청하였으나, 윤허하지 않고 내의(內醫)에게 명하여 매일 진료하여 살펴보게 하고 이를 보고 받아 왕께서 반드시 친히 스스로 그 처방을 찾고 약이(藥餌)를 정하고 왕실의 진수(珍羞, 珍饌)를 하사하시며 낙역(絡繹, 사람이나 수레의 왕래가 끊이지 않음)하도록 하였다. 4월에 영의정(領議政)으로 승진하였으니 한 집안에서 서로 연이어 총재(冢宰)를 배출한 것은 세상에서 진실로 드문 일로 시론(時論)이 이를 영광스럽게 여겼다. 공의 병이 오히려 더 나아지지 않자 왕께서는 중사(中使)를 보내 주찬(酒饌)을 하사하시면서 말씀하시기를 "경(卿)은 조정에 나오지 못함을 전혀 개회(介懷, 언짢은 일을 마음에 끼워 둠)하지 말라. 지료에 온 마음을 쏟는 것이 나라의 큰일이니 병석에 누워서 정무를 보는 것도 매우 무방(無妨, 거리낄 것이 없음)하다"라고 하였으니 그 돌봄이 이와 같았다. 5월갑신일(甲申日)에 정침(正寢)에서 돌아가시니 향년 61세였다. 부음(訃音)을 듣고 왕께서 진도(震悼)하여 3일 동안 철조(輟朝)하였고, 예관(禮官)을 보내 조제(弔祭)하였으며, 왕세자(王世子)께서도 시강관(侍講官)을 보내 조제(弔祭)하며 거듭 부의(賻儀)하였으며, 열성공(烈成公)이라는 시호(諡號)를 내렸으니 그 애영(哀榮, 喪中의 영예)의 처음과 끝이 모두 이루어졌다고 하겠다.

공(公)은 익산군부인(益山郡夫人) 김씨(金氏)와 혼인하였으니 판전농시사(判典農寺事)를 지낸 김준덕(金俊德)의 따님이다. 1남2녀를 낳았으니 아들은 신(脣)으로 통정대부(通政大夫) 첨지중추부사(僉知中樞府事)이고, 딸은 전군사(前郡事)인 이계중(李繼重)에게 출가하였고 다음은 종부시첨정(宗簿寺僉正) 최한량(崔漢良)에게 출가하였다. 첨지(僉知, 黃脣)는 우리 선대인(先大人)이신 지돈녕부사(知敦寧府事) 대민공(戴敏公) 강석덕(姜碩德)의 따님과 혼인하여 6남1녀를 낳으니 장남은 ■창(■昌)으로 겸집의(兼執義) 정은(鄭垠)의 딸과 혼인하였고, 다음은 성창(誠昌)이며 나머지는 모두 어리다. 군사(郡事, 李繼重)는 2남1녀를 낳았는데 아들은 고■(樑□)으로 병조정랑(兵曹正郎) 권각(權恪)의 딸과 결혼하였고 딸은 이성령(伊城令) 지(墀)와 결혼하였으며, 다음의 아들은 어리다. 측실(側室)에서는 모두 아들과 딸 십여인을 두었는데,

큰아들은 심병(心秉)으로 절교위(節校尉)이고 다음은 진과(眞果)로 의교위(毅校尉)이며 나머지는 모두 어리다.

이 해 8월 초9일 임인일(壬寅日)에 유사(有司)가 의위(儀衛)를 갖추어 교하(交河)의 북면(北面) 금굴리(金堀里)에 장례하였고 부인 김씨를 함께 장례하였으니 공의 뜻이었다. 공은 우리 선대인(先大人, 姜碩德)과 함께 은대(銀臺, 승정원)에 들어가 서로 사귄 정분이 아주 깊었는데 애달프다. 옛날에 내 묘지명의 지은이 姜希孟가 유자(猶子, 삼촌)을 뵈었고, 맏아들 첨지공(僉知公, 黃眘) 또한 우리 집안에 인척이어서 공의 처음과 끝을 나만큼 아는 사람이 없다고 하여 첨지공(僉知公)이 그 명(銘)을 부탁함에 의리상 감히 사양할 수 없어 마침내 명(銘)을 짓는다.

누가 덕이 있는 집안으로 오직 남원(南原)을 손꼽았던가[孰爲德門惟南原兮]
대대로 그 선행(善行)을 쌓아 현창(顯彰)함을 떨쳤네[世積其慶有顯聞兮]
혁혁(赫赫)함은 우리 공(公)에 이르러 풍성한 향기로 모아져[赫矣我公把餘芬兮]
어려서부터 큰 충절이 있었고 학문 또한 빛났다네[少有大忠旣學文兮]
재주를 겨루는 사장(詞場)에서 부끄러이 굴욕을 당해[角藝詞場恥受屈兮]
하늘의 기강이 좁게 보였어도 붕정(鵬程, 앞으로 가야 할 멀고도 먼 길)을 떨쳤다네[隘視天綱奮鵬程兮]
구만리 같은 부요(扶搖, 힘차게 움직여 일어남)는 그 정편(程篇, 노정표)의 지극함이니[九萬扶搖程極兮]
황제의 사륜(絲綸)을 담당하여 그 윤색(潤色)을 다했다네[掌帝絲綸斯潤色兮]
임금의 돌보심 융성하여 하루에도 세 번을 뵈었으나[眷注其隆日三接兮]
조정에 천거한 선비들은 도리어 시기를 받았다네[薦庭士類反見忌兮]
훌륭한 준마(駿馬)는 잠깐 사이에도 천리를 갈 수 있으니[良駃蹔蹴竟千里兮]
남쪽지방의 관찰사로도 당수(棠樹)를 쉬게 했다네[1][于南宣化憩棠樹兮]
조정에서 균축(鈞軸, 大臣)에 올라 살펴봄과 갖춤을 엄하게 하니[入鈞軸嚴瞻具兮]
산하(山河)의 철권(鐵券, 공신녹권)이 맹부(盟府, 忠勳府)에 보관되었네[山河鐵券藏盟府兮]
앞서 제의(祭儀)를 찬정(撰定)하고 또 시험을 주관하였고[旣撰祭儀又掌試兮]
황제의 조정을 두 번이나 다녀와 사신으로 칭송을 받았다네[帝庭再朝稱使乎兮]
마침내 백료(百寮, 百官)의 표상이 되어 가업을 이어 받아[遂表百寮箕裘業兮]
울울창창(鬱鬱蒼蒼)한 느티나무 한 쌍은 문벌(門閥)을 이루었네[鬱鬱雙槐蔭門閥兮]
어찌 하늘의 도움을 주지 않는가[胡爲不弔天遽■兮]
진췌(殄瘁, 병들어서 시듦)의 한탄은 황천(黃泉)까지 눈물 뿌렸다네[殄瘁之嘆泪泉■

---

1) 지방을 잘 다스려 백성들에게 끊임없는 사모를 받을 것이라는 뜻이다. 감당(甘棠)은 팥배나무를 말하는데, 주(周) 나라 소공(召公)의 선정(善政)에 감격하여 백성들이 그가 일찍이 쉬었던 곳에 있는 팥배나무를 소중히 여겼다는 데서 온 말이다. 《詩經》, 國風, 召南 참조.

兮]

저 아름다운 가성(佳城, 무덤)은 청조(靑鳥)가 점지해준 곳으로[彼美佳城靑鳥卜兮]

돌아갈 곳 없는 공(公)에게 이곳은 그 쉴 곳이라네[公歸無所此■宅兮]

추천받은 명(銘)함을 사양하지 못하고 옥돌에 새기니[書銘薦辭自珉刻兮]

그 덕망과 업적 우뚝하게 설 것이라네[維德維績所立卓兮]

성화(成化) 3년(1467년, 세조13) 8월 일

부록 3. 방촌황희 학술연구 목록

1. 문집소재 황희 관련 자료

『松隱先生文集』 권2, 「附, 墓表[黃喜], 建文二年白龍孟夏上澣, 長水
黃喜撰

『三峯集』 권14, 「附錄」

『浩亭先生文集』 권2, 「序」, 禮記淺見錄序, 奉敎作, 附錄 摭錄(2)

『春亭先生續集』 권2, 「附錄」, 年譜

『李評事集』 권2, 「策」, [人才得失] 燕山乙卯

『冲齋先生文集』 권5, 「日記」, 十月一日, 至庚午 三月三十日 在堂后時

『靜菴先生文集』 권3, 「經筵陳啓」, 侍讀官時啓八, 參贊官時啓二 因論
東漢黨錮事進啓, 參贊官時啓三, 筵中記事一, 戊寅 十月五日

『松齋先生文集』 권2, 「經筵陳啓」, 參贊官時啓 四

『東皐先生遺稿』 「附錄」, 行狀, 李尙書 塈松窩雜記凡五

『忍齋先生文集』 권5, 「求退錄」, 辭右議政疏

『河西先生全集』 권12, 「墓誌銘」, 貞夫人申氏墓誌銘 幷序

『眉巖先生集』 권17, 「經筵日記」, 甲戌 四月 28일

『思菴先生文集』 권7, 「附錄」, 諸家記述

『省菴先生遺稿』 권2, 「策六卿盡職」

『栗谷先生全書』 권15, 「雜著 二」, 東湖問答 己巳 月課

『東岡先生文集』권7, 「箚」, 玉堂請頻接臣僚箚 己卯十月

『晩全先生文集』권3, 「疏」, 賊退後封事 癸巳

『西厓先生文集』권18, 「跋」, 題東國名臣言行錄

『重峯先生文集』권5, 「疏」, 辨師誣兼論學政疏 丙戌十月公州提督時

『梧里先生別集』권12

『梧里先生續集』「附錄」, 권1, 年譜

『梧里先生續集』「附錄」, 권2, 行狀 行狀[權愈]

『知退堂集』권6, 「東閣雜記乾」, 本朝璿源寶錄 璿系李氏出于全州府
卽百濟時完山郡 [太宗], 本朝璿源寶錄 [世宗]

『於于集後集』권1, 「詩」, 關東錄 關東紀行二百韻 關東錄, 庚寅

『惺所覆瓿稿』권23, 「說部二」, 惺翁識小錄中 [黃喜詰金宗瑞之私饋]

『惺所覆瓿稿』권23, 「說部二」, 惺翁識小錄中 [黃喜玉成金宗瑞]

『隱峯全書』권11, 「己卯遺蹟」, 正言趙光祖特拜弘文館修撰; 隱峯全書
卷十二 己卯遺蹟 典翰趙光祖特拜副提學 辭不許: 隱峯全書 卷十二
己卯遺蹟 副提學趙光祖移拜 同副承旨俄還拜副提學: 隱峯全書卷
十九 混定編錄前集 宣廟朝: 隱峯全書卷二十二混定編錄前集 [宣廟
朝]: 龍洲先生遺稿 卷之六 疏 司諫應旨疏

『龍洲先生遺稿』권6, 「疏」, 司諫應旨疏

『記言』권62, 續集, 「敍述 五」, 天地日月星辰三: 記言別集卷之四 疏箚
辭造給居室之 命箚[再箚]

『宋子大全 附錄』권12, 「年譜」, 年譜[十一][崇禎百四十九年丙申]
一百四十九年丙申今上卽位之年四月

『市南先生文集』권11, 「箚」, 八首 玉堂請還收徐必遠罷職之命箚

『滄洲先生遺稿』권8,「封事」, 甲午封事

『白湖先生文集 附錄』,「年譜」, 二年丙辰 先生六十歲 正月

『愚潭先生文集』권2,「疏」, 辭進善兼陳所懷六條疏 庚午九月 呈縣道 未達 十二月更呈 辛未正月始達

『退憂堂集』권3,「疏箚」, 辭獻納。仍陳所懷疏: 退憂堂集 卷之三 疏箚 陳時弊疏 辛丑: 退憂堂集 卷之六 疏箚 陳所懷箚

『藥泉集』제3,「疏箚」, 玉堂陳戒箚 八月四日: 藥泉集 第八 疏箚 因臺 啓儒疏辭職再疏 十一月二十六日

『文谷集』권9,「疏箚」, 二十三首 辭吏曹判書兼陳北路弊瘼疏

『南溪先生朴文純公文正集』권77,「墓誌銘」, 議政府左議政原平府院 君元公墓誌銘 丙辰 六月二十七日 : 南溪先生朴文純公文外集 卷第 十五 行狀 知中樞府事玄谷趙公行狀 代趙南平作 癸卯六月二十二日

『芝湖集』권7,「墓誌」, 自誌補

『水村集』권11,「行狀」, 先考今是堂府君行狀

『西坡集』권24,「諡狀」, 右議政晚菴李公諡狀

『睡谷先生集』권7,「疏箚」, 論臺官徐命遇讒搆諸臣箚: 睡谷先生集卷 之十三 行狀 先季 父議政府左議政府君行狀 : 睡谷先生集卷之十六 諡狀 原平府院君元公諡狀

『明谷集』권16,「疏箚」, 辭左議政疏[五疏]: 明谷集卷之十九 疏箚 左相 再疏後 更情勢 疏 [十三疏]: 明谷集卷之三十四諡狀 右議政李公諡狀

『瓶窩先生文集』권3,「墓誌」, 十代祖孝寧大君靖孝公墓誌

『疎齋集』권17,「行狀」, 左參贊竹泉金公行狀

『竹泉集』권7,「筵奏」, 同日奏辭: 竹泉集附錄卷之一 [行狀] 行狀[李頤命]

『陶谷集』권28,「雜著」, 陶峽叢說 一百四則

『陶谷集』권28,「雜著」, 國朝相臣

『圃巖集』권22,「諡狀」, 議政府左議政畏齋李公諡狀

『老村集』권2,「疏箚」, 還鄉後辭職 兼論時事疏

『夢囈集坤』,「宜寧南克寬伯居著 雜著」, 謝施子 百九十二則

『雷淵集』권26,「諡狀」, 禮曹判書竹泉金公諡狀

『渼湖集』권16,「神道碑銘」, 原平府院君元公神道碑銘 幷序

『素谷先生遺稿』권12,「先蹟記述」, 先祖昭靖公行狀後記 戊辰 金益熙

『樊巖先生集』권23,「疏箚[四]」, 翰圈後辨崔景岳疏 仍論朝儀箚

『頤齋遺藁』권22,「行狀」, 使陽山金公行狀, 頤齋遺藁 卷之二十二 傳 高麗義士朴公傳: 頤齋遺藁卷之二十六雜著

『無名子集文稿』책12,「[文] 井上閒話」, 五十一 下又有十九條 [黃喜貽書交河倅請買田]: 嗣世祖大王 昭憲王后誕生 序居第二

『青莊館全書』권49,「完山李德懋懋官著男光葵奉杲編輯德水李畹秀 蕙隣校訂 耳目口心 書[二]」: 青莊館全書卷之五十九 完山李德懋懋官 著男光葵奉杲編輯德水李畹秀蕙隣 校訂 盎葉記[六] 國朝名臣言行錄 : 青莊館全書卷之六十八 完山李德懋懋官著男光 葵奉杲編輯德水李 畹秀蕙隣校訂 寒竹堂涉筆[上] 相臣三百一人

『海石遺稿』권12,「諡狀」, 奉朝賀李公 命植 諡狀

『弘齋全書』권21,「祭文三」, 翼成公黃喜墓致祭文: 弘齋全書卷二十六 綸音一 先正文 正公宋時烈追配孝宗大王室廟庭綸音: 弘齋全書卷 百三十四 故寔六 羣書標記一 御 定[一] 詩樂和聲十卷 寫本

『屐園遺稿』권70,「玉局集 行狀 健陵行狀」

『金陵集』권7,「宜寧南公轍元平著 疏箚」, 辭弘文館副校理兼奎章閣直閣疏

『潁翁續藁』권2,「啓」, 乞致仕上殿啓

『研經齋全集』권58,「蘭室史料一 故實考異 金子粹」, 研經齋全集外集 卷三十九傳記 類 建州征討錄 : 研經齋全集外集 卷四十六 地理類 六鎭開拓記 : 研經齋全集外集卷 五十三 故事類 唐制攷 : 第五集政法集 第十二 卷 經世遺表卷十二 地官修制倉廩之 儲一 : 第六集地理集 第六卷 大東水經 大東水經其二 滿水一

『碩齋稿』권7,「書」, 答洪和仲 大協

『俛宇先生文集』卷首,「疏」, 辭賜第疏 九月四日

『梅泉集』권7,「長水黃玹雲卿著 疏」, 言事疏 代人

『勿齋集』권2,「疏」, 請勿稱下功臣疏

『西浦先生集』권7,「西浦日錄」, [詩話]

『悠然堂先生文集』권2,「疏」, 請恢復救難疏

『林谷先生文集』권7,「行狀」, 濯溪全公 致遠 行狀

『秋潭集』卷貞,「墓誌銘」, 行副護軍望岳奉公墓誌銘

『石洞先生遺稿』권6,「雜著」, 謾記[下]

『損菴集』권3,「書牘」, 上尤齋先生 丙辰

『儉齋集』권31,「雜著」, 丁戊瑣錄

『儉齋集』권32,「雜著」, 己庚瑣錄 己丑庚寅

『晦隱集』제5,「雜說 禮制」

『朴正字遺稿』권2,「文, 擬上萬言草三」

『花溪先生文集』권1,「詩」, 七言絶句

『雲谷先生文集』권18,「國朝故寔」, 世宗朝深以閭閻侈風, 爲憂時, 則有若相臣黃喜

2. 역사서 관련 황희 자료

『紀年便攷』권7,「黃喜」

『大東野乘』권25,「太宗一日召黃喜至政院」

『國朝人物志』권1,「(世宗朝)黃喜」

『海東臣鑑』권1,「黃喜」

『純齋稿』권6,「翼成公黃喜祝孫楝登科後致祭祭文[주:乙酉]」

『靑野漫集』(李喜謙) 권1,「黃喜」

『大事編年』권2,「召還黃喜」

『東國名儒錄』권1,「黃喜」

『厖村先生遺蹟日錄』권1

『德菴文集』권2

『東文選』권22,「七言絶句」,癸亥元日 會禮宴 [黃喜]

『丙辰丁巳錄』(任輔臣撰)

『海東雜錄』(權鼈) 6,「黃喜」

『惺所覆瓿稿』권23,「國初名相黃喜許稠」

『經世遺表』제5집,「政法集」, 제12권, 經世遺表卷十二 地官修制倉廩

之儲一

『고식 (故寔)』「國朝故事講義」, 翼成公臣黃喜,

『梅泉野錄』권1, 「甲午以前 上」, 조선 3대 명신

『心山遺稿』권3, 「伴鷗亭重建記」, 厖村 黃喜, 黃義敦

『輿地圖書』上, 京畿道 交河 塚墓·風俗·古跡: 黃海道, 兔山, 古蹟: 咸
鏡道(關北邑誌) 咸鏡北道吉州牧邑誌, 公廨: 慶尙道, 尙州, 壇廟:慶尙
道,河陽,人物: 全羅道, 長水, 人物: 咸鏡道(關北邑誌), 咸鏡北道吉州牧
邑誌, 公廨: 補遺篇 (全羅道), 完山 誌卷(下), 樓亭

『龍湖閒錄』(한국사료총서 제25집), 第一冊 六五, 柳鼎養雷異疏 : 第六
冊, 三一六, 太 廟配享篇三一六, 太廟配享篇 : 第二十一冊, 一〇七五,
額院當存處,

『羅巖隨錄』(한국사료총서 제27집), 羅巖隨錄 第一冊 62. 各地祠院撤
存表, 翼成 黃喜, 尙州玉洞書院 毁

『東史約』上(한국사료총서 제33집), 紀年東史約卷之十 朝鮮茅亭李源
益, 編 本朝紀 丙 戌六年, 戊子八年, 庚寅十年, 辛卯十一年, 丁未九年,
己酉十一年, 癸丑十五年, 甲 寅十六年, 丙辰十八年, 戊午二十年, 己未
二十一年, 庚午三十二年二月,十七日, 壬 申二年,

『戒逸軒日記』42집, 導哉日記, 戒逸軒日記, 雜記, 戒逸軒日記, 庚辰

3. 방촌 황희 관련 연구서

1) 문집류

『조선왕조실록』, 『승정원일기』, 『일성록』

『민족문학대계전집』권13, 한국문화예술진흥원.

『厖村黃喜先生文集』, 황의돈, 厖村黃喜先生文集刊行委員會, 1980.

『영남문집해제:<방촌집>』, 민족문화연구소자료총서4, 영남대민족문화연구소, 1988.

『厖村黃喜先生文集』, 방촌 황희선생 문집간행위원회, 長水黃氏大宗會, 2001.

2) 단행본

(1) 연구서

박진아, 박성희 공저,『대화의 달인 황희에게 배우는 소통의 철학』, 학지사, 2015.

이성무,『방촌 황희 평전: 조선의 기틀을 다진 탁월한 행정가이자 외교가』, 민음사, 2014.

조수익,『국조인물고 32 -홍유손부터 황희까지-』, 세종대왕기념사업회, 2006.

황영선,『황희의 생애와 사상』, 국학자료원, 1998.

(사)방촌황희선생사상연구회 편저,『방촌 황희 묘역의 문화적 가치』, 방촌학술총서 제1집, 보림에스앤피, 2017.

(사)방촌황희선생사상연구회 편저,『방촌 황희의 학문과 사상』, 방촌학술논총 제2집,책미래, 2017.

(사)방촌황희선생사상연구회 편저,『방촌 황희의 학문과 사상』, 방촌학술논총 제3집,책미래, 2018.

(사)방촌황희선생사상연구회 편저,『방촌 황희와 서원』, 방촌학술논총 제4집, 책미래,2020.

황의동,『나라를 위하여, 백성을 위하여-방촌 황희-』, 도서출판 보림, 2021.

황인천,『방촌 황희의 삶과 시』, 도서출판 보림, 2020.

(2) 교양서

강태희,『황희』, 뉴턴코리아, 2003.

권미자,『황희』, 훈민출판사, 2007.

권태문,『(청렴한 정승)황희』, 한국독서지도회, 2002.

고제희,『한국 36 인물유산 파워스폿(서울 수도권)』, 문예마당, 2012.

과학기술부,『황희 정승의 후예들』, 과학기술부 감사관실, 2005.

국가기록원,『역사 속 염근리 이야기』, 국가기록원, 2011.

국가기록원,『역사 속 염근리 이야기』, 휴먼컬처아리랑, 2015.

경기도사편찬위원회,『내 고장 경기도의 인물3 -이수록~황희-』, 경기도사 편찬위원회,2005.

계몽사,『어린이 그림 위인전기 9 -황희-』, 계몽사, 1997.

김국태,『세종, 황희, 성삼문, 장영실: 정도전 외 13명』, 국민서관, 1976.

김선,『황희 정승』, 眞華堂, 1993. 교육출판공사,『한국위인특대전집』17, 교육출판공 사, 1980.

김선,『황희정승과 청백리』, 빛샘, 1997.

김선태,『황희』, 리더교육, 2000.

김영이,『황희, 김시습, 최익현』, 교육문화사, 1993.

김영·이창현·김양숙,『동아시아식 생활학회 학술발표대회 논문집』5, 2015

김인호,『21세기 눈으로 조선시대를 바라 본다』, 경인문화사, 2009.

김종명 외,『세종과 재상 그들의 리더십』, 서해문집, 2010.

김종성, 『조선왕조의 건국과 양반사회의 성립』, 문예마당, 2004.

김종성, 『조선사 클리닉』, 추수밭, 2008.

김진섭, 『세종시대 재상열전 -朝鮮의 아침을 꿈꾸던 사람들-』, 하우, 2008.

김형광, 『조선인물전(傳)』, 시아출판사, 2007.

김형광, 『이야기 조선야사 -역사 속의 또 다른 역사-』, 시아출판사, 2008.

김형광, 『인물로 보는 조선사』, 시아, 2009.

김형광, 『역사 속의 또 다른 역사 -한국의 야사-』, 시아, 2009.

김형광, 『인물로 보는 조선사(보급판)』, 시아출판사, 2011.

노병룡, 「청백리열전(5)」, 『地方行政』 34-382, 1985.

림청풍, 「야담: 황희정승과 대추나무」, 『地方行政』 8-75, 1959.

문화공보실, 『坡州先賢의 思想과 얼 : 황희정승』, 坡州郡, 1990.

文化體育部 편, 『韓國人의 再發見』, 大韓敎科書, 1994.

民族文化社, 『申崇謙, 文益漸, 黃喜, 李元』 1, 民族文化社, 1987.

박성수, 『부패의 역사 -부정부패의 뿌리, 조선을 국문한다-』, 모시는 사람들, 2009.

박성연, 『왕의 비선과 책사』, 글로북스, 2015.

박성희, 『황희처럼 듣고 서희처럼 말하라』, 이너북스, 2007.

박시백, 『박시백의 조선왕조실록 4 - 세종·문종실록 (개정판 -)』, 휴머니스트, 2015.

박시백, 『박시백의 조선왕조실록 인물 사전』, 휴머니스트, 2015.

박영규,『세종대왕과 그의 인재들』, 들녘, 2002.

백유선,『한국사 콘서트』, 두리미디어, 2008.

박진아,『대화의 달인 황희에게 배우는 소통의 철학』, 학지사, 2015.

박현모,『세종, 실록 밖으로 행차하다 -조선의 정치가 9인이 본 세종-』, 푸른역사, 2007

삼성당,『세종대왕. 성삼문. 황희』41, 삼성당, 1981.

서근배,『黃喜政丞 放浪의 巨人/日暈』, 同和出版公社, 1975.

성현,『용재총화』, 서해문집, 2012.

손종흠,『조선남녀상열지사』, 앨피, 2008.

송종호,『황희 : 곧고 깨끗한 조선의 정승』, 한국퍼킨스, 2009.

신동준,『왕의 남자들』, 브리즈, 2009.

신연우 외,『제왕들의 책사 -조선시대편-』, 생각하는 백성, 2001.

信和出版社 편,『歷代人物韓國史』4, 信和出版社, 1979.

오기수,『백성의 신, 황희』, 어울림, 2018

오기수,『민본시대를 이끈 행복한 2인자 황희』, 고반, 2017.

유인옥,『황희』, 계림문고, 1994.

윤용철,『살기를 탐하고 죽기를 두려워하며』, 말글빛냄, 2008.

윤재운, 장희흥,『한국사를 움직인 100인 -단군부터 전태일까지 한국을 바꾼 사람들 -』, 청아출판사, 2010.

이기,『간옹우묵』, 한국학중앙연구원, 2010.

이상각,『이도 세종대왕 -조선의 크리에이터-』, 추수밭, 2008.

이성무,『재상 열전 -조선을 이끈 사람들-』, 청아출판사, 2010.

이성주,『발칙한 조선인물 실록 -역사적 인물들, 인간적으로 거들떠보기-』, 추수밭, 2009.

日新閣 편,『歷史의 人物』3, 日新閣. 1979.

이영관,『조선의 리더십을 탐하라』, 이콘, 2012.

이영관,『조선견문록 - 500년 역사를 둘러보는 시간의 발걸음 -』, 청아출판사, 2006.

이영춘·이상태·고혜령·김용곤·박한남·고성훈·신명호·류주희,『조선의 청백리 -조선시대대표 청백리 34인-』, 가람기획, 2003.

이원태,「2월의 인물」영원한 청백리의 표상 황희」,『地方行政』43-484, 1994.

이이화,『이야기 인물한국사 3 -제왕의 길 치국의 도-』, 한길사, 1993.

이이화,『이야기 인물한국사 5 -역사상의 라이벌과 동반자-』, 한길사, 1993.

이이화,『왕의 나라 신하의 나라 -누가 왕이고 누가 신하인가-』, 김영사, 2008.

이청승,『세종에게 길을 묻다』, 일진사. 2011.

이한,『나는 조선이다 -조선의 태평성대를 이룩한 대왕 세종-』, 청아출판사, 2007.

이호선,『왕에게 고하라 -상소문에 비친 조선의 자화상-』, 평단문화사, 2010.

이효성,『황희』, 견지사, 1995

조풍연,『황희』23, 계몽사, 1987.

장수황씨대전연지회,『황희정승 방촌선생 일화집』, 장수황씨대전연지회, 1994.

전우용,『오늘 역사가 말하다』, 투비북스, 2012.

전윤호,「개혁에 성공한 사람들(2)-황희-」,『地方行政』42-480, 1993.

鄭杜熙,『朝鮮時代 人物의 再發見』, 일조각, 1997.

정옥자,『지식기반 문화대국 조선 - 조선사에서 법고창신의 길을 찾다 -』, 돌베개, 2012.

정진권,「한시가 있는 에세이(86): 황희정승의 시-경포대-」,『한글한자문화』86,2006.

朝鮮日報社 편,『조선명인전 상 ·하』, 朝鮮日報社, 1988.

조성린,『조선시대 사관이 쓴 인물평가』, 수서원, 2004.

조성린,『조선의 청백리 222』, 조은, 2012.

최동군,『문화재 속 숨어있는 역사』, 담디, 2015.

파주문화원,『명재상 방촌황희의 삶과 사상』, 2008.

한국어읽기연구회,『오성과 한음의 용기와 우정, 억울한 홍 부자를 살린 어사 박문수, 존경받은 정승 황희』, 학이시습, 2013.

황광수,『황희 정승의 후예들』, 새벽, 1997.

황대연,『(조선왕조실록에서 가려 뽑은) 황희 정승』, 공옥출판사, 2010.

황원갑,『한국사를 바꾼 리더십』, 황금물고기, 2014.

황진하,『黃震夏 回顧錄 : 나는 황희 정승 21대손 파주 토박이다』, 연장통, 2012.

『황희 : 이조 이름 높은 재상』, 世明文化社, 1973.

(3) 논문

가. 학위논문 - 석사

김정남, 「강원 지역 역사인물 설화의 전승양상 연구」, 한국교원대학교 대학원 석사학 위논문, 2015.

박진아, 「방촌 황희의 소통방식 연구」, 청주교육대학교 교육대학원 석사학위논문, 2014.

이연재, 「題詠에 나타난 神仙思想 研究 - 東國與地勝覽의 題詠을 中心으로 -」, 漢陽 大學校 大學院 석사학위논문, 1980.

최종복, 「坡州 三賢 '얼' 繼承 敎育에 대한 硏究」, 고려대 교육대학원 역사교육과 석 사학위논문, 1998.

나. 학위논문 - 박사

박천식, 「朝鮮 建國功臣의 硏究 - 政治勢力 규명의 일환으로 -」, 전남대학교 대학원 박사학위논문, 1985,

다. 일반논문

곽신환, 「겸선(兼善)의 유자(儒者) 황희」, 『백성의 臣 황희와 후예들』, 방촌학술총서 제3집, 책미래, 2018.

곽호제, 「율촌 박배의 생애와 학문」, 『방촌황희와 서원(書院)』, 방촌학술총서 제4집, 책미래, 2020.

권태을, 「옥동서원의 존재의의」, 『백성의 臣 황희와 후예들』, 방촌학술총서 제3집, 책미래, 2018.

권효숙, 「방촌황희선생의 묘의 제향의례」, 『방촌황희 묘역의 문화적 가치』, 방촌학술총서 제1집, 보림s&p, 2017.

김경수, 「황희의 생애와 현실인식」, 『韓國史學史學報』 36호, 한국사학사학회, 2017.

김경수, 「지천 황정욱의 생애와 현실인식」, 충남대학교유학연구소, 『유학연구』 49권, 2019.

김낙효, 「황희 설화의 전승양상과 역사적 의미」, 『비교민속학』14, 비교민속학회, 2000.

김문준, 「독석 황혁의 시대상황과 생애」, 『방촌황희와 서원(書院)』, 방촌학술총서 제4집, 책미래, 2020.

림청풍, 「야담 - 황희정승과 대추나무 -」, 『地方行政』8, 대한지방행정공제회, 1959.

박현모, 「방촌 황희의 정승리더십 연구」, 『방촌황희와 서원(書院)』, 방촌학술총서 제4집, 책미래, 2020.

성봉현, 「방촌황희 연구의 동향과 연구자료 검토」, 『방촌황희 묘역의 문화적 가치』, 방촌학술총서 제1집, 보림s&p, 2017.

성봉현, 「반간(槃澗)황뉴(黃紐)의 학문과 사상」, 『백성의 臣 황희와 후예들』, 방촌학술총서 제3집, 책미래, 2018.

소종, 「朝鮮 太宗代 厖村 黃喜의 정치적 활동」, 『역사와 세계』47, 효원사학회 2015.

송재혁, 「헌장(憲章)의 수호자: 세종시대 황희(黃喜)의 정치적 역할」, 한국정치사상학회, 『정치사상연구』25(2)호, 2019.

신익철, 「반구정의 역사와 관련 시문에 대한 고찰」, 『방촌황희 묘역의 문화적 가치』, 방촌학술총서 제1집, 보림s&p, 2017.

신동욱, 「한국인의 표정 - 황희 정승의 덕 -」, 『北韓』197, 북한연구소, 1988.

申學均, 「淸白吏의 龜鑑 黃喜」, 『人物韓國史』3:榮光의 星座, 人物韓國

史編纂會, 博友社, 1965.

오기수, 「경세가 방촌황희-백성을 위한 왕실제사의 소선(素膳)」, 『백성의 臣 황희와 후예들』, 방촌학술총서 제3집, 책미래, 2018.

오기수, 「조세의 중립과 공평을 추구한 황희의 위민(爲民) 사상」, 『조세연구』14, 한국조세연구포럼, 2014.

오병무, 「朝鮮朝의 名宰相 厖村 黃喜의 生涯와 思想」, 『全羅文化研究』 제10집, 全北鄉土文化研究會, 1998.

유영봉, 「강한(江漢) 황경원(黃景源)의 시세계(詩世界) - 세 편의 사(辭)와 기행시(紀行詩)를 중심으로 -」, 우리한문학회, 『한문학보』 41권, 2019.

윤상원, 「화산서원의 역사와 문화적 가치」, 『방촌 황희의 리더십과 향사서원』, 방촌학술총서 제5집, 보림s&p, 2021.

이구의, 「清越樓 吟詠詩에 나타난 자아와 세계의 만남」, 『동아인문학』 제52집, 동아인문학회, 2020.

이민우, 「세종대 공법제정에서 황희의 역할」, 『방촌황희의 학문과 사상』, 방촌학술총서 제2집, 책미래, 2017.

이민정, 「조선 세종대 정치문화와 재상 황희의 역할-군신공치론을 중심으로-」, 『방촌황희의 학문과 사상』, 방촌학술총서 제2집, 책미래, 2017.

이선아, 「영호남의 방촌 배향 서원과 남원의 풍계서원」, 『동양한문학연구』 제58집, 동양한문학회, 2021.

이완우, 「황희 신도비에 대하여」, 『방촌황희 묘역의 문화적 가치』, 방촌학술총서 제1집, 보림s&p, 2017.

李廷卓, 「時調史 研究〈Ⅱ〉- 時調의 발전기를 중심으로 -」, 『論文集』12, 安東大學校, 1989.

이영자, 「방촌 황희의 경세사상과 그 의의」, 『동서철학연구』65, 동서철학회, 2012.

이영춘, 「방촌황희의 청백리 논란에 대한 재검토」, 『방촌황희의 학문과 사상』, 방촌학술총서 제2집, 책미래, 2017.

이윤희, 「파주와 방촌황희」, 『방촌황희 묘역의 문화적 가치』, 방촌학술총서 제1집, 보림s&p, 2017.

이재숙, 「지천 황정욱 문학에 나타나는 강건에 대하여」, 한국한문고전학회, 『漢文古典硏究』 39집, 2019.

이종성, 「동방의 김公 방촌 황희의 리더십」, 『동서철학연구』 제94호, 한국동서철학회, 2019.

이해준, 「옥동서원의 학맥과 학풍」, 『방촌황희와 서원(書院)』, 방촌학술총서 제4집, 책미래, 2020.

이해준, 「태악서원의 역사와 그 의의」, 『방촌황희와 서원(書院)』, 방촌학술총서 제4집, 책미래, 2020.

이현수, 「방촌황희의 생애와 사상」, 『방촌황희 묘역의 문화적 가치』, 방촌학술총서 제1집, 보림s&p, 2017.

이형권, 「황희 정승이 짓고 송강이 보수한 광한루」, 『한국인』 14, 1995.

임선빈, 「통신부사 황선(黃璿)의 사환(仕宦)과 업적」, 『백성의 臣 황희와 후예들』, 방촌학술총서 제3집, 책미래, 2018.

임주탁, 「조선시대 사족층의 시조와 일상성 담론」, 『한국시가연구』 29, 한국시가학회, 2010.

鄭杜熙, 「朝鮮初期 黃喜의 政治的 役割」, 『吉玄益敎授停年紀念史學論叢』, 吉玄益敎授停年紀念史學論叢 刊行委員會, 1996.

정구복, 「경인통신사 황윤길의 역사적 재조명」, 『백성의 臣 황희와 후예들』, 방촌학술총서 제3집, 책미래, 2018.

정종수, 「방촌황희 묘제(墓制)의 특성과 문화적 가치」, 『방촌황희 묘역의 문화적 가치』, 방촌학술총서 제1집, 보림s&p, 2017.

정종수, 「조선 전기 방촌 황희 묘제의 특징과 요(凹) 자형 봉분 사례 연구」, 『민속학연구』 43호, 2018.

정종수, 「옥동서원의 문화재적 가치」, 『방촌 황희의 리더십과 향사서원』, 방촌학술총서 제5집, 보림s&p, 2021.

조성래, 「<강호사시가>와 <사시가>의 서정양상」, 『방촌황희의 학문과 사상』, 방촌학술총서 제2집, 책미래, 2017.

조재모, 「상주 옥동서원의 건축과 청월루」, 『방촌 황희의 리더십과 향사서원』, 방촌학술총서 제5집, 보림s&p, 2021.

지두환, 「방촌황희의 경세사상」, 『백성의 臣 황희와 후예들』, 방촌학술총서 제3집, 책미래, 2018.

최래옥, 「民譚의 사료적 성격과 사회사적 의미」, 『說話와 歷史』, 集文堂, 2000.

최영성, 「黃喜, 그 역사적 평가와 위상에 대한 一考察 -실록(實錄)의 사신평(史臣評)과 관련하여-」, 『동양고전연구』 73집, 동양고전학회, 2018.

최영찬, 「오늘의 한국사회와 방촌 황희」, 『백성의 臣 황희와 후예들』, 방촌학술총서 제3집, 책미래, 2018.

최호, 「산양서원의 역사와 문화적 가치」, 『방촌 황희의 리더십과 향사서원』, 방촌학술총서 제5집, 보림s&p, 2021.

하태규, 「무민공 황진(黃進)장군의 생애와 구국활동」, 『백성의 臣 황희와 후예들』, 방촌학술총서 제3집, 책미래, 2018.

하태규, 「창계서원의 역사와 현황」, 『방촌 황희의 리더십과 향사서원』, 방촌학술총서 제5집, 보림s&p, 2021.

한기범, 「방촌황희의 예인식과 현대사회」, 『방촌황희와 서원(書院)』, 방촌학술총서 제4집, 책미래, 2020.

한문종, 「용진서원(龍津書院)의 역사와 문화적 가치」, 『방촌 황희의 리더십과 향사서원』, 방촌학술총서 제5집, 보림s&p, 2021.

한종만, 「韓國 淸白吏像 硏究 - 李朝의 代表的 淸白吏를 중심으로 -」, 『원광대학교 논문집』 제11집, 인문과학, 원광대학교, 1977.

홍영기, 「충의지사 매천 황현(黃玹)과 석정(石庭)황석의 생애와 활동」, 『백성의 臣 황희와 후예들』, 방촌학술총서 제3집, 책미래, 2018.

황만기, 「화재 황익재(黃翼再)의 삶과 학문경향」, 『한문학논집』51집, 근역한문학회, 2018.

황의동, 「방촌 부조묘 영신원의 유래와 그 문화적 가치」, 『방촌황희 묘역의 문화적 가치』, 방촌학술총서 제1집, 보림s&p, 2017.

황의동, 「인간 黃喜」, 『백성의 臣 황희와 후예들』, 방촌학술총서 제3집, 책미래, 2018.

황의동, 「黃喜와 儒敎」, 『방촌황희와 서원(書院)』, 방촌학술총서 제4집, 책미래, 2020.

황의열, 「당촌 황위(黃暐)의 생애와 학문」, 『백성의 신 황희와 후예들』, 방촌학술총서 제3집, 책미래, 2018.

황의천, 「長水黃氏 保寧入鄕考」, 『保寧文化』16, 보령문화연구회, 2007.

황인덕, 「황희 정승 납거미유언 설화고」, 충남대학교인문과학연구소, 『인문학연구』 110권, 2018.

지두환, 「방촌황희의 경세사상」, 『방촌황희 묘역의 문화적 가치』, 방촌학술총서 제1집, 보림s&p, 2017.

(4) 미디어 자료

'세종대왕, 황희', 삼성당, 1992.

'역사의 라이벌 . 24 , 황희와 맹사성:청백리도 등급이 있소이다!', KBS미디어, 1995.

'역사의 라이벌 27, 황희와 맹사성', 한국방송공사, KBS 미디어, 2005.

'구설수에만 올라도 물어날 줄 아는 선비 : 황희', EBS, 2006.

'역사극장 8 - 구설수만 올라도 물러날 줄 아는 선비, 황희 -', EBS 교육방송, 2007.

'역사극장 8 - 구설수만 올라도 물러날 줄 아는 선비, 황희 -', EBS 교육방송, 2011.

'황희와 맹사성', KBS Media, 2007.

사단
법인 **방촌황희연구원 부설 방촌황희연구소**

우(03120) 서울특별시 종로구 종로54길 45. 501호(창신동. 장수황씨회관)

Tel : 02) 741-0735 | Fax : 02) 2266-0394 | 홈페이지 : http://bangchon.or.kr

방촌 황희의 리더십과
향사서원(享祀書院)

발 행 일   1판 1쇄 2021년 4월 1일
편   저   (사)방촌황희연구원 부설 방촌황희연구소
펴 낸 곳   (주)보림에스앤피

출 판 등 록   301-2009-113
주   소   [04624] 서울시 중구 퇴계로 238
전   화   02-2263-4934
팩   스   02-2276-1641
이 메 일   wonil4934@hanmail.net

가   격   25,000원
I S B N   978-89-98252-43-4